高等职业院校新入职教师教育教学职业技能（岗前）培训系列教材

高等职业教育心理学

成　云　韦油亮　主　编
沈小强　林　蓉　副主编

GAODENG ZHIYE
JIAOYU XIN LIXUE

西南财经大学出版社
四川·成都

图书在版编目(CIP)数据

高等职业教育心理学/成云,韦油亮主编.—成都:西南财经大学出版社,2021.7

ISBN 978-7-5504-4958-9

Ⅰ.①高…　Ⅱ.①成…②韦…　Ⅲ.①教育心理学—高等职业教育—教材
Ⅳ.①G44

中国版本图书馆 CIP 数据核字(2021)第 132214 号

高等职业教育心理学

成　云　韦油亮　主　编

沈小强　林　蓉　副主编

策划编辑:李邓超

责任编辑:王　琳

封面设计:摘星辰·Diou　墨创文化

责任印制:朱曼丽

出版发行	西南财经大学出版社(四川省成都市光华村街 55 号)
网　　址	http://cbs.swufe.edu.cn
电子邮件	bookcj@swufe.edu.cn
邮政编码	610074
电　　话	028-87353785
照　　排	四川胜翔数码印务设计有限公司
印　　刷	郫县犀浦印刷厂
成品尺寸	185mm×260mm
印　　张	17.75
字　　数	431 千字
版　　次	2021 年 7 月第 1 版
印　　次	2021 年 7 月第 1 次印刷
印　　数	1— 3000 册
书　　号	ISBN 978-7-5504-4958-9
定　　价	48.00 元

高等职业院校新入职教师教育教学
职业技能（岗前）培训系列教材
编写委员会

王小蓉　西华师范大学马克思主义学院副院长、教授
李　智　西华师范大学高等职业技术师范学院院长、副教授
陈　玲　西华师范大学高等职业技术师范学院直属党支部书记、副教授
彭彬秀　四川机电职业技术学院（攀钢党校）副教授
韦油亮　西华师范大学高等职业技术师范学院副院长、副教授
谭　锐　西华师范大学马克思主义学院副教授
郑银凤　西华师范大学马克思主义学院副教授
吕雪梅　西华师范大学马克思主义学院副教授
沈小强　西华师范大学教师教育学院副教授
刘巧丽　西华师范大学高等职业技术师范学院副教授
明芳宇　南充技师学院服务与管理系系主任、高级讲师、高级技师
范小梅　西华师范大学法学院讲师
陈　沫　西华师范大学马克思主义学院讲师
林　蓉　西华师范大学教师教育学院讲师
罗　怡　南充职业技术学院教师
苏艳玲　南充科技职业学院教师
李帅旭　川北医学院教师
张　莉　西华师范大学马克思主义学院教师
张莹红　西华师范大学马克思主义学院教师
王蔚苒　西华师范大学法学院研究生
秦　瑶　西华师范大学法学院研究生

岗培系列教材及主编人员

《高等职业教育政策法规》主编 李敏、李兴荣
《高等职业教育法规概论》主编 李敏、李兴荣
《高等学校教师职业道德》主编 王安平、黄元全
《高等职业教育概论》主编 黄景容
《高等职业教育心理学》主编 成云、韦油亮

建设优质岗培教材
助推高职院校新入职教师专业成长

——高等职业院校新入职教师教育教学职业技能（岗前）培训系列教材总序

四川省教育厅党组成员、副厅长　张澜涛

党的十八大召开以来，以习近平同志为核心的党中央高度重视职业教育和技术技能人才培养。习总书记对职业教育发表了一系列重要讲话和重要指示，指出：职业教育是国民教育体系和人力资源开发的重要组成部分，是广大青年打开通往成功成才大门的重要途径，肩负着培养多样化人才、传承技术技能、促进就业创业的重要职责，必须高度重视、加快发展。2019 年 8 月，习总书记在甘肃考察时再次强调：实体经济是我国经济的重要支撑，做强实体经济需要大量技能型人才，需要大力弘扬工匠精神，发展职业教育前景广阔、大有可为。近年来，国家和四川省先后出台《职业教育改革实施方案》《职业教育提质培优行动计划（2020—2023 年）》等系列政策文件，对职业教育改革发展工作进行了全面部署，为构建新时代现代职业教育体系，加快职业教育改革发展奠定了坚实的基础。

教育是国之大计、党之大计。百年大计，教育为本；教育大计，教师为本。没有高素质的教师队伍，就没有高水平的教育。高素质教师不会从天而降，需要精心培养培训。加强教师培训是提高教师素质的不二选择，对于提升新入职教师的教育教学能力更是要高度重视、强化培养培训。高等职业教育也一样，抓好新入职教师的职业技能（岗前）培训，帮助他们扣好职业生涯“第一粒扣子”，尽快入门并完成角色转换，早日成为“四有好老师”和“业精之师”就更为重要。

为适应新时代类型教育变革需要，提高职业院校教师岗前培训的针对性、专业性和有效性，从 2020 年开始，我省启动实施高等职业院校新入职教师职业技能（岗前）培训，委托四川省职业院校教师培训中心牵头，联合省内外职业教育理论研究机构、“双高”学校名师以及专家学者组成高等职业院校新入职教师职业技能（岗前）培训教材编写委员会，规划编写了这套高等职业院校新入职教师职业技能（岗前）培训系列教材。教材以习总书记关于职业教育重要论述为指引，按照教育部《高等学校教师岗前培训暂行细则》和《高等学校教师岗前培训教学指导纲要》的要求，紧密结合现代职业教育改革发展需要，立足立德树人根本任务，强化教书育人素质能力，突出职业教育类型特征，围绕打造“双师双能”型“工匠之师”的培训目标，构建岗培教材体系。本套教材包括《高等职业教育政策法规》《高等职业教育法规概论》《高等学校教师职业道德》《高等职业教育概论》《高等职业教育心理学》，共五册。教材注重法规导向、理论引领、案例实证，具有体系完备、结构合理、观点鲜明、语言流畅、理实一体、教学互动的特征。我相信该套教材一定会为广大新入职教师素质和能力的提升提供有益的帮助。

教无止境，学海无涯。我们期待国内外同行提出宝贵意见，以便再版时修订完善，为高等职业院校新入职教师职业技能（岗前）培训贡献四川力量。

是为序。

2020 年 12 月 15 日

前言

为构建新时代中国特色职业教育体系，教育部等九部门印发《职业教育提质培优行动计划（2020—2023年）》（以下简称《行动计划》），强调职业教育要与经济社会发展需求对接更加紧密、同人民群众期待更加契合、同我国综合国力和国际地位更加匹配。教育部印发《职业教育专业目录（2021年）》契合了“十四五”规划和2035年远景目标的战略部署，也体现了落实教育供给侧结构性改革新要求，为提高职业教育适应性、服务技能型社会建设和终身学习需求奠定了新基础，树立了新坐标。这是“为加快推进职业教育现代化，更好地支撑我国经济社会持续健康发展”的行动指南，是落实“职业教育与普通教育同等重要”的战略定位，是在新时代实施的一项意义重大的高职教育改革举措。“行动计划”以健全中国特色现代职业教育体系为目标，重点落实立德树人根本任务，推进职业教育协调发展，实施职业教育“三教”改革攻坚行动等工作任务。在加强职业教育教材建设方面，我们要通过校企合作开发专业课教材，建立健全教材动态更新调整机制，通过实行教材分层规划制度，健全教材的分类审核、抽查和退出制度，为推进职教建设提供制度保障。

为了切实推进“行动计划”，2020年教育部职业教育与成人教育司负责人就《行动计划》进行了解答，明确将“职教20条”部署的改革任务转化为举措和行动，以部省共建职业教育创新发展高地为抓手，打造一批新时代职教样板，整省推进构建职业教育发展空间格局。2011年11月教育部颁发《教师教育课程标准（试行）》，并发文要求“高校要把教师教育课程教学改革和实施《教师教育课程标准（试行）》列入学校发展整体计划，集中精力，抓紧抓好”。在《行动计划》和《教师教育课程标准（试行）》双重政策的推动下，三年大修订、每年小修订的教材动态更新制度要结合高职学生实践的需要，而目前我国的高职教师素养普遍不高，表现为难以正确地分析教学中教与学存在的问题，在解决学生存在的学习问题、品德问题、行为问题上感到力不从心，特别是教师的教育研究水平不高，使得他们难以对教育教学经验进行高度概括和总结。这直接影响了教师的教学观、人才观的形成，影响人才质量的提高。为此编写一套满足应用型人才兼具发展性的《高等职业教育心理学》教材是解决传统教材理论性过深、实践性不强、针对性不够等问题的重要途径，是提升课程教学质量和促进人才培养的先决条件。笔者认为，打造符合“职教20条”、深刻把握高职教育内涵特征、满足教学需求的教材是非常必要的。正是基于这样的考虑，我们编写了这本《高等职业教育心理学》。本书着眼于心理学与教育学的结合，注重理论联系实际，既对高等职业教育教学所涉及的心理学原理给予详尽的阐释，又从教育心理学与现代教育的发展方面向人们提供了许多新的观念和见解。本书有助于培养合格的高职教师，也有助于教师教好学生。本书既包含心理学与教育心理学的基础理论，也具有教育心理学和教育行政管理心理学的实践性特点。在内容方面，本书具有理论新颖、实践性强、可读性高等特点。它既可以作为高职院校教师培训的专业用书，也可以作为高职院校学生的教材用书和其他类型学校的教师、教育行政人员等的参考和学习资料。

本教材编写的指导思想是：在适度的基础知识与理论体系覆盖下，针对高职院校学生的特点，夯实基础，强化实训。编写原则是：第一，具有时代性，紧密结合最新国家政策精神，吸纳教育学、心理学、信息技术等相关学科研究进展；第二，具有实践性，深入落实“实践取向”的教师教育课程理念，理论阐述与案例分析相结合，将一线教学问题引入课堂，全面落实“双师型”培养，帮助学生形成问题意识并锻炼其问题解决能力；第三，具有新颖性，实践《行动计划》推行的科学严谨、深入浅出、图文并茂、形式多样的活页式、工作手册式、融媒体教材等教材呈现新形式。

全书共分为十五章，第一章、第二章、第五章由成云教授编写，第三章、第四章由林蓉老师编写，第六章、第七章由王维老师编写，第八章、第十一章由张红老师编写，第九章、第十章由陈亮老师编写，第十二章、第十五章由韦油亮副教授编写，第十三章、第十四章由沈小强副教授编写。

由于时间仓促和水平有限，本书在编写过程中难免有不妥之处，希望同行专家和广大读者提出宝贵意见。

成　云

2021年4月8日于西华师范大学

目录

第一章 绪论

教育心理学发展到今天，其历史如果从赫尔巴特的《普通教育学》问世（1806年）算起已有215年，如果从卡普杰列夫的《教育心理学》出版（1877年）算起则有145年，如果以桑代克的《教育心理学》出版（1903年）为起点也有119年了。教育心理学的现状如何？在它的发展过程中是否存在根本性的问题？而高等职业教育心理学作为教育心理学的分支学科，具有怎样的特殊性？这些问题同教育心理学学科的发展有很大关系，我们应予以足够重视。

第一节 高等职业教育心理学的研究对象

高等职业教育心理学是教育心理学的分支学科。教育心理学是研究教育教学情境中学与教的基本心理规律的科学，主要研究教育教学情境中师生教与学相互作用的心理过程、教与学过程中的心理现象。

教育心理学与普通心理学和教育学都有密切关系，因而对于它的研究对象有以下几种不同的见解：①以教育学的体系为依据，研究培养德、智、体全面发展的人的教育方法。②认为教育心理学必须研究人的心理结构，并根据教育过程中心理活动的规律来确定它的理论体系，探讨家庭教育、学校教育、社会教育乃至终身教育过程中的心理现象。③认为没有必要把教育心理学从普通心理学中区分出来，完全可以把心理学的理论知识应用于教育工作，探讨教育在实践中的心理学原理，说明加速人的培养的途径。④认为教育心理学主要任务是研究课堂学习的性质、条件、效果和评价问题，应当着重研究学习理论，尤其是学生接受知识和技能的学习理论。至于儿童心理发展、成人心理、心理卫生、个性等，除非与教育和教学直接有关外，不应归入教育心理学，而应当归入普通心理学或社会心理学的研究中去。⑤认为教育心理学应着重研究在教育和教学影响下出现的各种心理现象及其发展的规律，并结合实际建立自己的理论体系，直接促进教育和教学的改革，提高质量，以最好的效果达到学生最理想的发展水平。

综合上述意见，教育心理学虽与普通心理学的基本理论有密切关系，但是它主要研究在教育和教学条件下学生的心理现象和心理发展的规律，因此具有自己的特点。教育心理学与教育学的关系也十分密切，因为教育工作是一项复杂而又细致的培养人的工作，要切实有效而又迅速地实现教育目的，使学生在德、智、体方面都得到发展，成为符合社会要求的人，还需要借助于教育心理学的指导，以深入发现和掌握学生的生理、心理的变化和发展的规律；并为明确某一教育阶段的培养目标选取教育内容和方法，提供心理学的依据。因此，教育心理学既不是简单地应用普通心理学的知识解释或说明教育和教学的现象，也不是把教育和教学过程当作心理活动的一般过程，而是要揭示在教育和教学的影响下，学生的外部信息与内部信息的交换过程和交互作用中所引起的机能系统的变化与控制的规律。教育心理学研究的对象，是在教育和教学影响下学生的心理活动及其发展规律，如学生掌握知识技能、道德规范及其个性形成等心理规律。学生本身的体质和心理发展的关系，以及学生和教师、学生与学生之间相互影响的心理因素，也是教育心理学研究的对象。

教育心理学是一门交叉性特点鲜明的学科，其交叉性的特点主要表现在：心理科学与教育科学的交叉，基础科学与应用科学的交叉，自然科学与人文科学的交叉。教育心理学的重点是把心理学的理论或研究所得应用在教育上。教育心理学可应用于设计课程、改良教学方法、激发学习动机以及帮助学生面对成长过程中所遇到的各项困难和挑战。

教育心理学的具体研究范畴是围绕学与教相互作用过程而展开的。学与教相互作用过程是一个系统过程，该系统包含学生、教师、教学内容、教学媒体和教学环境五要素，由学习过程、教学过程和评价/反思过程这三种活动过程交织在一起。由于世界各个国家的性质和社会制度不同，对于教育实施的观点和方法不完全一样，因而在教育心理学研究的内容和范围上，也就各有其特点，欧美国家的教育心理学研究的内容和范围一般是儿童发展的特点、特殊儿童的心理活动、学习心理、学习方法、学习辅导与心理卫生、学习心理结构与模式、教育的评价和心理测量以及教师心理等。中国则根据教育方针与教育目的、要求，着重研究学生的道德品质形成的心理过程及其规律，学习的性质、结构、模式及学习能力的培养，掌握知识和形成技能、技巧的心理过程，各门学科的特殊心理现象和现代化教学技术的心理问题，学生的体质与心理发展的相互关系，个别差异、个性发展、超常、低常及特殊才能的儿童心理特点，测量与评定的心理分析，教师心理，等等。

教育心理学是一门交叉学科。因此，教育心理学具有双重任务，既有教育学的性质任务，又会有心理学的性质任务。首先，研究、揭示教育系统中学生学习的性质、特点、类型以及各种学习的过程及条件，从而使心理学科在教育领域中得以向纵深发展；其次，研究学生的学习规律，设计教育体系，改革教育体制，优化教育系统，以提高教育效能，加速人才培养。

综上所述，高等职业教育心理学是教育心理学的一个分支学科，是研究高等职业教育教学情境中学与教的基本心理规律的科学，研究高等职业教育教学情境中师生教与学相互作用的心理过程、教与学过程中的心理现象。

第二节　高等职业教育心理学的研究意义

一、有助于提高师资水平

教师队伍建设的重点在于教师，而教师的素质既包括专业素质又包括育人素质。教育心理学是教育理论与技术的一个重要组成部分，不仅有助于提高教师的理论素养，而且有助于提高教师解决教育实际问题的能力。

二、有利于提高教育教学质量

高等职业教育心理学有助于高职教师更加深入地了解学生，提高教育教学的针对性。学习高职教育心理学，我们能够更深刻地理解有关教学措施的心理学依据，从而能更主动且科学地驾驭教学方法和教育手段，丰富自己的教学艺术，从而全面地提高教学质量。具体说，在实践层面，高等职业教育心理学可以帮助教师准确地了解问题，为实际教学提供科学的理论指导；帮助教师预测并干预学生；帮助教师结合实际教学进行研究。

三、有助于进行教育教学改革

纵观国内外成功的教育教学改革，主要是以教育心理学为支撑。最典型的是 20 世纪五六十年代涌现的世界三大教育改革家，分别是美国的布鲁纳、苏联的赞科夫和德国的瓦根舍因（其本人就是心理学家）。学习高等职业教育心理学，有利于提高教师的辩证唯物主义水平，提高高职教师自我教育的自觉性；有利于教师更好地对学生进行思想教育工作，搞好教书育人，并把教书育人提高到更科学的高度；有利于高职教师总结工作经验，自觉开展教育科学研究。

第三节　高等职业教育心理学的产生渊源及历史发展

高等职业教育心理学从属于教育心理学，高等职业教育心理学产生于现代，教育心理学则产生于 100 多年前的近代。

一、产生渊源

教育心理学在 19 世纪末才成为一门独立的学科，但历史上的许多教育家已能够在教育实践中根据人的心理状态有针对性地进行教学。中国古代教育家孔子就提出“不愤不启，不悱不发”的启发式教学方法。

古希腊的苏格拉底也提出“我不是给人知识，而是使知识自己产生的产婆”这样的教育心理学思想。教育心理学的产生，就是心理学与教育结合并逐渐形成一个独立分支的历史过程。19 世纪，随着心理学的发展，不少学者试图用心理学的观点来论证教育过程。

赫尔巴特是第一个明确提出将心理学作为教育学理论基础的学者。早在1806年，他就出版了《普通教育学》一书。该书试图用心理学的观点阐述教育的一些问题，特别是教学的理论问题。1835年，赫尔巴特又写了《教育学讲授纲要》，对前书所述的一系列教育心理学思想做了补充与发挥。赫尔巴特将心理学与教育相结合的尝试，对教育心理学的产生起了较大的推动作用。

继赫尔巴特之后，在教育工作中最早尝试应用心理学知识的是俄国教育家乌申斯基。他于1868年发表的《人是教育的对象》，在俄国教育心理学发展史上有重大的意义，而且对于世界各国研究教育心理学发展史学的工作都是不可忽视的重要著作。其后，俄国教育家卡普捷列夫于1877年出版了《教育心理学》一书，这是最早的以教育心理学命名的一部教育心理学著作。但由于它并没有提供一个独立的学科内容体系，因此，并不意味着教育心理学作为一个独立的学科从此确立了。

继前面几位先行者的心理学与教育相结合的尝试之后，类似的著作在其他各国不断出现，但这些著作多数是把心理学知识通过推论移植于教育，很少对实际的教育心理学问题进行研究。这类著作的主要贡献在于促使人们去关心教育心理学问题，但并不等于很好地解决了教育问题。

由此，在19世纪末20世纪初出现了提倡对儿童身心进行实验研究的“实验教育学运动”。“实验教育学运动”的倡导者是德国教育家莫依曼和拉伊。他们重视对儿童身心发展与改进教育方法的实验研究思想，深深打动了欧美的许多教育家和心理学家。在他们的倡导下，掀起了一场“实验教育运动”。这对后来教育心理学研究中测验与实验的应用、儿童身心的发展起了极大的推动作用。

对教育心理学产生做出突出贡献的是美国心理学家桑代克。他立志于用准确、精密的数量化方法研究和解决有关学习的问题。1903年，他写成《教育心理学》一书，后来扩展为三卷本的《教育心理学》。在该书中，桑代克创建了一个关于教育心理学的完整体系，从而正式确立了教育心理学作为一门独立学科的地位，标志着教育心理学的正式诞生。

二、历史发展

（一）教育心理学的起源

提出教育心理学化的人是克斯坦罗琦。捷克的夸美纽斯第一次明确提出教育必须遵循自然的思想。瑞士的裴斯泰洛奇提出“教育心理学化”。德国的赫尔巴特第一次明确提出把教学的研究建立在心理学等学科基础上。

俄国著名教育家乌申斯基于1867年出版《教育人类学》一书。桑代克1903年出版的《教育心理学》以学校情境详尽说明学习的概念，从而使教育心理学成为一门独立的实验科学体系，这是近代教育心理学的真正开端。1913年，桑代克的《教育心理学》扩展为三卷本，内容包括人的本性、学习心理学、个别差异及其原因三大部分。他提出的学习三大定律（效果律、准备律、练习律）及个别差异理论，成为20世纪20年代前后教育心理学研究的重要课题。桑代克把教育心理学研究的重点放在学习心理方面，导致了中国的教育心理学界长期把学习心理作为教育心理学研究的主要对象。

这是迄今为止我们所知道的最早正式以“教育心理学”来命名的一部教育心理学著作，使桑代克成为教育心理学这门学科的奠基人。

（二）教育心理学的发展阶段（20 世纪 20 年代到 20 世纪 50 年代）

20 世纪 20 年代以后，教育心理学汲取儿童心理学和心理测量方面的研究成果。20 世纪 30 年代以后，学科心理学发展很快，成了教育心理学的组成部分。到 20 世纪 40 年代，弗洛伊德的理论广为流传，有关儿童的个性和社会适应以及生理卫生问题也进入了教育心理学领域。20 世纪 50 年代，程序教学和机器教学兴起，同时信息论的思想为许多心理学家所接受，这些成果也影响和改变了教育心理学的内容。

在美国，学习理论成为这一时期的主要研究领域。20 世纪 20 年代以后，行为主义在动物和人的学习的研究上取得了重要的成果。杜威则以实用主义的“从做中学”为信条，对教学实践活动进行改革，对教育产生了相当深的影响。

在苏联，维果斯基强调教育与教学在儿童发展中的主导作用，并提出了“文化发展论”和“内化论”。苏联教育心理学家重视结合教学与教育实际进行综合性的研究，学科心理学获得了大量的成果。

在中国，1924 年廖世承编写了我国第一本《教育心理学》教科书。随后一些学者进行了一定程度的科学研究，但研究问题的方法和观点大都模仿西方学者，没有形成自己的理论体系。

（三）成熟与完善阶段（20 世纪 60 年代至今）

20 世纪 60 年代初，美国教育心理学家布鲁纳等人结合教育心理学理论与教育教学实际，强调为学校教育服务，发起了课程改革运动。人本主义心理学家罗杰斯也提出了以学生为中心的主张。随着信息技术特别是计算机技术的发展，美国教育心理学家围绕计算机辅助教学的条件和效果进行了大量的研究工作。20 世纪 80 年代以后，多媒体计算机问世，计算机辅助教学达到了一个新的水平。

苏联教育心理学家则注重教育心理学与发展心理学相结合的研究，最有代表性的是赞可夫的“教学与发展”的研究，推动了苏联的学制与课程改革。以巴甫洛夫的经典条件反射理论为基础的学习理论得到进一步的发展，列昂节夫和加里培林等提出了学习活动理论。

20 世纪 70 年代末，我国教育心理学繁荣发展。教育心理学家们自编了多本教材，同时，许多专家、学者结合我国教育实际开展了大量的实验研究，其中有些研究的规模、水平已接近国际先进水平。

巴甫洛夫学说传入中国以后，在 20 世纪 50 年代不仅影响了心理学的基本理论，也影响了教育心理学。巴甫洛夫的两种信号系统学说给教育心理学提供了新的理论根据，使教育心理学与自然科学相联系。第二信号系统学说的提出使儿童言语与思维的问题成为教育心理学研究的主要对象。

随着教育的不断发展，教育心理学的任务也不断增加，研究对象的范围逐渐扩大。教育心理学由初期偏重于学习心理的研究和学习律的讨论，并且大多集中于智育方面的问题，随着教育对人的全面发展的日益重视，越来越重视道德行为、道德情感以及审美情感的培养。

近代科学的发展，特别是近代生物学、人类学、社会学、医学及精神病学的发展都对教育心理学产生影响，促使它不断更新内容，以适应社会发展的要求。

中国把发展教育置于重要地位，教育心理学研究有着十分广阔的前景。

第四节　高等职业教育心理学的研究方法

高等职业教育心理学与教育心理学的研究方法一样，坚持在理论联系实际原则的指导下，采用观察法、调查访问法、自然实验法、实验室实验法等。比较切合实际的研究方法是开展实验研究，经常观察、记载心理现象、心理动态并进行分析，以加速认识学生在教育和教学影响下的心理活动的特点及其规律。

一、定量方法

测验分数和其他教育变量常常呈现正态分布，也许教育心理学的第一个重要的方法论创新就是发展和应用了查尔斯·斯皮尔曼的要素分析（factoranalysis），要素分析也是教育心理学家使用多重变量分析方法的一个实例。

二、定性方法

定性方法用于那些描述事件、过程和理论意义的教育研究，用于教育心理学的定性方法常常来自人类学、社会学或社会语言学。例如，人类学的民族志方法被用于描述课堂上的教和学。在这种类型的研究中，研究者作为参与观察（participant observation）者或被动观察者，收集详细的自然状态记录。然后，笔记和其他数据可以用“扎根理论”（或译“实地理论”，grounded theory）等方法来进行分类和解释。对多种数据资料进行“三角测量”的交互核对，在定性研究中有很高的价值。

个案研究（case study）是定性研究的一种形式，关注于某一个人、组织、事件或其他实体。

第二章 人的心理

第一节 人的心理构成

心理现象是人们最熟悉、最感亲切的现象。它无数次地发生在头脑中，并支配着行为，影响活动的成效。人的心理是由心理过程、个性心理和心理状态三方面构成的。

一、心理过程

心理过程是构成人的心理现象的最基本的方面。它由知、情、意三种过程构成。

（一）认知过程

认知过程是心理过程的基础，也是整个心理现象的基础。例如，人在清醒状态下，总会看见光亮、颜色，听见各种声音，尝到某些味道，闻到某些气味，感触到温、冷、压、痛。以上的视觉、听觉、味觉、嗅觉、触觉就是一种最简单的心理现象，这种关于大脑对事物个别属性的反映，统称感觉。当人们产生感觉时，往往会辨认出什么事物在引起我们的感觉。发出香味的是玫瑰花，鲜艳如火；迎风飘扬的是国旗；悠扬悦耳的是某支著名的乐曲。这种对事物的辨认叫知觉，是对直接作用于感官的事物的整体反映。在离开了事物的直接作用以后，原来看过的图形和听过的话语，仍然可以在大脑荧屏上恢复，如“历历在目”“言犹在耳”，这就是记忆的现象。人们不仅能回忆起自己经历过的场景，而且通过记忆原材料可以设想出自己从未经历过的场面。例如，施工人员可以根据图纸初步设想竣工以后的楼房形象；作家和导演依据所收集的素材，在自己的头脑中想象自己的作品中、舞台上的人物形象与宏伟场景，这就是想象。人们还能对那些没有或不可能直接作用于感官的事物的本质属性、内在联系、发展变化规律进行推算和预测。例如，根据出土文物情况推断过去的历史，根据现有的综合国力预测国家未来的发展进程和速度。这里的推算、预测，就是思维活动。

通过开展以上的心理活动，人们就能对事物的过去、现在和将来以及外部和本质进行全面而系统的认识，因此把它们统称为认知过程。

（二）情感过程

人们在认识客观事物时，会根据自身需要，产生种种态度体验，如有时赞成、有时反对、有时热情、有时冷淡或平静、有时快乐、有时忧虑，这就是情绪和情感。人和类人猿所共有的喜、怒、哀、惧被称为情绪。人所特有的高级情感如道德感、美感、理智感一般被称为社会性情感。

人们产生情绪或情感时，总是伴随内脏生理活动的激活与肌肉组织的改变。例如，愤怒时呼吸急促，血液循环加快，拍桌击掌；恐惧时血液循环减慢，四肢瑟瑟发抖；应激时血糖升高，肌体力量骤增；等等。内脏和肌体活动的变化不仅反馈给大脑并与认知结合起来，产生各种情绪体验，如激动、沮丧、悔恨，而且对外部行为活动起组织或瓦解作用。所以现代情绪心理学认为，情绪和情感是认知、体验、生理激活与行为共同结合起来的复合体，对人的一切活动起动机作用。最近几年，心理学界提出了一个相对于智商的新概念——情商（情绪商数），情商概括了智力以外的、以情绪为核心的大部分心理素质。情商影响人的生活的各个方面，如学习、工作、人际关系、爱情和婚姻等。

（三）意志过程

以认识为基础，以情感作动力，可以激发人的意志行动。比如，正确而深刻的认识，乐观的心情或受挫折的失望情绪，均可激发人的斗志，使人产生改变现状的动机和愿望，从而确立行动的目标和制订计划，并付诸实行。意志过程即这种自觉地确定目的，并根据目的来调节、支配自己的行动，克服各种困难，从而实现目的的心理活动过程。

知、情、意三种心理过程在头脑中的产生不是一蹴而就的，而是依据知识经验对信息进行加工处理的复杂流程。

心理过程也可以一分为二，即把认识过程叫意识，把情感和意志过程合并为意向。意识表示人在清醒状态下对客观外界的认识，是客观现象转化为主观知识、经验的活动。意向表示人对待客观现实的态度，是主观见之于客观的活动。

心理过程是人的心理现象中最基本的方面，为全人类所共有。此外，人的心理现象还有个人差异的方面，即个性心理。

二、个性心理

俗话说，人心不同，各如其面。因为每个人的先天素质不同，以及后天生活条件和所受教育不同，所以每个人的心理和行为总带有个人的特点，即个性心理特征和个性倾向性。

（一）个性心理特征

人人都有认识过程，但有的人反应快，思维灵活，记忆敏捷；有的人反应慢，思维灵活性不够，记忆力较差，这是人的基本能力的差异。

人人都有知、情、意三种心理过程，但是在产生的速度、强度和稳定性上，却各不相同，特别是在情感的产生与表现上，有的人的情感来得快，强度大，气势凶猛，但不稳定，一会儿就过去了；有的人不易动情，但情感一旦产生，便较深刻稳定，这就是人的气质差异。

人们在对人、对己、对事的态度与相应的行为方式上，也会有所差异。对别人是诚恳的、坦率的，或是虚伪、狡猾的。对自己是自恃清高的，或是谦虚的；是自信的，或是自卑的。对事是认真的、勤勉的、细微的，或是马虎的、懒惰的、粗枝大叶的。这就是人的性格特征。性格在现实生活中是复杂而辩证的多面体，像三棱镜一样，内容复杂丰富，不像文字描述的二分法，非此即彼。性格是个人很稳定的个性特征，不轻易被改变。因此了解一个人的性格特征，可以预测一个人在某种场合下将会做什么和怎样做。

（二）个性倾向性

个性倾向性是人的心理现象的最高层次。它指导、调节和推动人的整个心理和行为活动。其中，需要是人和环境保持动态平衡的一种心理状态，在个人感到欠缺或过剩时产生，从而实现一定目的。因此需要是人的积极性的源泉，是人产生这样或那样行为的根本原因。需要常新常青、健康合理，一个人的活力便永不枯竭，而且和环境保持最佳平衡。需要或欲求变态，人将产生问题行为或反社会行为。正当合理的需要不仅是个性积极性的源泉，也是心理健康和道德健康的源泉。动机是需要达到一定强度，满足需要的条件，并且时机成熟时，直接推动行为的动力。动机可以说是需要的转化形式。兴趣、理想、信念、世界观都可以说是需要的表现形式，并起动机的作用，而且决定心理和行为的方向与选择。

人的整个个性结构亦可划分为三个子结构，即动力结构（需要、动机、兴趣、理想、信念、价值观）、特征结构（能力、性格、气质）和调节结构（自我意识）。

三、心理状态

心理状态指个人在一段时间内的心理活动所出现的相对稳定状态。例如，思考过程中出现的灵感状态、迟疑状态、刻板状态、聚精会神的状态、注意涣散状态，产生情绪的过程中的心境状态和激情状态，产生意志的过程中的信心状态或犹豫状态。“春风得意马蹄疾，一日看尽长安花”就是人逢喜事精神爽时的一种良好的心境状态。

心理状态不是独立的心理现象，而是知、情、意心理过程的相对稳定状态。它既不像心理过程那样容易流动变化，也不像个性特征那样稳定持久。心理状态制约心理过程的效果，也在一定过程上影响个性特征的形式。例如，“漫不经心”这种心理状态不仅影响认知能力，而且经常反复出现，有可能成为很稳定的个性特征。

人的心理现象的三个构成部分——心理过程、个性心理、心理状态，不是机械堆砌和杂乱无章的，而是有机的组合，按一定规律活动着和发展变化着，构成一个人整体精神面貌。

第二节　人的心理实质

人的心理现象是如何产生和发展的？心理现象的共同本质属性是什么？一方面涉及树立科学的心理观、正确理解心理现象等问题；另一方面还涉及心理的定义，即“心理”是什么的问题。

早在远古时代，由于条件的限制，人们遭受自然的威胁，他们认为万事万物都受灵魂的支配，人的感知、思绪、梦境也不例外。唯心主义的心理观认为灵魂是一种不依赖于物体，从来都存在于宇宙中的永恒的理念。早期唯物主义者认为，心理活动是身体的一种机能，依赖于身体。

辩证唯物主义总结了人类的科学成果，阐明了客观现实、脑、意识三者之间的唯物辩证关系。现代心理学家遵照辩证唯物主义原理，以科学为依据，概括出一切心理现象共同的本质属性是脑的机能，是客观现实的反映，是行为的调控系统。

一、心理是脑的机能

就心理的物质本体而言，心理是脑的机能。

（一）脑是心理的物质载体

1. 神经系统是心理现象产生的物质前提

动物心理发展的历史表明，心理不是从来就有的永恒存在，而是物质发展到一定阶段所出现的物质属性。无机物、植物、单细胞动物都没有心理现象；多细胞动物具有散漫分布的网状神经组织，但还没有相对集中的神经索、神经中枢（见图 2-1），只能产生类似心理萌芽的感应性。最简单的心理现象——感觉，产生于有索状神经中枢的环节动物，如蚯蚓。实验证明，蚯蚓已经能建立最简单的条件反射，将蚯蚓放入阴暗潮湿的 T 字形通道内，训练蚯蚓从纵道而入，往右拐的地方没有电击装置，稍前一点放有粗糙的砂纸。通过上千次的训练，蚯蚓可以在身体接触砂纸时立即掉转方向爬行。这表明蚯蚓已经能建立信号性的条件反射，粗糙的感觉是疼痛感觉的信号。以后，随着动物的进化，神经系统和生活条件逐渐复杂化。到了灵长类的人猿科动物，它们的神经系统的头端——脑，无论在重量和外形上，还是在内部构造上，都接近人脑，心理水平也进入具体思维阶段，它们能通过顿悟和尝试，解决简单的问题。可见，心理现象随神经系统的产生而产生，随着神经系统的发展而发展，特别是随着脑的发展而发展。

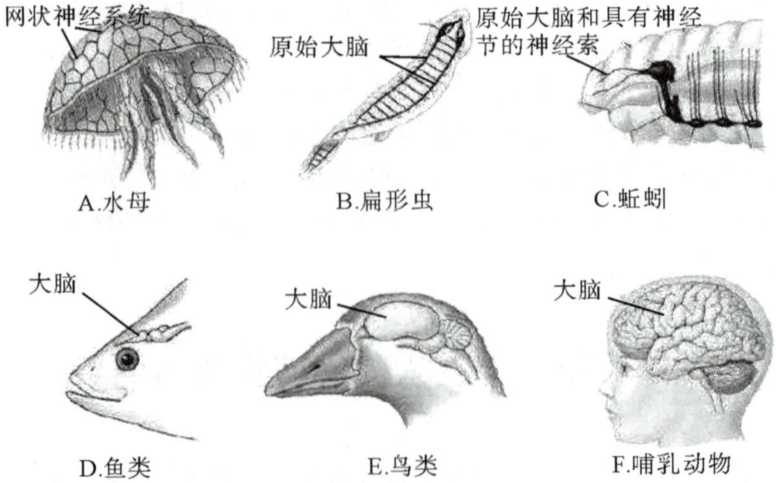

图 2-1　神经组织示例

2. 大脑是心理的最重要的器官

神经系统分中枢神经系统和外周神经系统。中枢神经系统是人体的“司令部”，由脑髓和脑（大脑和脑干）组成；外周神经是传递信息的通信网络，由传入和传出神经纤维组成。大脑是中枢神经系统的最高级部位，由140亿个神经细胞折叠成不规则的六层，分左右两半球，由连合纤维（胼胝体）相连。由于折叠，大脑两半球有许多凸起的回和凹下去的沟。其中最主要的沟和回是中央沟、顶枕裂（凹下去较浅较小的部位）、大脑外侧裂和中央前回、后回。这些主要的沟、裂、回把大脑割裂成几个主要区域：枕叶、颞叶、顶叶、额叶，这些区域是产生心理活动的主要部位（见图2-2）。

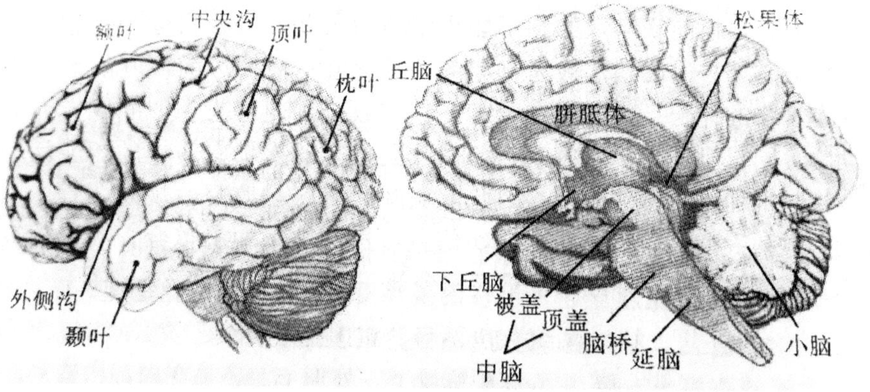

图 2-2 大脑构造

3. 脑的三个主要机能系统

心理是脑的机能。每种心理现象在大脑半球皮层上都有相应的代表中枢。了解脑的三个主要机能系统就是分析心理现象的动力定位问题（见图2-3）。

感觉机能系统包括外周感觉器官，传入神经，大脑皮层后半部（以中央沟为界）的顶叶、颞叶、枕叶等。体表感觉如温、冷、痛的代表区在顶叶的中央后回处。本体感觉如肌肉、关节的运动和位置的感觉代表区在额叶后部的中央前回处。听觉代表区在颞叶的颞横回处。视觉的代表区在枕叶的鲍状裂两侧。嗅觉和味觉的代表区尚未取得一致意见，一般认为嗅觉冲动主要投射于大脑半球边沿部分（与脑干邻近）的海马回一带，味觉冲动投射于中央后回的中下侧。内脏感觉的代表区在大脑半球的边缘、环绕胼胝体周围部分。总的来说，整个大脑半球后半部是各种感觉信息的加工整合系统。

运动机能系统包括大脑皮层中央前回、传出神经、动作效应器，负责执行中枢神经系统的指令，将运动冲动发到肌肉、关节和腺体中，使躯体行动起来。传出纤维除主要来自中前回以外，还来自被称为感觉区的中央后回，以及前额叶等广泛区域。因此，大脑皮层对有意识、有目的、有计划的行为的调节不限于中央前回的狭小区域，特别是前额叶的参与控制是必不可少的。

联络机能系统在大脑半球上除了包括感觉投射区和运动区以外，还有更广大的联络区。联络区分散存在于上述区域的附近和额叶的最前端。感觉联络区指各种感觉投射区邻近的大量的短轴联络神经元，其功能是组织进入感觉区的神经冲动，以便获得更精确的感觉信息。例如，红色灯光刺激传到枕叶视觉区，只能单纯地揭示红色的物理特性。至于红光表示的意义，如“停止”或“危险”，必须依靠附近的视觉联络神经元来揭示。听觉亦如此，如果听觉投射区附近的听觉联络神经元受到损伤，在接受外部声音刺激时，只能感觉到有声音，我们不能理解和判断是一种什么样的声音，即听而不闻。

运动联络区在运动区的附近，其功能是对运动方式和运动程序加以组织。以写字为例，如果运动联络区受损伤，病人仍能做书写状的动作，但却不能书写出他以前所熟悉的文字。

前联络区存在于大脑半球额叶的最前端的广大区域，在鲁利亚的“神经心理学”研究中，指出该区域在人形成意向、运筹规划和调节监督自己的活动中起决定性的作用。实验证明，损坏前联络区的狗不能集中精力去获取一个目标物，它对任何无关刺激物都起反应，如去追逐偶尔被风刮起的一片落叶；被损坏前额叶的猴子不能凭记忆去选择放有食物的杯子，正常的猴子却能够在数分钟内解决类似问题。人的情况显然不能和动物等同，但在病例中发现，前额叶受伤害的人仍有简单的智能活动，却不能从事综合性与推理性的思维活动。因此前额叶联络区是监督、规划、意志、创造和逻辑思维的中枢，大脑半球后半球的一切信息传送到这里加工整合，一切决策和指令从这里发出。前联络是中枢神经系统最高司令部——大脑半球的核心部位。

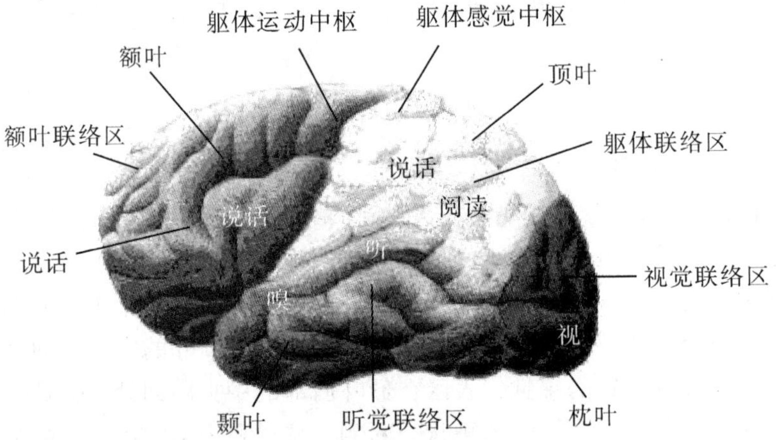

图 2-3　脑的机能

4. 大脑两半球的分工

大脑两半球的分工（见图 2-4），实际上是机能动力定位问题。长期以来，心理学一直把和语言、逻辑思维有关的大脑左半球叫优势半球，把和知觉、形象识别有关的大脑右半球叫非优势半球。美国斯佩里教授（Roger Wolcott Sperry）在“裂脑人”的研究基础上提出了大脑半球分工的新论点。首先，他改变了大脑两半球左优右劣的观念。他认为大脑左半球主管语言和逻辑思维，右半球主管知觉和形象识别，这是功能不对称之分，不是优劣之分。它们在多种多样活动中各具优势，或交互优势。其次，他改变了两半球功能对抗的观念。他用实验证明右半球也有语言理解功能，左半球也能识别形象和颜色。因此一旦某一半球受损害，其功能可以被另一半球补偿。生活经验也做了证明，上海曾发现一位姑娘，她小时候因脑部肿瘤切除了大脑右半球，现在仍能唱歌和绘画。

斯佩里的研究丰富和发展了大脑机能定位学说，荣获诺贝尔生理学或医学奖。

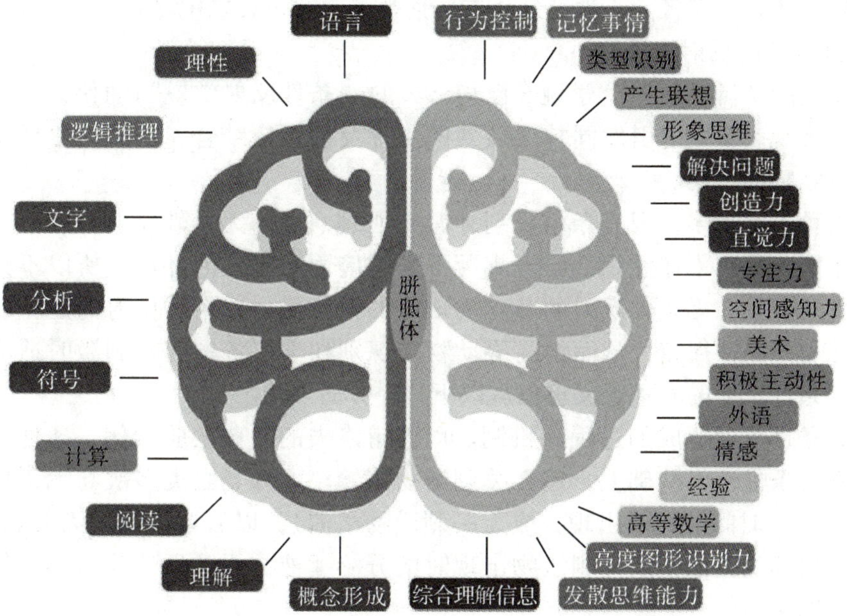

图 2-4 大脑两半球的分工

以上原理充分证明脑是心理的物质载体。

（二）心理是脑的反射机能

1. 反射概述

反射是有机体借助神经系统实现的，对一定刺激所做的有规律的回答活动。

反射在一定的神经结构里进行，实现反射的神经结构叫反射弧。它由五个部分构成：①感受器，即把刺激能量转化为神经冲动的换能器；②传入神经，即把感受器的神经冲动经过多次交换神经元传导到中枢神经系统；③反射中枢，即中枢神经系统内参与某一反射的神经元的总和；④传出神经，即把中枢神经的冲动经过多次交换神经元传导到效应器；⑤效应器，即参与反射并引起动作的肌肉、关节、腺体等组织。

反射弧（见图 2-5）并不是弧形装置，而是闭环装置。在效应器官里，即肌肉或关节中，有一种本体感受器，能将效应器官的活动状况和位置传入神经，反馈回中枢，使中枢对效应器的活动加以调整，使之不断完善和精确。

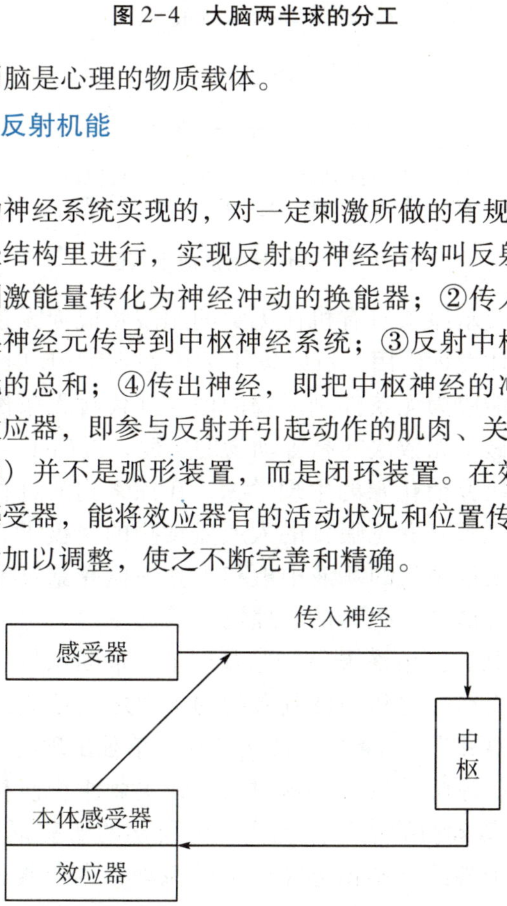

图 2-5 反射弧

反射弧的闭环装置使有机体自身行动的信息得以回收，使人的行为在中枢监控下能够自我矫正和自我完善。心理就发生在反射弧的中枢过程之中。

2. 心理现象的反射性质

谢切诺夫的“脑的反射”学说与巴甫洛夫的“条件反射学说”的伟大意义在于把心理现象与客观刺激物的引发同神经装置的生理反射紧密结合，从而使心理现象产生的方式得到唯物的说明。

反射的种类有很多，只有条件反射才具有心理意义。无条件反射是先天得来、不学而能的本能，可以不在意识、心理支配下去适应固定不变的环境，所以不具有心理意义。条件反射是在无条件反射的基础上形成的信号反射。条件反射的建立表示条件刺激物的信号意义被揭露，从而使高等动物在识别和学习各种信号刺激时适应变化多端的环境。条件反射的心理意义可以从以下几个方面说明。

第一，条件反射形成的过程和机制。以巴甫洛夫的经典实验为例，条件反射的形成过程是在无条件反射基础上，用无关刺激物如铃声、灯光之类多次与无条件刺激物如事物相结合（时间上同时出现，或无关刺激物稍前），以后单独出现无关刺激物时，也能引起有机体的类似无条件刺激物出现时的分泌唾液与吞咽反应，这样条件反射便形成了，见图 2-6。

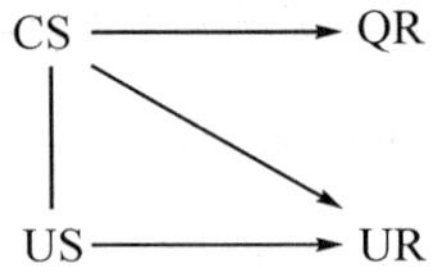

US：无条件刺激物　　UR：无条件反应
CS：无关刺激物　　QR：中性反应

图 2-6　条件反射形成示意图

条件反射的形成，表示原来对有机体无关的刺激物成为无条件刺激物的信号，代替无条件刺激物对有机体发挥作用。所以条件反射又叫信号反射。

无关刺激物为什么能成为无条件刺激物的信号并代替无条件刺激物的作用？巴甫洛夫为此沉思、设想，做了无数次的高等动物的实验，提出了“暂时神经联系”的原理。巴甫洛夫作为一个研究消化腺的生理学家，在探索狗的进食与唾液分泌时，发现一个有趣的现象，狗在饥饿时看见喂食的人或盛食物的空盘子，也能引起和进食相同的流唾液反应。巴甫洛夫设想狗的唾液中枢和视觉中枢究竟发生了什么样的神经活动过程，才使得它产生了类似“联想”的心理现象。

条件反射形成的机制。巴甫洛夫在实验基础上，推断条件反射的形成过程是，在大脑皮层上，在无条件反射中枢和条件刺激物的中枢之间拓通一条神经细胞之间的联系通路，叫“暂时神经联系”。当条件刺激物如铃声单独出现时，神经冲动会沿着这条通路流向唾液中枢，引起流唾液反应，这时候，无关刺激物便替代了无条件刺激物所起的作用，成为无条件刺激物的信号。现代脑电科学的研究证明了巴甫洛夫的推断。神经冲动不仅会沿着一个神经细胞做连续的电性流动，也会通过生物化学变化，跨越细胞之间的间隔，激活下一个神经细胞，使之产生冲动。也就是大脑不同区域之间的神经细胞之间，是能建立联系通路的。正是这些神经联系的建立，各式各样的条件反射才得以形成。

第二，条件反射既是生理现象，又是心理现象。这是苏联心理学界的观点。从条件反射形成的过程来看，暂时神经联系的接通是生理现象；从条件反射对人和动物所发挥的作用来看，条件反射对有机体起通知、预告作用，使有机体掌握刺激物的信号意义，因而它又是心理现象。

巴甫洛夫认为，条件反射是人类生活中最常见、最普通的事实。“月晕而风”“础润而雨”“谈癌色变”都是见微知著的信号活动，也是我们称之为“联想”的心理现象。条件反射学说把生理和心理统一起来，表明心理现象并不神秘，他的产生有其自然科学基础。

条件反射为人和动物共有，但人的心理和动物的心理有本质上的不同，人和动物的社会实践不同，大脑结构和信号反射系统也不同。

3. 两种信号系统

人的心理是两种信号系统的协同系统。

两种信号系统指第一信号系统和第二信号系统。两种信号系统划分的依据是信号刺激物的特点。凡是以直接作用于感官的具体事物为信号刺激物而建立的条件反射系统，被称为第一信号系统。凡是由语词作为信号刺激物而建立的条件反射系统，被称为第二信号系统。人在吃酸梅时，梅子的化学属性——酸味作用于味觉细胞，人产生唾液，这是无条件反射，没有信号意义。吃过酸梅的人，看见梅子的形状，视觉中枢与无条件反射中枢建立神经联系，也会分泌唾液。在这里，梅子的具体形状是梅子的化学属性的信号，所引起的条件反射活动即第一信号系统的活动。成语中的“望梅止渴”则是人的第二信号系统活动。

人的心理现象或条件反射是两种信号系统的协同活动。其中第一信号系统是第二信号系统的基础。例如，“木丫”一词在日语中是“书”的意思，没有学过日语的人没有将“木丫”和旧经验、书的具体形象建立过联系，也就是没有第一信号系统做支持，便不能识别它的信号意义，因而不能引起有关书的任何联想。反之，第二信号系统支配和调节第一信号系统活动。例如，动物或第二信号系统不够成熟的幼儿被火灼伤过，以后看见火光，便会产生躲避、逃跑等防御活动，这是第一信号系统活动。儿童、成人等看见火光后产生什么样的行动，受他们头脑中语词引发的第二信号系统所支配，在这里火光即是灼烧、危险的信号。由此第二信号系统对第一信号系统起支配和调节作用。

高等动物如灵长类中的人猿，它们大脑中没有人类的言语视觉细胞和言语听觉与动觉细胞，不可能有第二信号系统的机能活动，这是动物心理和人类心理本质不同的生理基础。借助语词和社会实践，人的心理才能超出感官范围，认识事物的本质。

脑是心理的器官，心理是脑的反射机能，但是没有客观现实作为源泉和引为刺激，心理是不会产生的。

二、心理是客观现实的反映

就心理现象的内容而言，它是客观现实的反映。

（一）客观现实是心理的源泉

人的心理、意识“不是从头脑中，而仅仅是通过头脑从现实世界中得来的”。客观现实可以划分为三类：第一类是天然现实，如日月星辰、气象变迁、陆地海洋、飞禽走兽等。这类是指人们生存的自然环境，只有同人们发生联系并被养成为认识对象时，才能起到心理的源泉作用。第二类是人造自然，或者说人类学自然，如楼房、铁路、飞机、大炮、计算机、宇宙飞船等，它们分布于人的周围，是人的心理的重要源泉。第三类是社会生活，如交往、学习、工作、生产等活动，体现人和客观现实的相互作用，是人对客观现实的把握。这类活动是人的心理最主要的源泉，决定着人性和动物性的区别。

人的心理，无论是简单的感觉或复杂的思维，就其内容而言，都可在客观现实中找到其源泉。即使是双生子，他们也会有个性差异。产生这种差异的原因为现实活动的影响，如交友等。

某些心理现象的内容，如想象成分，不管它如何荒诞和超脱现实，但构成它的原材料还是来自客观现实。小说中的人头鸟、猪八戒、孙悟空在现实生活中虽然找不出来，但构成人物形象的部分如人头、马身、猪头、猴头都是客观存在的。鲁迅先生说过：“天才们无论怎样说大话，归根结底，这是不能凭空创造。描神描鬼，毫无对证，本可以专靠神思，所谓‘天马行空’似的挥写了，然而他们写出来的，也不过是三只眼、长颈子，就是在常见的人体上，增加了眼睛一只，增长了颈子二三尺而已。”

最后应该强调的是社会生活条件是人类心理活动最主要的源泉，离开社会生活条件，如人际交往、学习、工作，与世隔绝，人即使有正常人的大脑，也不会有认得心理。以美国的津格（R. M. Zingg）为代表的人类学者研究了多位野生儿，将他们分为三类。第一类是刚生下来就脱离人类社会，被动物奶大的野生儿；第二类是被人类遗弃或迷入荒原，靠自己力量独自生存下来的野生儿；第三类是被丧失人性的人关起来，失去实践活动和社会交往能力的孩子。第一类、第二类野生儿都是在自然环境中存活，完全脱离人类社会环境，因而有的人不会思考，有的人的嘴不会说话，有的人的五官没有感受。第三类孩子虽然没有脱离人造自然（房屋、衣服、人类饮食），但由于被剥夺了交往、学习、工作等社会活动，17 岁被解放出来时，头大身小，智力极度低下，分不清自己的性别，不知道镜中人是自己的影子，仅能说几句简单的话。从这三类野生儿的个案分析可以看见，社会生活条件是人类心理的主要源泉。

客观现实是心理的源泉不等于客观现实移植于头脑中，心理是客观现实的反映而不是照镜子似的机械反映。

（二）心理是客观现实的主观映象

主观映象绝不是主观主义的臆测或任意附加，而是指心理反映的特点。

心理不是客观的物质现象，而是主观的观念现象。物质的特点在于它的客观现实性具有三维空间的形体和物质的功能。心理则是“物的复写、摄影、摹写、镜相”①，即物的映象。心理映象的内容仅和客观事物相类似却不等于事物本身，不具有物质的

---

① 列宁. 唯物主义和经验批判主义［M］. 中共中央马克思、恩格斯、列宁、斯大林著作编译局，译. 北京：人民出版社，1971：231.

形体性和功能性，而具有观念性和认识的功能性。当然，发生在反射弧中枢的心理现象，在一定条件下可以通过传出神经和效应器反作用于物，或者转化为物质。如果不认识到这点，“把物质和精神即物理的东西和心理的东西的对应当作绝对的对应，那就是极大的错误”①。

心理现象的主观性还表现在人对客观现实的反映总是发生在个别具体人的头脑中，受到个人已形成的主观世界的加工改造，带上个人的主观色彩。

每个人由于先天素质不同、知识经验不同、个性不同，对同一件事物的反映的选择角度也会有所不同。鲁迅先生指出不同的人读《红楼梦》，个人所关注的东西不尽相同，经学家看到“易”，道学家看到“玄”，才子佳人看到缠绵悱恻，浪子看到宫闱秘事，革命者看到排满。

同一个人在自身发展的不同时期，由于主观世界的变化，对同一件事的前后反映也不尽相同。俄国大文豪托尔斯泰说他年轻时初读司汤达的《红与黑》，不知所云，抓不住要领。当他参加了资产阶级的克里米亚战争之后，对资产阶级的罪恶有了亲身体会，再读《红与黑》时感受就深刻得多了。

同一个人在同一时期由于心理状态不同，对同一事物的反映也不完全相同。学生觉得考得不错，人家问考得如何，学生很乐意回答；如果觉得考得不好，别人这样发问，学生会感到十分厌烦，觉得别人在讽刺自己。这是主观心情变化所致。因此心理是客观现实的主观反映。

心理是客观现实的主观映象，并不表示人的心理生活的弱点。个性及知识经验参与当前的反映，才使人的心理多样化。试问如果一个人的心理生活不带上个性色彩，哪里谈得上丰富多彩呢？如果人的心理现象都像照镜子似的反映依次成功，那还有什么发展变化呢？

当然，主观映象也难免有片面错误的时候，我们只有通过实践进行检验和校正，才能达到主客观的统一。

三、人的心理是客观现实的积极能动的反映

人是负有历史使命的社会动物，决不消极地坐等客观现实作用于自己，而是在积极主动地接触、使用和改造客观现实的实践活动中去进行反映，并通过实践来检验、校正、发展和丰富自己的心理反映，同时实践活动受到心理的支配与调节。

由于人对客观事物的处理和应用，加上实践活动的不断深化，人们的反映内容也不断丰富和发展。由于实践活动的社会性和多样性，人们形成不同的个性特征。正如恩格斯所说：“人的智力是按照人如何学会改变自然界而发展的。”②

① 列宁. 唯物主义和经验批判主义［M］. 中共中央马克思、恩格斯、列宁、斯大林著作编译局，译. 北京：人民出版社，1971：245.

② 恩格斯. 自然辩证法［M］. 中共中央马克思、恩格斯、列宁、斯大林著作编译局，译. 北京：人民出版社，1971：209.

第三节　心理与行为的关系

一、人的行为

对于“行为”的概念，不同的心理学派有不同的解释。以麦独弧（W. Mcdougall，1909）为代表的策动心理学派认为，行为是由本能推动的一种活动。没有本能，人就像失去发条的钟表，像熄了火的蒸汽机，一切行为都会停止。把一切行为归之为本能，这是一种生物学的行为观点。以华生（J. B. Watoson，1913）为首的早期学派认为，行为是有机体对内外刺激所做的反应，而反应不过是腺体分泌和肌肉跳动。在他看来，把行为和刺激加以对照，调整刺激就能调整行为，心理等观念应该从心理学书籍中被排除出去。这是一种生物学的机械行为观点。以上两种观点都是否认心理对行为的调节和控制。早期认知学派——格式塔学派的勒温（K. Lewin，1936）认为，人的行为是人和环境全部事态的函数，意思是行为是由人和环境的关系决定的。但他偏向这种关系的单向影响，并用数字和力学的观点来解释人的行为，其观点仍然有一定的机械性。现代社会学习理论派的奠基人班杜拉（A. Bandura，1960）认为，人的行为是人和环境交互作用的结果，强调人、行为、环境三者的相互作用。很显然，班杜拉的行为观更辩证、更深入。

现代心理学在批判继承的基础上，认为行为是人在主客观因素影响下，根据需要，采取手段去实现目标的外部活动。行为与心理是两个不同的概念。心理是观念性的由外向内的转化活动，即客观世界内化为观念世界的活动。行为是物质性的由内向外的转化活动，即由观念世界外化为物质力量的活动。但心理和行为密切相关，心理是行为的支配和调控者；反之，行为状况通过反馈影响心理活动。外在刺激要控制和影响行为，必须通过心理作为中介。由于人的心理条件的差异，同样的刺激在不同人身上，或在同一人的不同情况下会引起不同的行为，因此人们的行为是极复杂的活动，不像行为主义学派理解的那样机械。

二、心理对行为的调控

（一）通过需要动机调控行为

需要是行为产生的原动力，动机是推动行为的直接原因，因而我们通过激发、培养或抑止、消除某种需要和动机来调控行为。

（二）通过认识活动调控行为

对于需要和活动的社会意义的认识与评价，以及对环境信息的认知和评价，是调控行为必不可少的心理因素。我们通过认知评价去调整不健康或不合理的需要和动机，促使健康行为的形成和巩固，通过对环境信息进行调查分析，保证行为的顺利进行。因此，矫正认知障碍、提高认知水平、构建科学的认知模式在行为调控中起着重要作用。

（三）通过情感和意志调控行为

现代心理学认为，情感、意志、性格作为非智力心理因素，在人的事业中有着举足轻重的作用，因而更是调控行为的关键因素。情感作为激活内脏与内分泌活动的心理因素，对行为起强大的推动作用。所谓“情之所终，性（兴趣）之所向”，正是此理。至于意志本身就是和行为相联系的心理成分，没有顽强的毅力，人就不能克服困难和忍受挫折，从而不能实现远大目标和完成宏伟任务。

第四节　心理发展的最高阶段——意识

一、什么是意识

意识是心理发展的最高阶段，是人类所特有的反映形式。

意识具有不同的水平、状态和内容。所谓意识水平，是指人在某一时刻，对自己的活动能够觉知的程度。处于非意识水平的活动，如脑电活动、内分泌活动和肝功能变化，是不可能被自己觉知的。当然，如果这些活动引起了效应，人们也许能觉察到；处于无意识水平的经验也很难为人所觉察。但无意识水平和非意识水平不同，无意识水平对人的知觉、记忆、动机和情绪会产生一定影响。“阈下知觉”反应，自动化了的自觉技能行为，没有意识到目的的冲动行为、病态幻觉、妄想，都是在无意识水平基础上产生的；处于前意识水平的经验或活动在一瞬间未被意识到，但很容易被意识到，大量的记忆资料和某些基本假设的操作都处于前意识水平上。

意识还具有不同的状态，如从睡眠状态到警觉的清醒状态。意识可分为被动的意识状态和主动的意识状态。前者指人任凭思想游荡，被动地观察自己头脑中出现的表象和情绪体验。后者指主动地操纵自己的心智活动，进行有目的地控制。意识又可分为正常的意识状态和异常的意识状态。这二者很难区分，但异常意识状态具有下列特征：认知能力降低、缺乏自我照料能力和辨别力，可能出现自我知觉或客体知觉异常，可能出现对规范和禁忌行为的自我控制能力的削弱甚至消失。

意识还具有一定的内容。意识的内容是极其多样化的。我们一般把意识的内容划分为客体意识和自我意识。前者指个人对周围世界进行有意识反映，后者指个人对自身及其内心世界进行有意识反映。

二、意识的特征

作为心理发展高级阶段的意识，其具有和动物心理不同的基本特征。

（一）意识的认识性

意识是具有一定内容的，其最重要的内容是关于周围世界的知识的总和。马克思把知识提高到意识存在方式的高度，意思是离开了知识，便无所谓意识了。“意识的存在方式和某个东西对意识来说的存在方式，这就是知识。”① 因而意识最重要的特征是

① 马克思. 1844年经济学—哲学手稿［M］. 刘丕坤，译. 北京：人民出版社，1979：123.

认识性，即借助于认识过程，人类不断丰富自己的知识；借助于感觉和知觉，在人的意识中，形成当时所感受的世界的感性图景；借助于想象，在意识中构成一种现时还不存在的形象模式；借助于思维，则可利用概括的知识来保证问题的解决；借助于记忆，使人们感知过、想象过、思维过的东西都能保存和恢复起来，使人的心理和行为连续成一个整体。如果认识过程中意识的任何一项遭受破坏，就不可避免地引起意识的混乱。

（二）意识的觉察性

人不仅能觉察到周围世界的存在，而且能觉察自己的存在，包括觉察自己的认识过程，觉察自己正在进行的情感体验，觉察自己的意志行为。同时，人还能觉察物我关系和人我关系，这就叫意识的觉察性。

意识的觉察性不仅是动物心理进化到人类心理所具有的特征，也是个体心理发展到一定阶段的标志。儿童发展心理学证明，两岁多以前的幼儿的心理发展水平较低，他们不能使用人称代词“我、你、他”，而是用第三人称（红红、蓉蓉、弟弟、妹妹）来称呼自己，因而也就不能区别自我和他人，更不能区分主体和客体。直到三岁前后，当幼儿能够正确使用人称代词，把人和我、物和我区别开来的时候，意识的觉察性才开始表露出来，并能用“我”作主语，也就是以我为主体进行自我评价与自我约束，如“我乖”“我不哭”“我要改”。

因此，意识的觉察性是通过言语加工、言语表达实现的，也就是当我们的心理活动被言语加工时，这种心理活动就成为意识活动了。

（三）意识的自觉目的性

人和动物最重要的差别是人的行为具有自觉目的性，动物的行为则只是本能地合乎目的性。所谓自觉目的的主要表现是预见。人在行动之前，借助言语机制，能形成活动的意向动机，确立目标，预见后果，采取决策，估计完成的过程以及采取必要的补救措施。因而人能够在改变主客观世界中打上意志和意识的烙印。例如，我们赞叹一项工程的浩大、壮观、宏伟时，常常也颂扬设计者和实施者的精神。

动物也能影响它们的周围世界，这种影响或改变是否是自觉目的性的表现呢？恩格斯曾经以希腊的一种野山羊为例说明动物行为的性质。野山羊啃光了一个区的全部树芽以后，会转移到另一个区域照样行事。野山羊终年奔波忙碌，决不留下存粮。人则不然，宁可忍受眼前饥饿，也要留下种子作更长远之用。动物的行动是不符合目的性的，即行为在先，目的在后，事先没有预见性，只能根据自身当时的生理状况和外界环境而进行；人的行为具有自觉目的性，即目的在先，行为在后。人能在行动之前预见后果，尽管预见的程度不同和预见时期不同，但总是要预见的，不完全根据自己当前的生理状况和环境影响处理事物。

（四）意识的社会制约性

从意识的起源看，意识是人类祖先在社会劳动中产生的，社会劳动使猿脑变成人脑，为意识的产生奠定了基础。同时，社会劳动是分工合作的集体劳动，直接促成了意识的目的方向性。人类祖先只有结成社会集体，才能同大自然做斗争，而意识的目的预见性只有在分工合作的集体中得以充分发展。比如，人的社会劳动惊扰了野兽，他们的行为没有同直接的结果——打死野兽相联系，但仍要认真去做，才能取得最后结果。这种认真负责的行为要求人类祖先认识到：我的行为和他的行为有关，他的行为和结果有关，因而我的行为也和结果有关。这就是一种最简单的有意识的认识与预料。

从意识的实现情况看，意识是在言语加工、言语表达的基础上实现的。离开言语，便无从产生意识的认识性、觉察性和自觉目的性。正是社会集体劳动使人类祖先到非说话不可的地步，即社会劳动把言语的生理机制固定在大脑皮层的结构中，使意识的实现具有物质依据。

从意识内容的来源和发展看，意识的内容为社会关系的总和。人的活动总要依据一定的社会地位，这个地位就是人在生产关系中的位置。人的行为、思想、情感都要服从于社会地位。这就是不同阶层、不同社会地位、不同历史时代的人的价值观、幸福观、事业观、职业观、婚恋观不尽相同的根本原因。

第三章 高职学生的心理发展

第一节　心理发展的特点及其影响因素

一、心理的发展及其主要特点

（一）心理发展的含义

所谓心理发展，是指个体从出生、成熟、衰老直至死亡的整个生命进程中所发生的一系列心理变化。在心理发展研究中，这一系列心理变化是在心理发展各个阶段中形成的具有一般特征（带有普遍性）、典型特征（具有代表性）或本质特征的变化，表现为个体随年龄的增长，在相应环境的作用下，整个反应活动不断得到改造，日趋完善、复杂化的过程，是一种体现在个体内部的连续而又稳定的变化。发展变化从出生到成熟大致体现在四个方面：活动从未分化向分化、专门化演变，活动从不随意性、被动性向随意性、主动性演变，从认识客体的外部现象向认识事物的内部本质演变，对主客观世界的态度从不稳定向稳定演变。发展通常使个体产生更有适应性、更具组织性、更高效和更为复杂的行为。

心理发展存在人的一生中，其中儿童青少年的心理发展尤为重要，既是传统心理发展研究中被着重关注的发展阶段，也是教育心理学研究和学校教育最为关注的阶段。

（二）心理发展的阶段划分

心理发展和年龄有联系，体现为个体的年龄特征，年龄是时间的标志，代表一定的时期和阶段，因此，心理发展阶段的划分按个体年龄进行。而不同的研究者在划分年龄阶段时，可能会依据个体身心发展的不同方面进行划分，比较典型的有：以生理发展作为划分标准，以智力发展作为标准，以个性发展作为标准，以活动特点作为划分标准，以生活事件作为划分标准，等等。每种标准划分出来的年龄阶段有所差异，但也有内在的一致性。我国心理学家根据这种内在一致性，按照个体在一段时间内所具有的共同的、典型的心理特点和主导活动，将个体的心理发展划分为 8 个阶段，分别为：乳儿期（0~1岁）、婴儿期（2~3岁）、幼儿期（4~6岁）、童年期（7~12岁）、少年期（13~15岁）、青年期（16岁~25岁）、成年期（26~65岁）、老年期（66岁及以后）。

我国中小学生的年龄跨度一般为6~19岁，因此中小学生的心理发展阶段包含了童年期、少年期以及青年期的前半段。

（三）心理发展的主要特点

1. 心理发展的连续性和阶段性

儿童心理发展是一个不断由量变到质变的过程。这种从量变到质变的过程使儿童心理发展表现出既有连续性又有阶段性的特征。当某一种心理活动在发展变化中未表现出质变时，它就正处在一种量变的积累过程，这种心理变化在未达到新质变之前进行的孕育新质变的量变过程，被称为心理发展的连续性。心理发展的连续性表现出个体心理的发展是一个持续不断、渐进的变化过程。同时，心理变化遵循一定的发展顺序，要依次经过不同的时期，同时每一时期又有相对固有的特性，这就是心理发展的阶段性。

2. 心理发展具有一定的方向性和顺序性

心理发展总是指向一定的方向并遵循确定的先后顺序。比如，儿童体内各大系统成熟的顺序是神经系统、运动系统、生殖系统。儿童动作的发展严格遵循从上到下、从中心到外周的原则。儿童先会辨认上下，后会辨认前后。

3. 心理发展的不平衡性

个体从出生到成熟体现出多元化的模式，既表现为不同系统在起始时间、发展速度、达到的成熟水平方面存在差异，也表现为同一机能系统在发展的不同时期有不同的发展速率。从总体发展趋势来看，幼儿期出现第一个加速发展期，然后是儿童期的平稳发展，到了青春发育期又出现第二个加速期，然后再是平稳发展，到了老年期开始出现下降。

4. 心理发展的普遍性与差异性

人类心理发展的规律具有普遍性，与此同时，个体心理发展在发展的进程、内容、水平方面又具有千差万别的特殊性，各种特殊性成为心理发展的差异性。例如，有的人记忆能力强，有的人想象力丰富；有的人性格沉稳内敛，有的人活泼好动；有的人擅长逻辑推理，有的人擅长形象思维；有的人早慧，有的人则开窍较晚。这些个体差异性构成了多彩的人类世界。

5. 发展的关键期

奥地利动物习性学家劳伦兹（K. Z. Lorenz）在对动物行为进行研究时发现，动物通常将出生后第一眼看到的活动对象当作自己的母亲，并对其产生依恋反应，这种现象被称作印刻现象（imprinting）。心理学家认为这种印刻现象是动物认亲的关键期（critical period）。关键期最基本的特征是：它只发生在生命中一个固定的短暂时期，比如小鸡的“母亲印刻”（见图3-1）的发生是在出生后的10~16小时，小狗则是在出生后的3~7周。

根据从动物到人类演化延续性的设想，心理学家认为，人和其他动物一样，某些心理和行为的发展具有关键期，如果在关键期内给予个体适当的刺激，可以促使其心理和行为得到更好的发展；反之，则会阻碍发展甚至导致心理和行为的缺失。印度“狼孩”卡玛拉可以作为一个关键期缺失的典型案例。卡玛拉从乳儿时即脱离人类社会生活，与野兽为伍，错过了发展人类言语的时机，丧失了言语能力，8 岁时卡玛拉回归人类社会生活后，虽经精心教养，言语能力始终难以恢复，到 17 岁时她的智力只相当于正常 3 岁儿童的水平，仅学会 50 个词汇，能讲简单的话。但是，“狼孩”卡玛拉的案例是极其特殊的，因而有研究者认为关键期缺失对个体发展所造成的负面影响通常在极端的情况下才难以弥补，对大部分人类个体的心理和行为发展而言，也许用敏感期（sensitive period）这一概念更为合适。敏感期是指某个心理功能或行为在迅速形成与发展时期对外界的刺激特别敏感。使用关键期这一概念时，通常意味着缺失了关键期内的有效刺激，会导致个体心理和行为发展出现难以通过教育和训练改进的缺憾。但敏感期这一概念更倾向于认为，即使错过这个时期，某种心理功能和行为产生和发展的可能性仍然存在，只不过可能性相对更小，其形成和发展比较困难而已。部分心理发展关键期见表 3-1。

图 3-1　劳伦兹和小鹅

表 3-1　部分心理发展关键期

0~3 个月	光感的敏感期
0~4 岁	形象视觉发展的关键期
4~7 个月	味觉发育的敏感期
4~6 个月	吞咽咀嚼关键期
4~12 个月	口腔的敏感期
6~12 个月	手臂发育的敏感期

表3-1(续)

8~9 个月	分辨大小、多少的关键期
7~10 个月	爬行的关键期
10~12 个月	站走的关键期
1~2 岁	大肌肉发育的敏感期
2~3 岁	口头语言发育的关键期
3 岁	培养性格的关键期
4~5 岁	书面语学习关键期
5 岁以前	音乐学习的关键期
5 岁左右	掌握数概念的关键期，也是儿童口头语言发展的第二个关键期
5~6 岁	掌握语言的词汇能力的关键期
10 岁以前	外语学习的关键期
10 岁以前	运作机能掌握的关键期

二、心理发展的影响因素

影响人类心理发展的因素有很多，但概括起来，主要有遗传、环境以及个体的主观能动性三个方面。这三个方面的影响因素相互联系，交织在一起，共同作用于人类心理发展。

（一）遗传因素

遗传是指人从先辈那里继承下来的生理解剖上的特点，如机体的结构、形态以及感官和神经系统的特征，特别是脑机能的特点等。这些遗传的生理特点也叫遗传素质，是人的身心发展的物质基础和自然条件。遗传对个体心理发展的影响主要有以下几个方面。

1. 遗传素质是人类心理发展的生理前提，为心理发展提供了潜在的可能性

遗传素质是人的身心发展的生理前提，没有正常的遗传素质，任何发展都是不可能的。例如，一位先天失明的孩子，与视觉相关的所有心理发展都不可能完成；唐氏综合征患儿，无论后天提供的教育条件如何优越，其智力水平也无法达到正常水平。遗传素质也为人的心理发展提供了潜在的可能性，以脑为核心的神经系统是人类在进化过程中保存下来的生存发展的优势，为人类在后天环境中的学习提供了生理基础的保障，也为人的发展的各种可能性提供了有力支撑。

2. 遗传素质的生理成熟程度制约人的心理发展过程以及阶段

生理成熟是一个过程，有阶段性和规律性，因此人的身心发展也呈现与之相应的阶段性和规律性。美国心理学家格塞尔（A. Gesell）的“双生子爬梯”经典实验证明了这种一致性的存在和重要性。在实验中，格塞尔让双生子之一 A 从 46 周起每天做 10 分钟爬梯训练，连续 8 周。到第 54 周，A 能熟练地爬上 5 级楼梯。在这期间，双生子中的另一位 B 不做爬梯训练，而是从第 53 周才开始进行爬梯训练。两周以后，B 不用旁人帮忙，就可以爬上 5 级楼梯（见图 3-2）。该实验说明了当生理的成熟度达到一定

程度时，给予适当刺激，就会使相应的心理发展顺利完成。如果生理的成熟程度不够，即使给予刺激，相应的心理发展也并不会如期望的那样更快、更高效地完成。

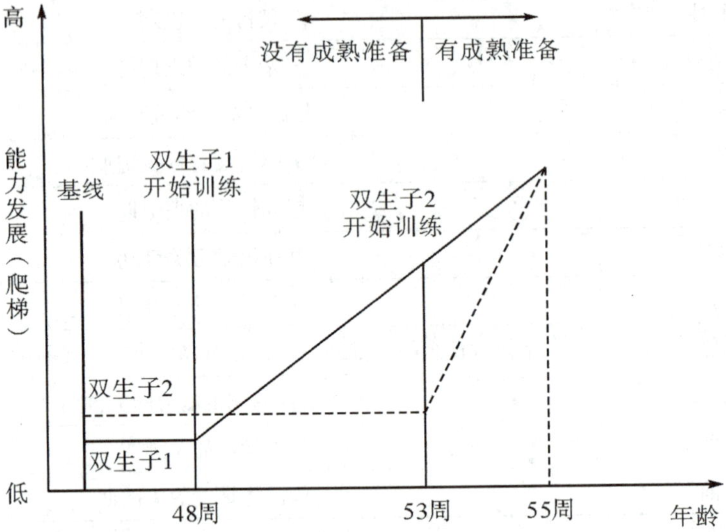

图 3-2　格塞尔双生子爬梯实验

3. 遗传素质奠定了儿童心理发展个别差异性的最初基础

不同个体的遗传素质是存在客观差异的。每个人表现出来的能力水平和个性特征在一定程度上受遗传因素的影响，也会呈现差异性。遗传对个体差异性的影响主要表现在两个方面：一方面是在生理上，遗传控制个体的先天解剖结构和生理机能致使不同的人在机体构造、形态、感官、神经上呈现差异，即使是同卵双生子，他们的基因100%相同，但是在机体的构造和机能上也会有不相同之处。另一方面是心理上，遗传会给个体的能力发展和性格气质的形成带来一定影响，是人们心理状态各不相同的自然前提。例如，个体的气质类型就会受到其神经活动类型的影响，使婴儿出生后存在个体的差异。

4. 遗传对个体的心理发展的影响不能被片面夸大

遗传对人的身心发展的作用只限于提供物质的前提，提供发展的可能性，不能决定人的发展。如果离开了后天的社会环境和教育，遗传提供的可能性并不会转化为现实。在正确分析遗传在人的发展中的作用的同时，我们要反对形形色色的遗传决定论。在遗传决定论者看来，人的知识、能力和个性等如同他的眼睛、牙齿和手指一样，是自然赋予的，是先天得来的，教育和环境对其是无能为力的。也就是说，人们的遗传素质决定一切。遗传决定论者完全用生物学的观点分析人的发展，否定社会环境对人的发展产生的巨大影响，贬低教育的巨大作用，是极其片面的，如果我们在实际教育活动中秉持这样的观点，会对个体的心理发展产生不利的影响。

（二）环境因素

环境，即围绕在人们周围，对人的发展产生影响的外部世界，包括自然环境和社会环境两个方面。

自然环境是人赖以生存与发展的物质基础，为人的生理及其机能的发育提供必需的能量和空间。在生产力水平固定的情况下，自然环境在一定程度上决定了人的生活方式与生活质量，进而影响人的发展水平。在过去，自然环境对人的心理发展的影响不被重视，但实际上其对人的兴趣、性情和性格的影响还是比较大的。例如，德国人和意大利人给人的印象是有区别的。德国人性格多具有严肃、冷静、理性、严谨的特点，近代德国出现了许多著名的哲学家和科学家。意大利人浪漫、奔放、热情、感性，多出现艺术家和设计师。这两个国家的民族性格产生差异的原因就包括自然环境的影响。德国所在之地气候寒冷，土地贫瘠，多山地，长期以来生存条件较差，因此形成德国人务实、内省、理性的性格特点。而意大利面临地中海，长年阳光灿烂，气候温暖，海风吹拂，拥有众多港口，与其他地方的交流往来便捷频繁，所以意大利人具有热情、奔放的性格特点。

但在人的心理发展中，社会环境还是起着更为主导的作用。社会环境是指人类在自然环境基础上创造和积累的物质文化、精神文化和社会关系的总和，主要包括人类赖以生存和发展的物质条件、人与人之间复杂的社会关系以及社会意识形态等，如社会生产力发展水平、社会制度、民族文化、风俗习惯、教育、社会风气、流行思潮、家庭等。社会环境为个体的心理发展提供了现实条件，其中学校教育和家庭对人的心理发展的作用最为直接、全面和重要。

1. 家庭对个体心理发展的影响

家庭对个体心理发展的影响是多方面的，家庭的经济条件、社会地位、氛围、人员构成和父母的人格特点、教养方式及亲子关系等都能对个体的心理发展产生影响。通过对没有家庭生活的儿童的发展特点和在不同教养方式下成长的儿童的发展结果进行研究，我们可以更具体和深入地认识家庭对个体心理发展的重要影响。

心理学家墨森（P. H. Mussen）等总结了早期进孤儿院的孩子的发展状况，认为这些孩子与一般孩子相比有三个方面差异。孤儿院的孩子明显更爱闹事（如脾气暴躁、欺诈偷窃、毁坏财物和攻击他人），更依赖大人（过度寻求关注，寻求不必要的帮助），更散漫和多动。研究者发现，与生长于正常家庭环境的孩子相比，生活在孤儿院的孩子往往缺乏认知和社会性刺激，也缺乏应答性反应，因而造成情绪与社会性方面的缺陷，并且会一直持续到成年以后。

家庭中父母的教养方式对个体心理发展的影响也十分显著，父母的教养方式可以分为权威型、专制型、溺爱型、忽视型四种。

（1）“权威型”父母——高要求、高反应。

这类父母对孩子的要求方面有适当的“高”和“严”，有明确合理的要求，会为孩子设立一定的行为目标，对孩子不合理的任性行为做出适当的限制并督促孩子努力达到目标；同时，他们并不缺乏父母应该有的温情，能主动关爱孩子，能够耐心地倾听孩子的述说，而且能晓之以理、动之以情，激励孩子自我成长。这类父母施行“理性、严格、民主、关爱和耐心”的教育方式。在这样的教导之下，孩子会慢慢养成自信、独立、合作、积极、乐观、善社交等良好的性格品质。

（2）“专制型”父母——高要求、低反应。

这类父母会拿自己的标准要求孩子，而没有意识到过高的要求对孩子的个性是一种变相的扼杀。他们不能接受孩子的反馈，对孩子缺乏热情和关爱，要求孩子无条件服从，不能及时鼓励和表扬孩子。在这种“专制”下，孩子容易形成对抗、自卑、焦虑、退缩、依赖等不良的性格特征。

(3)“溺爱型”父母——低要求、高反应。

这类父母对孩子充满了无尽的期望和爱，无条件地满足孩子的要求，但他们很少对孩子提出要求。随着年龄的增长，这些孩子会形成依赖、任性、冲动、幼稚、自私等性格特征，做事没有恒心、耐心。

(4)“忽视型”父母——低要求、低反应。

这类父母不关心孩子的成长，他们不会对孩子提出要求和行为标准，对孩子冷漠，缺少对孩子的教育和爱，导致孩子自控能力差，对一切都采取消极的态度，还会有其他的不良心理特征。

“专制型”教养方式会导致儿童缺反独立思考的能力，做事优柔寡断，心理上容易产生抑郁和焦虑，缺乏学习的灵活性；“溺爱型”教养方式会使儿童缺乏创新能力，影响儿童的创造性思维和个性发展；“忽视型”教养方式会使儿童学习注意力转移，如果得不到有效的引导，孩子将会荒废学业；“权威型”教养方式会使孩子思维活跃、富有想象力、自控能力强、做事有主见，并且能够听取意见，能积极改进，学习灵活刻苦，善于和同学交流。因为这种“权威”体现了两层含义，一是体现父母对孩子的要求，即“权利”，父母具有养育孩子的义务，同时也有教养的权利；二是体现孩子对父母的反馈态度，即父母在孩子心目中的“威信”，因此在这样的教养方式下，家庭氛围、亲子关系、家庭成员的角色定位等都会处于良好有序的状态，自然有利于孩子心理的良好发展。

2. 学校教育对个体心理发展的影响

学校教育是由承担教育责任的教师和接受教育的学生共同参与和进行的，学校的教育具有极大的人为性，具有明确的目的，有指定的教育内容与活动计划，有系统的组织和特殊的教育条件。

学校教育按社会对个体的基本要求对个体发展的方向做出社会性规范，具有加速个体发展的特殊功能。学校教育目标明确、时间相对集中、有专人指导并进行专人组织的教育活动，此外，学校教育中个体处在一定的学习群体中，教育内容的多面性和同一学生集体中学生间表现出的个体差异性和发展水平的差别，有助于个体开发特殊才能以及发展个性功能。如果学校教育能正确判断人的最近发展区，这种加速作用将更明显、更富有成效。同时，学校教育，尤其是基础教育对个体发展的影响不仅具有即时的价值，而且具有延时的价值。学校教育的内容大部分具有普遍性和基础性，即使专门学校的教育内容，也属该领域普遍和基础的部分，因而对人的进一步学习具有长远的价值。

但也需注意，学校教育不是万能的，不能脱离遗传和社会环境而单独起作用，并且也要适应青少年心理发展的规律，要使教育对青少年身心发展真正起到主导作用，必须在理论上研究青少年心理发展的规律，在实践中遵循这些规律。

(三) 个体的主观能动性

环境和教育对人的身心发展的作用只是为人的发展提供了可能性或条件性的因素，要使这种可能性的因素变成现实性的因素，只能通过个体自身的身心的活动才能实现，因为人不是消极地、被动地接受外部环境的影响，而是具有主观能动性，是通过自身的活动去积极地、能动地反映外部环境的。

外部环境的客观要求只有转化为个体自身的需要，我们才能发挥环境和教育的影响。个体身心发展的特点、广度和深度主要取决于其自身的主观能动性的高低。在个体的发展过程中，人不仅能反映客观环境，而且也能改造客观环境以促进自身的发展。

人的主观能动性是通过人的活动表现出来的。离开人的活动，遗传素质、环境和教育所赋予的一切发展条件都不可能成为人的发展的现实。因此，从个人发展的各种可能变为现实这一意义上说，人的身心发展是通过活动来实现的，个体的活动是个体发展的决定性因素。

第二节　心理发展的基本理论

一、埃里克森的人格发展八阶段理论

（一）埃里克森关于人格发展的基本理论思想

埃里克森（E. H. Erikson）是美国著名的精神分析医生，是新精神分析派的代表人物，是美国现代最有名望的精神分析理论家之一。他认为，在人格发展中，逐渐形成的自我在个人及其周围环境的交互作用中起着主导的和整合的作用。每个人在生长过程中都普遍体验生物的、生理的、社会的事件的发展顺序，按一定的成熟程度分阶段地向前发展。在《儿童期与社会》这本书里，他提出了人的八个阶段以及每个阶段的发展任务（见表3-2），建立了自己的发展理论。

表3-2　埃里克森人格发展理论的八个阶段

1. 婴儿前期	0~2岁	信任、怀疑	5. 青少年期	13~18岁	角色同一、混乱
2. 婴儿后期	3~4岁	自主、羞耻	6. 成年早期	19~25岁	亲密、孤独
3. 幼儿期	5~7岁	主动、内疚	7. 成年中期	26~50岁	繁衍、停滞
4. 童年期	8~12岁	勤奋、自卑	8. 成年后期	51岁及以后	完善、失望及厌恶

埃里克森认为危机是划分每个发展阶段的特征，而此处的危机表示一个重要的转折点，每个阶段的危机都需要处于该发展阶段的个体去解决，并因此获得相应的发展结果。个体解决危机的办法可分为积极的解决办法和消极的解决办法。积极的解决办法有助于个体自我的加强，因而有助于形成较好的发展结果；消极的解决办法则会削弱个体的自我，阻碍个体的良好发展，产生不良结果。同时，某个阶段的危机的解决方式和产生的结果，对个体解决后一阶段的危机会产生重要影响。在某个阶段中积极的危机解决办法增加了作为下个阶段特征的危机得到积极解决的可能性，而在某个阶段中消极的危机解决办法降低了作为下一阶段特征的危机得到有效解决的可能性。

最后，在列出八个阶段前我们需说明一点。埃里克森认为在个体实际的发展过程中，解决危机的办法并非要么是完全积极的，要么是完全消极的。相反，他认为危机

的解决办法兼有积极和消极两种因素。只有在有利于积极解决的因素比消极因素所占的比率高时才能说危机被积极地解决了。埃里克森说，一旦某一阶段的特征危机得到积极的解决，那这个人的人格中就形成一种美德（见图 3-3）。

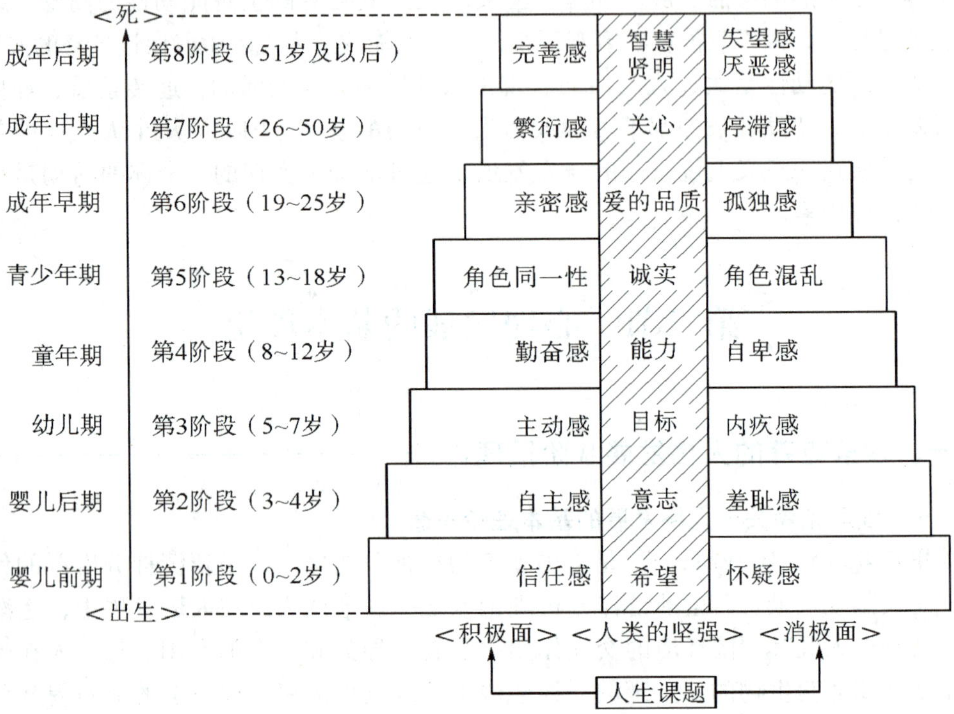

图 3-3 埃里克森人格发展八个阶段的危机解决结果、形成的人格品质

（二）人格发展的八个阶段

1. 婴儿前期（0~2 岁）

本阶段的危机表现为基本信任和不信任的心理冲突，如果这一阶段的危机得到解决，就会形成希望方面的美德；如果危机没有得到解决，就会形成胆小惧怕的品格特征。

这个阶段的个体最为孤弱，因而对成人依赖性最大，如果护理人，一般指母亲，能以慈爱和稳定、规律的方式来满足婴儿的需要，婴儿就会形成基本信任感。如果他们的母亲拒绝他们的需要或以不稳定、无规律的方式来满足他们的需要，儿童就会形成不信任感。因为如果母亲的护理是充满慈爱并稳定规律的，婴儿就会充分信任母亲，不会存在失去关爱的担心，因此，即使当母亲不在身边时，他们也不会有明显的焦躁不安情绪。

婴儿的首项社会成就是愿意母亲离开而不产生过分的焦虑和愤怒情绪，因为这标志着他不仅具有了一种外部的预见性，而且还发展出一种内在的信念。这种由慈爱和值得信任的母亲所带来的稳定、持续、一致的体验提供了一种基本的自我同一性意识。当婴儿形成的信任感超过不信任感时基本信任对基本不信任的危机方才得到解决。应当牢记，重要的是两种解决办法所占的比率。对任何人和任何东西都信任的个体必然会陷入困境。某种程度的不信任是积极的和有助于生存的。但是，信任感占优势的儿童具有敢于冒险的勇气，不会被绝望和挫折所压垮。

埃里克森认为，一旦某一阶段的特征危机得到积极的解决，那这个人的人格中就形成一种美德。美德是某些能够为一个人的自我增添力量的东西。在这个阶段中，如果儿童具有的基本信任超过基本不信任，就形成希望的美德。埃里克森把希望解释为“对热烈愿望的实现怀有持久的信念”（1964）。我们可以说，得到信任的儿童敢于希望，这是一个注重未来的过程，而缺乏足够信任的儿童一般不怀有希望，因为他们必须为需要是否能得到满足而担忧。

2. 婴儿后期（3~4 岁）

本阶段的危机表现为自主与害羞和怀疑的冲突，在这个阶段中，如果婴儿形成的自主性超过羞怯与疑虑，就形成意志方面的美德；如果危机不能被解决，就会形成自我怀疑的品格特征。

在这个阶段中，婴儿迅速形成许许多多的技能，如走、爬、推、拉和交谈等。换句话说，婴儿现在能“随心所欲”地决定做还是不做某些事情，因而婴儿从这时起就会面临自己意愿与父母意愿相互冲突的情况。此时，父母一方面需要按照社会规则履行控制婴儿行为的任务，另一方面又需要不伤害婴儿的自我控制感和自主性。因此，父母必须具有理智的忍耐精神，但仍然必须坚定地保证婴儿被社会许可的那部分行为的发展。如果父母过分溺爱，或者不公正地使用体罚，婴儿就会感到疑虑而体验到羞怯。“持久的良好愿望与自豪感发自没有丧失自尊的自我控制感，持久的爱疑虑和爱羞怯的倾向则来自丧失自我控制感和过度的外部控制。”（埃里克森，1963）

在这个阶段中，如果婴儿形成的自主性超过羞怯与疑虑，就形成意志方面的美德。埃里克森把意志解释为：“进行自由决策和自我约束的不屈不挠的决心，尽管在幼年期不可避免地要体验到羞怯和疑虑。”在此需要说明的是，作为危机积极解决的结果所形成的各种美德都是自我的功能。例如，希望和意志的美德对人生的价值具有某些影响，但它们很少影响人的生存。没有多少希望和意志美德的个人仍能生存，也就是说，这个人能够满足生物的需要，但他可能不及那些充满希望和具有意志的人们那样灵活，那样乐观，或总的说来，没有那么幸福。

3. 幼儿期（5~7 岁）

本阶段危机表现为主动对内疚的冲突，如果这个阶段的危机得到解决，就会形成目标方面的美德；如果危机不能被解决，就会形成自卑的品格特征。

在这一时期，幼儿能更多地进行各种具体的运动神经活动，更精确地运用语言和更生动地运用想象力。这些技能使幼儿产生各种思想、行为。在前两个阶段，个体已懂得他们是人，现在他们则开始探究他们能成为哪一类人。在这个阶段，幼儿检验了各种各样的限制，以便找到哪些是属于许可的范围，而哪些是不被许可的。如果父母鼓励幼儿的独创性行为和发挥想象，那幼儿会以一种健康的独创性意识离开这个阶段。然而，如果父母讥笑幼儿的独创性行为和想象力，那幼儿就会以缺乏自信心的情况离开这一阶段。由于缺乏自主性，当他们在考虑种种行为时总是易于产生内疚感，因此，他们倾向于生活在别人为他们安排好的狭隘的圈子里。

如果幼儿在这个阶段获得的自主性胜过内疚，就会形成目标方面的美德。埃里克森把目标解释为：“正视和追求有价值的目的的勇气，尽管这种目的曾被幼年的幻想、被内疚、被对惩罚的丢魂落魄的恐惧所阻挡。”随着儿童在前面三个阶段中所遇到的危机得到积极的解决，就获得了希望、意志和目的三个积极方面的美德。

4. 童年期（8~12岁）

本阶段的危机表现为勤奋与自卑的冲突。如果这一阶段的危机得到解决，就会形成能力方面的美德；如果危机不能被解决，就会形成无能的品格特征。

在这一阶段中，儿童会进入学校学习各种必要的谋生技能以及能使他们成为社会生产者所具备的基本知识。学校是培养儿童生存能力的场所，因为在大多数文化中，生存要求具备与他人合作的工作能力，因此社交技巧是学校传授的重要课程之一。儿童在这一阶段所学的最重要的课程是“体验以稳定的注意和孜孜不倦的勤奋来完成工作的乐趣”（埃里克森，1963）。在这门课程中，儿童可以获得一种为他在社会中满怀信心地同别人一起寻求各种劳动职业做准备的勤奋感。如果儿童没有形成这种勤奋感，他们就会形成一种引起他们对成为社会有用成员的能力丧失信心的自卑感。同这一阶段相联系的还有另一个危险，即儿童会过分重视他们在工作能力方面的地位。对这样的人说来，工作就是生活，因而他们看不到人类生存的其他重要方面。“如果他把工作作为他唯一的义务，把某种工作作为唯一有价值的标准，那么他也许会成为一位因循守旧的人，成为他自己的技术和可能利用他的技术的那些人的毫无思想的奴仆”（埃里克森，1963）。按照埃里克森的理论，在这个阶段里，必须鼓励儿童掌握为未来就业所必需的技能，但不能以牺牲人类某些其他重要的品质为代价。

如果儿童获得的勤奋感胜过自卑感，他们就会以获得能力方面的美德离开这个阶段。“能力是不为儿童期自卑感所损害的在完成任务中运用自如的聪明才智。”（埃里克森 1964）与以上论述过的其他美德一样，能力产生于爱的关注与鼓励。自卑感是儿童生活中十分重要的人物对儿童的嘲笑或漠不关心造成的。

5. 青少年期（13~18岁）

本阶段危机表现为自我同一性和角色混乱的冲突。如果这一阶段的危机得到解决，就会形成诚实方面的美德；如果危机不能被解决，就会形成无归属感方面的品格特征，为人冷漠。

埃里克森认为这个阶段为童年期向成年期发展的过渡阶段。在前四个阶段中，个体懂得了他是什么，能干什么，也就是说，懂得所能担任的各种角色。在这个阶段中，青少年必须仔细思考全部积累起来的有关他们自己及社会的知识，最后致力于某一生活策略。一旦他们这样做，他们就获得了一种同一性，长大成人了。获得个人的同一性就标志这个发展阶段取得了满意的结局。然而，这个阶段应当被看作一个寻找同一性的时期，而不是具有同一性的时期。埃里克森把这个时期称为心理社会的合法延缓期，他用这一术语表示青少年和成年期的间隔。如果青少年不能以获得同一性离开这个阶段，那他们就会以角色混乱或以获得消极的同一性离开这个阶段。角色混乱是以不能选择生活角色为特征的，这样就无限制地延长了心理的合法延续期，极可能变成一个缺乏责任感、轻承诺的人。消极同一性则是青少年总是被告诫不要学习不良行为时而形成的，因为这种告诫其实是预设青少年极易发展出不良行为，需要时时被告诫，而这可能反而强调了那些不良行为的存在，吸引青少年关注，甚至青少年会形成那些不良行为。例如，一位孩子的母亲对酗酒成性的兄弟充满了恨铁不成钢的感情，因此她会有选择地仅对他儿子有可能沾染酗酒恶习的那些特征做出重复甚至过激的反应，这种“消极的”同一性对她的孩子来说，超越了他内心要成为好孩子的积极同一性，导致他也许会努力成为一名醉汉（埃里克森，1959）。

如果青少年在这个阶段中获得了积极的同一性而不是角色混乱或消极的同一性时他们就会形成诚实方面的美德。埃里克森把诚实定义为：“使忠诚得到持久和保证的能力，尽管不可避免地存在价值体系的各种矛盾。”（1964）前面四个阶段为儿童提供了形成同一性的“材料”。在本阶段，个人必须同化这些“材料”。同一性的形成标志童年期的结束与成年期的开始。从这时起，生活是对自我同一性的彻底表现。既然个人“知道自己是什么人”，生活的任务就是引导自己圆满地渡过人生的其余阶段。

6. 成年早期（19~25 岁）

本阶段的危机表现为亲密与孤独的冲突。如果这一阶段的危机得到解决，就会形成爱方面的美德；如果危机不能被解决，就会形成混乱的两性关系。

埃里克森指出，唯有具备牢固同一性的人才敢于涉足与另一个人的亲密关系之中。具有牢固同一性的青年人会热烈地寻求与别人的亲密关系，他们热切和乐意把自己的同一性与其他人的同一性融合在一起。他已具备了与他人亲密相处的能力，也就是说，具备了成为伙伴关系成员所须承担义务的能力以及具备了为遵守这些义务而发展道德力量的能力，即使这些都需要付出巨大的牺牲和让步（埃里克森，1963）。没有形成有效工作与亲密能力的人会离群索居，回避与别人的亲密交往，因而就被孤立。埃里克森列举出为了有益于个人与社会而应当发展怎样一种亲密关系：①感情共鸣；②一个值得爱的伴侣；③异性；④能够并乐意与他/她分享相互的信任；⑤能够并乐意与他/她共同严格遵守工作周期、生殖周期、娱乐周期；⑥还应使后代在所有发展阶段安全满意地发展。

如果个人在这个阶段形成的亲密能力胜过孤立能力，他们就会形成爱方面的美德。埃里克森把爱定义为“双方对永久抑制遗传导致的分工作用的对抗性的相互献身”（1964）。

7. 成年中期（26~50 岁）

本阶段的危机表现为繁衍感与停滞感的冲突。如果这一阶段的危机得到解决，就会形成关心方面的美德；如果危机得不到解决，就会形成自私自利的品格特征。

如果一个人能很幸运地形成积极的同一性，过上富有成效的幸福生活，那么他就会力图把产生这些东西的环境条件传递给下一代。这可以通过与孩童（不一定是自己的孩子）提高直接的交往频率，或者通过生产、创造能提高下一代生活水平的那些东西来实现。繁衍这个概念包含了生产能力和创造能力这类更为通俗的同义词的含义，但是这些同义词都是不能取代它的（埃里克森，1963）。没有产生繁衍感的人是以“停滞和人际贫乏”为特征的（埃里克森，1963）。

一旦一个人的繁衍感比停滞感强烈，那么这个人会以关心的美德离开这个阶段。埃里克森把关心定义为“是一种对由爱，必然或偶然所造成结果的扩大了的关心，它消除了那种由不可推卸的义务所产生的矛盾心理”（1964）。

8. 成年晚期（51 岁及以后）

本阶段的危机表现为自我完善与失望的冲突。如果这一阶段的危机得到解决，就形成智慧方面的美德；如果危机得不到解决，就会形成失望和毫无意义感的情绪。

按照埃里克森的理论，只有回顾一生时感到所度过的是丰足的、有创建的和幸福的人生的人才会不惧怕死亡。这种人具有一种圆满感和满足感情绪。而那种回顾挫败人生的人则体验到失望。看起来似乎令人奇怪，但是体验到失望并不像体验到满足的人那样敢于面对死亡，因为前者在一生中没有实现任何重大的目标。

这八个阶段不但依次相互关联，而且第八个阶段还直接与第一个阶段相联系。换言之，这八个阶段以一种循环的形式相互联系。例如，成人对待死亡的态度会直接影响儿童的信任感。埃里克森相信："用这种说法——如果儿童的长者完美得足以不惧怕死亡，那么这些健康的儿童也不会惧怕生活——来进一步解释成人的完整与儿童之间的信任感似乎是可能的。"（1963）如果个人获得的自我完善胜过失望，那个体就以智慧的美德为一生的特征，埃里克森把智慧定义为"以对人生本身超然的关心，来面对死亡本身"（1964）。

（三）埃里克森人格发展八阶段理论与高职学生的心理发展

埃里克森的发展理论有着自己的特色，他提出的发展理论不是一个单维度的纵向发展观，即一个阶段不发展，另一个阶段就不能到来，而是多维度的，每个阶段实际上不存在发展不发展的问题，而是发展的方向问题，即发展的方向有积极和消极之分。同时这种积极和消极也并非绝对的、割裂的两极，而是构成了一个维度，发展的好坏可以在这个维度上得以判断和表现。根据人格发展八个阶段的罗列和阐述，也可见埃里克森不同于其他心理学家仅关注儿童婴幼儿阶段的心理发展，而是关注人的一生，认为心理发展贯穿个体整个人生。学习埃里克森的人格发展八阶段的理论，有助于对人的一生心理发展有完整的认识，同时也更深入了解各个阶段的发展特点以及各个发展阶段之间的关联。理论告诉我们个体为什么会成为现在这个样子，分析个体的心理品质哪些是积极的，哪些是消极的，在哪个年龄段形成的？从而给我们反思的依据，有助于我们更好认识、了解、把握高职学生的心理发展特点。

同时，埃里克森的人生发展八阶段理论为不同年龄段个体的教育实施提供了理论依据和教育内容，提示我们任何年龄段的教育失误都可能会给一个人的终生发展造成障碍。因此，其对我们向高职学生实施符合心理发展规律的教育具有很强的参考价值和指导意义。根据埃里克森划分的八个阶段，我们知道高职学生一般处在青少年期和成年早期这两个阶段，自我同一性的建立和亲密感的获得是学生在这两个阶段发展的主题，因此对于高职学生的教育，我们可以依照埃里克森阐述的这两个阶段发展中的积极方式来进行，帮助、呵护学生建立自我同一性，从而获得诚实和爱这两种美德。

二、皮亚杰认知发展阶段理论

（一）皮亚杰认知发展理论的基本思想

1. 儿童的认知发展

皮亚杰（Jean Piaget）是瑞士著名的发展心理学家。他的认知发展理论摆脱了遗传和环境哪一方对发展更具决定性的争论和纠葛，旗帜鲜明地提出内因和外因相互作用的发展观，即心理发展是主体与客体相互作用的结果。主客体相互作用主要表现如下：

第一，在心理发展中，主体和客体之间是相互联系、相互制约的关系，即两者相互依存，缺一不可。

第二，主体和客体相互转化的互动关系。先天遗传因素具有可控性和可变性，在环境的作用下，可以改变遗传特性。

第三，主体和客体的相互作用受个体主观能动性的调节。心理发展过程是主体自我选择、自我调节的主动建构过程。

2. 基本概念

皮亚杰认为智力的本质是适应，“智慧就是适应”“是一种最高级形式的适应”。他用四个基本概念阐述他的适应理论和建构学说，即图式、同化、顺应和平衡。

（1）图式，即认知结构。“结构”不是指物质结构，是指心理组织，是动态的机能组织。图式具有对客体信息进行整理、归类、改造和创造的功能，以使主体有效地适应环境。认知结构的建构是通过同化和顺应两种方式进行的。

（2）同化是主体将环境中的信息纳入并整合到已有的认知结构的过程。同化过程是主体过滤、改造外界刺激的过程，通过同化，加强并丰富原有的认知结构。同化使图式得到量的变化。

（3）顺应是当主体的图式不能适应客体的要求时，就要改变原有图式，或创造新的图式，以适应环境需要的过程。顺应使图式得到质的改变。同化表明主体改造客体的过程，顺应表明主体得到改造的过程。我们通过同化和顺应建构新知识，不断形成和发展新的认知结构。

（4）皮亚杰强调主体在认知发展建构过程中的主动性，即认知发展过程是主体自我选择、自我调节的主动建构过程，而平衡是主动建构的动力。平衡作为主体发展的心理动力，是主体的主动发展趋向。皮亚杰认为，儿童一生下来就是环境的主动探索者，他们通过对客体进行操作，积极地建构新知识，通过同化和顺应的相互作用达到符合环境要求的动态平衡状态。皮亚杰认为主体与环境的平衡是适应的实质。

3. 心理起源于动作，动作是心理发展的源泉

皮亚杰认为，心理既不是起源于先天的成熟，也不是起源于后天的经验，而是起源于动作，即动作是认识的源泉，是主客体相互作用的中介。最早的动作是与生俱来的无条件反射。儿童一出生就以多种无条件反射反应外界的刺激，发出自己需求的信号，与周围环境相互作用。随之而发展起来的各种活动与心理操作都在儿童的心理发展中起着主体与环境相互作用的中介作用。

4. 影响因素

皮亚杰将影响儿童心理发展的各种要素进行了分析，将之归纳为成熟、经验、社会环境、平衡化四个基本因素。

（1）成熟指的是有机体的成长，特别是神经系统和内分泌系统等的成熟。成熟的作用是给儿童心理发展提供可能性和必要条件。

（2）经验分为两种：一种是物理经验，另一种是数理逻辑经验。物理经验是关于客体本身的知识，是客体本来具有的特性的反映，是通过简单的抽象活动而获得的直接经验。数理逻辑经验是主体自身动作协调的经验。皮亚杰经常以一位数学家回忆童年时期获得这类经验的故事证明这一观点：在沙滩上玩石子，把 10 粒石子排成一行进行数数。发现无论从哪一端开始数，其结果都是 10。然后再把石子用不同的形式排列，

结果数出的数目仍然是 10。

（3）社会环境指社会互动和社会传递，主要是指他人与儿童之间的社会交往和教育的影响作用。其中，儿童自身的主动性是其获得社会经验的重要前提。

（4）平衡化这种认知发展的内在动力是影响认知发展各因素中最重要的、决定性的因素。平衡化的作用基于两个方面：其一，成熟、经验和社会环境三个因素的作用必须加以协调，这种协调作用正是平衡化的功能；其二，每一阶段的认知结构的形成和发展过程，都是连续不断的同化和顺应的自我调节活动过程，这种自我调节正是平衡化的实质所在。

（二）认知发展阶段理论

皮亚杰从逻辑学中引进“运算”的概念作为划分认知发展阶段的依据，这里的运算并不是形式逻辑中的逻辑演算，而是指心理运算，即能在心理上进行的、内化了的动作。经过一系列的研究，皮亚杰将从婴儿到青春期的认知发展分为感知运算阶段、前运算阶段、具体运算阶段、形式运算阶段四个阶段。

1. 感知运算阶段（0~2 岁）

这个阶段儿童的认知发展主要是感觉和动作的分化。初生的婴儿只有一系列笼统的反射，随后的发展便是组织自己的感觉与动作以应付环境中的刺激。通过不断的学习与训练，更多新的刺激和客体被同化到先天的反射中。到这一阶段的后期，感觉与动作才渐渐分化，思维也开始萌芽。手的抓取和嘴的吮吸是这一阶段儿童探索周围世界的主要手段。

从出生到 2 岁这一时期，儿童的认知能力也逐渐发展。一个很大的进展是儿童渐渐获得了客体永恒性，即当一客体从儿童视野中消失时，儿童知道该客体并非不存在了。儿童大约在 9~12 月获得客体永恒性，而在此之前，儿童认为不在眼前的事物就是不存在了，并且不再去寻找，客体永恒性是儿童后来开展认识活动的基础。

2. 前运算阶段（3~7 岁）

这个阶段儿童的各种感知活动图式开始内化为表象或形象模式，特别是语言的出现和发展使儿童日益频繁地用表象符号来代替外界事物，不再像感知运动阶段的儿童依靠实际动作对当前感知到的事物开展思维活动，但他们的语词或其他符号还不能代表抽象的概念，思维仍受具体直觉表象的束缚，难以从直觉中被解放出来。处于这一阶段的个体尚未获得认知运算，他们进行的是半逻辑思维。

这一阶段的个体具有泛灵论倾向，无法区分有生命的事物与无生命的事物，认为外界的一切事物都是有生命的，无生命的事物同样也具有情绪、动机等生命特征，如儿童说“你踩在小草身上，它会疼得哭”。

自我中心主义也是前运算阶段个体的认知特征，自我中心主义是指个体只从自己的观点看待世界，难以认识他人的观点，认为所有的人都有相同的感受，经常假定其他人都在分享自己的情感、反应和看法。皮亚杰的“三山实验”证明了个体的自我中心的倾向（见图 3-4）。

图 3-4　三山实验

前运算阶段儿童的思维具有不可逆性和刻板性，在注意事物的某一方面时往往忽略其他的方面，只注意事物变化的一个方面而不能同时注意事物变化的两个纬度。由于思维的不可逆性和刻板性等，这一阶段的个体尚未获得物体守恒的概念。守恒是指物体不论形态怎么变化，即使在排列和外观上发生了变化，其物质的量也保持相同。皮亚杰曾做过一个液体守恒实验（见图 3-5）。在实验中，向儿童呈现两只相同的玻璃杯，杯中装有等量的液体，在儿童确知两只杯中的液体是等量的之后，实验者把其中一杯液体倒入旁边一只较高、较细的杯子中，液面升高，然后问儿童新杯子中的水比原来杯子中的水多一些还是少一些，还是一样多。结果发现，大多数 3~4 岁的幼儿会回答“多一些”，因为他们只注意到了杯子的高度；5~6 岁的儿童处于守恒的转折阶段，他们似乎已经意识到必须同时考虑杯子的高度和粗细，但在比较时却出现困难；8 岁以后的儿童能够意识到一个维度的变化总是伴随着另一个维度的改变，水的总量不变。因此，皮亚杰认为，处于前运算阶段的儿童在思维上没有达到守恒。

图 3-5　液体守恒实验

3. 具体运算阶段（8~11 岁）

这个阶段的儿童认知结构包含了抽象概念，思维可以逆转，因而能够进行逻辑推理。儿童已经获得长度、重量、面积和体积等的守恒意识，能凭借具体事物或从具体事物中获得的表象进行逻辑思维和群集运算。但这一阶段的儿童的思维仍需要具体事物的支持，在形成概念、发现问题、解决问题上都必须与他们熟悉的物体或场景相联系，还不能进行抽象思维。

4. 形式运算阶段（12~15 岁）

这一阶段儿童的思维更具灵活性、系统性和抽象性，超越了对具体的可感知事物的依赖，使形式从内容中解脱出来，进入形式运算阶段。形式运算具有以下几个特征。

（1）命题之间关系。

本阶段个体的思维是以命题形式进行的。他们不仅能考虑命题与经验之间的真实性关系，而且能看到命题与现实之间的关系，并能推论两个或多个命题之间的逻辑关系。

（2）假设—演绎推理。

本阶段的个体不仅能够运用经验-归纳的方式进行逻辑推理，而且能够运用假设-演绎推理的方式解决问题。假设-演绎推理是先找出各种可能解决问题的方法，再系统地评价和判定正确答案的推理方式。他们能在考察问题细节的基础上，假设某种理论或解释是正确的，再从假设中演绎出从逻辑上讲应该或不应该出现某些经验现象。然后检验他们的理论，看这些预见的现象是否确实出现。

（3）抽象逻辑思维。

本阶段的个体能理解符号的意义、隐喻和直喻，能做一定的概括，其思维发展水平已接近成人的水平。

（4）可逆与补偿。

本阶段的个体不仅具备了逆向性的可逆思维，而且具备了补偿性的可逆思维。例如，对于“在天平的一边加一点东西，天平就失去平衡，怎样使天平重新平衡”的问题，他们不仅能考虑把所加的重量拿走（逆向性），而且能够考虑移动天平的加重的盘子使它靠近支点，即使力臂缩短（补偿性）。

（5）思维的活跃性。

本阶段的个体不再刻板地恪守规则，反而常常由于规则与事实不符而违反规则。对于这一年龄段的学生，教师和家长不宜采用过多的命令和强制性的教育方法，而应鼓励和指导个体自己做决定，同时对个体考虑不周的地方提出建议和改进的方法。

（三）皮亚杰的认知发展阶段理论与高职学生的心理发展

皮亚杰的认知发展阶段理论让我们了解 0~15 岁儿童认知发展的规律和特点，其中并未直接包括高职学生的发展年龄段，但仍有必要掌握该理论知识。一方面，认知作为个体心理的重要组成部分，我们对人的认知发展特点、规律有基本的认识，才能更为科学、完整地了解个体心理；另一方面，基于皮亚杰的理论，形式运算阶段的认知特点会在其发生后伴随个体的一生，因此高职学生的认知特点具有形式运算阶段的特点，无论是教育者还是高职学生自身，能了解这部分知识，对高职学生的心理发展是有益的。

第三节　高职学生心理发展的特点及教育

高职学生的年龄为 17~23 岁，从年龄方面看，高职学生处在成年初期的发展阶段。但因为一直处在学校教育当中，学生们的校外社会经验相对较少，扮演的社会角色单一，应承担的一部分社会责任、义务被合理延后，因此高职学生跟一般成年初期个体的心理发展特点还存在一定差异，更确切地说高职学生的心理发展处在青少年期向成年初期过渡的阶段，因此兼具了青少年期和成年初期的一些发展的特点。这两个阶段的发展特点在高职学生身上，有的良好糅合在一起，有的则表现出矛盾性，从而呈现出该群体特有的一些心理发展特点。

一、高职学生的思维发展特点

（一）高职学生逻辑思维的发展

高职学生思维发展的基本模式是由形象思维、抽象思维过渡到辩证思维，主要特点是思维逐步符号化。与具体运算阶段的儿童相比，高职学生发展了抽象的、科学的思维能力。高职学生思维的概括能力增强；能使用假设检验和更加一般的逻辑规则进行思考，不再借助于具体事物和事件；思维活动中的自我意识成分增多，思维的反省性和监控性明显提高；辩证思维能力增强，看问题不再那么绝对化；思维的创造性也迅速发展。

根据皮亚杰的认知发展阶段理论，高职学生处于形式运算思维及以后的认知发展阶段上，这个阶段的主要思维特点是，个体在头脑中可以把事物的形式和内容分开，可以离开具体事物根据假设进行逻辑推演，能运用形式运算来解决诸如组合、包含、比例、排除、概率及因素分析等逻辑课题。此时，高职学生的形象思维已完全发展成熟，抽象逻辑思维的发展也进入了成熟期，思维从经验型向理论型的转化完成标志着个体的抽象逻辑思维趋向成熟。因此，逻辑思维的发展是高职学生思维发展的重点。

按照思维中所遵循的逻辑规律与所用的逻辑方法的不同，逻辑思维可以分为形式逻辑思维和辩证逻辑思维两大类。形式逻辑思维和辩证逻辑思维是抽象逻辑思维的两个不同的发展阶段，辩证逻辑思维是以形式逻辑思维为基础，且高于形式逻辑思维。这两种思维形式的发展和成熟，是高职学生思维发展和成熟的重要标志。高职学生形式逻辑思维的发展较为稳定而匀速，而辩证逻辑思维的发展比较迅速。在此阶段的开端，个体的形式逻辑思维已获得相当完善的发展，在思维活动中占据主导地位，之后，辩证逻辑思维的发展水平将会逐渐超越形式逻辑思维发展水平。这两种逻辑思维的发展使得高职学生的思维水平更高、更成熟、更完善。

（二）高职学生思维监控的发展

随着年龄的增长，个体会对自己的思维过程进行不断的反思，因此高职学生思维活动中的自我意识和监控能力逐渐明显化。思维监控是指为了保证达到预期的目的，在思维过程中将思维个体作为意识的对象，不断地对其进行积极主动的定向、控制、调节的能力。思维监控的发展是青年个体思维发展的一个显著特点，也是其思维发展趋于成熟的一个标志。

思维的自我监控是整个思维结构的统帅和主宰。思维的自我监控有六大功能：①确定思维的目的；②管理和控制非认知因素，有效地保护积极的非认知因素，努力将消极的非认知因素转化成积极的非认知因素；③搜索和选择恰当的思维材料；④搜索和选择恰当的思维策略；⑤实施并思维的过程；⑥评价思维的结果，检查当前的思维结果是否与既定的目的一致，如果不一致，对前五种功能作必要的调整和修正，如此循环往复直到实现既定的目的。

辛诺特（Sinnott，1986）曾报告说，监控的使用扩展及思维过程的计划和监控实际是在元认知的探讨领域内。元认知监控是指主体在进行认知活动的过程中，将自己正在进行的认知活动作为意识对象，不断地对其进行积极而自觉的监视控制和调节的过程，因此，用元认知监控思想来解释思维监控是比较恰当的，因为思维是认知的一个核心部分。

一些认知发展研究者认为，随着年龄的增长，个体变得更加反思和自知，也就是自我意识和自我监控能力逐渐增强。因此，高职学生对自己思维的反思和监控是不断发展的。思维监控在整个思维活动中具有举足轻重的地位，高职学生能否全面地，有效地发挥思维的自我监控功能，决定着其思维的自我监控水平的高低；思维自我监控水平的高低会影响他们思维过程的效率和思维结果的优劣，进而也影响智力的个体差异。

二、高职学生的情绪发展特点

高职学生的情绪表现介于幼稚和成熟之间，随着高职学生心理能力的发展和生活经验的扩大，其情绪的感受和表现形式不再像以前那么单一了，但仍会不如进入社会后的成年人的情绪体验那么稳定，仍然会表现出两面性。

（一）情绪表现的两极性

1. 情绪的强烈性、狂暴性和温和、细腻性共存

高职学生的情绪表现有时是强烈而狂暴的，同样一个刺激，在他们那里所引起的情绪反应强度相对大得多，甚至达到震撼人心的程度。但高职学生的情绪表现也不是一味地强烈，有时也表现出温和、细腻的特点。情绪的温和性是指个体的某些情绪是在文饰之后，以一种较为缓和的形式表现出来。与之前发展阶段相比，高职学生已经积累了较多的经验，了解了不同的情绪在人际关系中具有不同作用的事实，因此，他们的情绪表达方式已收敛，并能适当控制某些消极情绪，或对某种情绪予以文饰，以相对缓和的形式表现。情绪的细腻性是指个体情绪体验上的细致的特点。高职学生已逐渐克服了情绪体验的单一性和粗糙性，情绪表现变得越发丰富和细致，而且，有些情绪感受并非直接由外部刺激引起，而是加入了许多主观因素。例如，一些学生在观看了一部影片之后，会长时间地沉浸在某种情绪之中，这种取向不单纯来自影片中的内容，还有相当一部分是通过他们的主观思考和想象派生出来的较为复杂的情绪体验。

2. 情绪的可变性和固执性共存

情绪的可变性是指情绪体验不够稳定，常从一种情绪转为另一种情绪的特点。情绪的这种特点一般是由情绪体验不够深刻而造成的，高职学生情绪尽管在表面上表现的强度很大，但体验的深度并不一定与之成正比，一种情绪容易被另一种情绪所取代。情绪的固执性是指情绪体验上的一种顽固性，由于学生在对客观事物认识上还存在偏执性的特点，因而带来了情绪上的固执性。例如，一些学生会因为几次挫折便完全陷入一种无助和抑郁的情绪之中，很长时间无法摆脱。

3. 内向性和表现性共存

情绪的内向性是指情绪表现形式上的一种隐蔽性，高职学生在情绪表现上已逐渐失去了那种毫无掩饰的单纯和率真，在某些场合，他们可将喜、怒、哀、惧等各种情

绪隐藏于心中而不予表现。情绪的表现性是指在情绪表露过程中，自觉或不自觉地带上了表演的痕迹。学生在团体中有时为了从众或其他一些想法，会给情绪加上一层表演的色彩，即在情绪的表露上失去了一定的自然性，带有造作痕迹。

（二）心境的变化

心理学家认为，人类个体要达到身心和谐，就必须完成心理整合过程。心理整合过程至少包括以下两个环节：

第一，持续性环节。通过这个环节个体能意识到现在的我是由过去的我发展变化而来的，自己的现在和将来的一切都是在过去的基础上发展起来的。

第二，统一性环节。通过这个环节个体能意识到自己是一个各方面统一协调的整体。

一般认为，个体要到25岁，甚至再晚一些，才能完成这种心理整合任务，从而达到心态的稳定和平衡，高职学生随其生理上发生的巨大变化，在心理整合的持续性环节和统一性环节都容易出现一些暂时的混乱，导致他们不能很好地接纳自己，出现一些消极心境。

1. 烦恼

（1）不知道应该以何种姿态出现在公众面前。外观形象的变化使学生增添了许多烦恼，产生要改变自己在别人心目中的形象的迫切需求，但如何改变，应以一个什么样的姿态出现才能得到别人的承认和喜爱，对于许多类似的问题，他们找不到确切的答案。

（2）与父母的关系出现裂痕。学生越发感到父母不能理解他们的想法，不能得到满意的答案，而且他们的某些愿望及要求还常遭受父母的阻止和干涉，由此造成他们与父母感情的疏远。怎样才能得到父母的理解和支持，怎样才能将自己与父母的关系再度恢复到儿童时期那种亲密的程度，与父母关系的不融洽到底是谁的过错？这些问题常常困扰着青少年。

（3）不知如何确立、保持自己在同伴之中应有的地位。在这个问题上通常有两种情况：一种情况是，某些学生在中小学阶段各方面的表现都很突出，一向是同龄人中的优秀者，但进入大学之后，许多原因使得他们在同伴中的地位相对降低了，这使他们难以接受，强烈希望能在同伴中维持自己曾拥有的优越地位，但做起来很困难；另一种情况是，某些青少年在与同伴相处过程中未曾有过优越的地位，但在当时，他们对此似乎没有太深的消极感受，但是随着自我意识的发展，学生增加了获得自尊的需要，他们希望同伴能接受自己、肯定自己、喜爱自己，这种愿望困扰着那些各方面能力略显不足的学生们。

2. 孤独

美国心理学家霍林沃思将青春期到青年早期这一年龄段称为“心理上的断乳”时期，意指从这时起，个体将在心理上脱离父母的保护及对父母的依恋，逐渐成长为独立的社会成员。从青春期开始的“心理上的断乳”，给学生带来了很大的不安，尽管他们在主观上有独立的要求和愿望，但实际上很难在短时间内适应独立生活。学生的内心冲突及在现实中所遇到的挫折都较多，对许多问题还不能依靠自己的力量去解决，又不愿求助父母或其他人，担心有损独立人格，因此产生一种孤独的心境。另外，此时学生会对亲密感有需求，但与之相关的社会关系还没有建立起来，因此当陷入孤独的时候，难以自拔。也有研究发现（Felix& Barros，2003），青少年的孤独感既有情境性，也有一定的稳定性，人格在其中起到重要的作用。外向性、宜人性都很低的退缩型个体和情绪性低的情绪型个体要比和谐型个体更容易感受到孤独（李彩娜和邹泓，2006）。

3. 压抑

压抑也是在高职学生中普遍存在的一种心理状态。压抑是当需求、愿望等不能得到满足和实现时，个体产生的一种心理体验。随着年龄的增长，学生产生了多方面的需求，既包括生理方面的，也包括心理方面的，但有许多需求不能得到满足，其原因是多方面的：有时是由于愿望本身不切实际，有时是由于社会上的阻力或父母的限制，有时是由于自身经验不足。因而，学生的自尊心易受到打击，但又有争强好胜的冲动，在这种矛盾的情形下，他们常常具有压抑的心境。

除上述所列的几种心境外，高职学生也具有一些积极的心境，如憧憬就是存在于该阶段中很典型的积极的心境。但总体来讲，在这个年龄阶段心境中消极成分占有很大的比例。因此，高职学生需要父母及社会其他教育力量予以悉心指导和帮助。

三、高职学生的自我意识发展特点

（一）自我意识的基本特点

处于成年早期的高职学生，其自我意识的特点体现在许多方面，我们可将其总结为以下六点：

第一，自我意识中独立意向的发展。学生已能完全意识到自己是一个独立的个体，因此要求独立的愿望日趋强烈。但是，这种独立性的要求是建立在与成人和睦相处的基础上的，与中学时期的反抗性特点有所区别。多数学生基本上能与父母或其他成人保持一种稳定的、尊重的关系，反抗性成分逐渐减少。

第二，自我意识成分的分化。学生在心理上把自我分成了“理想自我”和“现实自我”两个部分。正是由于这种分化才形成了他们思维或行为上的主体性，产生了按照自己的想法去判断和控制自己言行的要求和体验，同时也出现了自我矛盾。

第三，强烈地关心自己的个性成长。学生十分关心自己个性特点方面的优缺点，在对人、对己进行评价时，也将个性是否完善放在首要位置。

第四，自我评价的成熟。学生能独立地评价自己的内心品质，评价行为的动机与效果的一致性情况等，其自我评价在一定程度上达到了主客观的辩证统一。

第五，有较强的自尊心。学生在其言行受到肯定和赞赏时，会产生强烈的满足感；反之，易产生强烈的挫折感。

第六，道德意识的高度发展。

总之，到了高职阶段，学生在自我观察、自我评价、自我体验、自我监督、自我控制等自我意识的诸多成分上都获得了高度的发展，并趋于成熟。

（二）自我概念

个性的形成也包括具有相对稳定的自我概念或自我形象。一个人是否具有一个适当的自我概念对其个性的发展至关重要。自我概念（或自我形象）主要是指一个人对自身的连续性、同一性的认识，这个认识包括三个相互联系的成分：认识成分——对自己品质和特质的了解和认识；情感成分——对自身品质的评价及与此相关联的自尊体验；品行成分——从上述两个成分派生出的对自己行为的实际态度。

高职学生的认知能力有了很大的提高，他们能以更加抽象、复杂和独特的方式来认识自己，因此学生的自我概念在内容和结构上都与早期个体的自我概念有很大的差异（Harter，2003），这种差异主要表现在以下几个方面：

一是自我概念更加抽象。皮亚杰的理论认为，个体在11岁或12岁的时候，从具体运算思维向形式运算思维转变。进入青春期后的个体已经不再用很具体的词语（如“我喜欢食物”）描述他们的特征，而是经常用概括性的词语来描述（如“我是一个不错的人”）。到了青年早期，个体的自我概念则更抽象，不仅关注人格特点，同时也关注重要的价值观和意识形态及信念（如“我是一个理想主义者”）。

二是自我概念更加具有整合性和组织性（Harter，1990；Harter，et al.，1997）。高职学生在进行自我描述时，不但像之前阶段一样列出自我各方面的特点，而且将自我知觉——包括那些看起来是互相矛盾的方面——整合成更具有逻辑性和连贯性的统一体。

三是自我概念的结构更加分化。高职学生不再像儿童期、少年期个体那样概括地使用某些特质描述自己，而是认识到了自我在不同的情景下会有不同的表现。例如，学生会区分自己父母、朋友以及恋人等不同交往对象对自我进行描述，而且他们也会根据自己的不同社会角色分化出不同的自我概念（Santrock，2001）。

影响高职学生自我概念的因素有很多，其主要因素有下述四方面：第一是生理因素，主要是身体外观形态上的特点，这种特点可以影响学生自我概念的积极程度或消极程度；第二是认识水平，具有较高认知水平及成熟的形式逻辑和辩证逻辑思维特点的学生往往具有更适当、更稳定的自我概念；第三是父母的自我概念倾向对学生自我概念的影响，其影响是同方向的；第四是成功及失败经验的积累，这也是影响自我概念性质的一个因素。

（三）自我评价

自我评价是与个体认识能力发展相关的一种自我意识的表现，是一种包含社会行为准则的知识和主观经验的复杂的心理和行为，具体指个体对自身的思想、能力、水平等方面所做的评价，是自我调节机制的主要成分。自我评价的能力只有在青年早期才开始成熟。虽然个体在童年时就开始产生了一些简单的自我评价，但那时的自我评价多是由别人的态度和反应折射到自身而产生的，缺少内省性。到了青年早期，由于抽象逻辑思维的进一步发展和知识经验的日益丰富，学生逐渐学会了较为全面、客观、辩证地看待自己、分析自己，自我评价的能力才变得全面、主动，而且日趋深刻，主要表现在他们不仅能分析自己一时的思想矛盾和心理状态，还能认识到自己对某一具体行为起支配作用的个别心理特点，还能经常对自己的整个心理面貌进行估量，能认识到自己较为稳定的个性心理品质。

自我评价能力的增长及对自我分析要求的提高，不仅是高职学生个性高度发展的重要标志，而且是有目的地进行自我教育的前提。学生进行自我评价不完全是由于外力的推动，而在相当程度上是出自实现理想自我的愿望，或者是对失败和挫折的反省。

因此，自我评价能力发展的最终结果将导致学生更好地实现自我监督和调控及自我改造和完善。

高职学生在自我评价的发展上表现出个体差异。大部分学生能够进行适当的自我评价。但相对而言，学生易出现自我评价偏高的倾向（Leadbeater，1999），从而导致他们行为表现上的自负，常常听不进别人的意见，但随着年龄的增长，这种情况会得到改善，自我评价与其实际表现会日趋一致。

四、高职学生人际交往的特点

（一）同伴关系

在和同伴的关系上，高职学生所表现的特点和之前阶段有明显的不同，主要表现在以下几个方面。

1. 逐渐克服了团伙的交往方式

童年、青少年早期在结交朋友方面最明显的特点是存在团伙现象，表现为六七个同伴经常在一起交往，在这种交往中，他们感到了身心自由和愉快。因此，就交友的方式来说，小学时代是团伙的时代，到了小学高年级，这种交友的团伙形式就已发展到了顶点，然后就趋于解体，被新的交往形式所取代。

进入青春期后，青少年突出表现出许多心理上的不安和焦躁，他们需要有一个能倾吐烦恼、交流思想并能保守秘密的地方，而交友的团伙形式是不具备这种功能的。因此，青少年交友的范围随年龄增长而逐渐缩小，研究显示（Hartup&Stevens，1999），从青春期到成年早期，拥有最好朋友的数量从4~6个逐渐减少到1~2个，他们选择朋友的标准主要包括以下几个方面：有共同的志趣和追求，有共同的苦闷和烦恼，性格相近，在许多方面能相互理解，等等（Buhrmester，1996）。青少年好友一般为相同的性别，这一阶段朋友之间的关系也是十分密切的，所建立起的友谊相对稳定和持久。

2. 朋友关系在青少年生活中日益重要

不同年龄阶段的个体，建立人际关系的场所不尽相同，感情所指向的对象也有区别。幼儿主要与家庭中的各个成员构成一种心理上的交往关系。小学时期儿童已有了自己所喜爱的同龄朋友，但在感情上仍十分依赖父母。进入青春期后，少年将感情的重心逐渐转向关系密切的朋友。

高职学生对交朋友的意义也有了新的认识，他们认为，朋友之间应该能够同甘苦、共患难，能够从对方那里得到支持和帮助。因此，他们对朋友的质量产生了特殊的要求，认为朋友应该坦率、通情达理、关心别人、保守秘密。在日常交往中，好朋友之间往往彼此公开自己认为最重要、最秘密的事情。这种交流对学生的心理发展是有积极意义的，能够使他们通过别人更好地认识自己的内心世界，更好地了解自己这一过程对其自我概念、观点选择和同一性的形成都有积极的作用（Berk，2004），观点和行动上的一致也是该年龄段朋友之间心理接近的重要条件之一。在某些场合下，好朋友之间经常要制订出一个一致的行动方针，若违反了方针，要受到严厉的谴责。他们认为，忠于协议、忠于朋友是衡量友谊的十分重要的尺度。

高职学生在交友上还有一个多层次的特点。随着他们志趣和爱好发展得越来越广泛，内心生活越发丰富，就越难在一个朋友身上满足自己各方面的需求。因此，他们可能与某一个朋友的交往只限于某一方面的兴趣，与另一个朋友的交往又只限于另一方面的兴趣。从性别角度来看，男生之间的友情强度较大，而女生之间的友情表现得更温和、更细腻。

高职学生的朋友关系对于其心理发展水平和情绪的稳定性是非常重要的。有了朋友，他们会表现得更热情、积极、富有信心和勇气，各种社会能力发展得也更好。同时也为其日后与他人建立亲密关系提供了基础（Coneolly & Goldberg，1999）。

3. 与异性朋友之间的关系

在幼儿期和童年期，儿童的交往一般是不分性别的，经常是男女儿童在一起游戏，即使有时分出性别，也不是由性别意识本身造成的，而是由于在兴趣方面存在差异。进入青春期以后，男女生之间的关系有了新的特点，双方都开始意识到性别问题，并彼此对对方逐渐发生了兴趣。但是，在最初阶段他们对于异性的兴趣是以一种相反的方式予以表达，或者在异性面前表露出一种漠不关心的态度，或者在言行中表现出对异性的轻视，或者以一种不友好的方式攻击对方。总之，从表面上看，他们并不相互接近，而是相互排斥。

逐渐地，男女生之间开始融合相处。而且，在一些男生和女生心中，会有一位自己喜爱的异性朋友，调查表明，女生一般对那些举止自然、友好不粗鲁、有活力的男生更容易产生好感，男生一般对那些仪表好、文雅、活泼的女生易产生好感。但男女生一般都不将这种情感公开出来，在许多情况下这是一个永久的秘密。因为随着时间的流逝，随着他们各方面的发展与成熟，随着价值观念的不断变化和调整，这种情感很可能就渐渐地淡化下去了，甚至完全消失。因此，男女同学之间的爱慕之情是比较稚嫩的，较为缺乏牢固的基础，少有保持下来并最终发展为爱情和婚姻的。但是，只要处理得当，控制在有限的程度内，这种感情也有一定的意义。当一个学生喜欢上一个异性的同学时，他（她）自然也希望对方能接受自己，于是就能更加自觉地按照一个好的标准尽可能地去完善自己，从而促进自身各方面的发展。然而，如果这种情感无限度地发展，就可能会妨碍学生正常的进步。

（二）与成人的关系

家庭是社会的基本细胞，父母是影响个体早期成长的重要人物。在儿童的眼中，父母的形象至高无上，他们对父母既尊重又信任。但进入大学阶段后，学生与父母之间的关系发生了微妙的变化，这种变化表现在许多方面：

（1）情感上的脱离。学生由于在情感上有了其他的依恋对象，与父母的情感便不如以前亲密了。

（2）行为上的脱离。学生要求独立的愿望十分强烈，在行为上反对父母对他们的干涉和控制。

（3）观点上的脱离。学生对于任何事件都喜欢自己进行分析和判断，不愿意接受现成的观念和规范。因此，他们对于以前一贯信赖的父母的许多观点都要重新审视，而审视的结果与父母意见常常不一致。

（4）父母的榜样作用削弱。随着学生生活范围的扩大，会有其他成人形象通过各种途径进他们的心目中，这些人物又都是些近乎理想水平的形象，相比之下，父母就黯然失色了。另外，随着学生思维水平和认识能力的提高，会逐渐发现存在于父母身上的、过去未曾觉察的某些缺点，这也会削弱父母的榜样作用。

除了与父母的关系产生变化之外，学生与教师的关系也有了改变。在小学阶段，大部分儿童与教师的关系都是比较友好的，一般来说，小学生们可以接受任何一种类型的教师。从青春期开始，学生不再盲目接受任何一位教师，他们开始品评教师，而且在每位学生的心中都有一两位最佩服的教师。此时学生所喜爱的教师一般具有以下特点：知识渊博、授课水平高、热情和蔼、关心学生成长、有朝气等。在学生的心目中，他们所喜爱的教师几乎能达到十全十美的程度，并能在行动上对这些教师做出最好的反应。例如，对于他们所喜爱的教师负责的科目，他们会努力去学习；对于这位教师所提出的各种要求，他们会十分认真地去执行；对于这位教师提出的各种意见和看法，他们会毫不怀疑地去接受；等等。同样，在学生的心目中，也总有一两位他们最不喜爱的教师。在心理上，他们对于自己不喜欢的教师的各种意见都保持拒绝态度。

第四章 感知觉与注意

在教学活动中，学生对教师教授的各种教学信息的收集与初级加工要受多种心理因素的影响。其中，感知觉和注意的作用尤为突出。为切实提高教学效果，教师就必须设法组织好学生的感知觉及注意活动，使学生更好地收集和初步加工各种教学信息，为理性加工奠定坚实的基础。

第一节 感知觉与注意的性质

一、感知觉的性质

（一）什么是感知觉

感知觉概念包括感觉和知觉两种心理因素。由于感觉和知觉通常是同时发生的，所以统称为感知觉。

感觉是人脑对直接作用于感觉器官的客观事物的个别属性的反映。客观事物具有许多个别属性，这些个别属性在人脑中的反映就是感觉。例如，可以通过眼睛反映物体的颜色，属于视觉；通过耳朵反映物体发出的声音，属于听觉；通过鼻子闻一闻物体发出的气味，属于嗅觉；通过皮肤接触感受物体的温度或软硬程度，属于肤觉。通过感觉，人只能觉察到刺激物的存在但并不了解其意义，感觉是最简单的心理过程。

知觉是人脑对直接作用于感觉器官的客观事物的整体的反映。例如，看见张老师，听到乐曲，闻到花香，等等，这些都是通过眼、耳、鼻等感觉器官获得的知觉现象。通过知觉，人能获得对事物的完整映象。知觉过程包含觉察、分辨和确认。觉察是发现事物的存在而不知道它是什么；分辨是把一个事物及其属性与另一个事物及其属性区别开来；确认是人们利用已有知识经验和当前信息确定对象是什么，给予命名并纳入一定范畴。

感觉和知觉都是对直接作用于感觉器官的事物的反映，是人类认识世界的初级形式，反映的是事物的外部特征和外部联系。但应该明确，感觉和知觉是不同的心理过程，它们之间既有区别又有联系。首先，感觉是通过单个分析器活动反映客观事物的个别属性的一种最简单的认识活动，知觉是通过多种分析器协同活动反映事物整体的较复杂的认识活动。其次，感觉是知觉的基础，知觉是感觉的深化。感觉到的事物的个别属性越多、越丰富，人对事物的知觉也就越准确、越完整，但知觉并不是感觉的简单相加，因为在知觉过程中还有人的主观经验在起作用，人们要借助已有的经验去解释所获得的当前事物的感觉信息，从而对当前事物做出识别。现实生活中，除新生儿和处于实验条件下的人外，正常成年人很少存在单纯的感觉活动，通常是以知觉形式直接反映客观事物。“皮之不存，毛将焉附”，是说明感觉和知觉之间的相互依赖关系的很好例证。

感知觉是人脑对直接作用于感觉器官的当前客观事物的反映，具有直接性和具体性两个根本特点。直接性是就产生方式而言，当外界事物直接作用于感觉器官时感知觉才能产生；具体性是就反映内容而言，感知觉反映的是客观事物的表面现象、外部特点和联系。

感知觉是最基本、最初级的心理活动，但在人类的生活中具有非常重要的作用。首先，感知觉是人们认识世界的开端。其次，感知觉是维持正常心理活动、维护心理健康的重要条件。实验表明，动物个体发育早期对其进行感觉剥夺，动物的感觉功能会产生严重缺陷；人类也无法长时间忍受全部或部分感觉剥夺。

（二）感知觉的种类

1. 感觉的种类

根据刺激物的性质与来源，感觉可以划分为外部感觉和内部感觉两大类。

外部感觉是接受外部刺激，反映外界客观事物特性的感觉，包括视觉、听觉、嗅觉、味觉和肤觉五种，其中以视觉和听觉最为重要。人所获得的80%以上的外界信息都是通过视觉和听觉实现的。

内部感觉是接受体内刺激，反映机体本身各部分运动或内脏器官活动状态的感觉，包括平衡觉、运动觉和机体觉三种。

2. 知觉的种类

根据起主导作用的感官的特性，知觉可分为视知觉、听知觉、嗅知觉、味知觉和触知觉五种。

根据知觉所反映的客观事物的特性，知觉可分为时间知觉、空间知觉和运动知觉三种。时间知觉（也称时间感）是人脑对客观事物的连续性和顺序性的反映。它包括时间分辨、时间确认、时间估量和时间预测四种形式。空间知觉是人脑对客观事物的空间特性的反映。它包括形状知觉、大小知觉、深度知觉与距离知觉。空间知觉是人们认识事物、开展工作和生活的必备条件，如判断方位、上下台阶、穿越马路、在拥挤的人群中与他人保持距离。运动知觉是人脑对物体的空间位移、移动速度以及自身运动状态的反映。正确地估计和判断物体的运动状态及其速度，是人类生活和工作的重要条件。时间知觉、空间知觉和运动知觉都是个体在后天通过学习获得的，是个体生活不可缺少的重要知觉能力。

（三）一种特殊的感知觉——错觉

错觉是在特定条件下人脑对客观事物产生的主观、歪曲的知觉。错觉是在特定条件下产生的，因此只要条件具备，错觉的产生是难以避免的。

错觉存在于各种感知觉中，其种类很多，常见的有视错觉、形重错觉、运动错觉和时间错觉。

视错觉（见图 4-1）是在某些视觉因素干扰下而产生的错觉，也称几何图形错觉。图 4-1 中虽然两条线段 *AB* 与 *CD* 长度一样，但 *AB* 这条线看起来好像比 *CD* 长，这是几何图形错觉中典型的垂直水平错觉。

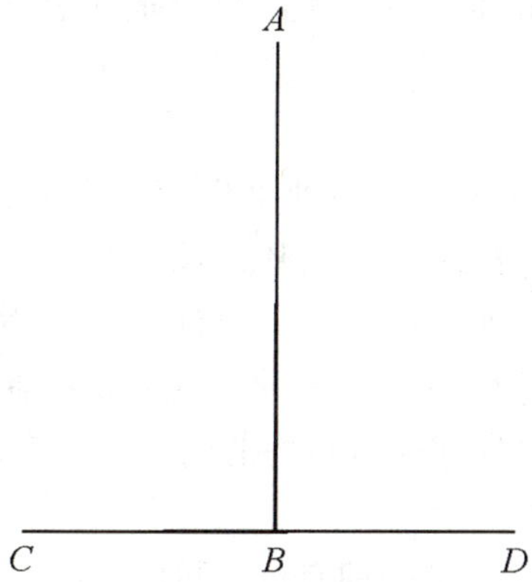

图 4-1　视错觉

形重错觉是受经验、定势的影响而使不同感官之间相互作用发生的错觉。对于体积不同而重量相等的物体，总认为体积大者为重，体积小者为轻。

时间错觉是在某种情况下对同样长短的时间觉得有快有慢。参加紧张而有趣的活动，觉得时间过得快；从事枯燥乏味的活动，觉得时间过得很慢。时间错觉产生于态度、情绪的干扰。“度日如年”“岁月如梭”等都是时间错觉现象。

运动错觉是在某种条件下把静止的物体看成似乎在运动。夜间行走时，总觉得月亮在跟着人走；夜晚观月，当云在月亮前面移动时，总觉得是月亮在穿过云层。

错觉是由主客观条件变化引起的正常的知觉现象。研究错觉有多方面意义：更好地揭示人们利用知觉认识客观世界的规律，消除错觉对人类实践活动的不利影响，利用错觉为人类实践服务。

二、注意的性质

（一）什么是注意

注意是现实生活中人们极为熟悉的一种心理现象。“聚精会神”“专心致志”“全神贯注”等成语就是对人在活动中的注意状态的描述。

注意是心理活动对一定对象的指向和集中。指向性和集中性是注意的两个基本特点。所谓指向性是指心理活动在某一瞬间有选择地朝向一定对象。面对纷繁复杂的各种信息，人不可能同时对所有的信息都做出反应，而只能有选择地指向一定对象。所谓集中性是指心理活动维持在一定对象上的强度或紧张度。一旦选择了某一对象为目标，人的心理活动就会离开一切无关事物，并抑制多余活动，从各个方面集聚到该对象上。指向性和集中性是同一注意状态下密不可分的两个方面。

心理学研究表明，注意具有选择、保持、调节与监督三大功能。选择功能为注意的首要功能，表现在注意能使人们在某一瞬间选择有意义的、符合需要的和与当前活动一致的特定刺激，同时避开无关刺激，以正确指向和反映客观事物。保持功能表现在注意能使人的心理活动较长时间保持在选择的对象上，维持一种较紧张的状态，保证活动顺利进行。注意最重要的功能是调节与监督功能，注意使人的心理活动沿着一定方向和目标，根据当前需要做出适当分配并及时转移，以适应环境变化。

（二）注意的种类

根据注意的目的性和意识性程度，我们可以把注意分为无意注意、有意注意和有意后注意三种。

1. 无意注意

无意注意（又称不随意注意）是一种事先没有目的，也不需要意志努力的注意。例如，课堂上，我们正津津有味地听着老师讲课，突然教室门外传来一声巨响，大家都会不约而同、不由自主地去加以注意。无意注意的产生主要取决于刺激物本身的性质和强度。在这个意义上，无意注意是一种不受意识控制的消极被动的注意，是注意的初级形式。无意注意既可以导致探索行为的出现，使人认识事物，又容易使人分心。

2. 有意注意

有意注意（又称随意注意）是一种有预定目的，必要时需要做出意志努力的注意。例如，在学习与记忆枯燥的英语单词时，我们不断地提醒自己，要弄清楚每个单词的不同拼法和读音，做到一边读一边写，反复背诵，特别是当遇到困难或出现干扰因素时，强迫自己把注意力集中在学习的内容上。在学习与记忆英语单词过程中的注意就是有意注意。有意注意是人类所特有的、主动服从于一定目的的注意，要受人的意识的调节和支配，是注意的一种高级发展形式。

3. 有意后注意

有意后注意（又称不随意后注意）是一种有自觉目的，但不需要意志努力的注意。例如，阅读课文、写字、骑车、解题等活动中的注意就是有意后注意。有意后注意是在有意注意的基础上发展起来的，是注意的一种特殊形式，同时具有无意注意和有意注意的某些特征。因此，有意后注意是人类从事创造性活动的必要条件。

（三）注意的特征

1. 注意的范围

注意的范围又称注意的广度，是指一个人在一瞬间内能清晰地觉察或认识客体数量的特征。汉密尔顿（Hamilton）于 1830 年最先用简易的方法研究注意的广度并做了示范实验，他在地上撒了一把石子，发现很不容易同时看到 6 个以上的。用速视器进行实验研究表明，在十分之一秒时间内，成人一般能认清 8~9 个黑色圆点，注意到 4~6 个彼此孤立的外文字母或 3~4 个几何图形，能看清 3~4 个没有联系的汉字，可看到 5~6 个内容有联系且已组成词或句子的汉字。

注意的范围存在明显的个别差异。例如，阅读同样一篇文章，有人能做到“一目十行”，而有人则只能“十目一行”。显然，前者注意范围大，后者注意范围小。注意范围的扩大有利于提高学习和工作效率。注意的范围与被观察对象的特点有关，也与个体的知识经验和活动任务有关。

2. 注意的稳定性

注意的稳定性又称注意的持久性，指注意保持（维持）在某一活动或某一对象上的时间特性。节假日中，人们连续数小时上网；上课时，学生自始至终将注意维持在听课、看黑板、阅读课文、做笔记等活动上；客车司机为将乘客安全地送到目的地，要连续进行数小时的驾驶，这些都是注意的稳定性的表现。

通常，人的注意很难较长时间地保持固定不变。人之所以能在较长时间内保持注意的稳定，是因为人在集中注意感知某一事物时，注意会表现出一种波动状态。心理学把这种现象称为注意的起伏或注意的动摇。注意的起伏是注意强度在短暂时间内间歇加强和减弱的周期性变化。请将一只手表放置在刚刚能听到它的滴嗒声处，这时即使十分专注地认真听，也会感到表的声音时强时弱，或者时而能听到，时而听不到。请注视图 4-2 中的双关图，可以明显地观察到。

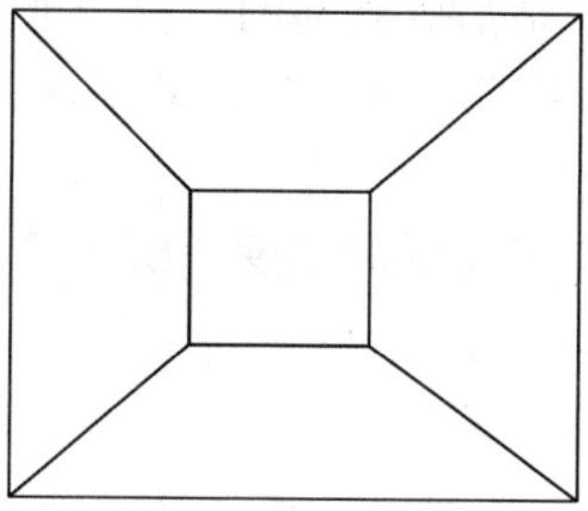

图 4-2　双关图

注意的起伏现象：时而觉得小正方形位于前面，大正方形位于后面；时而又觉得小正方形位于后面，大正方形位于前面。在短时间内，两个方形的位置跳跃式地变更着。注意的起伏是一种不可避免的正常的心理现象。研究表明，短暂时间的注意起伏可以使注意保持一定的稳定，而长时间的注意起伏会导致注意不随意地离开客体，出现与注意稳定性相反的特性即注意分散。

注意的稳定性存在个别差异。有的人能在相当长时间内集中注意，即使在吵闹的环境中也能把注意保持在某一活动或对象上；而有的人的注意无法集中，周围稍有动静就难以使自己的注意稳定下来。注意的稳定性与活动的内容、方式、个体主观状态等因素有关。

3. 注意的分配

注意的分配是指人把注意同时指向于两种或两种以上的对象或活动的特性。课堂上，我们一边听讲一边记笔记，老师一边讲课一边观察学生的听课情况，这就是注意分配的表现。

注意的分配对人的实践活动是必要的。在一般情况下，注意的分配是有困难的，一心不可二用，正如南北朝时刘昼指出“使左手画方，右手画圆，无一时俱成”。但许多实践活动特别是复杂的工作任务又要求人们“眼观六路，耳听八方”，即在同一时间内将注意指向于两种或两种以上对象或活动，做到一心二用。注意的分配是有条件的。首先，同时进行的几种活动中至少有一种是熟练的。“使左手画方，右手画圆，无一时俱成”，这是由于缺乏技巧，因此“心不能两用”“手不能并运”。但通过练习，“左手画方，右手画圆”的动作达到熟练后，完全可以做到“一心两用，两手并运”，也就是分配注意。听课记笔记，只有写字的活动达到熟练程度时，“听”和“记”的活动才能同时顺利进行。其次，同时进行的几种活动的性质和关系。音乐专业的同学之所以能同时做到眼看歌谱、手弹钢琴，嘴唱歌词，是因为“看”“弹”“唱”这几种活动之间具有内在联系，有利于注意的分配。

4. 注意的转移

注意的转移是人根据新任务的要求主动地把注意从一种对象或活动转换到另一种对象或活动上去的特性。听到上课铃声后，正在嬉闹的我们赶紧回到自己的座位，认真听老师讲课，这就是注意的转移。

注意的转移不同于注意的分散。注意转移是有目的地把注意从一个对象或活动转向新的对象或活动，是主动积极的。注意分散是在无关刺激或单调刺激的作用下，使注意离开了需要被注意的对象，是消极被动的。善于迅速而灵活地转移注意是提高学习效率和工作效率的重要条件。因此，我们应培养主动、必要的注意转移，警惕被动、不必要的注意分散。

注意转移的难易和快慢与原来注意的强度、新注意对象的特点以及个体神经过程的灵活性等因素有关。

第二节　根据感知觉规律有效组织教学

一、遵循感知觉规律，有效组织学生的感知活动

人类认识发展的基本规律是“从生动的直观到抽象的思维”。感知觉虽然是最简单、最初级的认知过程，却是个体认识世界的开端，是知识的源泉。因此，遵循感知觉规律，有效组织学生的感知活动，可以增强和提高教学效果。

（一）选用恰当的直观教学方式

1. 直观教学的基本形式

直观教学是借助于各种媒体帮助学生获得感性知识的一种教学方式。俄国教育家乌申斯基认为：“儿童一般是依靠形状、色彩、声音和触觉来思考的，因此，直观教学对儿童是必须的，教学不应建筑在抽象的概念和词汇上，而应建筑在儿童能直接感受到形象之上。”① 由于感知觉是对当前直接作用于感觉器官的客观事物的反映，直观性是其根本特点，因此教学中恰当选用直观教学方式，不仅能激发学生的学习兴趣，而且能帮助学生透过各种感性材料更好地认识客观事物的本质特征和规律，加深对知识的理解和掌握。

直观教学的形式丰富多样，主要有实物直观、模像直观和言语直观。实物直观是通过实物观察、标本观察、演示性实验、教学性参观等提供感性材料。这种直观形式在教学中应用得最多，其特点在于生动、形象、逼真地反映客观事物的本来面目，但

---

① 谢彼托娃. 小学阅读教学法［M］. 丁酉成，张翠英，译. 北京：人民教育出版社，1954：51.

受时空的限制性大，不易观察到事物的本质属性。模像直观是通过动作示范、图片、图表、教具模型、幻灯片、录音、录像、教学电影等模拟实物的形象提供感性材料。这种直观形式可以根据教学需要突出重点或事物的本质特征，可以弥补实物直观的不足，为理解教材创造有利条件。言语直观是通过生动形象的语言（书面和口头）描述和举例，从而提供感性认识。这种直观形式灵活、经济、方便，不受时空和设备条件的限制，但言语直观不如实物、模像直观鲜明、完整和稳定。

2. 三种直观教学形式的有机结合

实践证明，在教学过程中利用不同的直观形式组织学生的感知活动，其效果是不尽相同的。由于实物直观、模像直观和言语直观各有其优势与局限，因此我们应根据学科性质、教学内容和教学目标将三者有机结合起来运用，唯有这样才能唤起学生大脑皮层两种信号系统的协同活动，使学生更好地理解教材。

实物直观、模像直观与言语直观的结合方式有三种：①言语在前，实物和模像在后，即在演示实物和模像之前，教师通过言语说明目的，简要讲解内容，并提出问题，以引起学生关注教具的主要部分或特征，言语主要起动员和提示作用；②言语、实物和模像同时或交叉进行，即教师边演示实物或模像边讲解，言语主要起引导观察、补充说明的作用；③演示实物或模像在前，言语在后，即在演示后导出结论或重复演示中讲解的要点，言语主要起总结概括或强化的作用。

必须明确，直观教学的运用要适度，要符合科学性，为直观而直观，或者将直观作为教学目的；否则会导致学生注意力分散，智力活动水平降低，最终影响教学效果。

（二）确保感知对象强度适中

感知是刺激物直接作用于感觉器官而引起的，但并非任何刺激物直接作用于感觉器官都能引起感知。某种刺激物要能被人觉察就必须达到一定强度或范围，过弱或过强的刺激都不能引起感知。由于感觉器官对适宜刺激在一定强度或范围内具有良好的感受能力，因此教师讲课时应语调柔和、声音适中，并辅以一定手势，保证学生能听清楚；板书力度、图表和教具大小要适当，使学生能看得见；教室的采光要适度，教学环境要力求安静，确保学生感知的清晰度。

（三）增强感知对象与背景的差别

人在感知客观事物时，不可能对所有事物都获得清楚的感知，总是有选择地把少数事物当作感知对象，感知得特别清晰，而把其余事物当成感知背景，感知得比较模糊。例如，当注视板书时，黑板上的文字就被清晰地感知到，而黑板附近的挂图、墙壁好像退到文字的后面，成为感知的背景。因此，知觉过程实际是从背景中区分出对象的过程。

从背景中区分出感知对象的条件是对象与背景之间的差别，包括形状、颜色、声音、强度、对比、变动、组合关系等。对象与背景之间的差别越大，从背景中区分出对象就越容易；反之越困难。图 4-3（A）中 8 根直线由于距离上的接近，每两根被感知为一个整体，很容易把它们感知为四组；图 4-3（B）中的几个正方形和几个圆形虽然距离大致相等，但相同的正方形和圆形往往各被感知为一个整体。

(A)

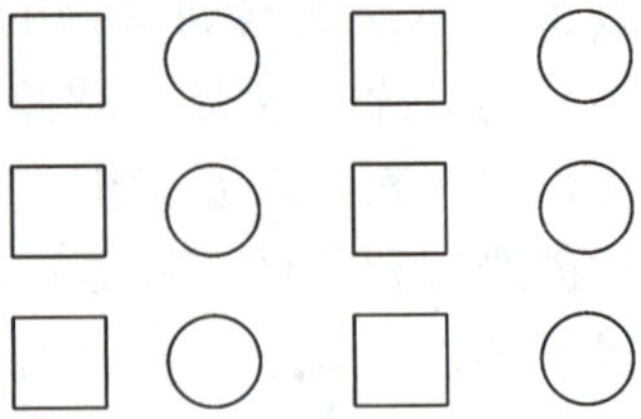

(B)

图 4-3 知觉中的组合

在感知过程中，对象与背景的关系并非固定不变，而是可以相互转换的。这在图 4-4 视觉两可图中表现得非常明显，图 4-4（A）中，其既可被感知为戴着白色时尚帽子的少女侧面肖像，又可被感知为鼻梁高大、下颚凹嵌的老妇肖像；图 4-4（B）中，其既可被感知为黑色背景上的白色花瓶，又可被感知为白色背景上的两个侧面的黑色人头像。

(A)

(B)

图 4-4 视觉两可图

教学中，为使学生能清晰地感知对象，就应当尽可能地增强被感知对象与背景之间的差别，在背景上突出对象。教具的制作应力求对需要感知部分在颜色、线条、形状等方面有明显差异；板书应力求从空间上进行合理布置、排列顺序适当、字迹大小主次适宜、重点突出；教学方式力求多用各种现代化教学手段，使对象从静态变为动态，增强活动性；讲课力求抑扬顿挫，把握好轻、重、缓、急，句与句之间、段与段之间应有适当的停顿或间歇，便于形成整体感知。

（四）丰富个体知识经验

人对事物的感知不仅依赖于直接作用于感官的刺激物的特性，更依赖于主体的知识经验，即人能以自己的知识和概念作用于环境从而确定知觉对象的意义。知识经验可增强感知的完整性和深刻性，提高感知的迅速性和精确性。

教学实践中，教师组织学生学习新的知识技能时，要以已有知识经验为基础。若学生缺乏必要的知识经验，必须创造条件如组织学生参观或观察，使学生获得知识经验。在实践中对于亲身经历过的事物，印象就比较深刻，感知效果好。

（五）提出明确的活动任务

对于同一感知对象，由于活动任务不同，就可能产生不同的感知效果。实践也表明，活动任务不明确，即使经历了多次感知，但对其印象仍然是模糊不清的。在教学实践中，为提高感知效果，教师应向学生提出明确而具体的活动任务，激发学生的学习兴趣，调动学生感知积极性和主动性，使学生的感知有明确的方向。

（六）发挥多种知觉系统的协同作用

西方心理学家认为，知觉是一个系统，是不同感觉通道协同作用的结果。著名知觉心理学家吉布森（J. J. Gibson）提出对人类生活和学习有着重大作用的知觉系统有五种：基本定向系统、听觉系统、触觉系统、味—嗅觉系统和视觉系统。在现实生活中，对于事物，人们为了获得清晰、完整的知觉印象，除了用眼睛看之外，还要用手摸。有实验表明，智力落后儿童难以辨别较复杂的知觉模式，但让他们触摸这些模式的某些部分后，儿童就能提高辨别能力。

教学中，教师应根据学生的年龄特征等因素，利用和发挥多种知觉系统的协同作用，让学生通过多种知觉系统收集多方面信息，以此获得真实而有用的知识。多种知觉系统的参与，既有利于提高知觉辨别的精确性，也有利于促进知觉印象的保持。例如，识字教学中，让儿童既看字形又读字音，还用手书写，这些活动的效果优于让儿童单纯地通过反反复复看或读的效果，这是因为前者发挥了视觉、听觉和运动觉的协同作用。

（七）合理利用错觉的积极作用

错觉是一种不正确的知觉，但教学中若能根据错觉的发生原理，合理利用错觉的积极作用，既可以增强对事物的感知映象，也能提高教学效果。学校各门课程每节课的时间是相同的，但有的课程让我们感到时间过得特别快，而有的课程则让我们感到时间过得特别慢。这种时间错觉往往会直接影响教师授课的效果。因此，充分利用错觉的积极作用，要求教师在课堂上呈现的听觉的、视觉的或触觉的材料应丰富、适当和明确；用充实的内容、新颖的方法、多样化的形式激发学生的学习兴趣与情绪，吸引学生的注意力；运用言语提示和姿势提示引导学生仔细观察，正确“定向”。

二、运用对人的知觉原理，正确认识和了解学生

（一）什么是对人的知觉

对人的知觉又称社会知觉，是个体通过社会生活实践形成的有关人的外部特征、个性特点及行为的内心状态的知觉。对人的认识和人际关系的建立是以对人知觉的结果为基础。当前我国教育领域正在进行新一轮基础教育课程改革，特别强调关注学生的个性，促进学生个性和创造性的发展；要求教师从知识技能的传授者转变成学生发展的促进者，由居高临下的指挥者转变成合作型的良师益友，强调建立新型的师生关系。毫无疑问，对于教师来说，无论是因材施教还是提高教学质量，都要以对学生的正确认识和了解为先决条件。

（二）消除和防止四种效应的消极作用

对人的知觉不同于对物的知觉。要真正地认识和了解一个人是相当不容易的，这不仅仅是因为人有思想、情感、动机，而且更重要的是因为对人的知觉要受主观因素

影响，具有复杂性和变化性。在教学实践中，为正确认识和了解学生，教师应设法消除或防止以下四种效应的消极作用。

1. 首因效应

首因效应是人们在对他人总体印象的形成过程中，最初获得的信息比后来获得的信息影响更大的现象。生活中有这样的体验，当看一个人觉得顺眼时，以后越看越顺眼；而初看一个人觉得不顺眼时，以后怎么看也不顺眼。首因效应会影响对人的正确认识与评价，也会影响日后的人际交往和关系。因此，为利于学生的个性发展和良好师生关系的建立，教师要避免单凭与学生初次见面时留下的最初印象来认识学生，同时要坚持用发展的眼光分析和研究学生。

2. 晕轮效应

晕轮效应又称光环效应，指个体以认知对象的某种品质或特征推论出该对象其他品质或特征，以局部信息形成完整印象的现象。例如，一俊遮百丑，情人眼里出西施，等等。在对人的知觉过程中，个体容易把获得的倾向性印象像光环套在认知对象上，使认知对象的其余品质受到光环的照映而反射出相同的色彩。如果一个人最初被认为是“好”的，他就会被“好”的光环所笼罩，并被赋予一切好的品质；如果一个人被标明是“坏”的，他就会被“坏”的光环笼所罩着，他所有的品质都会被认为是坏的。因此，晕轮效应实际就是以点概面、以偏概全效应。

为消除或防止晕轮效应的负面影响，更好地调动学生的积极性，促进其个性发展，增进师生关系，教师应全面分析学生的优势与不足，客观公正、实事求是地评价学生，避免以偏概全。

3. 刻板效应

刻板效应又称定型效应，指人们以某种比较固定、概括而笼统的看法去识别和判断具体人物的现象。例如，人们通常认为美国人开朗而霸道，法国人爱好艺术，大学教授文质彬彬，老年人墨守成规，等等，这些都是人们头脑中形成的刻板固定的印象。

刻板效应是对社会群体最简单、最经济的认识。教学实践中，一方面，刻板效应能够帮助教师快速提取信息，加快信息加工的速度，填补所需的认知信息，短时间内对学生做出概括性的大致了解；另一方面刻板效应又易于造成固定反应模式，使教师对学生的认知出现偏差，易于忽视学生的个别差异，易于违背事实错误地将调皮学生归入难教育的类别，影响学生情绪和师生感情，导致师生关系紧张。对此，教师应保持清醒的头脑，尽可能防止刻板效应的消极作用，经过长期的观察，获得对学生深刻而具体的认识；通过师生间积极的互动交往，不断地修正头脑中形成的对学生的某种固定的看法和印象。

4. 期待效应

期待效应又称暗示效应，是人们在对外界信息不断反应的经验基础上，或是在推动人们行为的内在力量需求基础上产生的对自己或他人行为结果的某种预测性认知的现象。研究发现，期待效应会影响对人的知觉。1959 年加拿大曾发生过一起猎人欲枪击野鹿而误杀其伙伴的案件。事件发生在多云的傍晚，被误杀者穿的是一套褪色的红色连裤装。在黄昏时人对红色物体的知觉较模糊，同时，受急切取得猎物的期待心理的影响，猎人极可能将任何移动的、灰暗的东西看成野鹿，因此开枪射击而误杀其伙伴。

在教学工作中，教师对学生的期待会影响对学生的认知，并影响到教学效果。教师对学生的期待及其影响是在师生互动过程中产生的，且教师的期待对学生的影响是巨大的。教师对学生的积极期待会促使学生向好的方向发展；教师对学生的消极期待如“没有希望”“无可救药”等，可能使学生的学习表现越来越差。因此，教师应有意识地运用积极期待去教育学生，尤其是班级中的差生。研究表明，教师形成对学生的正确期待应注意：全面掌握学生的各种信息；多留意并获取被认为是后进生的各种信息，公正评价差生；相信每一个学生都能够做得比现在更好，用“你能赶上去的”“这次没考好，我相信你能努力，你会进步的”等话语鼓励学生；用发展、变化的眼光看待学生。

三、重视观察能力的培养

（一）观察及观察力的含义

观察是有目的、有计划、有思维活动参与的比较持久的主动感知过程。观察是感知觉的高级形态，是人主动获得感性认识的重要途径。

观察力指个体进行观察的能力，即个体全面、深入、正确地认识客观事物典型的不显著的特征的能力。人的观察力是在观察的基础上形成起来的，是人的智力中的一个要素，良好的观察力是人们开展科学研究、进行创造性工作的前提条件。观察力存在明显的个体差异。

（二）观察能力的培养

我国新一轮基础教育课程改革要求小学高段及以上学校开设综合实践活动课，以培养学生的实践能力和创新能力。在一定意义上，学生参加综合实践活动，要达到预期目标，取得富有创造性的成果，必须以良好的观察力为前提。然而，学生的观察力并非与生俱来，而是在教学实践中通过有意识的训练发展起来的，教师应把培养学生的观察力作为教学的一项重要任务。培养和发展学生观察力的基本要求如下：

1. 提出明确而具体的观察目的和任务

目的性是观察有别于感知的特征之一。目的和任务明确具体，人对事物的认识就完整、清晰、正确，否则只能获得不完整、模糊、零乱的认识。教学中，教师既要根据学生的年龄特点和知识水平提出明确的观察目的和任务，又要引导和培养学生自己提出观察目的和任务。

2. 指导学生做好充分的观察准备

观察准备有客观的也有主观的，有物质的也有心理的。这里主要强调知识经验对观察效果的直接影响。俗话说：“谁知道的最多，谁看到的就最多。”知识准备越充分，观察就越全面和深入；缺少或没有相应的知识准备，观察事物只会“视而不见，听而不闻”。观察日食和月食，不了解天文知识是不行的；观看篮球比赛，不懂得比赛规则和要求就看不懂。根据教学需要，教师在组织学生观察前，应指导学生复习或预习有关的知识，对所要观察的事物有一般的了解。

3. 教给学生观察的技能和方法

观察有无成效及成效大小，关键在于观察技能的高低和方法是否掌握。有效的观察应做到：观察前制订系统的观察计划和步骤。观察时，一方面要根据对象选择好观察的方式方法，或从上到下，或从左到右，或从整体到局部，或从局部到整体进行观察，另一方面把观察和思考结合起来，做到在观察中进行思考，在思考中进行观察，调动观察的积极性和主动性。同时要利用各种手段认真做好观察记录。观察结束后要及时整理观察结果，并写出观察报告或观察日记。掌握观察的技能和方法，可促进观察能力的快速发展。

4. 适当组织实践活动，加强观察训练

学生的观察力主要是在实践活动中经过训练培养起来的。教师应根据学生的年龄特征和知识经验，适当组织他们参加各种实践活动，包括课内练习、课外劳动、科技活动、参观调查等，增加学生与现实接触的机会，让学生养成观察的习惯，并从中培养和发展观察力。日本的经验是值得借鉴和学习的，对于从小学一年级起开设的“理科”课本中有关动物、植物、光线、磁铁和岩石等现象，要求儿童通过直接体验，积累对自然现象的感性认识，培养学生对事物进行科学观察的习惯和能力。

第三节　根据注意规律有效组织教学

注意是影响教与学效果的重要心理因素之一。教学活动中，教师要善于组织学生的注意，才能使教学取得良好的效果。

一、吸引学生的无意注意，增强学习的积极性

前面已提到，无意注意是一种初级的、被动的注意，通常由刺激物的特点和人的内部状态所引起。这种注意一般会导致探索行为的出现，有利于人们正确地认识周围环境，但也容易使人分心。它对教学活动既可以产生积极的作用，也可以产生消极作用，这可以为实现一定的教学目的服务。教师正确运用无意注意的规律组织教学，其目的在于充分发挥无意注意的积极作用，消除消极影响，使学生积极主动地进行学习，提高教学效果。

（一）优化教学环境

教学环境包括校园、教室的布置，教师自身的“包装”以及对视觉、听觉产生刺激的各种因素。优美的教学环境是避免无意注意消极影响的重要因素。要保持学生的注意，必须控制或消除能引起注意分散的因素。在教学过程中，若出现一些与教学无关的刺激物。例如，学校接近交通要道或闹市，教室靠近音乐室和运动场，教室周围的嘈杂声，教室外常有人来往，教室内的装饰，教师衣着花哨、发型怪异及过多的口头禅、动作不稳妥、表情不恰当，直观教具过早地展示，学生迟到，等等，都容易分散学生的注意。因此，优化教学环境十分重要。

校园环境应当安静整洁，具有文明气氛和高雅的文化情调，要保持教室周围环境的安静；教室内的布置要简朴，不要太多的装饰；教师的衣着打扮要大方得体，语言表情要自然，语调要抑扬顿挫；教育学生自觉遵守课堂纪律，不迟到、早退或随意喧哗、走动。教学环境的优化有利于增强学生学习的积极性。

（二）精心组织教学内容

处于成长、发展中的学生求知欲望强烈，渴求获得丰富、新颖的知识。精心组织的教学内容是吸引学生自然而然注意的重要条件。为此，教师在组织教学内容时，应使教学内容丰富多彩，加强新旧知识的衔接，密切联系实际，做到科学性、系统性、新颖性、趣味性相结合。

经验表明，个体的知识经验是影响无意注意产生的重要因素，学生更愿意关注与自己知识经验有联系的事物。对于一些比较抽象的原理，如果跟它们所反映的社会上和自然界中一些有趣的现象相联系，学生就会对这些抽象枯燥的原理产生兴趣而引起注意。这就需要教师找出教学内容与学生知识结构的结合点，提供具体的实例，引起学生的直接兴趣，维持学生的注意。

教学内容的深度和广度安排要适当。喜欢涉猎比较深奥广博的知识是学生的一种较突出的心理，教材有适当的难易程度，才有利于开发学生的潜能和智力。因此，合理组织教材深度、广度，才有利于发挥无意注意的积极作用。

认知心理学认为，要提高学生的注意力，必须要让学生在所学的科目与内容上具有一定的兴趣。大量的心理学研究表明，一个人对不太简单也不太复杂的刺激信息或相关事物最有兴趣，也最能引起注意并保持注意。如果刺激信息和相关事物对个体的智力以及知识经验而言过于简单，没有新的信息成分，那么就会引起学习者的厌烦心理。相反，如果事物或刺激信息过于复杂，个体受其自身的智力、知识与经验的制约，不能从中发现任何新的信息，不知所指，因此也不会引起注意，更不会保持对这些信息的注意。只有当一个人面临的刺激信息和问题难度稍微超过他的能力、经验和知识结构，但不会超出太多时，才会引起他的注意与兴趣，并进而提高他的学习。无数事实也证明了，上课时分心的往往是那些对知识“吃不饱”或“吃不了”的学生。实践证明，在教学中如同摘苹果，“跳一跳，够得着”的原则最为恰当。因此，必要时教师除补充某些与原教材有关、新颖的知识外，还要具有把教材化抽象为具体、变枯燥为生动、化难为易的教学艺术。

（三）选择灵活多样的教学方法

生动、灵活和具有启发性的教学方法不仅是保证教学质量的重要手段，也是使学生集中注意力的重要条件。研究表明，长时间用同一种方式进行单调的工作，会引起大脑的疲劳，使神经活动的兴奋度降低，让人难以维持注意。因此，教师应避免教法的单调呆板，避免学生神经兴奋度降低。但是过多或频繁改变的教法也是不适当的，学生容易被教师游戏般的新异教学所吸引而忘记了学习的主要任务。教师在教学中应该思考用什么方法才能启发学生的思维，启发学生的想象，启发学生的记忆，启发学生的感知，启发学生动脑动手，让学生的智慧主动发挥作用。

在课堂上，教师不仅讲，还要适当地提问，适时地呈现直观教具，让学生进行观察和思考，让他们有提出问题和动手操作的机会，还应穿插使用角色扮演、集体讨论等教学形式，把学生的积极性调动起来，使课堂气氛生动活泼，引发学生的求知欲。教师在讲课时，要利用对比鲜明的板书，简洁流畅、快慢适中的语言，恰到好处的表情和手势等多种多样的教学方法来提高教学艺术。

此外，随着电化教学的发展，教师还可以配合教学内容使用录音、录像、投影等设备，进一步丰富教学形式，以引起学生的无意注意。

二、唤起学生的有意注意，提高学习的自觉性

有意注意有明确的目的性，而且有意志努力的参与。学生的学习是一种艰苦的智力劳动，必须依靠持久而稳定的有意注意来维持。教师教学既要让学生对学习活动本身产生兴趣，用无意注意来调节，更要让学生在明确学习目的和意义的基础上，依靠有意注意来维持和保证学习任务的完成。因此，教师在教学中要遵循有意注意的规律组织教学。

（一）提出明确的学习目的和任务，培养间接兴趣

有意注意决定于对目的、任务的深刻理解。学习活动的进行，更多地需要有意注意的调节和控制。帮助学生确立明确的学习目的和正确的学习态度，是保证学生持之以恒的学习活动的前提。学习目的越明确，学习的任务越具体，学习的意义越远大，学习的责任感就越强烈，克服困难的意志力就越强，维持有意注意也就越容易。教师在讲授某门课程，甚至某一章节时，都要阐明其学习目的、任务和意义，讲明每堂课应懂得的知识，应掌握的内容，让学生做到心中有数、学有目标。

对活动结果产生的间接兴趣也是维持有意注意的重要条件。间接兴趣越稳定，活动过程中的有意注意也就越容易产生和维持。例如，一个学生在学习外语时，感到背单词、记语法的过程单调而枯燥，想要知难而退，但当他意识到掌握外语可以开阔视野，增进交流，增加就业机会，他就会积极投入到外语学习中去。因此，教师应特别重视对学生学习的间接兴趣的培养和激发。

（二）正确组织课堂教学活动，防止学生分心

正确地组织课堂教学是吸引学生注意的一个重要条件。心理学研究表明，形式单一、内容枯燥的活动容易使人疲劳厌倦，造成分心。因此，组织形式多样、内容丰富的活动是防止分心、维持有意注意的有效方法。教师的授课内容和时间安排应做到计划周密，环环相扣，有适当的密度、速度、难度。教师在教学过程中应避免任务安排过满和节奏过于紧张，应该张弛有度，给学生提供适当放松休整的时间。有时，教师适当放慢速度，穿插些有趣的谈话，可以更好地促进学生的学习。同时，教师在教学中要善于设置问题情境，引导学生积极思考，使学生产生一种期待心理，以唤起学生的有意注意。教师在教学中要关心全体同学，把学生看成学习活动的主体，重视与学生的情感交流，对学生的学习要及时给予正确的评价和赞扬，从而调动学生的有意注意。另外，教师要善于引导学生在学习中把智力活动和实际操作结合起来，做到手脑并用。比如，要求学生记笔记，做摘抄，进行演算和参加讨论，这都能增强和维持学生的有意注意。

（三）严格要求学生，培养抗干扰的意志力

有意注意的产生和保持，有时在有干扰的情况下也能实现，但干扰的存在毕竟不利于有意注意的维持。对注意起干扰作用的因素，可能是外界无关的刺激物，也可能是学习者本身一些消极的思想和情绪。因此，严格要求学生，激发学生克服困难的勇气和培养抗干扰的意志力，成为维持有意注意的重要措施。

学习是一项艰苦的脑力劳动。为此，在教学过程中，要使学生维持有意注意，以

获得系统而完整的知识技能，就需要教师不断地向学生提出严格而合理地要求，经常对学生进行组织纪律的教育，建立良好的教学常规。例如，要求学生课前准备好学习用品，上课时坐姿端正，听讲时专心致志，等等。同时教师应当对学生如何对自己的注意进行组织给予适当的指导，如要求学生适时地提醒自己“必须注意”“别开小差”“教师讲到哪里了？”等。

三、引导学生两种注意交替使用，确保学习的主动性

在教学中，单纯依靠无意注意，学生的学习活动缺乏目的性和计划性，不利于其发挥学习的主动性，往往对知识的掌握深浅不一，遇到困难容易半途而废；反之，过分强调依靠有意注意来学习，长时间用意志努力来维持注意容易使学生产生疲劳，造成注意分散。因此，教师要善于运用两种注意相互转换的规律来进行教学，使教学活动既成为学生心倾神往、乐而为之的事情，又能激发学生学习的积极性，用顽强的意志克服困难，完成学习任务。

一般来说，上课刚开始时，学生的注意往往还停留在课间或其他感兴趣的活动上，需要通过组织教学来唤起学生的有意注意。比如，有经验的小学教师为增强学生的注意力，提高课堂效率，总是在变换教学活动的时候数三声数，要求学生在“一、二、三”结束时，就转入新的学习活动，使学生的注意转向课堂教学。接下来就要让学生对新课题或新内容产生兴趣，教师通常可以通过提问、设疑来唤起学生的兴趣，从而引起学生的无意注意。当讲授到难点和重点内容时，教师应当设法使学生加强有意注意，认真思考和理解。而当学生逐渐被内容所吸引全神贯注地听课时，他的注意又不知不觉地转为无意注意。临近一节课结束时，学生的注意最容易涣散，教师需要提出明确要求，引导学生的有意注意。总之，一堂课应当使学生的无意注意和有意注意有节奏地交替进行，这样才能使学生在课堂上做到有张有弛、不易疲劳、轻松愉快地学习。当然，这种模式也不是固定不变的，需要教师根据具体情况妥善安排和灵活运用。

第五章 人的记忆

记忆在我们的工作和生活中起着非常重要的作用。我们从事任何一种活动都离不开记忆的参与。记忆是我们学习、行动和生存的基础。没有了记忆，我们就无法认识内外世界，学习活动也就无法开展，因此，记忆和学习是相辅相成的，有效的记忆是学习成功的必要条件。

第一节　记忆概述

一、记忆的概念

记忆是在头脑中积累、保存和提取个体经验的心理过程，是过去经验在脑中的再现。从信息加工的观点看，就是人脑对外界输入的信息进行编码、储存和提取的过程。人们感知过的事物、思考过的问题、体验过的情感和从事过的活动，都会在人们头脑中留下不同程度的印象，这就是记的过程；在一定条件下，根据需要，这些储存在头脑中的印象又可以被唤起，参与当前的活动，得到再次应用，这就是忆的过程。从向脑内储存到再次提取出来应用，这个完整的过程总称为记忆。

二、记忆的类型

（一）陈述性记忆和程序性记忆

陈述性记忆处理陈述性知识，即事实类信息，包括字词、定义、人名、时间、事件、概念和观念，陈述性记忆的内容可以用言语表达。程序性记忆又称技能记忆，记忆程序性知识，如怎样做事情或如何掌握技能，通常包含一系列复杂的动作过程，既有多个动作间的序列联系，也包括在同一瞬间同时进行的动作间的横向联系，这两方面共同构成的复合体是无法用语言清楚表述的。

（二）情景记忆和语义记忆

情景记忆是指对个人亲身经历过的、在一定时间和地点发生的事件或情景的记忆。

例如，我们每天都会经历各种事件，有些具体场景我们能够清楚地回忆起来，而大多数的事件都如过眼云烟，没什么印象了。语义记忆是对字词、概念、规律和公式等各种概括化知识的记忆。这些记忆与一般的特定事件没有什么联系，涉及的是意义。对信息的这种意义特征的记忆不依赖于接收信息时的具体时间和地点，而是以语义为参照。

（三）意义记忆与机械记忆

意义记忆是指对学习材料理解基础上的记忆。按照奥苏贝尔的理解，意义记忆需要满足三个条件，即学习材料必须有潜在的逻辑意义，学习者必须有意义学习的心向，学习材料必须和已有观念建立非人为和实质性的联系。机械记忆是指对学习材料不加以理解，不了解学习材料的内在联系和意义，光靠重复背诵去记的方式。意义记忆和机械记忆都是人类学习的重要方式，但随着学习者年龄的增长，我们更应强调意义记忆。

第二节　记忆的信息加工模型

一、记忆的信息加工模型假设

目前认知心理学中最流行的关于记忆结构的模型是记忆信息三级加工模型，记忆的信息加工模型的假定结构如图 5-1 所示。该模型假定记忆过程是编码、储存和提取（检索）。编码被看作信息输入记忆的过程，储存涉及假定的信息保存方式，而提取或检索则涉及使储存的信息从记忆中恢复的过程。

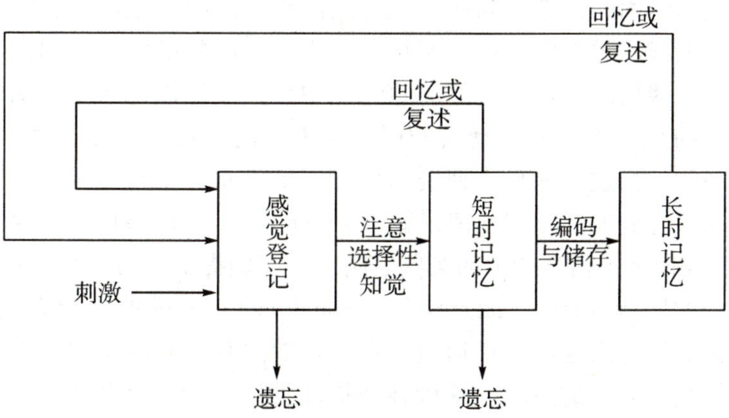

图 5-1　记忆的信息加工模型的假定结构

二、记忆信息的编码

编码是记忆的第一个基本过程，把来自感官的信息变成记忆系统能够接收和使用的形式。一般来说，我们通过各种感觉器官获取的外界信息，首先要转换成各种不同的记忆代码，即形成客观物理刺激的心理表征。编码过程需要注意的参与，因此，我们说注意对记忆有重要影响。注意使编码有不同的加工水平，或采取不同的表现形式。

帕维奥（Paivio）的观点得到了来自生理学和心理学的支持。他的双重系统提出了非语词的表象加工和词语符合加工。第一种加工所储存的信息是作为某种非语词的表征——形、音、触；第二种加工所储存的是语义。例如，对于一棵树，你可以注意树的结构、这棵树汉字的发音或这棵树的类属和用途等，从而形成视觉代码、声音代码或语义代码。编码的强弱直接影响记忆的长短。总之，信息编码直接影响记忆的储存和以后的提取情况，一般情况下，对信息采用多种方式编码会收到更好的记忆效果。

三、记忆信息的储存

（一）感觉登记

感觉登记也叫瞬时记忆或感觉记忆，感觉登记实质上就是感觉信息的瞬间储存。外部刺激作用于感官，产生感觉映像，刺激作用停止后，这个映像仍可保持极短的片刻，这种现象被称为感觉滞留。感觉滞留在视觉中尤为突出。例如，人看电影时把相继重现的画面看成运动的，人在看东西时不受眨眼和眼动的影响而保持知觉的连续，等等，这些都依赖于感觉滞留。感觉滞留表明感觉信息的瞬间储存情况，这种感觉信息的瞬间储存就是感觉登记。感觉登记信息容量较大，以感觉映像形式储存，保持的时间很短，视觉映像一般在 1 秒以内，然后瞬间消失。注意和选择性知觉作为相应的过程保证仅有特定的刺激被输送到下一级结构，即短时记忆，其余的刺激信息则从登记中消失。

（二）短时或“工作”记忆

进入短时记忆的信息也会迅速衰退，不过是以秒计，不像感觉登记那样是以毫秒计。如果信息没有受到选择性注意，信息就会衰退。短时记忆被看作数量有限的信息的暂时储存。随着时间的流逝，与我们注意到的信息同时发生的是，未受到注意的信息的检索精确性渐减。闭上眼，试着回忆一下你桌上的物品，你对周围物品的形象有一定记忆，因为这些物品无意撞入你的感觉之中，并被加以记录。当然，在短时记忆中，回忆某件事的某个方面的活动会妨碍其余事件的回忆。许多心理学家应用字母、音节和字词等各种材料进行实验，研究短时记忆的容量，所得结果是一致的：短时记忆的容量是 7±2。这是美国心理学家米勒（Miller G. A.，1956）在一篇著名论文《神奇数 7 加减 2：我们加工信息能力的某些限制》中明确提出来的。但短时记忆的容量单位不是信息论中的比特（bit），而是组块（chunking）。米勒的一个有趣的论述指出，一次约 7 个目标的绝对判定广度可通过所谓组块的过程从根本上得到提高，即把一定项目组合成数量大约为 7 的组块。这种技巧被广泛运用于打字和化学等的学习，即把项目（点和划、字母或化学符号）结合为组群来学习。

短时储存中的信息的回忆或复述是指信息通过容量有限通道并重返短时储存。换言之，复述差不多就是死记，重复越多，信息输入长期储存的可能性越大。或许，有些电话号码或汽车牌号多年来潜在于我们的长时记忆里，就是因为重复性的回忆。

（三）长时记忆

短时记忆中的信息经过复述的强化进入长时记忆，在长时记忆中的信息是以意义编码的形式储存的。长时记忆是一个真正的信息库，容量巨大，信息保持时间长。记忆系统加工的信息归根到底都要在长时记忆中储存，长时记忆存储着我们关于世纪的一切知识，为我们的一切活动提供必要的知识基础，使我们能够进行学习，获得概念、规则和技巧，使我们能够进行言语交际，进行思维推理，解决问题，等等。短时记忆是直接与从感觉系统输入的当前信息打交道，而长时记忆是把现在的信息保持下来供将来使用或将过去储存的信息用于现在。因此，长时记忆的作用在于把人的活动的过去、现在和未来连成一个整体，在人的整个心理活动中占重要地位。

长时记忆按储存的信息既可是情景记忆信息，也可是语义记忆信息。按信息编码的角度我们可把长时记忆分为两种系统，即表象系统和言语系统。这两个系统既彼此独立又相互联系，被称为双重编码说。表象作为一种信息表征在学习记忆中起着重要作用，图像信息是在表象系统中被储存和加工的，学生的概念具体化过程必须有表象支持。

四、记忆信息的提取

保存在记忆中的信息，只有在被提取出来加以应用，才是有意义的。提取实际上包括两种情况，即再认和回忆。再认是识记过的信息重新出现时能认出来的心理过程，而回忆是识记过的信息在头脑中的再现。例如，你能够指出你熟悉的人或事，这是再认；你能够说出你熟悉的电话号码，这是回忆。回忆由于线索较少，在各种记忆中是最困难的；再认操作起来最容易，原因是原刺激又呈现在眼前，你有各种线索可以利用，需要的只是确定它的熟悉程度。我们都有这样的经验，一些学习过的材料却无法回忆或再认出来，那么这些东西是否已经在头脑中完全消失了呢？不是的，实际上，记忆痕迹并不会完全消失，用再学习（relearning）可以很好地证明这一点。在这种方法中，让被试者先后学习同一个材料，每次达到同样的熟练水平，再次学习所需的练习次数或时间必定要少于初次学习，两次所用时间或次数之差就表示了保存的数量。再如，原来背诵用 30 遍完成，再学习时只用 20 遍就可以达到同样的效果，那么就节省了 10 遍的工作量，说明原有的学习痕迹对重新学习起到了一定的补充作用。

第三节　遗忘

一、遗忘理论

比较有影响的遗忘理论有以下几种：

（一）痕迹衰退理论

根据痕迹衰退理论的解释，大脑中的记忆痕迹随着时间的推移而衰退，就如同拍照后印出来的照片一样，随着时间的延长，照片就会逐渐变黄而模糊不清。这种理论认为输入的信息被编码储存后，由于没有得到复述或不被使用，信息就会丢失。这种理论认为，记忆过程包含着中枢神经系统内的相应变化，这种变化与其他功能一样，用进废退。巴甫洛夫学说就是把遗忘看作一种暂时神经联系的衰退抑制，即原来建立的条件联系由于得不到强化而衰退。这种理论解释遗忘比较直观，但不能解释为什么有些材料更容易遗忘，也解释不了“睡眠记忆”，即学习后不做其他工作马上去睡觉，结果发现睡眠使记忆保持量提高了。现在大多数认知心理学家认为，这种衰退可能发生在记忆的初期，即感觉记忆和短时记忆阶段，感觉记忆的信息没有被注意而衰退，短时记忆的信息因没有得到复述的强化而衰退。

（二）干扰理论

这种理论认为，长时记忆中的记忆痕迹不会衰退，但会相互干扰，使记忆痕迹相互重叠、掩盖，甚至出现变形。对某种信息的遗忘是这种干扰造成的，支持干扰理论的实验室倒摄抑制和前摄抑制理论，倒摄抑制就是后学习的材料对回忆先学习的材料的干扰作用，前摄抑制是指先前学习的材料对回忆后学习的材料的干扰作用。干扰理论提醒我们，每次学习的材料不应太多，内容也不要太相似。但干扰理论对于一些普通的事实却解释不了。例如，对某一领域的知识掌握得越多，对这一方面的记忆就越好。而根据干扰理论，学得多，干扰就多，记忆就会变差。

（三）检索失败说

这种理论认为，遗忘不是因为信息的丧失而是因为信息提取线索不足或者找错了线索。长时记忆中的语义记忆的信息编码加工完善，结构精细，提取线索稳定，因而不易被遗忘，也不易被干扰。而情景记忆的提取线索不牢固，易受干扰，容易遗忘。

（四）动机遗忘理论

前三种理论都是从一定的遗忘实验依据得出来的，在解释不同的遗忘现象方面各有各的优势，但都忽略了个体的动机因素，消极的情绪会影响记忆的效率，没有成就动机驱使，学习的知识容易被遗忘。例如，参加高考的学生，由于升学动机驱使，在短时间内能记住很多学习材料，但如果学习这些材料与升学无关，只是作为一般知识来学习的，即使增加几倍的学习时间，也记不住多少。

动机遗忘理论最早是弗洛伊德根据他对精神病人的观察提出来的，他称之为压抑说。他认为人们之所以趋于遗忘那些特别令人不快的事情，是因为这些记忆内容被沉入下意识中去了，或者说，是被压抑住了。被压抑的事情太多，就会产生心理障碍。动机对遗忘有一定的影响，但就目前的研究现状来看，主要是对心理障碍者的观察的研究，动机的作用还有待进一步研究。

二、记忆恢复

巴拉德（Ballard）在 1913 年发现了一种奇妙的现象。一些儿童学习一首诗之后，过一段时间的回忆比即时回忆效果好，这被称为记忆恢复。一种解释是，在作业期间抑制积累，一旦作业完成，抑制开始解除，从而有可能实现更好的回忆。这样在学习之后有一小段时间，抑制解除就可能以一定的速度进行，从而可能提高个体的成绩。用倒置字母表测验对学校儿童进行的研究表明，神经外倾者比稳定内倾者显示出更高的记忆恢复效果。这一发现与艾森克（Eysenck）所假定的不同人格类型的抑制水平解除是一致的。由于外向者比内向者发展了更高的抑制水平，他们在作业过程中的成绩相对来说要差些。当然，一旦抑制解除之后，外向者的成绩将显得暂时优于内向者。

三、集中与分散练习

集中练习是指在同一作业期间或不同作业之间只允许极少的休息或不允许休息。分散练习是指在作业期间允许有时间间隔。通常，集中条件下的学习效率比分散条件下的低。究其原因，从记忆恢复看，随着作业开始，记忆力受到抑制，除非得到一些休息，否则抑制会持续地影响成绩。短暂的休息可使抑制的解除成为可能。

休息或间隔时间应该有多长，或者说工作尤其是学校每一节课程的合理时间应为多长，目前没有统一标准。学校通常采用的课时是基于不多的经验和粗浅的常识，而不是基于科学的分析。例如，小学每节课时间采用 35 或 40 分钟，完全是凭直觉的做法。虽然那种认为幼儿仅能对教师的讲述维持 20 分钟的看法只得到极少实验的支持，但不必怀疑，教师应通过对所掌管的儿童的观察和经验把握教授时间。没有经验的教师应明智地对这种抑制迹象多加留意。

四、遗忘曲线

德国心理学家艾宾浩斯（Ebbinghaus）首先系统地对长时记忆和遗忘进行了研究。他的目标是研究“纯”记忆，既不受个人情绪反应的干扰，也不受其他一切以前学过的保存在长时记忆中的知识的干扰。为了消除新学习的材料与记忆中的知识的可能联系，他创造了无意义音节，即一种有两个辅音和一个元音组成的字母串，如 POF、XEM 和 QAZ 等。实验中他以自身作为测试对象，大声地朗读一串串无意义音节，并且用节拍器的有规律的节奏控制朗读的速度，然后再努力地回忆内容。

为了测量遗忘，艾宾浩斯设计了节省法，也就是再学习法。根据这种方法，艾宾浩斯绘制了不同时间间隔的记忆节省图，通称为保存曲线或遗忘曲线，艾宾浩斯遗忘曲线见图 5-2。

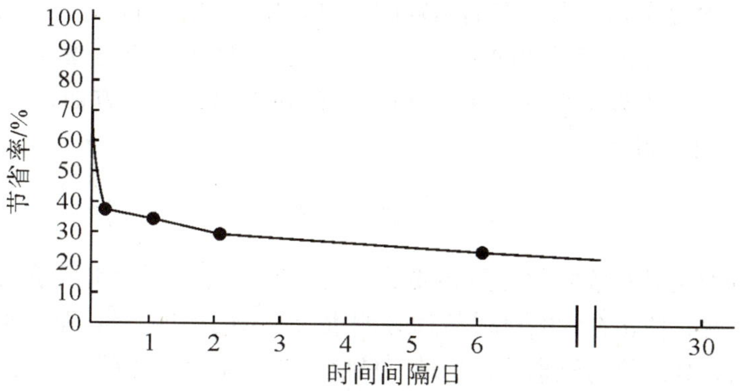

图 5-2 艾宾浩斯遗忘曲线

从艾宾浩斯遗忘曲线中可以看到，节省量随着初学与再学时间间隔的加长而减少，即遗忘的数量逐渐增多。一个明显的结果是，遗忘的过程是不均衡的：在第一个小时内，保存在长时记忆中的信息迅速减少，然后，遗忘的速度逐渐变慢。在艾宾浩斯的研究中，甚至在距初学 31 天以后，仍然存在某种程度的节省，对所记的信息仍然有所保存。艾宾浩斯的开创性研究有两个重要发现，一个是描述遗忘进程的遗忘曲线，另一个是揭示了在长时记忆中的保存能够持续多长时间。通过研究发现，在长时记忆中的信息可以保留数十年。因此，儿童时期学过的东西，即使多年没有被使用，一旦有机会重新学习，都会较快地恢复到原有水平。如果不再使用，可能被认为是完全忘记，但事实上遗忘绝不是完全彻底的。

第四节　影响记忆效果的因素

一、组织

没有什么比毫无明确的行动计划的瞎碰更消磨精神的了，这无论从时间还是从精力而言都是不经济的。格式塔心理学家指出，领悟学习的场合是必需的，为此，作为学生和教师，需组织和理顺题材和方法。面对杂乱和散漫的情境，儿童很快会变得糊涂和难受。学生有必要形成一些简单的学习常规并成为习惯；否则，学生生活中许多非学业的吸引力会完全占据他们。

二、学习场所

相对安静的场所对学习是必需的，嘈杂的学习环境对大多数人构成了干扰。有人主张背景音乐没有妨害，但是，它毕竟成了对一个人的注意的竞争源。从心理学的角度看，无关的声音刺激的水平不应达到很可能突破一个人的注意阈限的程度，否则会干扰人的注意和思维，降低学习效率。

三、个人因素

许多学生的学习受到个人存在的问题的不利影响，这些问题包括情绪的、智力的、动机的、社会的、学业的和经费的困难，以及存在的助学金的问题等。由于这些影响介入，一方面，学生难以对学习材料编码、储存和提取；另一方面，他们难以专心致志，学习变得愈加单调沉闷。

四、作业的意义

领悟作业的意义对有效的学习是必要的。我们所学的东西大都要求对论点进行理解而不是无心的重复，使正在学的材料条理分明大大有助于记忆。心理学研究表明，越是富有意义的材料，如定律与概念等，越是容易被保持，而无意义音节很快会被遗忘。

五、复习

短时记忆的信息进入长时记忆的关键是复述，复述分保持性复述和整合性复述，对于机械识记的材料就是靠保持性复述来巩固的。复习就是对所学习的材料进行不断地复述，通过复习达到知识保持的目的。意义识记的基本条件是理解，但也要复习，不过这种复习是通过整合性复述来实现的。整合性复述是将要复述的材料加以组织，与其他的信息联系起来，在深层次上加工整合，得到更多的理解。因此，进行复习有利于知识的保持。根据遗忘曲线，遗忘的进程是先快后慢、先多后少，记忆的痕迹逐渐出现衰退，教师就应根据这种规律安排复习时间，在遗忘过程刚开始的时候，就让学生及时复习，但复习应适量，不能加重学生的课业负担。

六、整体与部分的学习和阅读

对于学习材料来说，我们可以反复通读，以获得其内容的整体印象，并试图记住它们。我们也可以将学习材料分成若干部分，先学各个部分，然后再把它们结合起来。这就是常说的整体学习和部分学习。对于二者来说，哪一种学习更有效，目前没有明确的断言。折中的结论是：材料的性质和学习者的条件决定最合适的方法，当学习的材料比较少时，整体的学习是适用的。同时，一旦弄懂了全部的知识结构，也就把握住了材料的意义和材料的各要素之间的连续性。当学习材料较多时，部分学习方法较合适。这里最重要的假设是：只要总的关系搞清楚了，部分学习就有效。

第六章 学习理论

第一节　学习的一般概述

一、学习的概念

广义的学习是指人与动物在生活过程中获得个体经验，且凭借经验引起行为或潜能的相对持久的变化。根据该定义，学习有三条标准。

首先，学习必须使个体产生某种变化，即行为的改变或行为能力的改变。当个体能用不同的方式做事时，我们就说他们学习有效了。同时我们要意识到，学习是推理性的，我们直接观察到的不是学习本身，而是学习的产物和结果，学习的产物和结果通过影响人们的言行来反映学习。

其次，这种变化是由于经验（如实践、对他人的观察）而引起的。这条标准不包括主要由遗传决定的行为改变，如儿童身上出现的成熟的变化（爬行、站立）等。尽管如此，我们通常难以明确划分成熟与学习之间的界限。

最后，这种变化是相对持久的。这条标准不包括由药物、酒精和疲劳等因素引起的行为的短暂改变。这些改变之所以短暂，是因为一旦原因排除，行为就会恢复到原有状态。

广义的学习既体现了人的学习特征，也体现了动物的学习特点，但本质上人的学习与动物的学习是有着区别的。(1) 从学习内容来看，人的学习比动物的学习更广阔。人不仅要学习生存技能，还要学习人类社会一代代传递下来的文化和经验。(2) 从学习方式来看，动物的学习主要是自发的过程；而人的学习是在社会传递下，以语言为中介实现的。(3) 从学习性质来看，人的学习是自觉的、有目的的、积极主动的过程。

二、学生学习的特点

学生学习与人类学习之间是特殊与一般的关系，学生的学习既与人类的学习有共同之处，又有其特殊性。

1. 以间接经验的掌握为主线

学生的学习过程是掌握间接经验的过程，因此，它与人类认识客观世界的过程有所不同。人类的认识是从实践开始，而学生的学习则未必如此，他们可以从学习现有的经验、理论、结论开始，同时补充以感性经验。虽然学生的学习也要求个人有一定的经验基础，但学生的实践活动也与成人有所不同，主要表现在他们的目的性上。从总体上来说，学生学习间接经验是主要的学习形式，不可能事事从直接经验开始。在教学组织和教学方法上，教师教学应将学校学习与实际生活和学生的原有经验相结合。

2. 计划性、目的性和组织性

学生的学习是在有计划、有目的和有组织的情况下进行的。学生的学习必须在有限的时间内完成，并达到社会的要求，因此需要在教师的指导下实现。教师既掌握所教知识的内在联系，又了解学生学习过程的特点，因此，他们能够保证在较短时间内，采用特殊有效的方法，帮助学生学会学习，完成掌握前人经验和建构自己的认知结构的学习过程。

3. 具有一定程度的超前适应性

学生的学习与人类学习一样，应该是一个主动建构的过程。但他们的学习不只是为了适应当前的环境，更是为了适应将来的环境，当学生意识不到他当前的学习与将来的生活实践的关系时，就不愿为学习付出努力。因此教师要注意用各种方法来培养和激发学生的学习动机，提高其学习的主动性和积极性。

总之，学生的学习既有人类认识过程的一般特点，又有其特殊性。教学如果不了解学生学习的特点，就可能使学生的学习成人化，事事要求直接经验。或是放弃指导，强调生活即教育；或是只注意灌输，把学生看作一个接受知识的容器，被动的学习者。这些做法都会阻碍学生的学习。

三、学习的分类

不同的心理学家对学习有不同的分类方式，本书将主要介绍三种学习分类。

（一）加涅的学习分类

加涅是一名教育心理学家，其主要兴趣在于确定一个人要有效地完成某项工作需要哪些知识和技能。因此加涅提出了人类学习有五种结果，每一种结果的实现都需要不同的教学条件来辅助。

1. 言语信息的学习

言语信息的学习是指掌握以言语信息传递的内容、事实、有意义的知识。信息的学习和意义的学习结合在一起，构成系统的知识。言语信息的学习包括符号表征学习（如知道 book 是书）、事实学习（事物之间的关系，如北京是中国的首都，“have”的过去时是“had”）、有组织的言语信息（如陈述辛亥革命失败的原因）。

2. 智慧技能的学习

言语信息的学习是帮助学生解决“是什么”的问题，而智慧技能的学习要解决“怎么做”的问题，以处理外界的符号和信息，如如何将分数转化为小数。智慧技能包括四类：辨别、概念、规则、高级规则。

（1）辨别：区分不同的事物，如区分“b”和“d”。

（2）概念：掌握同类事物的本质特征。概念学习包括具体概念和定义概念。具体概念中，概念的关键特征只能通过直接观察例证才能掌握，如红色、甜、苹果；定义概念是指必须通过下定义的方式来揭示关键特征，如偶数、法人等。

（3）规则：了解两个或两个以上概念之间的关系，如速度等于路程除以时间。

（4）高级规则：运用简单规则解决复杂问题的能力，另外把简单规则进行重新组合产生新的规则也是高级规则。如梯形的面积计算公式可由三角形的面积计算公式，加上长方形的面积计算公式组合得来。

3. 认知策略的学习

认知策略是学习者用以支配自己的注意、学习、记忆和思维的有内在组织的才能，这种才能使得学习过程的执行控制成为可能。如学习者在学习中为了记住材料信息而反复阅读、编口诀、针对所学内容画网络关系图等都属于认知策略。智慧技能指向外部环境，而认知策略指向学习者内部。

4. 态度的学习

态度是通过学习获得的内部状态，这种状态影响着个人对某种事物、人物及事件所采取的行动。加涅提出三类态度：（1）儿童对家庭和其他社会关系的认识；（2）个人对某种活动所伴随的积极的、喜爱的情感；（3）有关个人品德的某些方面，如对某个学科感兴趣、尊敬老师、尊敬长辈、周末和家人去博物馆欣赏敦煌展览等。

5. 运动技能的学习

运动技能又称为动作技能，也是能力的一个组成部分，指通过练习巩固下来的、自动化的、完善的动作活动方式，比如，骑自行车、游泳、打字等。

（二）奥苏贝尔的学习分类

奥苏贝尔根据两个维度对学习进行划分。一个维度是学习进行的方式，据此可将学习分为“接受的”和“发现的”；另一个维度是学习材料与学习者原有知识的关系，据此可将学习分为“机械的”和“有意义的”。这两个维度互不依赖，彼此独立。因此，接受学习也可能是有意义的，发现学习也可能是机械的。

（三）我国心理学家的学习分类

根据我国心理学家的学习分类，学生的学习内容可以分为三类：一是知识、技能和学习策略的掌握；二是问题解决能力和创造性的发展；三是道德品质和健康心理的培养。我国教育心理学家认为，教育系统通过知识、技能的传递来形成和发展学生的能力和体力，通过行为规范的学习来形成和发展学生的态度和品德。因此，为促进学生德、智、体全面发展，部分心理学家主张把学生的学习分为知识的学习、技能的学习、行为规范的学习三类。

第二节　行为主义学习理论

20 世纪上半叶，行为主义是心理学领域中的一股强大力量，大多数早期的学习理论都属于行为主义学派。行为主义主张用自然科学的方法来研究学习，他们用外显的、可以观察的刺激和反应来解释学习过程，而反对研究学习的内部过程。行为主义运动始于 1913 年，当时华生写了一篇名为《行为主义者眼中的心理学》的文章，文中列出了一些关于方法论和行为分析的基本假设，见表 6-1。

表 6-1　华生关于方法论和行为分析的基本假设

假设 1	所有的行为都是从环境中习得的
假设 2	心理学应该被视为一门科学
假设 3	行为主义主要关注的是可观察到的行为，而不是像思考和情感这样的内部事件
假设 4	人类的学习和其他动物的学习没有什么不同
假设 5	行为是刺激—反应的结果

但不同的行为派学习理论家的观点并不完全相同，其主要的代表人物包括桑代克、巴甫洛夫、华生、斯金纳和班杜拉等。

一、桑代克的联结说

桑代克是美国动物心理学开创者，心理学联结主义的建立者和教育心理学体系的创始人。他著述颇丰，研究领域十分广泛，对美国心理学领域影响很大，主要著作包括《动物智慧》《教育心理学》《人类的学习》。

（一）桑代克的动物实验

桑代克是最早用动物实验来研究学习规律的心理学家。最著名的动物学习实验是“猫开笼取食”的实验，他认为学习是刺激（stimulus）与反应（reaction）之间的联结，故称为联结主义学说。

桑代克将饥饿的猫禁闭于迷笼之内，饿猫可以用抓绳或按钮等不同的动作逃出笼外获得食物。饥饿的猫第一次被关进迷笼时，开始盲目地乱撞乱叫，东抓西咬，经过一段时间后，它可能做对了打开迷笼门的动作，逃出笼外。桑代克重新将猫再关入笼内，并记录每次从实验开始到猫做出打开笼门的正确动作所用的时间。经过上述多次重复实验，桑代克得出猫的学习曲线。该曲线表明猫逃脱迷笼潜伏期与实验次数的关系，即随着尝试次数的增加，做出动作所用的时间逐渐减少。桑代克认为猫是在进行“尝试错误”的学习，经过多次的尝试错误，饿猫学会了打开笼门的动作。因此，有人将桑代克的这种观点称为学习的“尝试错误说”，或简称为“试误说”。图 6-1 为饿猫学习曲线，图 6-2 为饿猫实验。

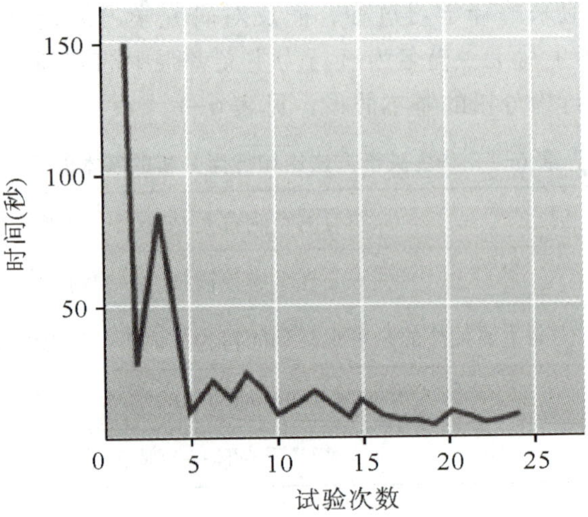

图 6-1　饿猫学习曲线

图 6-2　饿猫实验

（二）学习的联结说

桑代克认为学习不是建立观念之间的联结，而是建立刺激—反应联结（S-R 联结），即在一定的刺激情景与某种正确反应之间形成联结，其中不需要观念或思维的参与。人和动物的学习规律是共通的，但人能建立更多、更复杂的联结。桑代克明白人的学习是更加复杂的，因为人类还从事其他类型的学习，需要联结各种想法，进行分析推理等。尽管如此，由于动物和人的研究所得的结果存在相似性，他最终还是用基本的学习原理来解释各种复杂的学习。他认为，一个受过教育的成年人不过是拥有成千上万个刺激—反应的联结而已。

（三）学习规律

桑代克通过对动物的实验与观察，提出三条主要的学习定律。

1. 准备律

学习者在进入某种情景时所具有的预备性反应倾向会影响某种反应的学习。准备律实际上体现了学习的动机原则，是学习者在学习开始时的预备定势。学习者有准备而又给予活动时就感到满意；有准备而不活动时则感到烦恼；无准备而强制活动也感到烦恼。在桑代克的饿猫实验中，我们可以思考一下，如果迷箱里的猫并不饥饿，会怎么样呢？又如在教学过程中，老师没有提前通知就突然进行检测或考试，学生会对此觉得难以接受，从而产生情绪上的抗拒。

2. 练习律

练习律由两部分构成，一是使用，二是失用。练习律的使用是指重复学会了的反应将增加刺激—反应之间的联结，即 S-R 联结受到练习和使用的越多，就变得越来越强。练习律的失用是指当对刺激不做出反应时，联结的强度就会减弱，即所谓的用进废退。在桑代克的饿猫实验中，随着饿猫尝试打开笼门的次数越来越多，它打开迷箱的时间也越来越快。

3. 效果律

效果律是最重要的学习规律。如果一个动作发生后跟随的情境中是满意的变化，在类似的情境中这个动作重复的可能性将增加；如果跟随的是一个不满意的变化，这个行为的重复的可能性将减少。可见一个人当前行为的后果对决定其未来的行为起着关键的作用。我们可以设想一下，在桑代克的饿猫实验中，如果猫逃出后等待它的不是鲜美可口的鱼儿而是被一只恶犬追赶，它的行为又会有何不同呢？又如，当学生扶老人的举动得到了老师的赞美、学校的认可，或是遭到老人家属的讹诈两种不同的结果，会分别对该同学今后的行为产生怎样的影响呢？

桑代克的学习联结说以实验研究为基础，提出了西方最早、最系统的学习理论，并指导了大量的教育实践，但简化了学习过程的性质，只能解释简单的机械学习。而且他认为，人和动物的基本学习方式一致，都是通过试误学习，只是复杂程度不同，这是达尔文生物进化论的延伸，未能区分人类学习与动物学习的本质区别。

二、经典性条件反射理论

（一）巴甫洛夫的经典条件反射学说

巴甫洛夫（1849—1936 年）：俄国生理学家、心理学家、医师、高级神经活动学说的创始人，诺贝尔生理学奖获得者，条件反射理论的建构者，也是传统心理学领域之外而对心理学发展影响最大的人物之一。

1. 巴甫洛夫的实验

巴甫洛夫早先致力于研究狗的消化系统。他在研究消化现象时，观察了狗的唾液分泌，即对食物的一种反应特征。为此他设计了一项手术，在狗的胃上做了一个外化的“育儿袋”，并保持神经供应，以便正确研究肠胃分泌物。他的实验方法是，把食物显示给狗，并测量其唾液分泌。在这个过程中，他发现，如果随同食物反复给狗一个中性刺激，即一个并不自动引起唾液分泌的刺激，如铃响，这狗就会逐渐“学会”在只有铃响但没有食物的情况下分泌唾液。图 6-3 为狗的唾液分泌实验。

条件反射有四个基本事项：①无条件刺激（unconditioned stimulus，UCS），指本来就能引起的某种固定反应的刺激，如该实验中的食物；②无条件反应（unconditioned response），指由无条件刺激原本就可以引起的固定反应，如该实验中狗的唾液分泌；③条件刺激（conditioned stimulus，CS）指原本不能引发无条件反应的中性刺激，但在条件作用建立后引发条件反应的刺激，如铃声；④条件反应（conditioned response），指条件反射形成后由条件刺激引起的反应，如狗听到铃声后分泌唾液。在这个实验中，原来的中性刺激通过与无条件刺激反复结合，变成了一种条件刺激，分泌唾液成了由这种条件刺激引起的条件反应，这就建立了一种条件反射。

图 6-3　狗的唾液分泌实验

巴甫洛夫进一步研究发现，在一种条件反射巩固后，再用另一个新刺激与条件反射相结合，还可以形成第二级条件反射。比如当狗学会对铃声做出反应之后，还可以在呈现铃声的时候结合灯光，多次重复后，狗也习得了对灯光的反应。巴甫洛夫认为，人和动物的一切智慧行为和随意运动都是在无条件反射的基础上形成的条件反射。

尽管巴甫洛夫本人对心理学这门科学不屑一顾，但他的研究为当时这门新兴学科的几个重要概念奠定了基础。巴甫洛夫对条件反射的研究是具有开创性的，而且他的实验方法与研究结果都被后来的心理学家广泛接受，因此，他的条件反射理论被称为经典性条件反射理论。

2. 经典性条件作用的规律

经典性条件作用，即中性刺激与无条件刺激的多次重复结合，使得个体学会对中性刺激做出条件反应。这个过程主要反映了习得、消退、泛化与分化等规律。

（1）习得规律：是指通过条件作用获得对某些行为的反应。比如在巴甫洛夫的实验中，狗学会对铃声做出反应。

（2）消退规律：是指当多次只呈现条件刺激，而不呈现无条件刺激时，个体不再对条件刺激做出反应。比如，在巴甫洛夫的实验中，如果多次只呈现铃声却没有食物出现，那么狗就会不再对铃声做出分泌唾液的反应；再比如，在课堂上经常举手却从未被点名发言的学生，今后可能就不再举手了。

（3）泛化规律：是指在条件反射形成后，有机体对类似于条件刺激的其他刺激也做出同样的条件反应。比如，人们通常所说的“一朝被蛇咬，十年怕井绳”就是泛化在起作用。

（4）分化规律：是指对差异化的刺激产生的不同反应。也就是说，只对特定刺激给予强化，而对引起条件反射泛化的类似刺激不予强化，这样，条件反射就可得到分化，类似的不相同的刺激就可以得到辨别。

3. 经典条件作用的教学应用

在教学过程中，我们经常看到一些同学因为喜欢或讨厌某位教师而喜欢或讨厌某门课程。这是因为教师的行为和人格特质实际上是作为无条件刺激出现的，而学生对教师的反应则是无条件反应（喜欢或讨厌）。课程内容是中性刺激，加上无条件刺激（老师）的多次重复出现，即可让学生习得对课程内容的条件反应。

这给了我们一些教学启示，即教师本身应该是温暖包容且具有亲和力的，另外教师的行为也应该慎重，关心呵护学生，以身作则，对学生一视同仁。除此之外，教师也要努力营造一种积极的、舒适的学习氛围，以促使学生更积极地学习。

扩展阅读

1. 广告中的经典条件作用

顾客喜欢某价廉物美的商品（无条件刺激），这种好感就是无条件反射，品牌或商标可看作一种条件刺激。该品牌或商标与价廉物美的商品结合起来，渐渐建立条件反射，比如某些大众亲民品牌纷纷选择低价策略以获取更好的销量。

另外，出于人的本能，我们总是喜欢美丽的、健康的、具有活力的事物，商家也正是利用此来进行广告宣传。比如在某巧克力广告中出现了青春靓丽的美女帅哥、秀美的风景和浪漫的爱情，这都让人不禁遐想——吃了这种巧克力，自己也能变得更加美貌，并拥有爱情。在这个广告中，青春、美景和爱情是无条件刺激，这种刺激给人的感觉是甜蜜和温馨，即无条件反应。男孩女孩吃着巧克力，甜蜜地微笑着，即建立了无条件刺激与中性刺激（巧克力）的联系，产生了条件刺激（巧克力）与条件反应（甜蜜温馨）之间的联结。

实际上，明星效应本身也是经典条件作用的反映。我们看到多数商品都会选择形象积极正面且时尚的明星作为代言人，目的是将明星本身的积极形象与商品进行联结，利用消费者对明星的好感来提升销量。所以，一旦某个明星陷入绯闻或是不利的形象中，商家会纷纷解除跟该明星的合作，以及时止损。

2. 生活中的经典条件反射

小孩害怕去医院，也害怕穿白大褂的医生和护士，为什么呢？利用经典条件反射我们知道，小孩生病去医院打针，特别疼，觉得非常害怕。而打针这个动作总是发生在医院，并且由医生和护士来执行。以后，只要他去医院就非常害怕，看到医生和护士也很害怕，产生和真实打针一样的感受。

徐文长揖驴的故事：相传徐文长小时候放荡不羁，他舅舅每次来家里，总是要指责他，甚至会痛骂一顿，时间久了，徐文长感到心理特别不舒服，于是决定教训一下舅舅。每次舅舅进屋与家里人说话时，他就会到后院里，对着舅舅骑的驴子恭恭敬敬地作上一揖，然后用皮鞭痛击驴子。连续几次后，等舅舅骑上驴子准备离开时，徐文长对着舅舅很有礼貌地一揖，然后驴子就暴跳起来，把舅舅摔得鼻青脸肿，舅舅到死都不知道是怎么回事。

（二）华生的行为主义

约翰·华生（1878—1958 年）：美国心理学家，行为主义心理学的创始人。1913 年，其论文《行为主义者心目中的心理学》发表，标志着行为主义的正式诞生。华生的主要著作有《行为：比较心理学导论》《从一个行为主义者的观点看心理学》《行为主义》。1915 年，华生当选为美国心理学会主席，是心理学史上极富个性色彩的人物之一。

华生在心理学领域创立了行为主义方法论学派，并于 1913 年发表了关于这一心理学理论的观点。这篇文章的标题是《行为主义者眼中的心理学》，它通常被认为是行为主义的宣言。它概述了行为主义作为一个客观的科学分支，将使用纯粹的观察数据作为其理论和发现的基础。华生并不特别关心思想、认知、内省或其他形式的内部意识，他认为解释大脑的内部活动是愚蠢的，心理学家应该只关注他们所能看到的东西。

在华生职业生涯的早期，他的思想深受巴甫洛夫的影响。巴甫洛夫发现了刺激和反应之间的关系，并记录了他的研究结果，表明了人和动物可以学会把一件事和另一件事联系起来。华生将巴甫洛夫的条件反射理论及其研究作为学习理论的基础。他认为，学习就是以一种刺激替代另一种刺激建立条件反射的过程，通过条件反射建立牢固的刺激反应联结，从而形成了新的行为习惯。华生所做的一个让婴儿形成对白鼠的恐惧的实验说明了这一观点。

华生十分强调个体发展中环境的作用，认为只要控制了环境因素，就能诱发个体的任何行为反应，华生相信行为主义的原则可以用来把婴儿塑造成实验者、父母或其他人可能想要的任何样子，正如《行为主义》一书中有一句最为著名的话："给我一打发育良好的健康婴儿，将他们放在我自己的独特世界里长大，我担保他们中的任何一个都可以成为我所选择的任何类型的专家—医生、律师、艺术家、商界首领，甚至乞丐或窃贼。不管他的天赋、爱好、倾向、能力和他祖辈的职业及种族如何。"

1. 华生的实验：小阿尔伯特的恐惧形成实验

华生与雷纳于 1919—1920 年进行了一项称之为"小阿尔伯特"的实验。小阿尔伯特是日托中心的一个健康、正常的幼儿，当时他只有 11 个月又 5 天。条件刺激是一只小白鼠。小阿尔伯特最初的反应是好奇。他看着它，似乎想用手去触摸它。无条件刺激是用铁锤敲击一段钢轨发出的声音。这显然是一种令人生厌的声音，因为小阿尔伯特的无条件反应是惊怕、摔倒、哭闹和爬开。在白鼠与敲击钢轨的声音一起出现 3 次后，光是白鼠就会引起小阿尔伯特害怕和防御的行为反应。在 6 次条件作用后，小阿尔伯特见到白鼠时会产生强烈的情绪反应。在小阿尔伯特 1 岁又 21 天时，华生进行了一系列泛化测验，即在小阿尔伯特面前呈现小白兔、小白狗和白色裘皮大衣、甚至是戴着圣诞老人面具的华生自己等，小阿尔伯特都表现出一种很强的情绪反应。

华生的实验引发了很多争议，许多研究者批判华生对幼小的阿尔伯特所造成的不可逆的伤害，可能是阿尔伯特早夭的部分原因（也有一说阿尔伯特比较健康长寿）。实际上，当华生回到日托中心准备给小阿尔伯特做消退实验时，却发现阿尔伯特已经离开了日托中心，没有机会接受治疗来修复他对白色动物的习得性恐惧。不过在另一项研究中，华生发现，这种恐惧可以通过接触被恐惧的物体和学习刺激之间的新联系而消除。图 6-4 为小阿尔伯特恐惧获得中的条件反射分析。

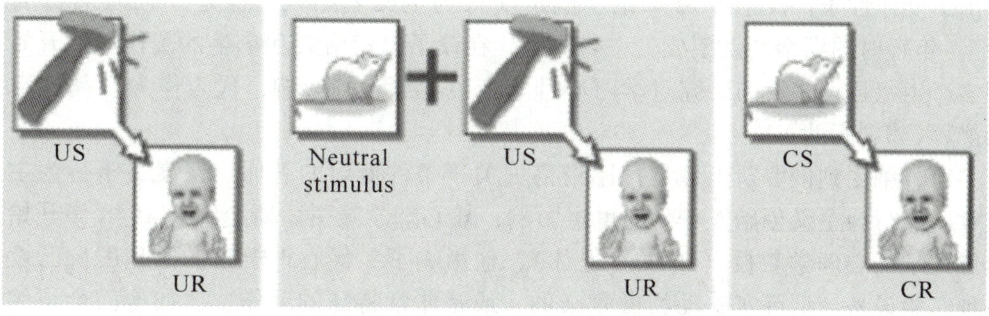

图 6-4 小阿尔伯特恐惧获得中的条件反射分析

华生的实验让人们对心理学实验的伦理规范产生了很多思考，实际上，跟华生的实验一样屡遭诟病的心理学实验还有很多，比如斯坦福监狱实验（1971 年），米尔格拉姆的电击实验（1963 年）等，这些实验本身受到了关于在科学实验上的伦理质疑，它们可能给受试者带来身体和精神上的损伤，违背了心理学实验的知情同意、有利无伤原则。如今的心理学实验伦理更加规范，各国的心理学会均制定了严格、明确的准则，指导以人作为被试的心理学实验研究，如被试的知情同意，随时都可自由退出实验，询问执行任务的情况并保护被试不受到伤害，保密原则等。

2. 对华生行为主义心理学的评价

华生有争议的观点是对优生学的回应，优生学认为基因是最重要的，那些拥有不好基因的人应该被淘汰，不允许传递他们的基因，这种态度在华生时代很流行。华生强调了后天培养的作用，这些培养能让孩子成长为任何人。华生的一些思考和行为主义方法使我们知道，为什么一些环境对情绪健康的儿童和成人的发展是有帮助的，而另一些环境则没有帮助作用。

华生对某些行为的理解做出了巨大贡献，这些行为可能受到环境刺激的制约，并对某些行为的治疗产生了革命性的影响。如今，治疗师们利用一种类似“暴露”的方法来帮助病人克服恐惧和其他各种条件反射。许多治疗师使用行为主义的原则，这些原则最初是由华生发展和推广的。比如目前研究最多的治疗方法之一——认知行为疗法（cognitive behavior therapy，CBT）就融合了行为主义的元素，CBT 研究事件或外部环境、由此产生的想法或意义，以及由此产生的行为之间的联系，以帮助人们管理行为和情绪。

总的来看，华生对心理学的贡献是显而易见的，他的一系列实验研究促进了心理学走上客观化道路；并将巴甫洛夫的理论引进了学习理论，促进了行为主义学习理论的形成，扩大了心理学的研究领域。后期华生因为一些原因离开了心理学研究领域，但却致力于推动心理学的应用发展。不过我们也看到，华生夸大了环境在人的成长中的作用，全盘否定意识和本能，贬低生理和遗传的作用以及脑和神经中枢在心理活动中的重要作用，片面强调环境和教育的作用，而忽视了人的主观能动性；另外华生的行为主义只能解释较简单的低级学习，而无法还原人类的高级学习形式。

三、操作性条件反射理论

斯金纳（1904—1990 年）：是后期行为主义对学习心理学最具影响力的心理学家，

提出了操作性条件反射学习理论。他是新行为主义创始人，也是“彻底的行为主义者”。年轻时的斯金纳渴望成为一名作家，在读了巴甫洛夫和华生的著作后，开始对心理学产生兴趣，之后的研究对学习心理学产生了深远的影响，代表作为《超越自由与尊严》《言语行为》。

斯金纳受到俄罗斯生理学家巴甫洛夫关于条件反射的著作、罗素关于行为主义的文章以及行为主义创始人华生的思想影响，被心理学吸引。斯金纳从 1948 年开始担任哈佛大学的心理学教授（1974 年退休），他影响了一代心理学家。他利用自己设计的各种实验设备，训练实验动物做复杂的，或是非常特殊的动作，比如他教会了鸽子打乒乓球。斯金纳一步一步训练研究动物的经验使自己形成了程序化学习的习惯，他设想通过所谓的教学机器来实现动物训练。这一方法的核心是强化或奖励的概念。学生按照自己的进度使用机器学习，如果能正确回答有关他试图掌握的材料的问题，就会得到奖励。

（一）斯金纳的学习实验

斯金纳发明了一种叫斯金纳箱的学习实验装置，进行白鼠的操作性条件反射的实验。实验时把饥饿的白鼠置于箱内，白鼠在箱内自由活动，偶然踏上操纵杆，供丸装置就会自动落下一粒食丸，经过几次尝试，它会不断按压杠杆，直到吃饱。白鼠学会了按压杠杆以取得食物的反应，按压杠杆变成了取得食物的手段或工具。所以，操作性条件反射又称为工具性条件反射。图 6-5 为斯金纳学习实验的操作性条件反射。

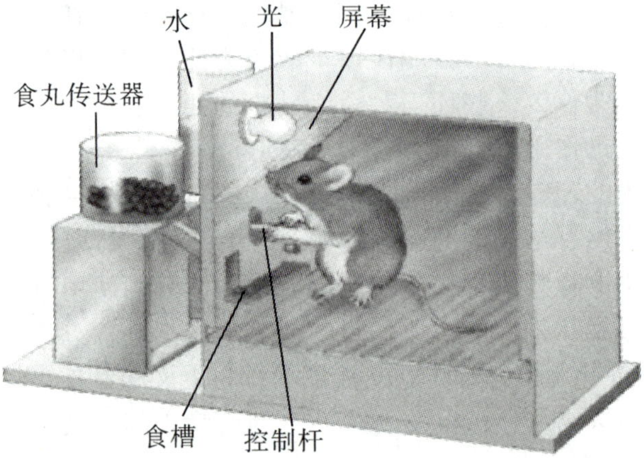

图 6-5　操作性条件反射

（二）操作性行为与操作性条件反射

斯金纳的观点没有华生那么极端。斯金纳认为，我们确实有大脑这样的东西，但研究可观察到的行为比研究内在的心理活动更有成效。斯金纳的研究植根于这样一种观点，即经典条件作用过于简单，不能完全解释复杂的人类行为。他认为理解行为的最好方法是观察行为的原因及其后果。他称这种方法为操作性条件反射。

斯金纳认为行为分为两类：应答性行为和操作性行为。应答性行为是由已知的刺激引起的，比如上课铃响，学生走进教室；操作性行为不是由已知刺激引起的，而是由有机体自身发出的，比如学生认真完成作业这一行为。“可操作性”是一个十分重要的概念，其准确含义是自控而不是他控。

经典性条件反射针对的是应答性行为，而操作性条件反射针对的是操作性条件行为。操作性条件反射的基本原则是：个体在某种环境中做出某种反应，不管有没有引起这种反应的刺激，如果之后伴随着一种强化物，那这个反应在类似环境中发生的概率就会增加。条件作用是一种通过对行为的奖励和惩罚而产生的学习方法。通过操作性条件作用，个体在特定行为和结果之间建立联系。

（三）强化原理

强化是操作性条件反射的核心概念。斯金纳认为，行为之所以发生变化就是因为强化作用，因此通过对强化的控制，我们就能控制人的行为。

1. 强化和强化物

强化起到使反应增强的作用，即提高了反应的效率，或者说使反应更有可能发生。凡是能增强反应概率的刺激和事件都叫强化物。

强化可以分为正强化和负强化。正强化是指在某个反应之后呈现某些愉快刺激，以使该反应日后增强的各种情况。生活中正强化的例子比比皆是，例如当你在驾校学习中表现优秀，教练对你说“干得不错”，在工作中业绩显著，老板给你发了奖金，在心理学课程中提交了不错的论文，老师给了你额外的加分。在上述这些例子中，教练的表扬、老板的奖金、老师的额外学分都是正强化物。在上述每个例子中，正强化都是在行为后跟随某一刺激以使该行为再次发生的概率提升。

如果使用得当，正强化是一种有效的学习工具。不过需要注意的是，正强化也并非永远都是好的。比如，当小孩在超市哭闹时，一些家长会给他额外的关注甚至买一个小玩具来安慰他，孩子们很快就学会了，通过该行为，他们可以获得父母的关注，甚至获得他们想要的东西。本质上，父母是在强化孩子的不良行为。使用正强化时，我们需要考虑强化物的类型和将要用来训练新行为的强化程式。

负强化是指在反应后取消某个刺激或在情境中抽走某些厌恶刺激，以提高该反应在该情境中出现的可能性。厌恶性刺激往往涉及某种类型的不适，不适包括身体上的不适还有心理上的不适。一般来说，老师的夸奖、自由活动、特殊待遇、张榜表扬和高分数等对学生具有正强化作用，而另一些刺激常常起到负强化物的作用，如强光、噪音、批评、讨厌的人、低分数等。

强化物还可分为一级强化物和二级强化物。一级强化物是指满足人和动物的基本生理需要的刺激，如食物、水、安全、温暖、性等。二级强化物是任何一个与一级强化反复联合，而获得自身的强化性质的刺激。比如通过和母乳（一级强化物）形成联结，许多婴儿形成了对奶瓶的喜爱（二级强化物）。和不止一个强化物形成联结的二级强化物叫作一般性强化物。生活中最常见的一般性强化物就是金钱，人们努力工作为了获得收入，然后用获得的收入（一般性强化物）去买更多的强化物（如食品、房产、生活用品和假期等）。

在进行强化时，我们可以使用普雷马克原理，即用高渴望的活动作为低渴望活动的强化物，或者说用学生喜爱的活动去强化学生对不喜爱的活动的参与，比如告诉学生做完家庭作业后，就可以出去玩（此原理又被称为祖母法则，因为祖母经常说“先吃了你的蔬菜，然后你就可以吃甜点”这样的话）。

另外，强化物是根据具体的情境来说的，它们只适合某个时间某种情况下的个体。

比如对一些同学而言，上体育课是强化，对另一些同学而言却未必如此。因此，同一个物体对不同人而言，强化的效果会不同，甚至有可能截然相反。因此在实际教育中，教育者要注意：（1）要对不同的学生提供不同的强化物；（2）教师选择强化物时应考虑年龄因素。

2. 惩罚

行为的后果决定人们是否将重复该特定行为。强化使行为概率增强，而惩罚使行为概率降低。人们常犯的一个错误是把负强化与惩罚混淆起来。但二者的目的是不同的，负强化包括去除消极条件来强化行为，而惩罚涉及提供或剥夺一种刺激来削弱一种行为。

惩罚又可分为呈现性惩罚（Ⅰ型惩罚）和取消性惩罚（Ⅱ型惩罚）。呈现性惩罚即呈现厌恶刺激，如批评、体罚、关禁闭等。呈现性惩罚在生活中十分常见，比如学生因为违反了课堂纪律而被老师批评，驾驶员因为超速驾驶而被交警开了罚单，小偷因为偷窃而被警察逮捕……在这些例子中，批评、罚单、逮捕都是厌恶性刺激，而老师、交警或是警察这样做的目的则是减少这些不恰当的行为。虽然呈现性惩罚在某些情况下可能是有效的，不过，斯金纳指出，它的使用必须与任何潜在的负面影响相权衡。最著名的正面惩罚例子之一就是“打屁股”。在美国，大约有75%的父母用这种方式来教育孩子。一些研究人员认为，温和的、偶尔的“打屁股”是没有害处的，特别是当与其他形式的教育一起使用时，这种方式是可行的。然而，心理学家伊丽莎白在对以往研究的一项大型元分析中发现，“打屁股”与不良的亲子关系以及反社会行为、犯罪和攻击性的增加有关，最近的一些研究也发现了类似的结果。

取消性惩罚即消除愉快刺激，失去玩具、被禁足、失去奖励代币都是取消性惩罚的例子。在这些情况下，由于个人的不良行为，一些好的东西被拿走了。例如，当两个孩子为了谁能玩一个新玩具而争吵时，母亲干脆把玩具拿走了；一个三年级的男孩在课堂上对另一个学生大喊大叫，所以他的老师把他的“好行为”挣来的、本来能拿去换奖品的金币拿走了。

总体来看，惩罚的效果是非常复杂的。一方面，惩罚可以压制不良行为，比如儿童的调皮捣蛋受到打屁股的惩罚，挨打会引起他们的内疚和恐惧，随之可以压制调皮行为。另一方面，惩罚也建立起让人躲避或免于惩罚的条件反应。当教师批评一些学生的回答不正确后，这些学生不久就学会了躲避，不再主动回答问题，另外，惩罚也并没有教会学生如何更富有成效地去行动。

学校经常用惩罚来处理破坏性行为。常见的惩罚如特殊待遇的丧失、批评、赶出教室、休学或开除。由于惩罚可能带来不利影响，本书下面介绍几种替代惩罚的方法。第一种方法是改变能引起消极行为的辨别性刺激，如坐在教室后面的学生常常会调皮捣蛋，教师可以改变辨别性刺激，让这个违纪的学生移到前面的位子上去。第二种方法是让不希望出现的行为继续表现，直到行为者满足为止，如家长可以允许孩子一直生气直到孩子疲劳为止。第三种方法是用不理会的行为消除不希望出现的行为，这种行为对小的违纪很奏效，比如课堂上学生和旁边的同学说悄悄话，为了不影响正常的教学秩序，教师可以采取不理会的行为。第四种方法是把不相容的行为与正强化物建立条件反射，如只对学生在无调皮捣蛋行为时取得的学习进步进行强化而忽视其调皮捣蛋的行为。

3. 强化的程式

强化的程式是指强化的时间和频率安排，在什么时候、以何种频度对一种反应施加强化。强化的程式可以分为固定时间强化、变化时间强化、固定比率强化和变化比率强化四种强化程式。固定时间强化：强化是定期的，如按月发工资。变化时间强化：强化是不定期的，如随时进行的奖励。固定比率强化：强化按一定比率进行，如营业提成。变动比率强化：强化按随机比率进行，如彩票得奖、赌博输赢等。

（1）固定时间强化：在操作性条件作用中，固定时间强化是指第一个反应仅在经过指定时间量后才得到奖赏。反应率是相当可预测的，但随着固定时间的到来而增加，然后在固定时间后立即急剧下降。

（2）变化时间强化：在操作性条件作用中，变化时间强化是指第一个反应仅在经过不可预测的时间间隔后才得到奖赏。其特点是行为不容易停止；反应速度温和但稳定；在给予强化后，其行为只有很少的停顿。

（3）固定比率强化：在操作性条件作用中，固定比率强化是指第一个反应仅在经过固定的比率后才得到奖赏。例如，固定比率的强化可能是每五次反应就有一次奖励，受试者对刺激反应五次后，就会得到奖励。固定比率强化的特点在于：能诱发较高且稳定的反应；最好在学习新行为时使用；在强化之后会导致短暂的反应停顿，但很快又会恢复。

（4）变化比率强化：在操作条件作用中，变化比率强化是指第一个反应仅在经过不可预测的比率后才得到奖赏。这个强化程式创造了一个稳定的、高速度的反应。赌博和彩票就是基于变化比率强化奖励的好例子。

不同的强化程式会产生不同的反应模式，连续强化有利于新知识的学习，而间隔强化有利于知识保持。教育者在教学时应注意：①教新任务时，要进行即时强化，不要进行延缓强化；②在任务的早期阶段应对每一个正确的反应都进行强化，随着学习的进行逐渐转变为间隔强化；③不要一开始就要求学生做到十全十美，要朝正确的方向逐渐引导学生，增强学生的行为。

（四）新行为的塑造

斯金纳认为“教育就是塑造行为”。复杂的行为可以通过塑造获得。塑造是指通过集聚强化每一个小步达成最终目标。也就是将目标行为分解成一个个小步子，每完成一小步就给以强化，直到获得最终的目标行为，这种方法也叫连续接近。塑造新行为主要分为下述步骤：

（1）选择目标（重点行为）；

（2）了解学生目前能做什么或知道什么（起点行为）；

（3）找出学生所在环境中的潜在强化物（强化物）；

（4）将重点行为分解成有序的步骤，步调大小因学生的能力而异（步骤划分）；

（5）及时反馈学生的每步行为，让学生由起点行为逐渐向终点行为接近（即时反馈）。

驯兽师对行为塑造非常熟悉，诸如训练狗握手、猫站立、鸽子转圈、海豚表演之类都是通过行为塑造达成的。人类行为亦然，比如学生在篮球上练习定点投篮，就是行为塑造的例子。第一次投篮没有投到篮筐上，第二次投篮就会多使点劲，结果球砸到篮板上，第三次的时候，他就不像上次那样使劲了，多次练习之后，逐渐地，他的投篮行为就练得非常准确了。如果要让活泼好动的小朋友在座位上坐 20 分钟，但是现在他/她只能在座位上坐 5 分钟，此时我们就需要在小朋友坐了 5 分钟后立即进行强化，比如奖励小朋友小红花或是口头鼓励，经过几次强化后，强化的标准提高到 10 分钟。如果小朋友连续几次都能在座位上坐够 10 分钟，强化的标准就进一步提高到 15 分钟。然后通过强化和不断提高强化标准，直到小朋友最终能在座位上成功坐 20 分钟。

（五）程序教学

程序教学，指的是按照行为的学习原理来编写教材所进行的教学。斯金纳在 1953 年参加了女儿的数学课之后，也对教育和教学产生了兴趣。斯金纳指出，在学校中没有学生收到任何关于他们表现的即时反馈。斯金纳认为，最好的方法是创造某种设备来塑造行为，提供反馈，直到实现所需的反应。他首先开发了一种数学教学机器，这种机器可以在每道题后立即提供反馈。然而，这个最初的设备实际上并没有教授新技能。最终，他开发出了一种机器，可以提供增量反馈，并通过一系列小步骤来呈现材料，直到学生掌握新的技能，这一过程被称为程序化教学。

斯金纳通过教学机器，用小步骤的方式呈现学习内容，每个画面要求学生做出明确的回答。教学的内容被分解成一个个小单元并进行了仔细安排，尽量减少错误。根据对回答的判断，学生会立即得到反馈。如果答对了，就进入下一个学习画面，如果答错了，就会出现补充的学习材料。及时的反馈和强化，使学生最终能掌握所学的知识，达到预定的教学目的。它适合能力高且个性独立的学生，也特别适合那些一般学生的自学需要。另外，程序教学的思想和方法也为计算机辅助教学（computer aided instruction，CAI）奠定了基础。

（六）对斯金纳的评价

斯金纳的研究和写作使他迅速成为心理学中行为主义运动的领导者之一，他的工作对实验心理学的发展做出了巨大的贡献。斯金纳借鉴了他以前的文学生涯，也用小说来表达他的许多理论观点。在 1948 年出版的《沃尔登 2》一书中，斯金纳描述了一个虚构的乌托邦社会，在这个社会中，人们通过操作性条件作用被训练成理想的公民。他 1971 年出版的《超越自由与尊严》一书也让他成为争议的焦点，因为他的著作似乎暗示，人类并不真正拥有自由意志。

斯金纳是一位多产的作家，发表了近 200 篇文章，出版了 20 多本书。在 2002 年对心理学家的调查中，他被认为是 20 世纪最有影响力的心理学家。虽然行为主义不再是占主导地位的思想流派，但他在操作性条件反射方面的工作在今天仍然至关重要。心理健康专业人员在与客户打交道时经常使用操作性技巧，教师经常使用强化和惩罚来塑造课堂上的行为，而动物驯兽师在很大程度上依赖这些技巧来训练狗和其他动物。斯金纳的非凡遗产在从心理学、哲学到教育学等许多其他领域都留下了持久的印记。

斯金纳的学说不仅被用到了动物身上，而且也被广泛用到了人类社会情境中。斯金纳认为，我们的行为是环境的产物，从经验中习得。他的实验揭示了令人不安的状况，即动物的行为是多么容易习得，甚至操控。人也如此，我们只是比实验中的鸽子自由一点，不管是坠入爱河，还是工作、交朋友，所有这些事情都显示出我们是过去已经发生的事情的产物。斯金纳坚信，我们可以通过改变环境来改变人们的行为。不过，批评者指出，斯金纳像其他行为主义者一样，只注重描述行为，不注重解释行为；

只注重外部反应和外部行为结果，而不探讨内部心理机制，他把内部心理过程看成一个黑箱，因此，他被称为极端的行为主义者。

四、社会学习理论

班杜拉（A. Bandura，1925 年至今）：社会学习理论的创始人，斯坦福大学心理学系教授；1974 年当选美国心理学会主席。班杜拉的代表著作是《社会学习理论》。他所提出的社会学习理论是在与传统行为主义的继承与批判的历史关系中逐步形成的，被认为是现代社会学习理论和社会认知理论的奠基人，其理论在行为主义与认知主义之间架起一座桥梁。

社会学习理论是由斯坦福大学心理学家班杜拉提出的。1977 年，班杜拉引入了社会学习理论，进一步完善了他关于观察学习和榜样示范的思想。1986 年，班杜拉将他的理论重新命名为社会认知理论，以便更加强调观察学习的认知成分以及行为、认知和环境相互作用来塑造人的方式。该理论认为，人是既影响环境又受环境影响的活动主体。该理论的一个主要组成部分是观察性学习：通过观察他人来学习可取的和不可取的行为，然后为了获得最大的回报而重现学习行为的过程，个体对自身效能的信念影响着他们是否会重现所观察到的行为。

（一）交互决定论

班杜拉的“交互决定论”建立在吸收了行为主义、人本主义和认知心理学的有关部分的优点并批判性地指出它们各自不足的基础上，保持了自己鲜明的特色。班杜拉指出：行为、人的因素、环境因素实际上是作为相互连接、相互作用的决定因素产生作用的。具体而言，环境是决定行为的潜在因素，人们可以根据他们和环境交往的经验归纳出这些规律，并预期在什么情况下会产生什么结果，借此来调节人们的行为；人和环境交互决定行为，人既不是完全受环境控制的被动反应者，也不是可以为所欲为的完全自由的实体，人与环境是交互决定的。

行为、环境、个体互动的决定性因素是个体的自我效能感，即个体感知到自己能成功从事某种活动的信念。自我效能感会对行为产生影响，如任务的选择、精力的耗费、技能的习得等。反过来，学生的行为又会影响到他们的自我效能感，如完成某项任务并被告知做得很好，这就加强了他们的自我效能感，使他们继续学习。

自我效能感与环境之间也是相互作用的。如对学习具有障碍的学生的研究发现，教师通常认为学习具有障碍的学生比正常学生学习能力低，对这类学生的学业期待也比较低。反过来，教师对学生的反馈又会影响学生的自我效能感。当老师对学生说“我相信你能完成这件事”，学生就可能对成功更充满自信。图 6-6 是班杜拉三元交互理论。

（二）观察学习

1. 经典实验

在 20 世纪 60 年代，班杜拉和他的同事们开始了一系列著名的观察学习研究，这些研究被称为波比娃娃实验。在第一个实验中，学龄前儿童被暴露在一个具有攻击性或非攻击性的成人榜样中，以观察他们是否会模仿这个榜样的行为。榜样的性别也是多种多样的，有的孩子观察同性榜样，有的观察异性榜样。在有攻击性的情况下，成人

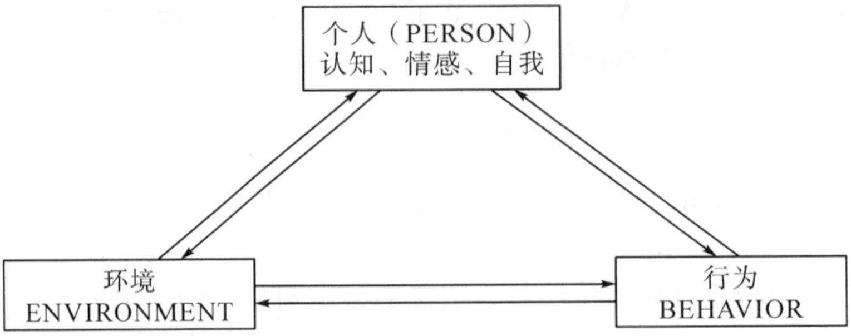

图 6-6　班杜拉三元交互理论

榜样在孩子面前对着一个充气的波比娃娃进行口头和身体上的攻击。在接触了这个榜样之后，这个孩子被带到另一个房间去玩一些非常具有吸引力的玩具。为了让参与者失望，孩子的游戏在两分钟后就停止了。之后，孩子被带到第三个房间，里面摆满了各种各样的玩具，包括一个波比娃娃，在那里他们可以玩 20 分钟。

研究人员发现，处于攻击性环境中的儿童更有可能表现出语言和身体上的攻击性，包括对波比娃娃的攻击性和其他形式的攻击性。此外，男孩比女孩更有可能具有攻击性，尤其是如果他们接触过具有攻击性的男性榜样。

随后的实验使用了类似的模式，但在这个实验中，攻击性的榜样并不仅仅出现在现实生活中。第二组观看的是带有攻击性榜样的电影，第三组观看的是带有攻击性卡通人物的电影。再次，榜样的性别是不同的，孩子们在被带到实验房间玩之前受到了轻微的挫折。在之前的实验中，三种攻击性条件下的孩子比对照组表现出更多的攻击性行为，而攻击性条件下的男孩比女孩表现出更多的攻击性行为。这些研究为在现实生活中和通过媒体观察学习和榜样示范提供了基础。特别是，它引发了一场关于媒体模式如何对儿童产生负面影响的争论，这种争论一直持续到今天。

2. 观察学习的含义

班杜拉关于学习的观点与行为主义者形成了鲜明的对比。斯金纳认为，学习只能通过个人行动来实现。然而，班杜拉认为，通过观察学习，人们可以观察和模仿他们在环境中遇到的榜样，从而使人们更快地获得信息。在班杜拉看来，观察学习是人学习的最重要的形式，所有由直接经验导致的所有学习现象，都可以在替代的基础上发生，即都可以通过观察他人行为及其结果而实现。观察学习又称替代学习，在观察学习中，学习者不必直接做出反应，也无须亲身体验强化，只要通过观察他人在一定环境中的行为，并观察他人接受一定的强化便可完成学习。班杜拉认为，观察学习可以归纳为三类。

（1）直接的观察学习，即对示范行为的简单模仿。

（2）抽象性观察学习，即从他人的行为中获得一定的行为规则或原理，以后并不表现出所看到的具体反应方式，而是在一定条件下做出体现所获得的原理或原则的行为。

（3）创造性观察，即从不同的示范行为中抽取出不同的行为特点，组合成新的行为方式。

3. 观察学习的过程

观察性学习通过四个过程完成。

（1）注意过程：对榜样情景各个方面的注意和知觉。注意过程解释了在环境中选择观察的信息。人们可能会选择观察现实生活中的榜样或通过媒体接触到的榜样，榜样的力量和自身的特性会影响注意的过程。

（2）保持过程：对所观察到的信息进行记忆，以便日后能够成功地回忆和重建。

（3）复制过程：自己仿照做出榜样的情景当中所观察到的行为，这是一个从内到外的过程。复制过程重建了对观察结果的记忆，因此所学到的知识可以被应用于适当的场合。在许多情况下，这并不意味着观察者将完全复制所观察到的操作，而是他们将修改行为以适合环境的变化。

（4）动机过程：根据观察到的行为是否会对榜样产生期望或不利的结果来决定观察到的行为是否被执行。如果一个被观察到的行为得到了奖励，观察者就会更有动力在以后重现它。然而，如果一个行为以某种方式受到了惩罚，观察者就不会那么有动力去重现它。因此，社会认知理论提醒人们，并不是所有的行为都是通过模仿来学习的。

（三）对强化的重新解释

在班杜拉看来，强化不仅仅是直接的强化这种方式，还包括替代性强化和自我强化。

1. 替代性的强化

替代性强化是指通过观察他人行为所带来的奖励性后果而受到的强化。当观察者看到榜样或他人受到强化，从而使自己也倾向于做出榜样的行为。也就是说，对榜样的强化也间接地强化了观察者对榜样行为的观察和学习。比如教师在课堂中因某同学积极举手而公开表扬该学生，对其他同学而言，就具有替代性强化的作用，因此也会引发其他同学的积极举手行为。

2. 自我强化

自我强化是指参照自己的期望和目标，对自己进行强化。比如很多时候，利他行为并不会给个体带来直接的利益，但人们依然会从善如流，是因为帮助他人的行为受到了自我强化。正如“赠人玫瑰，手有余香”，我们在帮助他人的时候，自己也收获了良好的价值感和道德感。

拓展阅读：媒体的善与恶

在媒体的报道过程中，其作用是复杂的。一方面，媒体可以传播知识，呈现多元价值理念，培养信念等。比如关于识字、计划生育和妇女地位等问题的连续剧已经证明了媒体模式的亲社会潜力。这些电视节目成功地带来了积极的社会变革。例如，印度制作了一个电视节目，该剧通过塑造女性平等的正面形象来倡导性别平等，使观众了解到，女性应该拥有平等的权利，应该有选择自己生活方式的自由。在这个例子中，媒体榜样对社会产生了积极的影响。另一方面，媒体中的暴力场景却可能为现实生活中的人提供榜样示范，增强他们的攻击行为。心理学的研究也表明，长远来看，观看暴力电视节目会增加儿童的攻击水平。媒体节目提供了一种行为脚本，当个体处于一个新异场景而不知道如何应对时，观看过的媒体节目就提供了可模仿的行为，比如亲密关系中的侵犯，许多当事人并未意识到这是一种侵犯行为，因为多数电视节目模糊了女性对性侵犯的拒绝行为和东亚文化中女性的害羞和内敛特质，尤其一些以“玛丽苏”为主的电视剧通过对霸道总裁的塑造强化了这一信念，即女性的拒绝源于其羞涩的本质，而不是真的不愿意亲密。当前我国大多数青年女性都存在的身材焦虑，也部分源于媒体塑造的“以瘦为美”的狭隘审美观，媒体中呈现的年轻女性都是极度瘦削，远远低于正常的体重水平，因此在这种媒体的影响下，众多女性将这种“理想瘦”和“理想美”标准内化，并以此作为对自己的要求和评价的标准，纷纷将减肥作为自己的重要目标，即使本身体重正常，更有一些女性由于过度节食而导致贪食症、厌食症等临床疾病。这些都是媒体在榜样示范方面的“恶”。

媒体作为一种传播媒介，本身并无善恶之分，不过，作为一种内容载体，媒体所带来的榜样影响却会深受内容的影响。因此，学校教育中应该加强媒体素养教育，提高学生信息辨别能力，批判性地看待媒体所传递的信息，以培养健康的人格和生活方式。

第三节　认知主义学习理论

认知心理学研究的是大脑内部的心理过程，包括感知、思考、记忆、注意力、语言、解决问题和学习等在内的所有事情。虽然它是一个相对年轻的心理学分支，但它已经迅速成长为最受欢迎的分支领域之一。认知心理学在20世纪50年代中期的兴起源于三个因素。一是心理学家不满意行为主义的方法，认为行为主义的方法只是简单地强调外部行为而不是内部过程。二是为了开发更好的实验方法。三是随着计算机的发展，科学家开始将人类和计算机的信息处理进行比较。至此，心理学的研究重点从条件性行为和精神分析的概念转移到对人类信息处理的理解，并使用严格的实验室调查。认知心理学的基本假设有三点。

1. 中介过程发生在刺激和反应之间

行为学家反对研究心理，因为内在的心理过程不能被观察和客观地测量。然而，认知心理学家认为有必要研究一个有机体的心理过程以及这些过程如何影响行为。与行为主义提出的简单的刺激—反应联系不同，理解有机体的中介过程非常重要。没有这种理解，心理学家就不能完全理解行为。

行为主义方法只研究可以被客观测量的外部可观察的（刺激和反应）行为。他们认为，内在行为无法被研究，因为我们无法看到一个人的思想发生了什么（因此也无法客观地衡量它）。相比之下，认知方法认为通过实验可以科学地研究内在的心理行为。认知心理学假设在刺激/输入和反应/输出之间存在中介过程。

中介，可以是记忆、感知、注意力或解决问题等。这些过程被称为中介过程，因为它们是中介的（即在刺激和反应之间）他们在刺激之后，在反应之前。因此，认知心理学家说，如果你想理解行为，你必须理解这些中介过程。

2. 心理学应该被视为一门科学

认知心理学家以行为学家为榜样，倾向于用客观、可控、科学的方法来研究行为。他们把调查的结果作为推断心理过程的基础。

3. 人类是信息处理器

人的信息处理类似于计算机的信息处理，其基础是信息的转换、信息的存储和信息的记忆检索。认知过程（如记忆和注意力）的信息处理模型假设心理过程遵循一个清晰的顺序。例如，输入过程与刺激物的分析有关，存储过程包括大脑内部发生的与刺激有关的所有事情，包括对刺激的编码和操作，输出过程负责准备对刺激的适当反应。

认知心理学家的工作对于帮助那些经历过心理过程问题的人是至关重要的。虽然我们倾向于将注意力和解决问题的能力视为理所当然，但认知混乱会在个人生活的多个领域造成严重破坏。注意力问题会使你很难在工作或学校集中注意力。即使是相对较小的记忆问题也会使你难以应付日常生活的要求。例如，想一想消极思想是如何影响你的健康和幸福的，我们时不时都会经历这些消极的想法，但有些人可能会发现自己被悲观的思维模式压垮了，这让他们很难在日常生活中发挥作用。这些沉思会导致压力增加、悲观和自我破坏，甚至会导致习得性无助感。因此，通过认知心理学的研究，重建积极的思维模式显得愈发重要。

本节内容主要介绍了格式塔心理学、托尔曼的符号学习理论、布鲁纳的认知结构学习理论、奥苏贝尔的认知同化论和加涅的信息加工理论。

一、格式塔学习理论

（一）格式塔心理学概述

格式塔心理学，创立于 20 世纪初，韦特海默于 1912 年出版的《运动知觉的实验研究》标志着格式塔学派的成立，它的兴起比行为主义在美国的兴起还早了一年。格式塔（Gestalt）这个词在现代德语中用来表示一件事物被“放置”或“放在一起”的方式。格式塔理论起源于奥地利和德国，是一种把人类的思想和行为作为一个整体来看待的学派，是对联想学派和结构学派的原子论取向（一种把经验分割成不同和不相关的元素的方法）的反对。

格式塔心理学主要代表人物有三位，他们分别是惠特海默、苛勒和考夫卡。当试图理解我们周围的世界时，格式塔心理学建议我们不要简单地关注每一个小的组成部分。相反，我们的大脑倾向于将物体视为一个更大的整体的一部分，以及更复杂系统的元素，因此格式塔心理学又被称为“完型”学派。这一学派在人类感觉和知觉研究的现代发展中发挥了重要作用。1912 年，韦特海默发现了似动现象，这是一种视错觉，在这种错觉中，快速连续出现的静止物体似乎在移动，超过了它们可以被单独感知的阈值。

苛勒（1887—1967 年）是德国著名的心理学家，格式塔心理学的创始人之一。1956 年，苛勒荣获美国心理学会颁发的杰出科学贡献奖，1959 年当选为美国心理学会主席。

格式塔心理学进一步试图包含形式、意义和价值的品质，而主流心理学家要么忽视了这些品质，要么认为它们超出了科学的界限。格式塔心理学在一定程度上是一种尝试，被认为是为枯燥乏味的科学研究增加一种人文主义的维度。图 6-7 为黑猩猩顿悟实验。

图 6-7 黑猩猩顿悟实验

（二）完形—顿悟说

苛勒曾在 1913—1917 年，对黑猩猩的问题解决行为进行了一系列的实验研究，从而提出了与尝试—错误学习理论相对立的完形—顿悟说。顿悟学习是一种通过突然的理解而不是通过反复试验来学习和解决问题的方法。苛勒在黑猩猩和其他动物身上做了很多测试，以检查它们的行为，他认为动物是通过理解来解决问题的。

在苛勒的黑猩猩问题解决的系列中，他把黑猩猩置于笼内，笼外放有食物，食物与笼子之间有木棒。对于简单的问题，黑猩猩使用一根木棒便可获取食物，对于复杂的问题，黑猩猩则需要将两根木棒接在一起（一根木棒可插入另一根木棒），方能获取食物。在复杂的棒子问题情境中，最初只见黑猩猩一会儿用小竹竿、一会儿用大竹竿来回试拨香蕉，但怎么也拨不着，它只得把两根竹竿拉在手里飞舞着。突然之间，它无意地把小竹竿的末端插入了大竹竿，使两根竹竿连成一根长竹竿，并马上用它拨到香蕉。黑猩猩为自己的这一“创造发明”而高兴，并不断重复这一接棒拨香蕉的动作。在第二天重复这一实验时，苛勒发现黑猩猩很快就能把两根竹竿连起来取得香蕉，而没有漫无目的的尝试。在单箱情境中，将香蕉悬挂于黑猩猩笼子的顶板，使它够不着，但笼中有一箱子可利用。识别箱子与香蕉的关系后，饥饿的黑猩猩将箱子移近香蕉，爬上箱子，摘下香蕉。在更复杂的叠箱情境中，黑猩猩把握了箱子之间的重叠及其稳固关系后，也解决了这一较复杂的问题。

苛勒认为，学习是个体利用本身的智慧与理解力对情境及情境与自身关系的顿悟，而不是动作的累积或盲目地尝试。顿悟是指突然察觉到问题的解决方法，是通过学习者重新组织或重新构建有关事物的形式而实现的。苛勒认为学习不必靠盲目尝试和重复练习，只要个体理解整个情境中各刺激之间的关系，顿悟就会自然发生。学习包括知觉经验中旧有结构的逐步改组和新的结构的豁然形成，学习的过程就是顿悟的过程。

我们在日常生活中通过顿悟学到了很多东西，在这种学习方法中，我们学习如何解决当前的问题，但不注重尝试和错误。尝试和错误需要实践来学习任何东西，但顿悟学习需要一个突然的意识。顿悟学习适合创造性思维、解决问题和理解，而不是语言技能和运动技能的反复试验。

二、托尔曼的符号学习理论

爱德华. 托尔曼（Edward. C. Tolman，1887—1967 年）美国心理学家，新行为主义代表人物之一，认知行为主义的创始人。他的认知学习理论促进了认知心理学及信息加工理论的产生和发展，被认为是认知心理学的起源之一。

托尔曼是一个“温和的行为主义者”。1932 年，他在《动物与人的目的性行为》一书中描述了行为主义难以解释的研究。行为学家认为，学习是刺激和反应之间联系的结果。然而，托尔曼认为，学习是基于刺激之间形成的关系，他把这些关系称为认知地图。托尔曼的认知—目的说是建立在他及其同事进行的大量白鼠学习实验的基础之上的，其中位置学习实验和奖励预期实验是其典型代表。

托尔曼用“符号”来代表有机体对环境的认知，并且认为，学习者在达到目的的过程中，学习的是能达到目的的符号及其符号所代表的意义，是形成一定的“认知地图”，这才是学习的实质。

（一）位置学习实验

位置学习实验以在高架迷津中进行的迂回学习最为著名。该实验以白鼠为对象，研究其在高架迷津中的取食行为。高架迷津装置包括三条长短不同的通向食物箱的通路，并且最短的和次短的两条通路具有通向目标的共同部分。实验分预备练习与正式实验两个阶段。在预备阶段，先让白鼠有机会走过迷津中的每条通路，使其熟悉迷津的整个环境，并确定其自起点到达食物箱时对三条通路的偏好程度。结果发现，白鼠对通路的偏好程度由高到低依次是通路 1、通路 2 和通路 3。预备实验结束以后，进行正式实验。首先，在 A 处（通路 1、2 的共同部分之前）将通路 1 阻塞，结果发现，白鼠在 A 处受阻后迅速退回，改选通路 2 而非通路 3。此后，再把阻塞物移到 B 处（通路 1、2 的共同部分）将通路 2 阻塞，结果发现，当白鼠沿通路 1 到达 B 处受阻后，它并不是按其偏好顺序先奔向通路 2，在再次受阻后再奔向通路 3，而是一开始就避开通路 2，径直选择距离最长、最不愿意走却是唯一的通路 3 了。据此，托尔曼认为白鼠是根据对迷津的认知地图而不是依照过去的习惯来行动的。图 6-8 为位置学习实验。

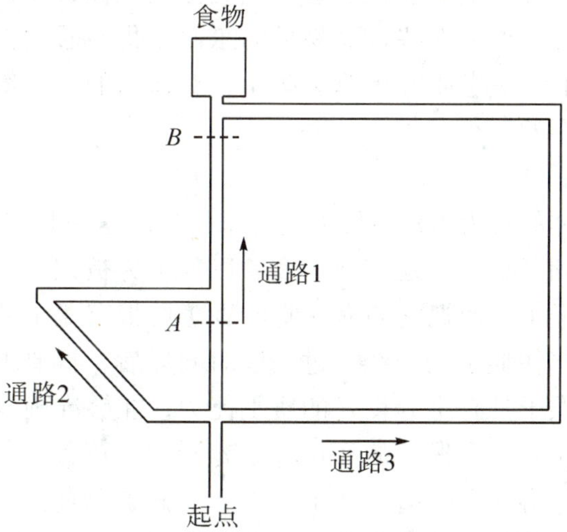

图 6-8　位置学习实验

（二）潜伏学习实验

有时候，学习只有在我们需要利用它的时候才会变得明显。根据托尔曼的说法，这种“隐藏”学习只有在得到强化时才会表现出来，这就是所谓的“潜伏学习”。

为研究白鼠学习迷津过程中食物（强化物）对学习的作用。研究者选用 3 组白鼠，B 组无食物奖赏，即目标间无食物；A 组有食物奖赏，A、B 均为控制组；C 组为实验组，延迟受奖，即前 10 天不给食物，从第 11 天起才能在目标间找到食物。实验组的目的在于比较 A 组和 C 组的成绩，从而探索动物开头几天不给食物而中途给以食物对成绩的影响。

结果（见图 6-9）：A 组较 B 组更快地逐日减少错误，A 组与 C 组比较，C 组从第 11 天开始给的食物，到第 12 天只喂过一次，可是 A、C 两组的错误次数几乎相似，以后 C 组甚至优于 A 组。托尔曼认为，丙组动物虽然开始时未受奖赏，但动物学会了迷津中的空间关系，形成一种认知地图，“知道”迷津中的每一部分都有一端不通，另一端则有一个通向别的部门的门。当 C 组在第 1 天给以食物时，近因加强了白鼠对迷津情境的认识，所以迅速减少错误，甚至比 A 组学习更好。所以，这种学习是潜伏的、隐匿的。

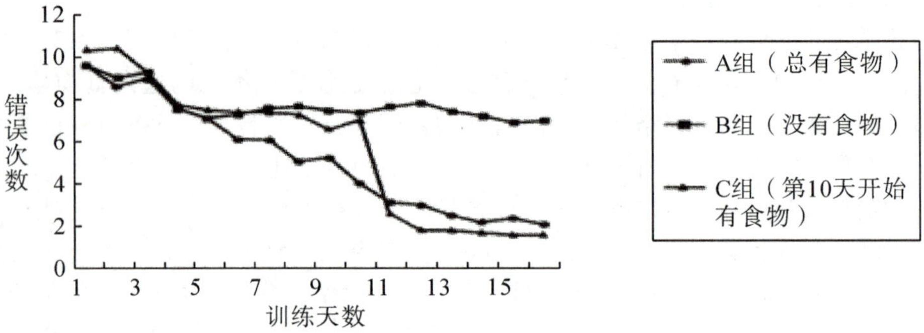

图 6-9　潜伏学习实验

潜移默化的学习是很重要的，因为在大多数情况下，我们学到的信息直到我们需要展示它的那一刻才会被识别出来。虽然你可能已经通过观察你的父母准备晚餐学会了如何烹饪，但这种学习可能不会很明显，直到你发现你必须自己做饭。当我们思考学习过程时，我们通常只关注那些显而易见的东西。我们通过奖励正确的回答来教老鼠在迷宫中奔跑，我们训练学生在课堂上举手，对适当的行为给予表扬，但并不是所有的学习都是立竿见影的。

（三）奖励预期实验

托尔曼认为，个体的行为由对目标的期待来引导。这一观点在廷克波 1928 年所做的奖励预期实验中得到了证实。廷克波的实验以猴子为被试，训练其完成一项辨别任务。实验者首先当着猴子的面把它们喜欢吃的香蕉用带有盖子的两个容器中的一个盖住，然后用一块木板挡住猴子的视线。过一段时间以后，再要求猴子在两个容器中进行选择。结果发现，猴子具有十分良好的辨别能力，能够准确地在装有香蕉的容器中取得食物。然后，实验者当着猴子的面用一个容器把香蕉盖住，之后又在挡板后面将香蕉取出，换为猴子不喜欢吃的莴苣叶子，并要求猴子取食。结果发现，当猴子再次想从原来的容器中取食香蕉而实际发现是莴苣叶子时，猴子显露出惊讶的表情，似乎有“大吃一惊”的挫折感，它拒食莴苣叶子，并向四周环顾搜索，好像在寻找预期中的香蕉似的。当寻找失败后，猴子感到非常沮丧，对着实验者高声尖叫，大发脾气，并拒绝取食。由此，托尔曼认为动物和人类的行为不是受它们行为的直接结果支配的，而是受它们预期行为将会带来什么结果支配的。学习乃期待的获得，而非习惯的形成。

（四）认知—目的说的基本内容

1. 学习是有目的的，是期待的获得

托尔曼认为，有机体的一切行为都是指向一定目的的，即总是设法获得某些事物和避免某些事物。他认为，尽管需要刺激的存在才能使个体的行为指向目的，但是只有“目的”才使行为达到完整和获得意义。有机体要达到未来的目的，必然要对未来的目的有所期待，当前的行为是受主体对未来行为结果的期待所支配的。

期待是托尔曼学习理论中的核心概念，指个体根据已有经验而建立起来的一种内部准备状态，是一种通过学习而形成的关于目标的认知观念。托尔曼认为，学习就是对行为的目标、取得目标的手段、达到目标的途径和获得目标的结果的期待，完全是认知性的。有机体只有对即将实现的目标建立某种期待，才会对不同目标做出实际的不同行为。这一观点在前述的奖励预期实验中得到了充分的证实。

2. 学习是对完形的认知，是形成认知地图

托尔曼认为，有机体在到达目的的过程中，会遇到各式各样的环境条件。个体只有认知这些环境条件，才能克服困难，到达目的。这种对环境条件的认知是到达目的的手段和途径。行为不是对一种刺激的反应，而是对某种刺激模式的认知。有机体学习的也不仅仅是简单的反应，而是学习到达目的的符号及其所代表的意义。例如，在前述的位置学习实验中，白鼠在迷津中经过到处游走之后，已经学到整个迷津的认知地图，即关于整个迷津环境的内部表征，而不是学到一些简单的 S—R 配对。白鼠在迷津中的行为是根据其获得的认知地图，而不是过去的习惯做出的。

应该说明的是，托尔曼的期待和认知地图是学习理论发展过程中的两个重要概念。在“学习动机”一章中，我们将会了解到期待是学习动机的一个构成要素，是学习目标在人脑中的反映。个体只有在对未来的学习目标产生期待时，才有可能发生实际的学习行为。因此，在实际的教育过程中，教师首先应让学生明确学习的目的和具体要求，使其对未来的学习结果产生一种积极的期待，而不宜“单刀直入主题”。

认知地图，即现代认知心理学所说的认知结构，形成学生良好的认知结构是教育的关键和核心。我国心理学家通过比较手表行业的高级技师和一般机床操作工的认知地图发现，高级技师在诊断人机系统生产活动时，有着特定的认知地图。在这种心理结构中，有关生产活动的概念、规则是按特定的方式有机地组织在一起的，而一般操作工的认知地图是凌乱的、无规律的。由此，在实际的教育过程中，我们应注意加强对学生良好的认知地图的构建。

三、布鲁纳的认知结构学习理论

杰罗姆·布鲁纳（1915—2016 年）是一位在西方教育界和心理学界都享有盛誉的学者。他主要研究知觉与思维方面的认知学习，并在此基础上形成了他自己的教学理论。从心理学的角度看，布鲁纳受皮亚杰、维果斯基、格式塔学派和托尔曼等人的影响，从哲学的角度看，受皮尔斯、詹姆斯和杜威实用主义的影响，尤其是杜威的影响。

1960 年，布鲁纳出版《教学过程》。

布鲁纳在幼儿中发展了感知、学习、记忆和其他认知方面的理论，对美国教育系统产生了巨大的影响，并帮助开创了认知心理学领域。

布鲁纳的研究有助于将皮亚杰的认知发展阶段的概念引入课堂。他的著作《教育的过程》（1960 年）被翻译了很多次，这本书对当时的课程改革运动起到了巨大的推动作用。他在书中认为，任何学科在任何发展阶段都可以传授给任何孩子，只要以适当的方式呈现。布鲁纳认为，所有的孩子都有天生的好奇心，并渴望胜任各种学习任务，然而，当面对的任务过于艰巨时，他们就会感到厌烦。因此，教师必须以一种挑战而不是压倒孩子当前发展阶段的水平来帮助学生完成学业。此外，该任务最好是在教师和孩子之间有组织的互动的框架内呈现，这种互动利用并建立在孩子已经掌握的技能上，布鲁纳将这种框架称为“脚手架”，通过限制孩子在学习过程中的选择或“自由度”，将其限制在一个可管理的领域，从而促进学习。此外，他还倡导“螺旋式课程”，即年复一年地向学生讲授越来越复杂的课程。尽管布鲁纳对学术心理学做出了许多贡献，但他最出名的可能还是他在教育方面的工作，他在认知研究中心工作期间承担了大部分工作。他认为，人类通过技术改造环境来控制自身的进化，这项技术和文化遗产的传承关系到物种的生存，因此，教育是最重要的。1959 年，布鲁纳被任命为美国国家科学院课程改革小组的负责人，该小组在科德角的伍兹霍尔举行会议。大约 34 位著名的科学家、学者和教育家聚集在一起，为美国的学校制定了新的科学课程大纲，布鲁纳承担了撰写主席报告的任务。《教育的过程》最终被出版，并立即成为畅销书，被翻译成 19 种语言。最让人难忘的是布鲁纳的那句话：“任何学科都可以以某种诚实的知识形式有效地传授给任何处于任何发展阶段的孩子。”

（一）认知表征

认知表征：人类会通过知觉将外在事物、事件转换成内在的心理事件。布鲁纳认为，认知生长（或者说智慧生长）的过程就是形成认知表征系统的过程。认知表征系统的发展经历了三个主要的阶段。

1. 动作性表征

动作性表征指 3 岁以下的幼儿靠动作来了解周围的世界。动作是他们形成对事物的认知表征以及再现认知表征的中介和手段。这一阶段大致相当于皮亚杰的感知运动阶段。

2. 映象性表征

儿童开始形成图像或表象，去表现他们的世界中所发生的事物。他们能记住过去发生的事件，并能借助想象力来预见可能再发生的事情。凭借关于事物的心理表象，儿童可以脱离开具体的实物来进行一定的心理运算。映象性表征方式是认知从具体到抽象的开始，这大致相当于皮亚杰的前运算阶段的早期。

3. 符号性表征

这时儿童能够通过符号再现他们的世界，其中最重要的是语言。这些符号既不是直接的事物，也不必是现实世界的映象，而可以是抽象的、间接性的和任意性的。借助于这些抽象的符号，个体可以通过抽象思维去推理、解释周围的事物。这个阶段大体相当于皮亚杰的前运算阶段的后期及其以后的年代。

（二）认知结构

1. 作为编码系统的认知结构

认知结构就是人关于现实世界的内在的编码系统，是一系列相互关联的、非具体性的类目，它是人用以感知外界的分类模式，是新信息借以加工的依据，也是人的推理活动的参照框架。人是根据类别或分类系统来与环境相互作用的，人借助已有的类别来感知、处理外来信息，并基于外来信息形成新的类别。编码系统的一个重要特征，是对相关的类别做出层次性的结构安排，概括性水平较高的类别处于高层，而比较具体的类别处于低层。

在布鲁纳看来，学习就是类别及其编码系统的形成，学习者要把同类的事物联系起来，赋予它们意义，并把它们连接成一定的结构。

2. 学科结构的掌握

理解学科的基本结构有以下 5 点好处。

（1）理解了学科的基本结构可以更容易理解学科。

（2）理解了学科的基本结构有助于记忆学科知识。

（3）从结构中获得的基本概念原理将有助于以后在类似的情境中广泛地迁移应用。

（4）理解学科的基本结构有助于提高学习兴趣。

（5）对学科基本结构的理解可以促进儿童智慧的发展。

（三）发现学习

发现学习是由布鲁纳提出的一种基于探究的教学方法。这个理论鼓励学习者在过去的经验和知识的基础上，运用他们的直觉、想象力和创造力，寻找新的信息来发现事实、相关性和新的真理。学习并不等于吸收别人说过或读过的东西，而是积极地寻求答案和解决办法。发现学习有以下 5 个原则。

（1）原则 1：解决问题。教师应引导和激励学习者结合现有和新获得的信息，简化知识，寻求解决方案。通过这种方式，学习者是学习背后的驱动力，通过鼓励冒险、解决问题和探索的活动，发挥积极作用，为技能建立更广泛的应用。

（2）原则 2：学习者管理。教师应该允许学生单独或与他人一起工作，并按照自己的进度学习。这种灵活性使得学习与静态的课程和活动顺序完全相反，减轻了学习者不必要的压力，让他们觉得自己在学习。

（3）原则 3：集成和连接。教师应该教学习者如何将已有的知识与新的知识相结合，并鼓励他们与现实世界相联系。熟悉的场景成为新信息的基础，鼓励学习者扩展他们所知道的，并发明一些新的东西。

（4）原则 4：信息分析和解释。发现学习是面向过程的，而不是面向内容的，它基于这样一个假设：学习不仅仅是一系列事实。学习者实际上是在学习分析和解释所获得的信息，而不是记住正确的答案。

（5）原则 5：失败和反馈。学习不仅仅发生在我们找到正确答案的时候，它也发生在失败的时候。发现学习的重点不是找到正确的最终结果，而是我们在这个过程中发现的新事物，教师有责任提供反馈，因为没有反馈的学习是不完整的。

布鲁纳认为学习课程应该是精心设计的，具有高度体验性和互动性的。教师应该使用故事、游戏、视觉教具和其他吸引注意力的技巧来建立好奇心和兴趣，引导学习者以新的方式思考和行动。在发现学习中使用的技术可能不同，但是目标总是相同的，那就是学习者自己达到最终的结果。通过探索和操纵，与问题和争论做斗争，或通过做实验，学习者更有可能记住概念和新获得的知识。

（四）简评

发现学习有很多优势，比如，它鼓励动机、积极参与和创造力，它可以根据学习者的步伐进行调整。它能促进学生自主自发的学习，使新获得的知识有较高的保存率。

不过，和所有学习模式一样，发现学习也有一些缺点。首先，发现学习需要一个坚实的框架，因为无休止的徘徊和寻找答案可能会令人困惑。其次，发现学习不应该作为主要的教学方法，因为它在实践中有局限性，可能会产生不充分的教育。再次，发现学习对教师的要求较高，教师需要做好充分的准备，预测他们可能会被问及的问题，并能够提供正确的答案或指导方针。最后，在一定程度上，发现学习否定了所有学习者都需要学习重要技能和知识的观点。

在推动美国的认知运动，特别是以认知结构学习理论为指导的教学改革运动中，布鲁纳是一位极重要的人物，在心理学为教育教学服务方面做出了显著的贡献。他对发现学习的倡导虽非首创，但他是研究最深、推进最有力的学者。当然，布鲁纳也有自己的缺陷，他在论述儿童的生长时忽视了社会方面的因素。

四、奥苏贝尔的认知同化论

奥苏贝尔（1918—2008 年）：1939 年在宾夕法尼亚大获学士学位年获哥伦比亚大学哲学博士学位。1950 年后先后在美国伊里诺斯大学教育研究部、加拿大多伦多大学教育学院和安大略教育研究院应用心理学系任教，1968 年后在美国纽约市立大学任教，曾在该校师范教育部任研究和评价的主管，后又在该校的研究生院和大学，1940 年在哥伦亚亚大学获心理学硕士学位。1943 年他获布兰迪斯大学医学博士学位，1950 年获哥伦比亚大学哲学博士学位，1950 年后先后在美国伊里诺斯大学教育研究部、加拿大多伦多大学教育学院和安大略教育研究院应用心理学系任教，1968 年后在美国纽约市立大学任教，曾在该校师范教育部任研究和评价的主管，后又在该校的研究生院和大学中心工作。

奥苏贝尔的著作常被拿来与布鲁纳的著作相比较，因为他们两人对知识的层次性有相似的看法。不过，布鲁纳更强调发现过程。布鲁纳是发现学习的主要倡导者，他认为最有意义的学习是由学生自己的好奇心激发的，是由个人或团体探索发现的。而奥苏贝尔对发现学习最常见的批评是，尽管它在某些情况下可能是有效的，但在大多数情况下，它是笨拙的和浪费时间的。此外，除非教师提供一个更大的背景下，学习是无组织的，将没有更好的机会记忆比死记硬背的程序。相反，如果教师认真对待材料的呈现方式，接受性教学就可以变得有意义。因此，奥苏贝尔更强调有意义地接受学习。

（一）有意义学习

根据奥苏贝尔的观点，意义是通过语言和心理语境之间的某种形式的表征对等而产生的。为了获得有意义的知识，学习者可以用两种不同的方法来完成任务：死记硬背和有意义地学习。如果一个人试图建立一些与他们已经知道的东西的联系，他们就会体验到有意义的学习。例如，一个人通过识别 11 位数实际上是 3、4、4 个数字组成的 3 个数列来记忆长途电话。前面 3 个数字（对他来说）可以回忆起来，因为跟他身高一样（比如 182）。中间的一组数字与他出生日期相同（比如 1993），最后四个数字是人们熟悉的高中篮球得分（50~61）。与个人记忆紧密相关的经历或记忆材料更容易被保留。而孤立的死记硬背的学习材料可能会很快被遗忘。知识只有在有意义的情况下才能被有效地保留，因此必须以一种能将其包含并锚定在头脑中的方式来处理。

简言之，有意义学习的实质是符号所代表的新知识与学习者认知结构中已有的适当观念建立实质性的、非人为的联系，这既是有意义学习的定义，也是划分机械学习与有意义学习的标准。实质性联系，即非字面的联系，指新符号或符号代表的新观念与学习者认知结构中已有的表象、已有意义的符号、概念或命题的联系。所谓非人为的联系，即非任意性的联系，即新知识与认知结构中的有关观念具有某种人们可以理解的合乎逻辑的联系。

奥苏贝尔认为，学生能否习得新知识，主要取决于他们认知结构中已有的有关观念，有意义学习是通过新信息与学生认知结构中已有的有关观念的相互作用才得以发生的，这种相互作用的结果导致了新旧知识的意义同化。在新知识的学习中，认知结构中原有的适当观念起决定性作用，这种原有的适当观念可以对新知识起到固定作用。

奥苏贝尔观察到，学生先前的知识可以增强他们对新知识的记忆。因此，如果他们对正在学习的概念没有先验知识，那么他们就不能把新材料联系起来。因此，学生忘记了新材料，因为它是毫无意义的。为了使新材料对学生更有意义，他们需要有一些先验知识。奥苏贝尔使用了“认知结构”这个术语来帮助人们形象化他的理论的本质，就像人记忆中的档案系统。他还指出，这些认知结构是分层组织的。此外，其中一些结构比其他结构更稳定，因此，新材料被纳入或包含在更稳定的结构中，是最经济的信息存储方式。

教师和学习者的角色。奥苏贝尔认为，在有意义的学习中，学习者的作用不如教师的作用重要，这是因为该理论更关注学生如何通过语言学习而不是实验学习来获得有意义的学习。因此，学习过程在很大程度上取决于教师，教师必须使学习者能够在现有知识的基础上学习新知识。

奥苏贝尔关于有意义学习的研究在当前的教育中很重要。通过有意义地学习，学生探索将新概念和想法与现有的认知结构联系起来的方法，这样新信息就不会失去其特性，这是人们现在常用的学习方式。

（二）学习类型

按照新旧观念的概括水平的不同及其联系的方式，奥苏贝尔提出三种学习的同化模式。

1. 下位学习

下位学习又称为类属学习，是指将概括程度或包容范围较低的新概念或命题，归属到认知结构中原有的概括程度或包容范围较高的适当概念或命题之下，从而获得新概念或新命题的意义。

2. 上位学习

上位学习又称为总括学习，是指新概念、新命题具有较广的包容面或较高的概括水平，这时，新知识通过把一系列已有观念包含于其下而获得意义，新学习的内容便与学生认知结构中已有观念产生了一种上位关系。

3. 组合学习

当学生新概念或新命题与认知结构中已有的观念既不产生下位关系，又不产生上位关系时，它们之间可能存在组合关系，这种只能凭借组合关系来理解意义的学习就是组合学习。

（三）组织学习的基本原则和策略

1. 逐渐分化原则

首先应该传授最一般的、包摄性最广的观念，然后根据具体细节对它们逐渐加以分化，这样可以为每个知识单元的教学都提供理想的固定点，即对新知识起固定作用的先前知识。

2. 整合协调原则

对学生认知结构中现有要素重新加以组合。整合协调是在意义学习中发生的认知结构逐渐分化的一种形式。

3. 先行组织者策略

所谓“先行组织者”，是先于学习任务本身呈现的一种引导性材料，它要比学习任务本身有较高的抽象、概括和综合水平，并且能清晰地与认知结构中原有的观念和新的学习任务关联起来。设计“组织者”的目的，是为新的学习任务提供观念上的固定点，增加新旧知识之间的可辨别性，以促进下位学习。

（四）接受学习

与布鲁纳的发现学习观点相反，奥苏贝尔认为，学生的学习主要是接受学习，学习应该是通过接受而发生，而不是通过发现。接受学习与发现学习之间的区别显而易见。在接受学习中学习的主要内容基本上是以定论的形式传授给学生的。在发现学习中，学习的主要内容不是现成地给学生的，而是在学生内化之前，必须由他们自己去发现这些内容。奥苏贝尔强调，研究者必须消除对接受学习的误解。他认为，接受学习未必就是机械的，它可以而且也应该是有意义的学习；发现学习也未必就是有意义的，它同样可能是机械的。奥苏贝尔认为，学校主要应采用通过言语讲解进行有意义的接受学习。这是有原因的，首先，由于发现学习费时太多，一般不宜作为获取大量信息的主要手段；其次，在一些学习情境里，学生必须用言语来处理各种复杂的、抽象的命题。

五、学习的信息加工论

加涅（1916—2002 年）：美国教育心理学家，他吸取了行为主义和认知主义两大学派的精华，发展了一种研究学习心理学的行为主义折中主义的方法。他主张既要揭示外部刺激（条件）的作用与外在的反应（行为），又要揭示内部过程的内在条件的作用，人的发展是不断学习累积的过程，不同的学习结果需要不同的学习内部条件和外部条件。

信息处理认知方法在 20 世纪 50 年代末和 60 年代初开始对心理学产生革命性的影响，并成为心理学研究的主导方法。正是电脑的出现，为认知心理学提供了研究人脑所需的术语和隐喻。计算机的使用使心理学家能够通过将人类认知与一些更简单、更容易理解的事物进行比较，来试图了解人类认知的复杂性。信息处理，作为人类思维运作的模式被认知心理学家采用。

加涅是当代最杰出的学习理论家之一。他的理论框架涉及学习的各个方面，特别是智力和认知技能。加涅的框架范围很广，已经被广泛的学习环境所使用。加涅的学习原则为他的教学过程奠定了基础，如，不同的学习需要不同的指导；学习事件以构成学习条件的方式作用于学习者；对于不同类型的学习，构成教学事件的具体操作是不同的；学习层次定义了需要学习的智力技能和教学顺序。

（一）学习的信息加工模式

信息加工理论是随着信息论和现代通信技术，特别是计算机技术的发展而诞生的。一些认知心理学家把计算机技术和信息论原理引进人类认知活动的研究领域，用计算机模拟人的认知活动方式，把人的认知过程看成是对信息进行加工处理的过程。

认知心理学家不仅借用信息论和计算机通信技术中的术语，如信息、编码、存储、通道、组块等，而且依据计算机的工作程序，来描述有机体内的信息流程，并提出了许多不同的信息加工模式。其中，美国当代著名的教育心理学家加涅提出的信息加工模式最具有代表性。

该模式中，外界刺激通过感受器转变为神经信息到达感觉记录器，之后再进行精细加工，部分信息进入到短时记忆。短时记忆里的信息经过编码后以编码形式贮存在长时记忆里，当需要使用时，通过检索，从长时记忆中提取出来。信息被提取后，有的直接通向反应发生器而有的又回到短时记忆再次进行核实确认，合适的则通向反应发生器，反之，回到长时记忆。除此以外，该模式还融进了人本主义和控制论观点，注意到期望和执行控制的重要作用。其中执行监控（认知策略）起着调节和控制作用，预期（动机）起着学习定向作用。图 6-10 为信息加工过程。

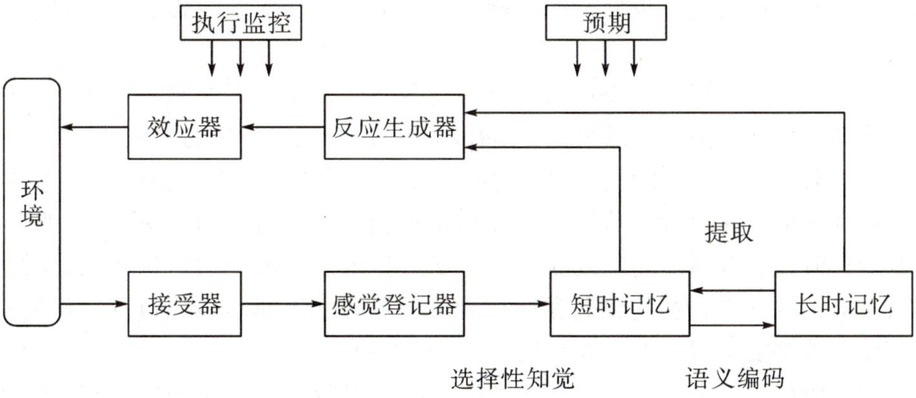

图 6-10　信息加工过程

（二）学习过程

在不同类型的学习中，加涅提出了一系列遵循系统化教学设计过程的 9 个事件，并重点关注教学的结果或行为。

（1）吸引学生的注意力。通过提供刺激来吸引他们的注意力，确保学习者有兴趣学习和参与活动。获取学习者注意力的方法包括：用新奇、不确定的事物来刺激学生；向学生提出发人深省的问题等。

（2）告知学生目标。告知学生目标或结果，以帮助他们理解自己将在课程中学习什么。陈述目标的方法包括：描述所需的表现和描述表现的标准。

（3）刺激学生回忆之前的学习，帮助他们理解新信息，将其与他们已经知道或已经经历过的事情联系起来。刺激回忆的方法包括：询问以前的经历；询问学生对以前概念的理解。

（4）使用策略来呈现和提示课程内容，提供更有效的教学。以有意义的方式组织和划分内容，演示后提供解释。呈现和提示课程内容的方法包括：呈现词汇、提供例子、呈现同一内容的多种形式，例如，视频、演示、讲座、播客、小组作业等，使用各种媒体来满足不同的学习偏好。

（5）提供学习指导，为学生提供策略建议，帮助他们学习内容和提供可用的资源。提供学习指导的方法包括：根据需要提供教学支持作为支架，角色扮演，提供例子。

（6）引出表演（实践）激活学生的加工过程，帮助他们内化新的技能和知识，并确认对这些概念的正确理解。让学生阐述或解释细节，帮助学生整合新知识。

（7）提供意见及时反馈学生的表现，以评估和促进学习。反馈的类型包括：通知学生他们应该做什么，指导学生在正确的方向上找到正确的答案，向学生提供信息（新的、不同的、补充的、建议），并确认你一直在积极倾听为学生提供建议、建议和信息，以纠正他们的表现。

（8）评估表现，为了评估教学活动的有效性，必须测试看预期的学习结果是否已经达到。成绩评定应以先前提出的目标为基础。

（9）帮助学习者发展专业技能，他们必须内化新知识。帮助学习者内化新知识的方法包括：使用隐喻、生成例子、创建概念图或大纲、创建工作辅助工具、参考资料、模板或向导。

加涅在对学习活动进一步分析的基础上，又把与上述学习过程有关的教学划分为八个阶段。

一是动机阶段。加涅认为要使有效学习行为发生，学习者必须要有学习心向，所以学习的准备工作就是由教师以引起学生兴趣的方法去激发学生的学习动机。

二是了解阶段。在这个阶段，教学的措施要引起学生的注意，提供选择性的知觉。主要的目的在于促使学习者将学习的注意力指向与他的学习目标有关的各种刺激。

三是获得阶段。教师在此阶段的任务是支持学生把了解到的信息转入短时记忆系统，也就是对信息进行必要的编码和储存。教师可向学生提示编码过程，帮助学习者采用较好编码策略来学习知识，以有利于信息的获得。

四是保持阶段。这个阶段主要是让学习者把获得阶段所得到的信息有效地放到长时记忆的记忆存储器中去。存储信息的内部过程到底在多大程度上受教学方式的影响，现在还没有完全研究清楚。但是，加涅认为有效的学习应适当地安排条件，如同时呈现不同的刺激来代替相似刺激，由于相互间干扰的减少就可以间接地影响信息的保持。

五是回忆阶段。也就是信息的检索阶段，在此阶段，为使所学的知识能以一种作业的形式表现出来，线索是必不可少的，因而加涅主张教学可以采取提供线索以引起记忆恢复的形式，或者采取控制记忆恢复过程的形式，以保证学生可以找到适当的恢复策略并加以运用。另外，他认为教学还可以采用包括“有间隔的复习”等方式，使信息恢复有发生的机会。

六是概括阶段。在此阶段，教师提供情境，使学生学到的知识和技能以新颖的方式迁移，并提供线索，以应用于以前不曾遇到的情境。

七是作业阶段。在此阶段，教学的大部分是提供应用知识的时机，使学生显示出学习的效果，并为下阶段的反馈做好准备。

八是反馈阶段。在此阶段，学生关心的是他的作业达到或接近他的预期标准的程度。如果学生能够得到完成预期证实的反馈信息，对强化学习过程将有很大的影响。

（三）教学启示

加涅提出，认知策略是人类习得的最重要的性能类型，它是学习者用以调控自己注意、学习、记忆和思维的内部过程。随着现代信息技术的发展与普及，以“教”为中心的教学模式转变为以“学”为中心的模式。在学习过程中，学生主动进行意义建构，成为学习的主体，教师只是学习过程的指导者。因此，在进行教学设计的研究和实践过程中，应注重培养学生“学会认知”的能力。教师应注意引导并鼓励学生自主设计、实践和改善学习策略，从而提高学习的能力，激发学习的积极性，使学生学会独立学习。

六、对认知主义学习理论的评价

斯金纳批判了认知主义方法，他认为只有外部刺激—反应行为才能被研究，因为这是可以被科学测量的。而中介过程（刺激和反应之间）不能被看到和测量，因此它是不存在的。人本主义心理学家罗杰斯认为，认知心理学使用实验室实验具有较低的生态效度，对变量的控制而造成人为的环境，罗杰斯强调用一种更全面的方法来理解行为。认知心理学的信息处理范式认为，人在处理信息时的操作思维是和计算机类似的。然而，尽管人类思维和计算机的操作（输入和输出、存储系统、中央处理器的使用）有相似之处，计算机的类比却遭到了许多人的批评。这种机器简化论忽视了人类情感和动机对认知系统的影响，也忽视了这种影响如何影响我们处理信息的能力。

虽然不可避免地遭受了一些批评，但实际上认知方法可能是当今心理学中最主要的方法，并已被广泛应用于实践和理论环境中。认知心理学已经影响和整合了许多其他的方法和研究领域，例如，社会学习理论，认知神经心理学和人工智能（AI）。认知心理学的另一个优点是，在心理学领域进行的研究经常在现实世界中得到应用。例如，基于改变人们处理思想的方式，使其更加理性或积极的认知行为疗法（CBT）疗法，被证实对治疗抑郁症非常有效，对解决焦虑问题也有一定效果。

第四节　人本主义学习理论

人本主义心理学是20世纪50年代兴起于美国的西方心理学思潮和革新运动，它反对行为主义的环境决定论和精神分析的生物还原论思想，主张研究人类的本性、潜能、经验、价值、创造力和自我实现等，故称西方心理学的第三势力。它是一个由许多观点相近的心理学家和学派所组成的松散联盟，其中马斯洛、罗杰斯是公认领袖和主要代表。1962 年美国人本主义心理学会的建立是人本主义心理学正式诞生的标志。

人本主义心理学是一种强调关注个体整体，强调自由意志、自我效能、自我实现等概念的心理学流派。人本主义心理学不关注功能障碍，而是努力帮助人们实现他们的潜力和幸福最大化。它的兴起是对当时主导心理学精神分析和行为主义的一种反应。精神分析侧重于理解驱动行为的无意识动机，而行为主义则研究产生行为的条件作用过程。人本主义思想家认为，精神分析和行为主义都过于悲观，要么关注最悲惨的情感，要么没有考虑个人选择的作用。但是，我们也没有必要把这三种思想学派看作是相互竞争的状态。心理学的每个分支都有助于我们对人类心理和行为的理解，人本主义心理学只是增加了另一个维度，使我们看待问题能有更全面的观点。

人本主义心理学关注每个人的潜能，强调成长和自我实现的重要性。其基本信念是人的本性是善良的，精神和社会问题是偏离这种自然倾向的结果。人本主义还表明，人们拥有个人的能动性，他们能利用这种自由意志实现全部潜能。这种自我实现和个人成长的需求是所有行为的关键动力。人们不断地寻找新的方法来成长，变得更好，学习新事物，体验心理成长和自我实现。人本主义运动对心理学产生了巨大的影响，为心理健康提供了新的思考方式。它提供了一种理解人类行为和动机的新方法，并促进了心理治疗新技术和方法的发展。人本主义运动催生了一些主要的思想和概念，其中包括对自我概念、需求层次理论、无条件的积极关注、自由意志、人本治疗、自我实现、功能齐全的人、高峰体验等方面的强调。

美国心理学家马斯洛被认为是人本主义心理学的主要奠基石之一，他提出了需要层次理论，且不同需要优先级递减，但复杂性递增，分别为生理需要、安全需要、归属需要、爱与尊重的需要和自我实现的需要。只有满足了更原始的需求，个人才能在层次结构中上升到更高的层次，达到自我实现的人将充分发挥他们的潜力。而在心理治疗师罗杰斯的“以自我为中心”理论中，个体被认为是根据自己的经验来感知世界的。这种感知影响他们的个性，并引导他们指导自己的行为，以满足完全自我的需要。罗杰斯强调，在一个人的个性发展过程中，他要努力“自我实现（成为自己）、自我维护（继续做自己）、自我提升（超越现状）”。

一、马斯洛的心理学理论

（一）马斯洛需求层次理论的基本观点

马斯洛是美国著名社会心理学家，第三代心理学的开创者，提出了融合精神分析心理学和行为主义心理学的人本主义心理学，于其中融合了其美学思想，他的主要成就包括提出了人本主义心理学，提出了马斯洛需求层次理论。其代表作包括《人的动机理论》（1943）、《动机和人格》（1954）、《存在心理学探索》（1962）、《科学心理学》（1967）、《人性能达到的境界》（1970）。

马斯洛在 1943 年的论文《人类动机理论》和随后的著作《动机与人格》中首次提出了需求层次的概念。这种层次结构表明，人们在转向其他更高级的需求之前，会被激励去满足基本需求。作为一个人本主义者，马斯洛认为，人有一种与生俱来的自我实现的欲望，也就是说，想要成为他们所能成为的一切。然而，为了实现这些最终目标，一些更基本的需求必须得到满足，如对食物、安全、爱和自尊的需求。

马斯洛的需求层次最常表现为金字塔形式。金字塔的最底层是最基本的需求，而最复杂的需求则位于金字塔的顶端。这些最基本的需求包括对食物、水、睡眠和温暖的需求。一旦这些较低层次的需求得到满足，人们就可以进入下一个层次的需求，即安全需求。随着人们在金字塔上的上升，需求更偏向心理和社会。很快，对爱、友谊和亲密的需求变得重要起来。在金字塔的上端，对个人自尊和成就感的需求占据了优先位置。与罗杰斯的观点一样，马斯洛也强调了自我实现的重要性。自我实现是一个人为了实现个人潜能而成长和发展的过程。

（1）生理需要：基本的生理需求可能是相当明显的，它包括对我们生存至关重要的东西。生理需要包括食物、水、呼吸、体内平衡、营养、空气和温度调节，除此之外，生理需求还包括衣食住行等需求。马斯洛还把有性繁殖列入这一层次的需要，因为它对物种的生存和繁殖至关重要。

（2）安全需要：当我们上升到马斯洛需求层次的第二层时，需求开始变得更加复杂。在这一层次上，对安全的需求成为首要。人们在生活中想要控制和秩序，所以这种对安全和保障的需求在很大程度上促成了这个层次的行为。基本的安全需要包括金融安全、卫生和健康安全、防止意外和伤害、工作有保障、获得健康保险和医疗保险、向储蓄账户存钱、搬到一个更安全的社区等，这些都是出于安全需要而采取的行动。

安全需要和生理需要共同构成了通常所说的基本需求。

（3）社会需要：马斯洛需求层次理论中的社会需求包括爱、接纳和归属感。在这个层面上，对情感关系的需求驱动着人类的行为。满足这一需求的东西包括：友谊、浪漫的爱情、家庭社会群体、社区团体、其他社会组织，为了避免孤独、抑郁和焦虑等问题，人们感到被别人爱和接纳是很重要的。因此，与朋友、家人和爱人的个人关系起着重要作用，参与其他团体十分重要，这些团体可能包括户外团体、运动队、读书俱乐部和其他团体活动。

（4）尊重需要：马斯洛需求层次理论的第四个层次是欣赏和尊重的需要。当前三个层次的需求得到满足时，自尊需求开始在激励行为中发挥更突出的作用。在这一点上，获得他人的尊重和欣赏变得越来越重要。人们需要完成一些事情，让他们的努力得到认可。除了对成就感和威望的需求外，自尊需求还包括自尊和个人价值。人们需要感觉到自己被别人重视，感觉到自己在为世界做贡献。参与专业活动、获得学术成就、参加体育或团队活动以及培养个人爱好都能在满足自尊需求方面发挥作用。那些能够通过获得良好的自尊和他人的认可来满足自尊需求的人往往会对自己的能力感到自信。缺乏自尊和尊重他人的人会产生自卑感。

尊重需求和社会需求在一起构成了所谓的心理需求。

（5）自我实现的需要：在马斯洛需求层次的顶峰是自我实现的需求，即“一个人能成为什么样的人，他必须成为什么样的人”。根据马斯洛对自我实现的定义，我们可以将自我实现的需要粗略地描述为充分利用和开发人才的能力、潜力等。达到自我实现这一需求层次的人似乎很满意自己，他们尽其所能做到最好……他们是那些已经发展或正在发展到他们所能达到的最高境界的人。自我实现的人有自我意识，关心个人成长，较少关心别人的意见，对实现自己的潜力感兴趣。

图 6-11 为马斯洛的需求层次理论。

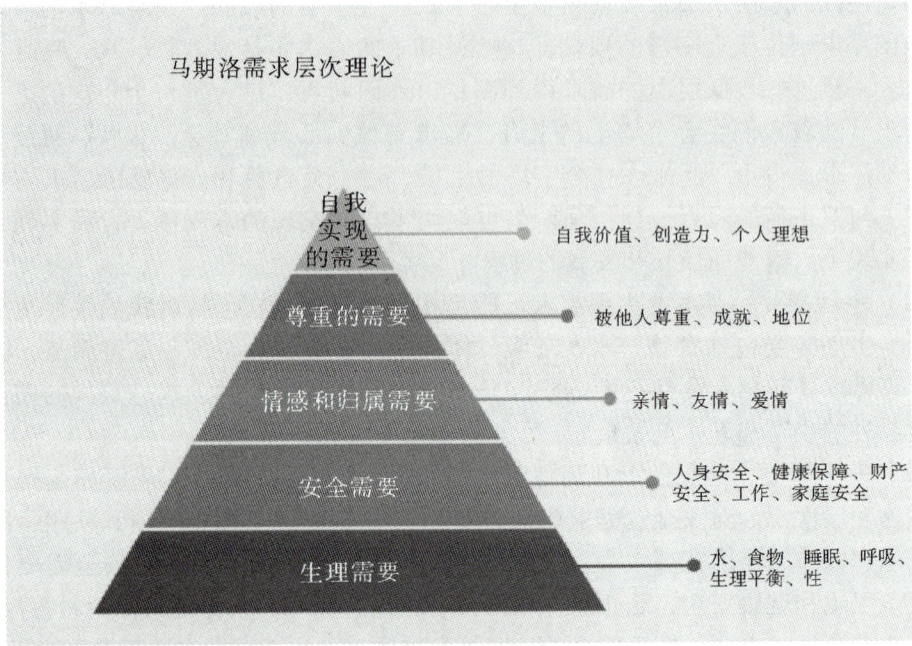

图 6-11　马斯洛的需求层次理论

(6) 缺失需要 VS 成长需要

马斯洛认为缺失需要跟本能类似，在激励行为中起着重要作用。生理需要、安全需要、社会需要和自尊需要是缺乏需要，即由于缺乏而产生的需要。为了避免不愉快的感受或后果，满足这些较低层的需要很重要。

马斯洛把金字塔的最高层次需要称为成长的需要。这些需要并不是因为缺少什么，而是渴望成长。虽然该理论通常被描述为一个相当严格的层次结构，但马斯洛指出，满足这些需要的顺序并不总是遵循这个标准。例如，对一些人来说，自尊的需要比爱的需要更重要；而对另一些人来说，创造性满足的需要可能会取代最基本的需要。

(二) 高峰体验

马斯洛认为，当人的低层次需求被满足之后，会转而寻求实现更高层次的需要。其中自我实现的需要是超越性的，追求真、善、美，将最终导向完美人格的塑造，高峰体验代表了人的最佳状态。人在自我实现的创造性过程中，产生出一种所谓的“高峰体验”的情感，这个时候是人处于最激荡人心的时刻，是人的存在的最高、最完美、最和谐的状态，这时的人具有一种欣喜若狂、如醉如痴、销魂的感觉。

高峰体验通常被描述为纯粹喜悦和兴奋的超凡时刻。这些时刻从日常事件中脱颖而出。其他专家描述高峰体验的方式如下：“高峰体验包括对一种体验的高度好奇、敬畏或狂喜。”“一种被高度重视的体验，其特征是强烈的感知，深刻的感觉，或深刻的意义，使它在个体的头脑中脱颖而出，或多或少与围绕它的时间和空间的体验形成永久的对比。”也有些人把这些时刻描述为一种敬畏、惊奇的感觉。比如，在看日落时，你可能会有种敬畏的感觉，或者在一场势均力敌的篮球赛最后时刻你可能会感受到的兴奋。

有研究者认为高峰体验具有三个关键特征。(1) 意义：高峰体验会导致个人意识和理解的提高，可以作为一个人生活的转折点。（2）满足：高峰体验会产生积极的情绪，并具有内在的回报。（3）精神：在高峰时期，人们与世界合二为一，常常会有一种失去时间的感觉。

高峰体验与积极心理学家米哈伊所描述的“福流”（flow）概念有许多相似之处。福流是一种精神状态，在这种状态下，人们会全身心地投入到一项活动中，以至于整个世界似乎都消失了，其他一切似乎都不重要了。当处于福流状态时，时间似乎飞逝，人体会到一种自我意识的丧失。福流可能发生在一个人处于高峰体验的时候，但不是所有的福流实例都符合高峰体验。比如全神贯注于一本激动人心的书，做一个令人满意的项目，或者享受一场下午的篮球比赛，都可以导致福流状态，但这些时刻不一定是高峰体验。

（三）马斯洛需求层次理论的教育意义

在马斯洛看来，学校里最重要的基本需要是爱和自尊的需要。当异常行为出现时，要想分析行为背后的原因，就要了解学生（老师）日常的生活状况，看其低级的缺失性需要是否得到满足。学校要尽可能地创造一个良好和善的教育环境，让学生（老师）感受到关注、爱护和尊重。

（四）对马斯洛需求层次理论的评价

虽然已有一些研究证实了马斯洛的理论，但大多数研究都未能证实其需求层次的观点。批评者指出，几乎没有证据表明马斯洛对这些需求进行了排序，更没有证据表明这些需求是按等级顺序排列的。对马斯洛理论的其他批评指出，他对自我实现的定义很难得到科学的检验；他对自我实现的研究也基于非常有限的个人样本，包括他认识的人以及马斯洛认为是自我实现的名人传记。

不管这些批评如何，马斯洛的需求层次理论代表着心理学重要转变的一部分。马斯洛的人本心理学不关注异常行为，而关注健康个体的发展，尽管对其需求层次理论的支持性研究较少，但该理论在心理学界内外都是众所周知的，并且很受欢迎。在 2011 年发布的一项研究中，伊利诺伊大学的研究人员着手对该层次结构进行测试，他们发现，尽管满足需求与幸福密切相关，但来自世界各地的人们报告说，即使许多最基本的需求都无法满足，自我实现和社会需求也很重要。这样的结果表明，尽管这些需求可以成为人类行为的强大动力，但它们不一定遵循马斯洛描述的等级形式。

二、罗杰斯的心理学理论

罗杰斯（1902—1987 年）：美国人本主义心理学的理论家和发起者、心理治疗家，被誉为“人本主义心理学之父”。1947 年，罗杰斯当选为美国心理学会主席，1956 年获美国心理学会颁发的杰出科学贡献奖。其主要代表作包括《来访者中心疗法》《论人的成长》《咨询和心理治疗》。

“对我来说，经验是最高的权威。有效的试金石是我自己的经验。没有其他人的观点，也没有我自己的观点像我的经验一样具有权威性。我必须一次又一次地经历，去发现一种更接近于真理的东西，因为它正在我体内形成。”——卡尔·罗杰斯

罗杰斯认为，人们有实现价值的倾向，需要实现他们的全部潜力，这一概念通常被称为自我实现。一个功能健全的人是一个不断努力实现自我的人。这个人已经从别

人那里得到了无条件的积极关注，不为自己的价值设定条件，能够表达自己的感受，并完全开放地接受生活中的许多经历。

那么，到底是什么构成了一个功能健全的人呢？他们的主要特征是什么？罗杰斯认为，功能健全的人是接受“存在主义生活”的人。换句话说，他们能够活在当下，他们体验一种内在的自由感，拥抱创造力、激情和挑战。他能够活在他当时的感觉和反应中。他不受过去知识结构的束缚，但这些知识对他来说是目前的资源，因为它们与当时的经验有关。他们的自我概念不是固定的，他们不断地吸收新的信息和经验。充分发挥功能的个体不仅对新体验持开放态度，也有能力根据他们从这些经历中学到的东西做出改变。这些人也接触他们的情感，并有意识地努力成长为一个人，实现他们最大的潜力。

功能健全的人倾向于拥有某些特性和特征，以帮助他们与自己的情绪保持一致，并满足作为个体成长的需要。一个功能健全的人所具备的关键特征包括：

①经验的开放性；

②缺乏防卫；

③准确理解经验的能力；

④灵活的自我概念和通过经验改变的能力；

⑤相信自己的经验并在这些经验的基础上形成价值观的能力；

⑥无条件的自爱；

⑦乐于接受新事物的倾向；

⑧不觉得有必要扭曲或否认经历；

⑨接受反馈并愿意做出现实的改变与他人和睦相处。

罗杰斯还发明了一种名为“以来访者为中心”的治疗方法。在这种方法中，治疗师的目标是无条件地给予来访者积极的关注，使个体能够在情感和心理上成长，最终成为一个完整的人。那么完整的人到底喜欢什么呢？这些人可能表现出什么特征？罗杰斯认为表现出这种倾向的人有一种与现实相符的自我形象，他们了解自己的长处，也承认自己有弱点。他们不断建立自己的个人优势，也会努力接受挑战和经历，这让他们成长并获得新的理解。尽管这些人意识到他们不是完美的，但他们仍然感到快乐和满足。然而，这种满足并不意味着懒惰，因为这些人总是在努力实现最好的自我。

罗杰斯对教学的影响主要表现为四个方面。

1. 知情统一的教学目标观

罗杰斯认为情感和认知是人类精神世界中两个不可分割的组成部分。教育的目的是培养“躯体、心智、情感、精神、心力融汇一体的人”，即完人。罗杰斯批判传统的学校教育把儿童身心劈开了，儿童的心到了学校，躯体和四肢也跟着进来了，但他们的感情和情绪只有在校外才能得到自由表达。

2. 有意义的学习

有意义的学习不仅仅是一种增长知识的学习，还是一种与每个人各部分经验都融合在一起的学习，是一种使个体的行为、态度、个性以及在未来选择行动方针时发生重大变化的学习。

有意义的学习包括四个方面。①学习具有个人参与的性质，整个人（包括情感和认知两方面）都投入学习活动；②学习是自我发起的，即便推动力或刺激来自外界，但要求发现、获得、掌握和领会的感觉，是来自内部的；③全面发展，它会使学生的行为、态度，乃至个性等获得全面发展；④学习是由学生自我评价的，因为学生最清楚这种学习是否能够满足自己的需要、是否有助于了解他想要知道的东西、是否明了自己原来不甚清楚的某些方面。

3. 学生中心的教学观

罗杰斯认为，凡是可以教给别人的知识，相对来说都是无用的，能够影响个体行为的知识，只能是他自己发现并加以同化的知识，因此，教学的结果，要么是无意义的，要么是有害的。教师的任务不是教学生学习知识，也不是教学生如何学习，而是为学生提供各种学习的资源，营造一种促进学习的气氛，让学生自己决定如何学习。因此，教师是学习的促进者，而非指导者。

4. 促进学习的心理气氛因素

罗杰斯认为，心理治疗要想成功，治疗师必须无条件地给予病人积极的关注。这意味着不管来访者的感觉、行为或经历如何，咨询师都要提供支持。治疗师接受病人本来的样子，允许他们表达积极和消极的感觉，而不带评判或责备。罗杰斯强调教学过程中促进学习的心理气氛与心理咨询时的心理气氛是一致的，即真诚一致，无条件地积极关注和同理心。真诚一致是指表现真我，没有任何矫饰和防御；无条件地积极关注是指教学者尊重学习者的情感和意见，关心学习者的方方面面，接纳作为一个个体的价值观念和情感表现；同理心是指教学者要了解学习者的内在反应，了解学生的学习过程。

三、对人本主义学习理论的评价

人本主义心理学的一个主要优点是它强调个人的作用，在控制和决定人们的心理健康方面给予人们更多的信任。人本主义心理学并不仅仅关注我们内心的思想和欲望，它还把环境的影响归功于我们的经历。人本主义心理学帮助消除了一些与治疗有关的污名，使正常、健康的人更容易接受通过治疗来探索自己的能力和潜力。虽然人本主义心理学继续影响着治疗、教育、医疗保健和其他领域，但也不乏批评之声。其一，人本主义心理学往往被认为过于主观；个人经验的重要性使得客观地研究和衡量人文现象变得困难，我们无法客观地判断一个人是否实现自我了。我们只能依靠个人对自己经历的评价。其二，观察结果是无法核实的；没有准确的方法来衡量或量化这些品质。

第五节　建构主义学习理论

行为主义学习理论是以客观主义为基础的，即认为事物及其意义是独立于人而存在的，是由事物本身决定的，而学习就是要把外在的、客观的内容转移到学习者身上。与行为主义相一致，认知主义学习理论基本也是与客观主义传统相一致的。建构主义则是与客观主义相对立的，它强调意义不是独立于个体而存在的，个体的知识是由人建构起来的，对事物的理解不仅取决于事物本身，事物的感觉刺激（信息）本身并没有意义，意义是由人建构起来的，它同时取决于我们原来的知识经验背景。不同的人由于原有经验的不同，对同一种事物会有不同的理解。

建构主义是“一种学习方法，认为人们主动构建或制造自己的知识，而现实是由学习者的经验决定的”。阿伦兹（Arends，1998）在阐述建构主义的思想时指出，建构主义相信学习者可以通过经验对意义进行个人建构，而意义受先前知识和新事件的相互影响。

1. 知识是构造出来的

知识不是天生的，或被动吸收的。建构主义的中心思想是人的学习是建构的，学习者在已有的学习基础上构建新的知识。这种先验知识会影响一个人从新的学习经验中构建新的或修改过的知识。

2. 学习是一个积极的过程

学习是一个主动的过程，而不是被动的过程。被动的教学观认为学习者是一个装满知识的“空容器”，而建构主义认为学习者只有通过积极参与世界（如实验或现实世界的问题解决）才能构建意义。信息可以被被动地接受，但理解却不能，因为它必须基于先前的知识、新知识和学习过程之间建立的有意义的联系。

3. 所有的知识都是社会建构的

学习是一种社会活动——它是我们一起做的事情，是相互作用的结果，而不是一个抽象的概念（杜威，1938）。例如，维果斯基认为社区在“创造意义”的过程中起着中心作用。对于维果斯基来说，孩子成长的环境会影响他们的思维方式和思考方式。因此，所有的教与学都是一个分享和协商社会知识的问题。

4. 所有的知识都是个人的

基于现有的知识和价值观，每个学习者都有自己独特的观点。这意味着相同的课程、教学或活动可能导致每个学生不同的学习，因为他们的主观解释不同。这一原则似乎与“知识是社会建构”的观点相矛盾。福克斯认为，尽管个人有自己的个人历史的学习，不过他们可以分享共同的知识，虽然教育是一个社会过程，强烈地受到文化因素的影响，然而文化由子文化，甚至是亚文化组成。文化及其知识库是不断变化的，在学习一种文化的过程中，每个孩子都会改变这种文化。

5. 学习存在于头脑中

建构主义理论认为，知识只能存在于人的头脑中，它不需要与任何现实世界相匹配。学习者将不断地试图从他们对现实世界的感知中发展他们自己对现实世界的心理模型。当学习者感知到每一次新的体验时，他们会不断更新自己的思维模式来反映新的信息，从而构建自己对现实的理解。

建构主义的三种类型：以皮亚杰的理论为基础的认知建构主义、以维果斯基的理论为基础的社会建构主义以及激进的建构主义。认知建构主义认为，知识是学习者在已有的认知结构基础上主动建构起来的。因此，学习要适应他们的认知发展阶段。认知建构主义教学方法的目的是帮助学生吸收新的信息到现有的知识，并使他们做出适当的修改，以适应现有的知识框架。

社会建构主义认为，学习是一个协作的过程，知识是在个体与文化和社会的相互作用中发展起来的。社会建构主义由维果斯基提出，儿童文化发展的每一项功能都出现两次：第一次是在社会层面，第二次是在个人层面。也就是说，儿童的知识建构首先是出现在人与人之间（心理上），然后再出现在孩子内部（心理上）。

激进建构主义的概念是由冯·格莱斯菲尔德提出的，他认为所有的知识都是建构出来的，而不是通过感官感知到的。学习者在已有知识的基础上构建新知识。然而，激进的建构主义认为，个人创造的知识不能告诉我们关于现实的任何事情，只能帮助我们在环境中发挥作用。因此，知识是发明的而不是发现的。

一、皮亚杰的认知建构主义观点

皮亚杰（1896—1980 年）：瑞士著名心理学家和哲学家，于 20 世纪 60 年代创立了“发生认识论”。皮亚杰一生著作颇丰，曾出版 60 多本专著、500 多篇论文，他曾到过许多国家讲学，获得了几十个名誉博士、荣誉教授和荣誉科学院士的称号。其代表著作包括：《智慧心理学》《发生认识论原理》《建构主义》《教育科学与儿童心理学》。

皮亚杰的认知发展理论解释了儿童如何构建世界的心理模型。他不同意智力是一种固定特征的观点，认为认知发展是一个生物成熟和与环境相互作用的过程。皮亚杰是第一个对认知发展进行系统研究的心理学家。皮亚杰通过对儿童认知的详细观察研究，并进行了一系列简单而巧妙的测试，最终提出了儿童认知发展的阶段理论。在皮亚杰的研究之前，心理学中普遍的假设是，儿童只是不如成年人有能力思考。皮亚杰的研究表明，与成年人相比，儿童的思维方式明显不同。

1920 年，皮亚杰来到西蒙的实验室工作。皮亚杰的工作是制定出适合法国儿童的“推理测验”，并使之标准化。这一偶然的事情竟意外地使皮亚杰确定了他今后一生的研究方向。在该项工作中，皮亚杰发现：儿童对推理测验中的一些项目经常会做出不同寻常的、让人意想不到的回答。从测验的角度看，这些回答是错误的，但正是这些错误的回答强烈地吸引了皮亚杰的注意。

他注意到两个事实：（1）同年龄儿童的回答中存在相似的错误；（2）儿童回答中的错误随年龄的增长而有规律地变化。

皮亚杰认为，儿童回答的错误内容和导致错误回答的思维过程不是偶然的，而是同他们的心理结构或认知结构有着密切的关系，因此展开了详细的研究。

（一）认知发展基本过程

皮亚杰认为发展在很大程度上依赖于儿童对周围环境的操纵和积极互动。这个过程促进了其内部心理结构的不断变化。认知发展是一个在已有心理结构，即图式的基础上，通过同化、顺应和平衡，不断反复，逐渐发展的过程。

1. 图式

图式是皮亚杰用来描绘智慧（认知）结构的一个重要概念，它是指“一个有组织的、可重复的行为或思维模式”。图式表示一种认知结构或心理结构，是指支配儿童行动的心理模式。皮亚杰强调了图式在认知发展中的重要性，并描述了图式是如何发展或获得的。图式可以被定义为一组相互联系的对世界的心理表征，我们用它来理解和应对各种情况。假设我们储存了这些心理表征，就会在需要的时候灵活地运用它们。例如，一个人可能对在餐馆吃饭有一个图式，包括看菜单、点餐、吃东西和付账。这是一个名为“脚本”的图式类型的示例。“每当他们在餐馆时，他们都会从记忆中检索出这个图式，并将其应用到实际情况中。”

皮亚杰描述的图式往往比这更简单——尤其是婴儿使用的图式。一个孩子随着年龄的增长，他或她的图式变得越来越多，越来越复杂。皮亚杰认为，即使在他们有很多机会体验世界之前，新生儿也有少数先天图式，这些新生儿图式是内在反射的认知结构，这些反射是由基因决定的。例如，婴儿有吮吸反射，这是由触摸婴儿嘴唇的东西触发的，同样地，当某物接触到婴儿的手掌时，婴儿就可能产生抓握反射。

皮亚杰认为人与环境互动过程中存在两种倾向，即适应和建构。有机体能够对环境产生适应性变化，但不是消极被动的适应，而是内部结构的积极建构过程。

2. 同化和顺应

同化和顺应是适应过程的两种机能。

皮亚杰认为，“同化就是把外界元素整合到一个正在形成或已经形成的结构中”。个体用以前的经验来对待新的情境，即主体能够利用已有的图式或认知结构把刺激整合到自己的认知结构中。如一个两岁的孩子看到一个头顶光秃秃，头发长而卷曲的男人大喊“小丑，小丑”。这就是一个同化的例子，即将新事物纳入已有的认知结构中。

顺应是指“同化性的图式或结构受到它所同化的元素的影响而发生的改变”。也就是说，改变认知结构以处理新的信息，即改变旧观点以适应新情况。在“小丑”事件中，男孩的父亲向儿子解释说，这名男子不是小丑，尽管他的头发像小丑，但他没有穿滑稽的服装，也没有做傻事逗人发笑。有了这些新知识，这个男孩能够改变他对“小丑”的概念，使这个概念更适合“小丑”的标准概念。

3. 平衡

当已有的图式不能解决面临的情境时，就产生了皮亚杰所说的不平衡状态。个体在与环境相互作用时是通过同化和顺应来达到个体与环境的平衡状态。

平衡是推动发展的力量。皮亚杰认为，认知发展不是以稳定的速度进行的，而是跳跃式的。当孩子的图式能够通过同化处理大多数新信息时，平衡就产生了。然而，当新的信息不能适应现有的模式（同化）时，就会出现不愉快的不平衡状态。平衡是推动学习过程的力量，我们不喜欢沮丧，就会通过掌握新的挑战（适应）来寻求恢复平衡。一旦获得了新的信息，与新图式同化的过程就会继续下去，直到下一次我们需要对其进行调整。

（二）认知发展阶段

皮亚杰认为，个体从出生到成人的发展过程中，认知结构不断重构，从而表现出具有不同质的阶段。每个孩子都以相同的顺序经历不同的阶段，孩子的发展取决于生物的成熟和与环境的相互作用。儿童在各个阶段的进步速度上存在个体差异，导致一些个体可能永远也不会达到后期阶段。

1. 感觉运动阶段（0~2 岁）

感觉运动阶段是皮亚杰认知发展理论四个阶段中的第一个阶段。这一阶段是指人在从出生到大约 2 岁时的快速认知成长的时期。在此期间，婴儿通过他们的感觉和行动来发展对世界的理解。该阶段婴儿发展出两种重要能力，一是客体永恒性，二是延迟模仿能力。

客体永恒性大约在婴儿出生后的 9~12 个月内获得，这是更高层次认识活动的基础，婴儿在头脑中开始用符号表征事物，即婴儿能意识到即使物体从眼前消失，但它们仍然存在。

延迟模仿，即榜样离开，间隔一段时间，如隔天后，人会表现出榜样的行为。

2. 前运算阶段（2~7 岁）

前运算阶段是皮亚杰认知发展理论的第二阶段，这个阶段开始于孩子 2 岁左右，一直持续到 7 岁左右。这时候，儿童由于缺乏逻辑运算，而不得不根据知觉来决策。运算是指内部化的智力操作。这一时期，是儿童语言和概念以惊人的速度发展的时期。此阶段儿童的发展包括通过适应建立关于世界的经验，并向可以使用逻辑思维的阶段（具体运算阶段）努力。

在前一阶段获得的感觉运动行为模式，在这一阶段已经内化为表象或形象模式，表现为具有符号的功能。一些事物的形象以及功用，作为表象内化在儿童的头脑中。儿童的表象日益丰富，其活动已经不只局限于对当前感知的环境施以动作，开始能运用语言或较为抽象的符号来代表他们经历过的事物。

前运算阶段儿童的思维有很大的发展，但还不具备还运算的性质。运算在皮亚杰理论中是指一种可逆的心理表征。前运算阶段儿童的思维有许多局限。

（1）自我中心。

此阶段的孩子们其思想和交流都是以自我为中心的，自我中心指的是孩子无法从他人的角度看待问题。儿童只能够从自己的角度理解事物，不能把自己放在他人的角色中或不能明白他人的感受。

皮亚杰用“三山实验”（见图 6-12）来测试儿童是否以自我为中心。以自我为中心的孩子认为其他人会看到和他们一样的三山的景色。该实验要求孩子坐在桌前，面前是三座山，山是不同的，一个山顶上有雪，一个山顶上有小屋，一个山顶上有红十字。孩子被允许绕着模型走一圈，看一看，然后在一边坐下。随后观察者将玩偶放在桌子的不同位置，给孩子呈现 10 张从不同位置拍摄的山的照片，并要求他们指出哪张显示的是玩偶的视角。皮亚杰认为，如果孩子正确地选择了显示玩偶观点的卡片，那么他就不是以自我为中心的，如果孩子把他看到的景象的卡片拿出来则是自我中心主义的表现。此次实验的结果是：4 岁的孩子几乎总是选择一张代表他们所能看到的东西的图片，而没有意识到玩偶的视角会与此不同；六岁的孩子经常会选择与自己视角不同的图片，但很少会选择与玩偶视角一致的图片；只有七岁和八岁的孩子始终选择正确的图片。最终皮亚杰得出结论：孩子在 7 岁时，思考不再以自我为中心，因为孩子可以看到比他们自己的观点更多的东西。

图 6-12　皮亚杰的三山实验

例如，儿童在经常玩的“躲猫猫”游戏中，常常因为担心自己被别人看见而捂住自己的眼睛，因为在他们心中，只要自己看不见别人，别人就看不见自己了。又如，当儿童送别人礼物时，也经常会选择自己最喜欢的，因为他们相信，自己喜欢的东西，别人也会喜欢。这都是儿童“自我中心”思维的表现。

（2）中心化。

“中心化”指人在一个时间里只关注一个方面的倾向，通常是那些具有感知优势的方面，而忽视了其他方面。在这个阶段，孩子们很难同时思考任何情况的多个方面。在皮亚杰的液体守恒实验中，儿童面前摆着两杯同样体积的水，然后将其中一杯水倒入另一个形状不同的杯子中，并询问儿童哪个杯子中的水更多。此阶段儿童尚未形成守恒概念，经常会关注事物的某一方面，比如杯子的高度，然后回答更高的杯子中的水更多，而不能同时考虑杯子的高度和宽度。

（3）不能逆运算。

不能逆运算是指不能够改变思维的方向，使其回到出发点。比如询问儿童一个简单的问题：哥哥的年龄比我大，那么我的年龄比哥哥如何呢？许多儿童无法进行这样的思维转换。

（4）泛灵论。

泛灵论指把生命特征赋予无生命的物体，认为无生命的物体（如玩具、花草等）具有人类的感情和意图。对于前运算阶段的孩子来说，自然世界是活着的、有意识的、有目的的。皮亚杰确定了万物有灵论，并将其细分为四个阶段。在第一阶段（5 岁以前），孩子们相信几乎所有的东西都是活着的，都有一个目的。在第二阶段（5~7 岁），孩子们相信只有移动的物体才有目的。在第三个阶段（7~9 岁），孩子们相信只有自发运动的物体才是有生命的。在第四个阶段（9~12 岁），孩子们明白只有植物和动物才是活着的。

（5）平行游戏。

在这个阶段的开始，我们经常会发现孩子们在玩平行游戏。也就是说，他们经常和其他孩子在同一个房间玩，但他们是和其他人一起玩，而不是和他们“一起玩”。每个孩子都沉浸在自己的私人世界里，说话也以自我为中心。也就是说，在这个阶段，语言的主要功能是将孩子的思维外化，而不是与他人交流。在这一阶段，孩子还没有掌握语言或规则的社会功能。

3. 具体运算阶段（7~11 岁）

具体运算阶段是皮亚杰认知发展理论的第三个阶段。这一阶段大约持续到孩子 7 到 11 岁，其特征是孩子们开始了有组织和理性思维的发展。皮亚杰认为具体运算阶段是儿童认知发展的一个主要转折点，因为它标志着逻辑思维或操作思维的开始。孩子现在已经足够成熟，可以使用逻辑思维或操作（规则），但只能将逻辑应用于物理对象（因此是具体运算）。儿童获得守恒（数量、面积、体积、方向）和可逆性的能力。然而，虽然孩子们可以用逻辑的方式解决问题，但他们通常不能抽象或假设地思考，即仍需具体事物和直观形象的支持，不能够进行纯符号运算。这一段儿童的思维具有以下特点。

（1）去中心化：能够考虑事物的多个感知特征，得出具体问题的解决方法。

（2）可逆性：运算思维的基本特征，能够改变思维的方向，使其回到出发点。

（3）守恒：当物体的外观在某些表面上发生变化时，仍能够认识到物体的本质没有发生变化。

（4）分类：根据物体的共同特征将其归入不同类别的过程。

（5）序列化：能够根据大小、体积、重量或其他的一些特性对一系列要素进行心理排序。

（6）推断事实：透过表面现象推断和理解事物真实意义。

4. 形式运算阶段（11 岁~成年）

形式运算阶段大约从孩子 11 岁开始，一直持续到成年。当人进入这一阶段时，他们通过在头脑中操纵思想来获得抽象思维的能力，而不依赖于具体的操纵。他/她可以进行数学计算，创造性地思考，使用抽象推理，并想象特定行动的结果。我们可以通过以下例子辨析具体操作阶段和正式操作阶段之间的区别：如果凯利比阿里高，阿里比乔高，谁最高？这是推理的一个例子，推理是指思考没有实际经历过的事情并从中得出结论的能力。需要画画或使用物体的孩子还处于具体运算阶段，而能够在头脑中推理出答案的孩子则在使用形式的操作思维阶段。

假设演绎推理是通过生成关于世界的预测或假设来回答问题，从而进行科学思考的能力。个人将以系统和有组织的方式处理问题，而不是通过反复试验。抽象思维具体的操作是对事物进行的，而形式的操作是对思想进行的，个体可以思考他们还没有经历过的假设的和抽象的概念，抽象思维对于规划未来很重要。

皮亚杰在 1970 年设计了一些形式运算思想的测试，其中最简单的就是“第三眼问题”。孩子们被问及如果他们能有第三只眼睛，他们会把多余的眼睛放在哪里，并解释理由。测试报告显示，当被问到这个问题时，9 岁的孩子都建议第三只眼睛应该在额头上；然而，11 岁的孩子更有创造力，例如，他们认为放在手上的第三只眼睛可以用来观察转角。形式运算思维也通过钟摆任务进行了实验验证。这个方法包括一段绳子的长度和一组砝码，参与者必须考虑三种因素，即绳子的长度、重量和推力。这项任务是找出决定摆速最重要的因素。参加者可以改变钟摆的长度和重量。他们可以通过计算每分钟摆动的次数来测量摆速。为了找到正确的答案，参与者必须掌握实验方法的思想，即每次改变一个变量（例如尝试不同的长度和相同的重量）。一个参与者尝试不同的长度和不同的重量很可能会得到错误的答案。在正式运算阶段的孩子们系统地接近这个任务，一次测试一个变量（如绳子的长度）来观察它的效果。然而，年幼的孩子通常会随机尝试这些变化，或者同时改变两件事。皮亚杰的结论是：系统化的方法表明，孩子们的思维是逻辑的、抽象的，他们可以看到事物之间的关系。这些是形式运算阶段的特征。

（三）皮亚杰认知发展理论的评价

皮亚杰的思想对发展心理学的影响是巨大的。他改变了人们对儿童世界的看法，并提供了研究儿童的方法。他将儿童理解为一个充满好奇的、积极主动的探索者，认为发展是有阶段、有顺序的，他通过观察和实验发现了儿童在认知发展方面的重要变化，揭示了儿童在每一阶段的一些显著的特征。另外，皮亚杰的理论鼓舞了许多后来继承他思想的人，也因此产生了大量的研究，这增加了我们对认知发展的理解，他的想法在理解和与孩子沟通方面有实际的用处，特别是在教育领域。

尽管皮亚杰没有明确地将他的理论与教育联系起来，但后来的研究人员已经解释了皮亚杰理论的特点可以如何应用于教学。皮亚杰的理论在教育政策的制定和教学实践中具有极其重要的影响。例如，1966 年英国政府对初等教育的回顾就是基于皮亚杰的理论，该回顾推动了《普洛登报告书》（1967 年）的出版，对英国学前教育的发展起到了巨大的推动作用。

不过，多项研究表明，皮亚杰低估了儿童的能力，因为他的测试有时令人困惑或难以理解。皮亚杰未能区分能力（孩子能做什么）和表现（孩子在接受特定任务时能表现什么）。当任务被改变时，能力就会受到影响。因此，皮亚杰可能低估了儿童的认知能力。

部分研究对其研究方法的批评：与其他方法相比，皮亚杰的方法（观察和临床访谈）更容易受到偏见的影响。皮亚杰对儿童进行了细致入微的自然主义观察，并将这些观察写入日记，记录他们的成长过程。他还使用了临床访谈，观察年龄较大的儿童的行为，这些儿童能够理解问题并进行对话。皮亚杰独自进行观察，因此他收集到的数据是基于他自己对事件的主观解释。虽然临床访谈允许研究人员更深入地探索数据，但访谈者的解释可能存在偏见。例如，孩子们可能不理解问题，他们的注意力持续时间短，他们不能很好地表达自己，他们可能试图取悦实验者等，这些方法意味着皮亚杰可能得出了不准确的结论。

另外，批评者指出，皮亚杰研究了他自己的孩子和他在日内瓦的同事的孩子，以便推断出所有孩子智力发展的一般规律。他的样本量不仅非常小，而且样本全部是来自社会经济地位较高家庭的欧洲儿童。因此，研究人员对皮亚杰实验数据的普遍性提出了质疑。

二、维果斯基的社会建构主义观点

维果斯基（1896—1934 年）：苏联心理学家，探讨了心理的个体发展和种系发展，特别是在关于人类心理的社会起源、儿童心理发展对教育、教学的依赖关系方面有独特的论述。其主要著作包括:《意识是行为主义心理学的问题》(1925)、《儿童期高级形式注意机制的发展》(1929)、《高级心理机能的发展》(1931)、《精神分裂决一雌雄的概念障碍》(1932)、《心理学讲义》(1932)、《思维和语言》(1934)。

维果斯基的研究为过去几十年认知发展的许多研究和理论奠定了基础，尤其是社会发展理论。维果斯基的理论强调了社会互动在认知发展中的根本作用，因为他坚信社会在创造意义的过程中起着核心作用。与皮亚杰认为儿童的发展必须先于学习的观点不同，维果斯基认为，“学习是发展文化组织，特别是人类心理功能过程中必要和普遍的方面”。换句话说，社会学习倾向于先于发展。

维果斯基提出了一种认知发展的社会文化方法。他的理论与皮亚杰的思想差不多是在同一时期（20 世纪 20 年代至 30 年代）发展起来的。其主要观点包括四个方面。

（一）文化历史发展理论

维果斯基从种系和个体发展的角度分析了心理发展实质，提出了文化历史发展理论，以此说明人的高级心理机能的社会历史发生问题。

1. 两种心理机能：低级机能 & 高级机能

和皮亚杰一样，维果斯基认为婴儿天生就具备智力发展的基本能力，皮亚杰关注的是运动反射和感觉能力。维果斯基关注的是低级心理机能，即注意、感觉、知觉、记忆。低级心理机能是个体作为动物而产生的进化结果，是个体早期以直接的方式与外界相互作用时表现出来的特征，如基本的知觉加工和自动化过程。

通过社会文化环境中的互动，这些低级心理机能被发展成更复杂和更有效的心理过程/策略，他称之为“高级心理功能”。高级心理机能是作为历史产物的进化结果，即以符号系统为中介的心理机能，如记忆的精细加工系统。高级心理机能是人类在本质上区别于动物的特征。

2. 高级心理机能的社会起源——心理工具（各种符号系统）

维果斯基认为最重要的心理工具是语言，他认为儿童使用语言不仅局限于社会交往，而且也是以一种自我管理的方式计划、指导和监控自己的行为。自我管理的语言被称为“内在言语”或“个人言语”。3~7 岁的儿童，出现了外部语言转向内部语言的现象——自言自语。

维果斯基认为，语言是从社会交往中发展起来的，是为了交流而存在的。维果斯基认为，语言是人类最伟大的工具，是与外界交流的一种手段。根据维果斯基的研究，语言在认知发展中起着两个关键作用：语言既是成年人向儿童传递信息的主要方式，也是智力适应的有力工具。

对于维果斯基来说，思想和语言在生命之初就是两个独立的系统，在儿童三岁左右的时候融合在一起。此时，语言和思想相互依存：思想变成了语言，语言变成了表征。当这种情况发生时，孩子们的独白就内化为内心的语言。语言的内在化对认知发展具有重要的推动作用。“内在语言不是外在语言的内在方面——它本身就是一种功能，它仍然是语言。在外部语言中，思想体现在语言内；而在内部语言中，思想产生时，语言就消亡了。内在语言在很大程度上是纯粹意义上的思考。”

3. 心理机能的中介结构——历史文化

维果斯基认为，认知功能，甚至是那些单独执行的功能，都受到一个人在自我文化发展时的信仰、价值观和智力适应工具的影响，因此，人的认知功能是由社会文化决定的，且智力适应的工具因文化而异。例如，在我们的文化中，我们利用记笔记的方式来帮助记忆，但在没有文字的社会中，我们必须发展其他的策略，如在绳子上打结，或携带鹅卵石，或重复祖先的名字。

儿童的认知能力的发展始于社会关系和文化，儿童的记忆力、注意力、推理能力的发展都和学习使用社会的创造发明有关。如语言、数学体系和记忆方法，在一种文化背景中，学习可能包含如何借助电脑进行计算；而在另一种文化背景中，学习可能包含用自己的手指或算盘计数。

与皮亚杰一样，维果斯基认为，幼儿对自己的学习和新理解/图式的发现和发展充满好奇心，并积极参与其中。然而，维果斯基更强调社会对发展过程的贡献。根据维果斯基的观点，孩子的许多重要学习都是通过与有经验的老师进行社会交往来实现的。家庭教师可以为孩子示范行为或提供口头指导，维果斯基称之为合作对话。孩子试图理解导师提供的行动或指示，然后将信息内化，用它来指导或调节自己的表现。

比如一个小女孩，她得到了她的第一个拼图。独自一人，她在试图解决这个难题时表现很差。然后，父亲坐在她旁边，描述或演示一些基本的策略，比如找到所有的角/边的碎片，并提供一些碎片让孩子自己拼起来，并在孩子拼的时候给予鼓励。当孩子变得更有能力时，父亲允许孩子更独立地工作。维果斯基认为，这种涉及合作或协作对话的社会互动能促进认知发展。

（二）最近发展区

最近发展区是一个重要的概念，它涉及孩子在独立完成任务和在有经验的伙伴的指导和鼓励下完成任务之间的区别。最近发展区指儿童现有的水平与经过他人帮助可以达到的较高水平之间的差距。维果斯基称每个人目前发展出来的程度为“现实发展水平”；而个人在学习之后所表现出来的为“潜在发展水平”，最近发展区就是潜在发展水平与现实发展水平之差。图 6-13 为最近发展区。

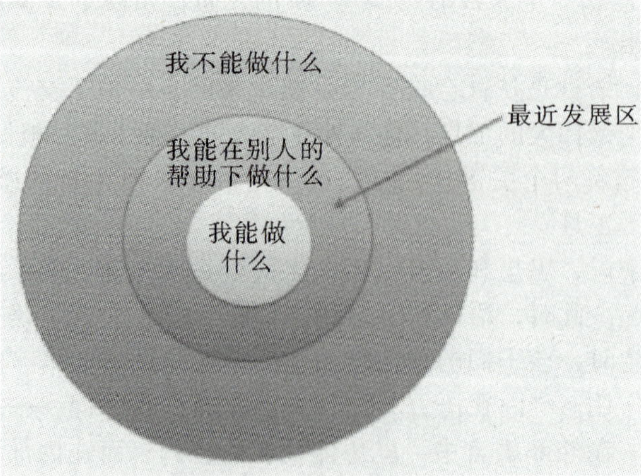

图 6-13　最近发展区

维果斯基认为最近发展区是应该给予孩子最敏感的指导区域——允许孩子发展他们自己的技能，发展更高的心智功能。维果斯基还认为，与同伴互动是发展技能和策略的有效途径。他建议教师采用合作学习的方式，让能力较差的孩子在更有技能的同伴的帮助下在最近发展区发展。

有研究者进行了一项研究，在这项研究中，孩子们必须决定哪些家具应该放置在玩偶屋的特定区域。一些孩子被允许和他们的母亲在一个类似的情况下玩，然后他们单独尝试（最近发展区），而其他孩子被允许自己做这个工作。研究者发现，那些之前与母亲一起工作的人与他们第一次尝试这项任务时相比，表现出了最大的进步。结论支持了维果斯基的观点，即在最近发展区中引导学习比单独工作更能促进学习和理解。

教学应着眼于学生的最近发展区，把潜在的发展水平变成现实的发展水平，并创造新的最近发展区。教学可以“创造”学生的发展。维果斯基特别提出，“教学应当走在发展的前面”。这里有两层含义。(1) 教学在发展中起主导作用。它决定着儿童的发展，决定着发展的内容、水平、速度及智力活动的特点。(2) 教学创造着最近发展区。教学应适应学生的现有水平，但更重要的是要发挥教学对发展的主导作用。

它的提出说明了儿童发展具有可能性，并指导教育者不应只看到儿童今天已达到的发展水平，还应看到其仍处于形成的状态，正在发展的过程中。维果斯基强调教学不能只适应发展的现有水平，还应适应最近发展区，从而走在发展的前面，最终跨越“最近发展区”而达到新的发展水平。因此，教学的最佳数效果产生于“最近发展区”。

（三）心理发展观

综上，心理发展的实质是个体自出生到成年，在环境与教育的影响下，在低级心理机能的基础上，逐渐向高级技能转化的过程。

1. 由低级机能向高级机能发展的四个表现

(1) 随意机能的不断发展。随意机能是指心理活动的主动性、有意性，是由主体按照预定的目的而自觉引发的。儿童心理活动的随意性越强，心理水平越高。

(2) 抽象—概括机能的提高。儿童随着语言的发展，以及知识经验的积累，各种心理机能的概括性和间接性得到发展，最后形成了最高级的意识系统。

(3) 各种心理机能之间的关系不断变化、重组，形成以符号为中介的心理结构。儿童的心理结构越复杂、越间接、越简缩，心理水平越高。

(4) 心理活动的个性化。维果斯基强调个性特点对认知发展的影响，认为儿童意识的发展不仅是个别机能由某一年龄阶段向另一年龄阶段过渡时的增长和提高，更主要的是其个性的发展，整个意识的增长与发展。个性的形成是高级心理机能发展的重要标志，个性特点对其他机能的发展具有重要的作用。

2. 儿童心理发展的原因

(1) 心理机能的发展起源于社会文化历史的发展，并受社会规律的制约。

(2) 从个体发展来看，儿童在与成人交往过程中通过掌握高级心理机能的工具——语言和符号系统，从而在低级的心理机能基础上形成了各种新质的心理机能。

(3) 高级心理机能是外部活动不断内化的结果。

（四）教学应用

维果斯基理论的当代教育应用是“交互教学”，用于提高学生的学习能力。交互式教学包括教师和学生之间的相互对话。在这种方法中，教师和学生合作学习和练习四项关键技能，即总结、提问、澄清和预测。随着时间的推移，教师在这一过程中的作用逐渐减弱。维果斯基认为，互动式教学强调社会交往和社会期待在学生逐步发展技能中的作用。

维果斯基理论的另一应用即教学支架，教学支架指对那些超出学生能力的元素加以控制，从而使学生将注意力集中到他们能力所及的任务上，并快速地掌握它们。在一个学习情境中，教师最初要承担大部分的工作，之后，学习者和教师分担责任。当学生逐渐变得更有能力时，教师逐步地撤走支架，从而使学生能独立完成任务。维果斯基的理论也迎合了当前人们对协作学习的兴趣，他认为，团队成员应该具有不同的能力水平，这样，更高级的同伴可以帮助不太高级的成员在他们的最近发展区中进行操作。

另外，与维果斯基情境认知的理论有关的一个应用，是教师通过学徒制进行社会指导。在学徒制中，新手和专家近距离地一起进行与工作有关的活动。学徒制和最近发展区非常吻合，是因为他们都发生在文化机构里，都致力于帮助学习者改变认知发展。通过与专家一起工作，新手获得了专家与他们分享的关于重要过程的知识，并且将之与自己当前的理解结合起来。学徒制被应用于教育的许多方面。比如新入职的教师与指导教师一起工作，学生和教授一起做研究，岗位实习项目也使用了认知学徒制，使学生在实际工作场所及与他人交往中获得技能。

三、当代建构主义基本观点

当代建构主义由许多零散的观点构成，很多研究者都把自己的理论称为建构的理论，但其实在具体观点上却有很大的差异。不过这些观点之间存在一定的共识。

（一）知识观与学习观

1. 知识观

建构主义者（特别是其中的激进者）一般强调，知识并不是对现实的准确表征，只是一种解释和假设，并不是问题的最终答案，相反，它会随着人类的进步而不断地被革命掉，并随之出现新的假设；而且，知识并不能精确地概括世界的法则。另外，建构主义认为，知识不可能以实体的形式存在于具体个体之外。

2. 学生观

（1）首先，建构主义强调学生经验世界的丰富性，强调儿童的巨大潜能，即“儿童不是空着脑袋走进教室的”。

（2）其次，建构主义者强调学生经验世界的差异性。教学要把儿童现有的知识经验作为新知识的生长点，引导儿童从原有的知识经验中“生长”出新的知识经验。教学不是知识的传递，而是知识的处理和转换。学习者的差异本身构成了一种宝贵的学习资源。

（二）学习的建构性实质

建构主义认为，知识不是通过教师传授得到的，而是学习者在一定的情境即社会文化背景下，借助其他人（包括教师和学习伙伴）的帮助，利用必要的学习资料，通过意义建构的方式获得的。由于学习是在一定的情境即社会文化背景下，借助其他人的帮助即通过人际间的协作活动而实现的意义建构过程，因此建构主义学习理论认为

“情境”“协作”“会话”和“意义建构”是学习环境中的四大要素。

在建构过程中，一方面学习者对当前信息的理解需要以原有的知识经验为基础，超越外部信息本身；另一方面，对原有知识经验的运用又不只是简单地提取和套用，个体同时需要依据新经验对原有经验本身也做出某种调整和改造，即同化和顺应两方面的统一。学习的实质是学习者通过新、旧知识经验之间的双向的相互作用来形成、充实或改造自己的经验体系的过程。以往的学习理论（比如奥苏伯尔的“同化论”）一般重在从同化的一面来解释学习过程，强调以原有的知识为基础来理解和记忆新知识，而对原有知识经验因为新知识而发生的顺应则重视不够（尽管也有所涉及）。学习不仅是理解和记忆新知识，而且要分析它的合理性、有效性，从而形成自己对事物的观点，形成自己的“思想”；学习不仅是新的知识经验的获得，同时还意味着对既有知识经验的改造。

（三）学习的社会互动性

建构主义认为，每个学习者都有自己的经验世界，不同的学习者可以对某种问题形成不同的假设和推论，而学习者可以通过相互沟通和交流，相互争辩和讨论，合作完成一定的任务，共同解决问题，从而形成更丰富、更灵活的理解。合作学习是当前很受研究者重视的学习形式，它强调集体性任务，强调教师放权给学生小组，与传统教学中的一些学生小组活动并不相同，合作学习的关键在于小组成员之间相互依赖、相互沟通、相互合作，共同负责，从而实现共同的目标。

（四）情境性学习

当今的建构主义者强调学习的情境性，强调把所学的知识与一定的真实性任务情境挂起钩来，提倡在教学中使用真实性任务，让学生通过一定的合作来解决情境性问题，以此建构起能灵活迁移应用的知识经验。情境性学习理论认为，在非概念水平上，活动和感知比概括化具有更为重要的、认识论意义上的优越性，因此，人们应当把更多的注意力放在活动和感知上。

四、对建构主义学习理论的评价

建构主义强调知识的动态性，强调学习是一个主动建构的过程，强调学习的社会性和情境性，试图实现学习的广泛而灵活的迁移应用，这些观点对改革传统教学具有重大意义。建构主义学习理论强调学习者的积极主动性，对新知识的意义的建构性和创造性的理解，强调学习的社会性质，重视师生之间和生生之间的社会相互作用对学习的影响；在教学方面提出了一系列新颖而富有创见的主张。这些观点和主张对于进一步认识学习的本质、揭示学习的规律、增强学生对学习和评估的自主感、深化教学改革都具有积极意义。

不足之处在于，建构主义学习理论在重视知识的建构性的同时，却忽视了知识的确定性和普遍性；在提倡情境性教学、力主具体和真实的同时，却反对抽象和概括，这同样会犯以偏概全，以特殊代替一般的错误，并会引起教学上的混乱；它还取消了传统的教师评估学生的评分方式，而让学生对自己的进步进行自我评估，这可能会导致学生落后，因为没有标准化的评分，老师可能不知道哪些学生在努力。建构主义一些观点的论述往往失之偏颇，甚至相互对立，这在一定程度上暴露了该理论的不足之处，有待于进一步的发展和完善。

第七章　知识的学习

掌握知识是学生学习的主要任务，也是学校智育的核心内容之一。知识的学习与教学历来是教育心理学研究的一个中心问题，也是本书的重点内容。本章第一节着重介绍了知识的概念、分类及知识的不同表征方式，阐述了知识学习的标准。根据知识的构成关系，传统知识学习理论把知识分为概念学习、（命题）原理学习和问题解决。而现代认知心理学依据知识的不同表征方式和作用，将知识分为陈述性知识、程序性知识和策略性知识。本章第二节对知识学习的传统观点进行了全面的介绍。第三节分别详细阐述了陈述性知识和程序性知识的一般学习过程、掌握方式以及各自的教学策略。

第一节　知识学习概述

一、知识的概念

从心理学的观点看，知识是个体头脑中的一种内部状态，它有广义和狭义之分。狭义的知识一般仅指存在于语言文字符号或言语活动中的信息，如各门学科中的基本事实、概念、共识、原理等。广义的知识则是指主体通过与其环境相互作用而获得的信息及其组织。它既包括个体从自身生活实践和人类社会实践中获得的各种信息（狭义知识），也包括在获得和使用这些信息过程中所形成的各种技能和能力。这种知识既以语言文字、音像制品等媒体形式存在于个体之外，也以概念、命题、表象或图式等形式存在于个体头脑内部。

二、知识的分类

（一）感性知识和理性知识

根据知识反映事物的深度和广度，知识可以划分为感性知识和理性知识。

感性知识是指主体对事物外部特征和外部联系的反映，可分为感知和表象两种水平。

理性知识是指主体对事物的本质特征和内在规律的反应，包括命题和概念两种形式。

1. 感性知识和理性知识之间的区别

在认识对象上，感性知识与认识对象之间有直接联系，而理性知识与认识对象的联系是间接的。在反映方式上，感性知识以具体形象的方式反映对象，具有形象性；而理性知识往往以抽象的方式反映对象，具有抽象性。在反映的深度与层次上，感性知识反应的是事物的具体特性、表面性和外部联系；理性知识反映的是事物的本质、内在联系和规律。

2. 感性知识和理性知识之间的联系

第一，理性只是依赖于感性知识。感性知识是认识的低级阶段，是理性知识的基础。第二，感性知识有待于深化、发展到理性知识。第三，感性知识和理性知识统一于实践。无论是感性知识还是理性知识，归根到底都是在实践基础上产生的。

（二）陈述性知识、程序性知识和策略性知识

现代认知心理学一般依据知识的不同表征方式和作用，将知识划分为陈述性知识、程序性知识和策略性知识。

（1）陈述性知识也叫描述性知识，是关于事物及其关系的知识，主要用于区别和辨别事物。它是个人有意识地提取线索，因而能直接陈述的知识。这类知识主要用来回答世界是什么的问题，如“第二次世界大战的原因是什么?”它包括事实、规则、个人态度、信仰等。

（2）程序性知识即操作性知识，是关于怎样做的知识，是一种经过学习自动化了的关于行为步骤的知识，表现为在信息转换活动中进行具体操作，它是个人没有有意识地提取线索，只能借助某种作业形式间接推测其存在的知识，实际上是传统意义上的技能。它主要用来解决怎么办的问题，如“如何在图书馆中查找鲁迅的杂文集《朝花夕拾》?”

（3）策略性知识是关于如何学习和如何思维的知识，即个体运用陈述性知识和程序性知识去学习、记忆、解决问题的一般方法和技巧。从本质上看，策略性知识也是程序性知识，但和一般的程序性知识有所不同。一般的程序性知识是完成某种具体任务的操作步骤，而策略性知识则是学习者用来调控学习和认识活动本身的，其目标是更有效地获取新知识和运用已有知识来解决问题。只有在策略性知识的指导下，陈述性知识和一般程序性知识才能被有效地加以应用。

三、知识的表征

知识表征是指信息在人脑中的储存和呈现方式，它是个体知识学习的关键，人们在学习过程中，都是根据自己对知识的不同表征而选择相应的学习方法和应用方式。现代心理学研究表明，不同知识类型在头脑中具有不同的表征方式。

（一）陈述性知识的表征

心理学家普遍认为，陈述性知识主要是以命题和命题网络的形式进行表征。另外，表象和图式也是表征陈述性知识的重要形式。

1. 命题

命题是信息的基本单位，是陈述性知识的一种基本表征形式。它比句子更为抽象。它是将句子表征为一组符号。一个命题大致相当于一个观念。有些句子如“我十三岁了”表达的是一个观念，仅包含一个命题。但也有些句子表达多个观念，包含有多个命题。如“一年级的女孩在唱歌”，表达的就是两个观念，包含两个命题，分别是“女孩在唱歌”和“她是一年级的”。

命题一般由两个成分构成，即论题和关系。论题多由名词、代词表示，如“小狗过马路”中的论题是“小狗”和“马路”，“那个皮包坏了”中的论题是“皮包”。命题中的关系多以动词表示，有时也用形容词和副词表示。关系对论题起限制作用。如“张三在喝水”这个命题中“喝”表示关系，显著地限制了有关“张三”的信息的范围。

现代认知心理学认为，词、短语或句子是交流思想的工具，它们是思维的物质外壳或载体，但人的思想在头脑中是以命题来表征和记录的。人思考的对象不是词语而是命题。命题是思想和观念的单元。

2. 命题网络

命题网络是基于语义网络提出来的，它是指任何两个命题，如果它们具有共同成分，则可以通过这种共同成分而彼此联系起来。许多彼此联系的命题组成命题网络。

命题网络的基本表示方法是用一组由关系联结的节点所构成的有向结构来表示。节点表示记忆中的概念，而关系就构成了节点间的联系。这种语义网络具有激活扩散的特性。研究表明，由于储存在知识网络中的事实的距离不同，提取它们的反应时间也将不同。随着问题的级别提高，被试判断问题真伪的反应时间越长。

（二）程序性知识的表征

程序性知识主要以产生式和产生式系统进行表征。

1. 产生式

产生式这个术语来自计算机科学。信息加工心理学的创始人纽厄尔和西蒙（Newell & Simon，1972）首先提出用产生式表征人脑中储存的技能。他们认为，人脑和计算机一样都是“物理符号系统”，其功能都是操作符号。人脑之所以能进行计算、推理和解决问题等各种复杂活动，是由于人经过学习，其头脑中储存了一系列的以“如果……那么……”形式表征的规则，同计算机程序本质一样。这种规则被称为产生式。产生式是所谓条件—动作（conditon action）规则（简作 C-A 规则）。一个产生式就是“如果……那么……”规则。当条件得到满足时，动作就得以执行。如面对“27+15+19+30=?”这道连加题，我们在具体计算时先读 27，将 27 保持在短时记忆中，再读 15，记住 15，然后将 27 与 15 相加，得到和 42，记住 42，再读 19，记住 19，将 42 与 19 相加……最后得到和是 91。这里的每一步就是一个产生式，从条件得出结果，这个结果被保存在短时记忆中，又成为下一步运算的条件。

2. 产生式系统

简单的产生式只能完成单一的活动。有些任务需要完成一连串的活动，因此需要许多简单的产生式。经过练习简单的产生式可以组合成复杂的产生式系统。这种产生式系统被认为是复杂技能的心理机制。如果说，若干命题通过他们的共同的观念而形成命题网络，那么产生式则是通过控制流而相互形成联系。当一个产生式的活动为另一个产生式的运行创造了所需要的条件时，则控制流从一个产生式流人另一个产生式。产生式系统通过许多子目标，控制产生式的流向。产生式系统并不需要一个外在的监督系统，它的监控蕴藏于运行之中。

（三）大的知识单元的表征

许多心理学家认为，一个大的知识单元中既有陈述性知识，也有程序性知识，二者相互交织在一起。许多心理学家用图式（schema）一词来描述这种大块的知识的表征。例如“去餐馆吃饭”就是一个图式，它包括了各种信息，例如到桌边就座、看菜谱、点菜、服务员上菜、就餐、付账等。教学中常见的图式有实验程序、学习和理解故事等。

从现代认知心理学的知识分类观来看，图式中不仅含有命题的或概念的网络结构，也含有解决问题的方法步骤，即程序性知识。一般的看法，图式能运用于范围广泛的情境，作为理解输入的信息的框架；从知识来看，在记忆中存在的图式就像是人所知道的东西；从结构来看，图式是围绕某个主题组织的；从理解来看，图式中含有许多空位，它们可以被某些具体的信息填补。

四、知识学习的标准

当代心理学研究非常强调知识的重要性。个体解决问题能力的高低取决于个人所获得的有关知识的多少及其性质和组织结构。学生对知识的学习只有实现概念化、条件化、结构化、自动化和策略化之后才能真正促进问题的解决。

1. 概念化

所谓概念化，是指学生在学习时能将媒体传递的信息在头脑中真正建立起的科学的概念，有时候，学生虽然从形式上记住了书面语句，但不一定表示他就真正理解了知识，也不一定就形成了科学的概念。例如，学生记住了“平行四边形的面积等于底乘以高”，但这并不等于学生已经真正掌握了这一面积计算的科学概念，促进概念化的根本措施是训练学生在学习时将新学的内容与头脑中已经存在的有关经验建立起内在的科学的联系，只有这样，才能形成真正的理解。

2. 条件化

所谓条件化，是指学习者不仅学会所学的知识，而且知道所学知识在什么情境下有用，即把知识的运用方法和运用条件结合起来储存，在头脑中形成一个“如果……那么……”的认知结构。现代学者认为，当人面临问题时，能否及时在大脑中检索、提取和应用与任务有关的知识，既是衡量智力发展水平的重要标志，也是检验知识掌握程度的重要指标。而学生往往不知道在学科学习中获得的各种知识可以在什么情况下使用，如此，知识也就变成了僵化的知识。他们只能在一个有限的背景中才能提取出来，虽然所学知识可以应用到更广泛的场合。例如，许多大学生会计算微积分，却不知道如何将微积分运用到实际工作中，只会在数学课堂上使用。为了避免知识的僵化，教学有必要让学生在大脑中储存知识时，将所学知识与该知识的使用条件结合起来，形成条件化知识。所学的知识只有做到了条件化，才能在遇到恰当条件时有效地被提取出来并加以运用。

3. 结构化

所谓结构化，是指学习者将逐渐积累起来的知识加以归纳和整理，使之条理化、纲领化，做到纲举目张。知识是逐渐积累的，但在头脑中不应该是堆积的。心理学研究已发现，学习成绩优越的学生和学习成绩略差的学生的知识组织存在明显差异。前者头脑中的知识是有组织、有系统的，知识点按层次排列，而且知识点之间有内在联系，具有结构层次性。而后者头脑中的知识则水平排列，是零散和孤立的。结构化对知识学习具有重要作用，因为当知识以一种层次网络结构的方式进行储存时，可以大大提高知识应用时的检索效率。

4. 自动化

所谓自动化，是指学习者对最基本的知识达到熟练掌握的程度，能够在运用该知识时不假思索，脱口而出，达到自动化程度。大量研究发现，如果某类或某方面知识的各部分经过练习而紧密地结合在一起，并达到自动化的程度时，那么这类知识就会以知识组块的形式储存在头脑中，运用时在个体工作记忆中所占据的空间较少，从而节省出更多的空间用于考虑问题的其他方面。否则很可能出现顾此失彼的“粗心”现象。研究表明，优生和差生的解题能力的差异在很大程度上是由知识熟练程度的差异导致的。

5. 策略化

所谓策略化，是指学习者在学习学科知识时，必须运用关于学习策略和思维策略的有关知识指导自己高效地学习。策略化意味着学生学习时不仅要注意所学习的知识、所解的习题，而且要注意自己是如何学习知识、解答习题的。大脑意识要在知识学习和方法调节这两者之间来回变换。有的学生在解答习题时，自己百思不得其解，去问别人时，经别人一讲，恍然大悟。这样的学生通常具备解决问题的知识和具体方法，却不能有效地加以运用，主要在于缺乏分析问题、解决问题的一般思维策略。国内外大量研究表明，对这样的学生进行分析问题、解决问题的思维策略训练，能在短时间内使这些学生解决问题的成功率显著提高。

第二节　知识学习的传统观点

一、概念的获得

（一）对概念的一般认识

1. 概念的含义

教育心理学从知识掌握的角度将概念定义为：概念是用某种符号来标志的具有共同的关键属性的一类事物或其特性的观念集合。儿童的概念往往是和表象联系在一起的。表象经过高度抽象、概括，离开了具体形象，就成为概念。在教育心理学中，概念这一术语有其特定的含义。

（1）概念是对多个事物或性质共同的关键属性的概括，例如，“三角形”这一概念是对由三条边、三个角、平面和封闭组成的图形的概括。

（2）概念的质和量与儿童的表象的质和量有关。儿童所学概念应用的好坏，与其知识结构中可利用的表象数量及其品质有关。儿童出现理解概念困难，其主要原因就是他们缺乏必要的表象储存。

（3）概念是用词和词组来表示的，在儿童概念的掌握过程中，语言起着重要的作用。概念的掌握过程就是儿童语言不断丰富的过程。

（4）概念是有层次的。例如，生物这一概念包括动物、植物等，而动物本身又包括脊椎动物和无脊椎动物等。不同层次的概念包含了不同的信息容量。因而，儿童概念的掌握也有一个循序渐进的过程。

2. 概念的结构及属性

（1）概念的结构。

概念是有结构的，它包括概念名称、概念定义、概念特征和概念实例。概念名称是指用词给概念的命名。概念定义是指在用语言描述概念时，明确界定了这个概念的范畴和特征。概念特征是指某一类事物所特有的独特属性，也称关键属性。概念实例是指概念可知觉的实际例子，符合定义所界定的关键属性的为正例，不符合的为反例。

（2）概念的属性。

概念的属性可以归纳为可学性、可用性、明晰性、一般性和动力性。可学性是指概念学习的难易程度；可用性是指在儿童日常生活和学习中这个概念使用的频率；明晰性是指界定的关键属性是否明确；一般性是指概念范畴概括的范围，它与概念的层次性有关；概念的动力性是指某一个概念获得之后对其他概念获得的促进作用。

概念获得就是掌握一定事物的概念。一般来说，衡量一个概念是否已经被掌握可以用以下四个方面的内容作为标志：①概念属性的认识；②概念例证的区分；③概念分类根据的理解；④概念的正确应用。

（二）概念获得的两种方式

心理学的实验研究表明，学生可以通过概念形成和概念同化这两种方式来掌握概念。而随着学生认知发展水平的提高，概念同化这种方式在概念学习中便起着越来越重要的作用。

1. 概念形成

这里所说的概念形成不是指人类历史上发生的过程，而是指个体发生的过程。所谓概念形成是指个体从大量的具体例证出发，在实际经验过的概念的肯定例证中，通过归纳的方法抽取出一类事物的共同的关键特征，从而获得概念的掌握方式。例如，儿童对于“狗”这个概念的掌握就是以概念形成的方式实现的。儿童在日常生活中，可能会连续地遇见多种大小、形状和颜色不同的狗、猫、牛、羊等其他动物，然后概括出“狗”所具有的许多共同特征而形成了“狗”这个概念，并且在与成人的交往中，通过成人对其使用“狗”这个概念时所做出的肯定或否定的反应来检验并校正自己所归纳出来的“狗”的一般特征。

概念形成属于发现学习，是学前儿童掌握概念的典型方式，它也可以是学龄儿童乃至成年人获得概念的方式，但却不是典型的方式。虽然成年人和年幼儿童都能利用概念形成这种方式来掌握概念，但在概念形成的心理过程上，成年人却要比年幼儿童复杂得多，即使是同样的心理活动方式也存在着发展水平上的重大差异。

2. 概念同化

概念同化是指在课堂教学条件下，用概念定义的方式（或体现在上下文中）直接向学生揭示概念的关键特征，学生利用认知结构中原有的有关概念来同化新概念，从而获得概念的掌握方式。在这里，概念定义所揭示的概念的关键特征是前人通过概念形成的方式抽象概括出来的。在课堂学习中，学生可以不必经过概念形成的过程，只需把所要学习的新概念与自己认知结构中的适当概念相联系，便可获得关于同类事物共同关键特征的认识。

概念同化是学生获得概念的典型方式。现代认知学派认为，概念在个体的认知结构中是按照层次性的方式组织的，抽象水平越高的概念，在认知结构中所处的层次也就越高。相对于一定的认知结构的层次来说，排列在上一层次的概念称上位概念，排列在下一层次的概念称下位概念。在概念同化过程中，新学习的概念与认知结构中原有的有关概念根据相互之间的层次关系而分别通过类属性同化、总括性同化和并列结合性同化三种同化方式进行意义同化。研究表明，概念同化必须经过主动积极的心理活动才能完成，诸如联想、分析、综合、比较以及由一般到特殊、由抽象到具体的演绎思维活动等都是在概念同化过程中运用得很多的思维活动方式。

概念同化属于接受学习。运用概念同化来掌握新概念，必须具备如下条件：第一，必须满足有意义学习的主客观条件；第二，必须科学地进行概念同化活动；第三，注意形成概念体系。

（三）影响概念获得的主要因素及对应的教学策略

1. 学生的年龄、经验与智力

大量的实验研究与日常观察都表明，学生的年龄、经验与智力是影响概念掌握的重要因素。首先，儿童掌握概念的能力是随着年龄的增长而提高的。奥苏伯尔提出，学前儿童只能进行一级抽象，获得初级概念；小学儿童能进行二级抽象，获得二级概念，但他们还难以掌握纯抽象的概念；只有到了初中阶段，儿童才能掌握纯抽象的概念。其次，概念的掌握还依赖于适当的经验。一般社会文化环境对概念掌握影响不大，个人的特殊经验的影响则比较大。而对于处在童年早期和中期的学生来说，学习概念则尤其依赖于亲身的经验。有的研究还表明，经验丰富程度与概念得分的相关高于智力与概念得分的相关。最后，智力水平对概念的掌握也有较大的影响。有的研究还表明，概念与言语智力的相关高于概念与非言语智力的相关。

2. 肯定例证与否定例证

概念的肯定例证与否定例证的正确使用对概念掌握具有积极的影响。概念的肯定例证包含有该概念的关键特征，概念的否定例证不包括该概念的关键特征。使用概念的肯定例证有利于传递概念的关键特征的信息，使用概念的否定例证有利于传递提供比较用的辨别信息。因此，教师在概念教学中不仅要运用概念肯定例证的变式，帮助学生从各种肯定例证的变式中概括出概念的关键特征来，而且还应该运用概念的否定例证来促进学生对概念的掌握，帮助学生在否定例证与肯定例证的比较中加强对概念特征的比较和鉴别，从而更加精确、清晰地掌握概念。

3. 有关特征与无关特征

实验研究与教学经验证明，概念的有关特征越明显，掌握概念越容易，概念的无关特征越明显则掌握概念越困难。因此，教师在概念教学中，应该设法扩大概念的有关特征，消除概念的无关特征。但这样做也有可能使学生注意不到概念特征之间的精细差别。为了避免这一缺陷，可以只在学习的开始阶段突出概念的有关特征，使之明显化，以后则不做这种突出和强调，以保证学生对概念特征形成精确的认识。

4. 学生的认知策略

学生所运用的认知策略，也是影响概念掌握的一个因素。认知策略是指人在解决问题时采取的对策，包括对本人的注意、学习和思维方式的选择与修正等内容。有的研究者提出，人在运用概念形成方式掌握概念时有两种策略可供选择。第一种叫浏览性策略。被试者在运用这一策略时，先假设某一特殊属性是概念的关键特征，然后在对随后呈现的实例的观察中检验这一假设。第二种叫保守性集中策略。被试者在运用这种策略时，先集中注意一个肯定例证，然后再对随后呈现的例证中的一个接一个地发生变化的属性进行观察，从而发现概念的关键特征。研究表明，在概念形成中，被试者所运用的认知策略对于发现概念的关键特征有重要影响。例如劳林认为，保守性集中策略对于发现概念的关键特征更为有效。

二、命题的掌握

（一）命题和命题掌握

1. 命题的含义

命题即逻辑上的判断，它是反映客观事物之间关系的思维形式。命题是用由词语联合组成的句子来表示的，而且，组成句子的词语一般不是代表个别的具体事物，而是代表一类事物即概念。因此，我们可以认为，命题是由概念联合而成的，它所表明的是用概念之间的关系来表示的事物的属性与属性之间的关系。各科知识中的定理、规则、公式等都不是同形式的命题。

2. 命题掌握的含义

命题掌握是指对所学命题不仅有表层的理解，而且有深层的理解，同时还能运用理解并巩固了的命题来解决各种问题。一般说来，衡量一个命题是否已经被掌握可以用如下三个方面的内容作为标志。

（1）能表层理解对命题的意义。这种理解首先是指学生对于表述命题的句子能够进行语法分析，如把复合句分析为若干分句，将句子成分划分为主语、谓语、宾语等；其次是指学习者能够在语法分析的基础上正确地理解表达命题的句子的意思。

（2）能深层理解对命题的意义。这种理解是指学生能够根据命题的上下文，或者根据命题中的假设与推理关系等进行理解，其要求和结果是能够理解命题所表述的真正含义。这时，学生对命题的理解通常能够达到如下水平：既能理解到同一表述的不同意义，又能理解到不同表述的相同意义；不仅能够对命题的真实性做出准确的判断，而且还能够理解命题真实性与其推理形式之间的关系。

（3）解决有关的问题。能否运用所学习的命题解决有关的问题是判断这一命题是否真正已经被学生掌握的最根本的标志。只有当学生能够运用所学公式进行计算，运用所学定理进行证明，运用所学规则进行操作时，教师才可以有把握地相信他们真正掌握了这些命题。

（二）命题学习的两种形式

在学校教学条件下，命题的学习通常有“例证—命题法”和“命题—例证法”两种形式。前者属于发现学习，后者属于接受学习。对两种学习形式的选择，应该根据学生原有认知结构的性质和新学习的命题的特点来决定。

1. 例证—命题法

例证—命题法是指先由教师向学生呈现所学命题的若干例证，然后让学生研究这些命题例证，并从中概括出一般结论即命题的教学方法。

例如，教师在帮助小学生学习“圆周率 π 即一切圆周长与其直径之比是一个常数”这一命题时便可采用“例证—命题法”来进行教学。在课堂教学中，这一方法通常按照如下步骤进行：教师不将所要学习的命题直接呈现给学生，而是向学生提供若干圆形的物体，要求学生测量出这些物体的直径和周长，并且计算出每个圆形物体的周长与其直径的比值。为了有利于学生发现规律，在计算过程中，周长、直径及其比值都只取整数。最后，教师引导对比值进行研究，学生会很容易地发现“任何圆的周长与直径之比是一个常数”这一规律。这时，教师告诉学生：这个常数就是圆周率，它的符号是 π。教学活动到此便告结束。

2. 命题—例证法

命题—例证法是指先由教师向学生直接呈现所要学的命题，并且通过讲授帮助学生理解该命题的含义，然后再举出若干例证来说明命题的教学方法。

例如，前述“圆的周长与直径之比是一固定不变的常数，即 3. 1416”这个命题也可以用“命题—例证法”来进行教学。其实施步骤如下：教师首先通过讲授直接向学生呈现这一命题，并且帮助学生弄懂圆、周长、直径以及比等概念，然后列举几个例证，即对若干圆形物体的周长与其直径之比进行实际计算，利用所获得的结果来证明所要学习的命题。

（三）命题掌握的条件及教学

1. 基本词汇和语法知识的掌握程度

命题是用句子表述的，句子是由词汇根据一定的语法知识结构形成的。要理解一个命题的意义，首先就要能够理解表达命题的句子的意思。这就要求学生对命题所涉及的字词符号能够熟记，对相应的语法知识能够准确地掌握和灵活地运用。因此，掌握基本的词汇和语法知识是掌握命题的前提条件。

2. 有关概念的掌握程度

命题虽然是用由词汇所组成的句子来表示的，但是它所表述的是反映客观事物之间的关系的若干概念之间的关系，对命题的理解实际上是对由若干概念所组成的复合意义的理解。因此，要理解一个命题的意义，就要对命题所涉及的有关概念能够准确地理解和熟练地运用。如果学生对有关概念缺乏明确的理解，那么对于概念之间的关系的理解也就必然十分模糊。因此，准确熟练地掌握概念是掌握命题的基础。

3. 认知结构中原命题的贮备状况

奥苏伯尔的有意义学习理论认为，命题掌握的实质是要学习的新命题与学习者认知结构中原有的有关命题建立联系。在学习新命题时，如果学生的认知结构中没有贮备好适当的可以用来同新命题建立联系的有关命题，那么新旧命题之间的联系便无从建立。这时，即使是用机械重复的办法勉强使新命题内化，那也只能是对新命题的死记硬背。因此，学生的认知结构中贮备有能够与新学习的命题建立联系的有关命题是掌握新命题的关键。

4. 学生主观能动性的发挥程度

研究表明，学生对命题的掌握是通过积极主动的思维活动实现的。例如，学生必须到自己的认知结构中去搜索能够与所学习的新命题建立联系的有关命题；必须让新命题与有关的旧命题发生相互作用从而建立联系；必须按照自己的经验背景将新命题加以改造，即用自己所习惯的言语方式来重新表述新命题。所有这些都是比较复杂的思维活动。学生只有在命题掌握过程中充分发挥主观能动性才能取得掌握命题的良好效果。因此，学生主观能动性发挥的程度是决定新命题掌握效果的内部根据。

5. 教师指导的适当性

在命题掌握的教学活动中，教师必须提供适当的指导。例如，在“例证—命题”教学法中，教师不仅要向学生呈现若干体现规则的例证，而且还要注意让例证的排列方式也能提供有利于学生发现命题的重要线索。又如，教师在学生遇到困难时如果能够给予适当的提示，那么学生发现命题的难度就会降低。因此，教师提供适当的教学指导是学生掌握命题的重要的外部条件。

三、问题的解决

心理学家认为，提出问题是解决问题的先决条件，但仅仅满足有提出问题是不够的，提出问题是为了有效解决问题。人的一生就是解决一系列问题的过程。个体克服生活、学习、实践中新的矛盾时的复杂心理活动，其中主要是思维活动。教育心理学着重研究学生学习知识、应用知识中的问题解决。问题的解决一般分为四个阶段。

1. 发现问题

这个世界随时随地都存在着各种各样的矛盾，当某些矛盾反映到意识中时，个体才发现它是个问题，并要求设法解决它。这就是发现问题的阶段。从问题解决的阶段性看，这是第一阶段，是解决问题的前提。发现问题不论对学习、生活、创造发明都十分重要，是思维积极主动性的表现，在促进心理发展上具有重要意义。

2. 分析问题

要解决所发现的问题，就必须明确问题的性质，也就是要弄清有哪些矛盾，它们之间有什么关系，以确定解决问题要达到什么结果，所必须具备的条件、其间的关系和已具有哪些条件，从而找出重要矛盾、关键矛盾之所在。

3. 提出假设

在分析问题的基础上，提出解决该问题的假设，即可采用的解决方案，其中包括采取什么原则和具体的途径、方法。但所有这些往往不是简单现成的，而且有多种多样的可能。但提出假设是问题解决的关键阶段，正确的假设能引导问题得到顺利解决，不正确的假设则使问题的解决走弯路或导向歧途。

4. 检验假设

假设只是提出一种可能的解决方案，还不能保证问题必定能获得解决，所以问题解决的最后一步是对假设进行检验。通常有两种检验方法：一是通过实践检验，即按假定方案实施，如果成功就证明假设正确，同时问题也得到解决；二是通过心智活动进行推理，即在思维中按假设进行推论，如果能合乎逻辑地论证预期成果，就算问题初步解决。特别是在假设方案还不能立即实施时，必须采用后一种检验。但必须指出，即使后一种检验证明假设正确，问题的真正解决仍有待实践结果才能证实。不论哪种检验如果未能获得预期结果，必须重新另提假设再行检验，直至获得正确结果，问题才算得到解决。

第三节　现代认知学派关于知识学习的观点

一、陈述性知识的学习

（一）陈述性知识学习的一般过程

当代认知心理学认为，陈述性知识的掌握过程一般分为三个阶段：第一阶段，新信息进入短时记忆，与长时记忆中被激活的相关知识建立联系，从而出现新的意义构建；第二阶段，新构建的意义储存于长时记忆中，如果没有复习或新的学习，这些意义会随着时间的延长而被遗忘；第三阶段，意义的提取和运用，陈述性知识的掌握过程，主要是个体新构建的意义能够长时间地储存在记忆中，而且在运用时能被迅速提取。

（二）陈述性知识的掌握方式

奥苏贝尔根据其研究提出了三类有意义学习的方式：表征学习、概念学习和命题学习。

1. 表征学习

表征学习又称符号学习，是指学习单个符号或一组符号的意义，个体开始时不知道某个词代表什么，它的意义如何，他必须学会这些符号代表什么。表征学习的心理机制是符号和它们所代表的事物或观念在学习者认知结构中建立相应的等值关系，例如，“狗”这个符号，对初生儿来说是完全没有意义的，在家长或其他人多次指着狗（实物）说狗以及儿童与狗多次打交道的过程中，他们逐渐学会用“狗”（语言）代表他们实际看到的狗。那么“狗”这个声音符号对于儿童来说获得了意义，即“狗”这个声音符号引起的认知内容与实际的狗引起的认知内容是大体一致的，同为狗的表象。

由于在任何语言中，词汇所代表的事物和观念是约定俗成的，所以个体在获得陈述性知识时，首先要掌握符号所代表的意义。当然，符号不限于语言符号（词），也包括非语言符号（如实物、图像、图表、图形等）。因此，对各种数学图表、花草树木、各种机床的认识等也属于表征学习。同时，表征学习还包括事实性知识的学习。

2. 概念学习

有意义学习的另一类较高级的形式是概念学习。概念学习是指掌握概念的一般意义，其实质是掌握一类事物的共同的本质属性和关键特征。同类事物的关键特征概可由学习者从大量同类事物的不同例证中独立发现，也可以用下定义的方式直接向学习者呈现，让他们利用已掌握概念来理解，前者称为概念形成，后者称为概念同化，它们的具体掌握机制和更复杂的命题学习在本质上是相同的。

3. 命题学习

命题学习是指获得由几个概念构成的命题的复合意义，实际上是学习表示若干概念之间关系的判断，命题是知识的最小单元，它既可以陈述简单的事实，也可以陈述一般规则、原理、定律、公式等，因此它被看成是陈述性知识掌握的高级形式。它旨在反映事物之间的联系和关系，是一种更加复杂的学习。奥苏贝尔根据新知识与原有认知结构的关系，将概念学习和命题学习分为下位学习、上位学习和并列结合学习三种不同的意义获得模式。

（1）下位学习。

下位学习又称类属学习。认知心理学假定，人的认知结构是在观念的抽象、概括和包容程度上按层次组织的。当学生原有的观念在概括和抽象的水平上高于新学习的观念时，新学习的观念归属于旧知识而得到理解，新旧知识所构成的从属关系就是下位学习。例如作为原有概念的“花”和新概念“百合花”之间就是下位关系，在学习时只需把“百合花”纳入“花”的概念之中，这样既扩充了花的概念，又理解和掌握了百合花这个新概念。

（2）上位学习。

上位学习又称总括学习，是在学生掌握一个比认知结构中原有概念的概括和包容程度更高的概念或命题时产生的，对某些材料进行归纳组织或把部分综合成整体需要进行总括学习，上位学习遵循从具体到一般的归纳概括过程。例如，在学习小学数学里有关面积的概念时，教师让学生比较桌面、地面、墙面、操场的面积大小，最后概括出“面积就是平面图形或物体表面的大小”这样的定义，这就是上位学习。在一般面积概念形成以后，再学习具体图形，如三角形、圆形等的面积概念，这时，上位学习就又转化为下位学习。

上位学习进行的条件是和学生原有知识相比，新知识为更为概括、更为一般的内容，学生通过这种学习使自己的知识更为系统、完整和概括，从而易于把握事物的本质属性和共同规律。

（3）并列结合学习。

并列结合学习是在新命题与认知结构中特有的命题既非下位关系又非上位关系，而是一种并列的关系时产生的。它比上述两种学习要复杂得多，而且学习起来比较困难，只能利用一般的有关内容起固定作用，且必须在直观的基础上对新旧知识的联系和区别认真地进行比较后才能掌握。因此，教师应在教学中注意培养学生对这类观念的掌握能力。例如，学习质量与能量、遗传与变异、需求与价格等概念之间的关系就属于并列结合学习。假定质量与能量、遗传与变异为已知的关系，现在要学习需求与价格的关系，这个新学习的关系虽不能类属于原有的关系之中，也不能概括原有的关系，但它们之间仍然具有某些共同的关键特征。例如，后一变量随前一变量而变化等。根据这种共同特征，通过新关系与已知关系并列结合，新关系就具有了意义。

这种学习进行的条件是新旧知识处于同一个层次，学生可以通过自己已经掌握的规律理解新知识，使自己的知识得到广泛的迁移。

（三）陈述性知识的教学策略

1. 动机激发策略

陈述性知识的学习首先是学习者从外界选择性地知觉新信息，然后进行主动的建构并生成意义。学习者的学习动机的激发直接影响其对原有知识激活的程度及新意义主动建构的水平。

首先，充分利用学习目标的激励作用。弗鲁姆提出过一个著名的行为激励公式：激励=效价×期望。效价是指个体所认为的目标价值的大小，期望是指个体认为目标实现的可能性有多大。在教学过程中，教师在提示教学目标时首先要说明学习新知识的价值，运用各种手段去激发学生的学习动机，使他们真正认识到陈述性知识的学习同学习目标的关系，并将它内化为自身认知的需要，产生远景性的、积极的学习动机。

其次，要及时修整学生的动机归因。教师要努力使学生相信在陈述性知识建构意义及其与记忆的关系方面下功夫的话，就能有效、充分地理解学习的知识，以促成学生自愿生成意义的习惯。

再次，使新知识和预期同时呈现。在学习新知识前，教师最好告知学生所学知识技能的应用价值，以唤起学生的关注和重视。教师也可以在课堂教学中用组织学生注意的策略来调动他们的学习动机，如新颖变化的实物、模型、挂图、幻灯片等教具，教师生动形象的比喻和讲述，合适的手势等都是容易引起注意的刺激。

最后，教师还应给学生提供成功产生动机的机会，以适当的方式给学生呈现新信息。新信息要能引起学生的注意并难度适当，既要源于学生的知识背景，又要高于学生的知识背景，这样有利于激活原有知识，积极生成意义，使学生及时获得积极的信息反馈，从而引导学生体验成功学习的自我效能感。

2. 注意策略

注意策略是指学习者在学习情境中激活与维持学习心理状态，将注意力集中于有关学习信息或重要信息上，对学习材料保持高度的觉醒或警觉状态的学习策略。从某种意义上讲又可称为选择性知觉策略。

学生对陈述性知识的学习主要是通过视觉和听觉两个渠道获取信息的，但无论采用何种渠道传输信息，要使信息便于学生接受就必须精心加以组织和设计。从视觉渠道来看，教师可以采用以下方法组织和设计教学。①在教科书中采用符号标志技术。如把重要的概念用黑体字印刷出，把课文中要阐明的观点用小标题列出，把说明的逻辑层次用“第一”“第二”等列出。这样，材料的概念结构和组织得到了强调，变得更为清晰，从而为读者选择适当的信息并将这些信息组成为一个彼此相关的整体提供了一个概念框架。②精心设计板书和直观材料的呈现方式。好的板书可以突出新授知识的组织结构，有利于弥补学生从听觉渠道获得信息的缺陷，如短时记忆容量的限制。直观材料的呈现要突现新知识的关键特征，从听觉渠道看，主要是教师口头呈现的材料。教师的讲课策略应与板书、多媒体等直观材料的呈现相结合，这样能更好地促进学生的选择性知觉。

3. 精加工策略

精加工策略是指对要学习的材料作精细的加工活动，也就是说，通过对要记忆的材料补充细节、举出例子、做出推论或使之与其他观念形成联想等，为知识的提取提供新的途径，为知识的建构提供额外信息。精加工是有效掌握陈述性知识的必要条件，大多数有意义的陈述性知识都需要进行充分的精加工处理才能获得好的理解和掌握。对简单的陈述性知识来说，精加工策略是非常有效的。记忆术就是典型利用精加工的技术。对复杂的陈述性知识来说，精加工策略包括释义、写概要、创造类比、用自己的话写出注释、解释、自问自答等具体技术。笔记技术是运用较多的一种精加工技术。它包括摘抄、评注、加标题、写概括语和结构提纲等活动。研究表明，笔记不但有助于学生控制自己的注意，而且有利于发现知识的内在联系，以帮助学生建立新旧知识之间的联系。

4. 组织者策略

组织者策略是将分散的、孤立的知识组织成一个整体，并表示出它们之间的关系的方法。在学习新知识时，学生可能不会恰当利用认知结构中的某些可以用来同化新知识的原有知识，而导致意义理解的困难。这时可以利用“先行组织者”给学生补充一些过渡性的学习材料。根据奥苏贝尔的观点，先行组织者是新旧知识发生联系的桥梁，是先于学习材料呈现的一个概括与包容水平较高的引导性材料。

5. 认知结构优化策略

根据维特罗克的生成学习模式，新的陈述性知识是否获得意义，有赖于学生已有的认知结构能否为新知识的获得提供认知框架。奥苏贝尔也曾指出，影响学习的最重要因素就是学生已经知道了什么。可见认知结构在学生知识习得过程中的重要性。教师在教授新知识前，必须帮助学生优化认知结构，利用现代化教学手段设置有趣的教学情境，增加学生的知识储备，激发学习者利用已有的知识来获得新知识。

二、程序性知识的学习

（一）程序性知识学习的一般过程

程序性知识的学习实质是掌握做事的规则，也就是传统意义上的技能获得。根据现代认知心理学家的分析，一般掌握这类知识的过程包括以下三个阶段。

1. 陈述性知识阶段

该阶段是掌握程序性知识的前提，是对以陈述性知识形态存在的程序性知识的学习。学习者首先要理解有关的概念、规则、事实和行动步骤等的含义，并以命题网络的形式把它们纳入个体的知识结构中。在教学过程中，学生习得的程序性知识就是它的陈述性形式，其掌握过程与陈述性知识的掌握是一致的，学生通过这类陈述性知识形态的学习和理解获得该程序性知识的有关命题，但此时的程序性知识尚未在实际操作中转化为行为。

2. 转化阶段

该阶段是学生通过各种规则的变式练习，将程序性知识从规则的陈述性形式转化为可以表现到实际操作中的程序性形式。也就是说，该阶段是产生式系统的形成过程。在这一转化中问题解决是一条有效途径，并且通过大量的练习，使这一转化在准确性和速度上均有所提高，直到成为高度灵活的纯熟的技能、技巧、技艺。当然，在这一转化阶段中，并非所有的陈述性知识都能转化为程序性知识，只有那些作为程序性知识前身的陈述性知识才能转化为程序性知识。

3. 自动化阶段

该阶段是程序性知识掌握和发展的最高阶段。在此阶段，人的行为在无意识状态下完全由规则支配，技能也相对达到自动化。在教学过程中，学生要自觉地在日常学习生活中运用所学习的程序性知识，以使技能得以自动化。

（二）程序性知识的掌握方式

按照安德森的观点，程序性知识学习包括两种类型：模式识别学习和动作步骤学习。它们都存在不同的掌握机制。

1. 模式识别学习

模式是由若干元素集合在一起、按照一定关系组成的结构，它们构成了模式识别的先决条件。模式识别学习是指学会对特定的内部或外部刺激模式进行辨认和判断。通过模式识别，我们才能对事物加以分类和判断，回答“如何确定某物是什么或不是什么”的问题。模式识别代表的是个体对事物归类的能力。解释这类任务的行为表现的程序性知识被称为模式识别程序。模式识别程序的学习的主要任务是学会把握产生式的条件项，这通常要经过概括化和分化两种心理机制。

（1）概括化。

对不同的刺激或同类刺激做出相同或相似反应的机制叫作概括化。概括化实质上是在同类刺激中抽取出共同的特征，经由概括而形成模式识别的产生式，被概括的同刺激的所有的条件项均不可缺少，概括化是产生式的变化，两个产生式条件部分中的共同部分构成一个新的产生式的条件部分，新的产生式的结果部分与以前产生式的结果相同，概括化之后的新产生式适应范围更广。它不但可以通过经验进行，还可以通过学习进行。

（2）分化。

分化与概括化相对，是指个体对不同类别的刺激做出不同的反应。按照安德森的理论，分化的结果导致增加产生式的条件，使产生式的使用范围缩小。分化是在原先的概括不能适用时出现的。

2. 动作步骤学习

动作步骤学习是指学习者学会顺利执行某一活动的一系列操作步骤。它是在试误与重复的过程中形成的。对动作步骤的掌握主要是对产生式的行为项的学习。这实际上代表了个体对做事、运算或活动的规则或顺序的实际运用能力。动作步骤学习以模式识别为基础，主要是通过程序化和程序的合成两个机制来完成。

（1）程序化。

程序化是指动作步骤从陈述性知识的表征转换为程序性知识的表征，不再依赖于陈述性知识而独立完成动作步骤的过程。这一过程主要通过两步来实现。第一步是要建立规则和步骤的命题表征，将通过阅读、听讲或观察他人行为所获得的行为步骤以命题的方式储存起来，以供学习者执行这些行为步骤时按照顺序加以激活，并将其作为行为的指导和提示。第二步是将行为操作步骤的陈述性知识转化为程序性知识的产生式表征，并在执行过程中逐渐脱离陈述性命题的检索、提取和监控。

促进程序化的基本条件是练习和反馈。在程序化的最初阶段，动作步骤的每一步都是以陈述性知识的形式来表征的，经过练习后，前一个产生式的行为项成为下一个产生式的条件项，这时第一个产生式的条件项会激活一系列的动作，使人依次展开动作的各个步骤。当动作步骤从陈述性知识的表征转化成程序性知识的表征后，动作进行的速度加快。阻碍程序化实现的主要因素是工作记忆容量的限制和必备知识的缺乏。保进程序性知识的程序化，最有效的方法是扩大产生式表征的范畴。另外应注意个体是否具备充分的实现程序化的基础知识。如有缺漏应先弥补基本知识，这是程序化的前提。

（2）程序的合成。

程序的合成是指在练习的过程中，把若干个产生式合成一个产生式，把简单的产生式转变成复杂的产生式。程序合成发生的基本条件是有关联的两个产生式同时进入工作记忆，前一个产生式的行为项构成了后一个产生式的条件项，这时前一个产生式的条件项就会保留，两个产生式的行为项按顺序合并起来成为一个复杂的行为项，并通过大量的练习，就形成了一个新的巩固的产生式。

程序的合成一方面因减少了产生式的数量而缩短了激活时间，另一方面也能减少工作记忆的负担，使行为操作变得更加流畅快捷。但也会使人形成思维定势，特别是在程序形成后会使人固守这些程序，而不去获取新的程序，把所习惯的程序看成最好的程序。因此，不是所有的程序都需要达到合成的程度，只有当某些程序很少改变且需要大量快速地使用它时，才有必要进行程序的合成。基于此，认真思考哪些技能需要达到熟练程度是很有必要的。对于那些只在解决特殊问题时才需要合成在一起的动作步骤，使它们保持一定的独立性，将更有利于灵活地拆分和合成，增加其运用这些技能的灵活性和变通性。

程序的合成过程同样也需要借助大量的练习和反馈才能得以实现。

（三）程序性知识的教学策略

1. 课题选择与设计策略

在教学过程中，教师根据程序性知识的不同特点，为学生选择和设计学习课题来促进程序性知识的理解和获得，是教师指导作用的一个重要方面。

根据加涅的学习层级说，教师在选择和设计学习课题时，首先应鉴别该学科在教学中所要达到的一系列的终极目标，然后针对每一个目标，通过询问“要学习这一任务，学生必须做什么”来鉴别各个子目标。最后将这些目标由低级到高级排列成最佳迁移结构，以保证在教材中将较低级的目标放在前面，较高的目标放在后面，以便在进行下一步学习前，每个子目标都已完全达到，具有必备的技能。

2. 示范与讲解策略

对于任何技能的学习，学生都应该首先理解有关的概念和规则，理解学习任务，明确“做什么”和“怎么做”，形成目标意向和目标期望。因此，教师在程序性知识教学过程中以示范和讲解的方式对学生加以指导是不可缺少的。

首先，示范的有效性取决于示范者的身份。其次，示范的准确性是影响操作技能学习的直接决定因素。最后，何时给予示范也是影响示范有效性的因素。在示范过程中，教师还应当注重对程序性知识执行过程的分析与评价。

言语讲解在技能形成过程中同样起到重要的作用。在教学过程中，讲解可以突出动作要领，提高学生对动作的认识水平。教师在讲解时要注意言语的简洁、概括与形象化。不仅要讲解动作的结构和具体要求，还要讲解动作所包含的基本原理；不仅要讲解动作的物理特性，还要指导学生注意、体验执行动作时的运动知觉。在进行言语讲解时，教师也应鼓励学生应用外部出声的言语或内部言语来描述动作，以充分发挥言语对动作表象所起的支持和调节作用。

在程序性知识的掌握中，根据具体的学习阶段和动作特点，将示范与讲解有效地结合起来更有利于学习者形成正确的动作概念和准确稳定的动作表象。

3. 变式练习与比较策略

变式是促进概括化最有效的方法。变式练习是学习以产生式表征的程序性知识的必要条件，它是指在其他教学条件不变的情况下，变化概念和规则的例证。在教学中，教师精心设计的变式练习，对于避免大量的重复练习，消除题海战术，减轻学生的学业负担，提高学生对实际问题的解决能力有重要的意义。

比较是指在呈现例证或感性材料时，与正例相匹配呈现一些学生容易混淆的典型反例，以促进分化的顺利实现，并提高其准确性。反例的选择应尽可能关注那些与正例具有较多共同的非本质特征的例子、仅有少数本质特征不同的例子，或者能直接矫正学生日常生活中已经形成的带有普遍性误解的例子。与变式策略一样，教师在使用比较策略时，也应该连续提供多个正、反例子。

4. 练习与反馈策略

程序性知识的获得要从陈述性阶段过渡到程序性阶段，其间必须经过大量的练习。练习是形成各种操作技能不可缺少的关键环节。

采取何种练习方式直接影响着程序性知识的学习。从练习时间安排来看，练习的方式有集中练习和分散练习。已有研究表明，分散练习的效果要优于集中练习。从是否把动作步骤加以分解进行练习来看，练习分为整体练习和部分练习。这两种练习方式各有优劣，对它们的选择应根据程序性知识的性质、学生的年龄、能力等多方面因素来综合确定。

给学习者提供适当的反馈信息也是提高练习效果的有效方法。通过反馈，学生能辨别动作的正误，知晓自己动作是否达到要求。一般来说，反馈有内部反馈和外部反馈、及时反馈与延时反馈之分。

5. 条件化策略

要使所学知识在需要时能被迅速、顺利、准确地提取和执行，就必须使所学的知识在头脑中建立一个“触发条件”，使之随时处于良好的备用状态。教师应注意经常提醒和帮助学生进行这种将知识“条件化”的工作，即明确程序性知识的条件项。不少研究发现，许多教师在教学中常常有一种不言自明的观念：学生只要理解了规则的意义，学会了执行动作步骤，在需要的时候他就能顺理成章地知道拿出来运用。他们恰恰忽视了即使是程序性知识也可能变成僵化的知识，只能在非常有限的背景中才能提取出来。这种观念带来的后果是一部分学生面临问题时，不能或者错误地运用程序性知识。因此，较有效的做法是，教师应在学生练习使用之前，明确提醒学生所学技能的适用场合。

6. 分解性策略

在程序性知识的教学中，教师还应注意将完成某类程序操作的完整过程分解为几个阶段，总结每个阶段上的最佳运算方式和可能的运算方式，同时对学生进行训练，使之掌握这些运算方式，再将它们连贯起来。这种分解式的训练比笼统的综合式训练对学生学会建立子目标的策略有更大的促进作用，从而增强学生解决问题的能力并防止不适当的程序组合的产生。

值得指出的是，程序性知识的教学策略和陈述性知识的教学策略并不是各自独立的，而是有很多的相通之处，有些策略是可以通用的。程序性知识同样需要经常做一些组织和系统化的工作。

第八章 高职学生品德培育与纪律管理

高等职业教育不仅要促进学生知识技能的掌握，提高学生的能力，而且要培养学生具有良好的品德，培养学生良好的品德是高等职业学校教育的重要社会职能，也是高等职业学校教育的重要组成部分。学生品德的形成和发展是社会生活环境与学生个体内部心理因素相互作用的复杂过程，教师在教育过程中要从学生的实际出发，掌握和遵循学生品德形成和发展的特点和规律，促进学生的全面发展，取得教育的成效。

第一节 高职学生品德心理概述

一、品德的含义

品德，是道德品质的简称，是个体按照一定的社会规范（道德行为准则）做出某种社会行为时所表现出来的相对稳定的心理特征或倾向，是社会道德在个体身上的反映。在人的个性中，品德是具有道德评价意义的心理品质，是个性的核心部分。正如黑格尔所说，一个人做了这样或那样一件合乎伦理的事，还不能说他是有道德的；只有这种行为方式成为他性格中的固定模式时，才可以说他是有道德的。如某学生在学习和生活中根据学生守则一贯关心同学、热爱学习、遵守纪律，就能认为这位同学有上述的良好品德。

对品德定义的正确理解，应把握好以下特点：

第一，品德是与一定的社会规范或道德准则相联系的。品德以社会规范或道德准则为指导，社会规范或道德准则是评价个人社会行为是非善恶的标准，与之符合的行为是好的、善的，与之违背的行为就是不好的、恶的，是进行道德评价、道德体验、道德行为的基础。

第二，品德与道德行为有密切的联系，并调节人的社会行为。道德行为是品德的外在表现，品德是道德行为习惯化的结果，并通过道德行为表现出来，同时，道德行为又是判断道德品质的客观依据。人的道德行为不同于一般的行为习惯，它具有明显的自觉性、主动性和创造性，这不仅表现为品德的形成是社会生活中对社会性规范或道德准则进行审慎的选择和实践的结果，而且在复杂的道德情境中又能凭借一定的判断自觉自愿地、积极主动地、创造性地调节对社会、他人有影响的行为。

第三，品德具有稳定的心理倾向或特征。个人的品德不是表现在偶然事件的言行中，而是表现于一系列行为的各个方面。人的品德不是天生就有的，也不是从它自身中产生和发展的，品德是在一定的社会关系和社会情境中习得的，是长期习得的一种有关道德的比较稳定的行为倾向。

第四，品德是社会道德在个体身上的反映。道德是一种社会现象，是一定社会要求人们应当遵守的行为准则的总和。道德的产生和发展服从于社会发展规律，产生于社会生活，随社会的发展而发展。品德是一种个体心理现象，其形成不仅受社会发展规律的制约，还受个人身心发展特点和规律的制约。品德的内容是社会道德在个人身上的具体体现，社会道德无法离开个人的品德存在。

可见品德与道德有密切的关系，品德与道德的联系表现为：①品德是社会道德的个体表现，个人品德是社会道德的组成部分，离开社会道德就谈不上个人的品德。②品德是在社会道德影响下形成的，主要是在社会道德舆论的熏陶和学校道德教育的影响下，在家庭成员潜移默化的道德感染下，通过自己的实践活动形成和发展起来的。③个人品德对社会道德有一定的反作用，如一些优秀的代表人物的个人品德，作为一种社会典范对整个社会道德风气产生重要的影响。

品德与道德的区别表现为：①从内容上来讲，个体品德只是社会道德的部分表现，品德与道德反映的内容不同。道德作为社会意识的一种形式，是对社会关系（尤其是现实道德关系）的理性反映；品德作为人个体意识的一种形式，反映了个体道德需要与社会道德要求的关系。因此，从反映内容看，道德反映的内容比品德反映的内容广阔得多，概括得多。②品德是一种个体现象，道德是一种社会现象，品德与道德产生的力量源泉不同。道德产生的力量源泉是社会需要；品德产生的力量源泉则是个人需要。另外，品德的形成发展不仅受社会发展条件制约，还受个体生理、心理发展规律的制约，而道德则完全受社会发展规律的支配。③品德与道德表现的方式和发挥作用的途径不同。社会道德一经确立，就以传统、公德、舆论等方式表现出来，并对整个社会关系的维持起调节控制作用；品德一旦形成，就以个人信念、理想、稳定的心理倾向和习惯的行为倾向等方式表现出来，并对个体的品德行动起支配调节作用。④品德与道德的发展是互动的过程。社会道德的发展不但受社会需要驱动，而且受个体（社会成员）原有品德基础制约，品德的形成、发展以一定的社会道德为基础，没有道德基础的品德是虚假的品德。⑤品德是教育学与心理学研究的对象，而道德则是伦理学、社会学研究的对象。

此外，品德与性格也有密切的关系。品德是个性中最具有道德评价意义的核心部分。性格是对现实稳定的态度和习惯化的行为方式，性格中有具有道德评价意义的一个层面，如对人、对事、对集体、对劳动的态度诚实、公正、热心、认真是人们公认的好品格（性格），而虚伪、偏见、冷漠、懒惰被认为是不好的品格；同时性格也有不具有道德评价意义的一个层面，如内向、外向、乐观好动、沉默寡言等就不能作为评价的依据，是个人独特的性格特征。具有道德评价意义的性格特征也就是道德品质。

两者有重合，又有差别。

二、品德心理结构

（一）品德的心理结构及基本成分

品德的心理结构是指品德这种个体心理现象的组成成分及相互关系。

品德的心理结构极为复杂，不同的研究者从不同的研究角度和研究兴趣提出了多种心理结构，从静态的角度分析其心理成分，具有的心理成分各不相同，如二要素（道德需要和道德能力）、三要素（道德认识、道德情感、道德行为）、四要素（道德认识、道德情感、道德意志、道德行为）、五要素（道德认识、道德情感、道德信念、道德意志、道德行为）、六要素（品德认识、品德情感、品德动机、品德意志、品德行动、品德自我评价）。

总的来说，品德心理结构的基本心理成分应包括：

1. 道德认识

道德认识简称为“知”，道德认识是培养学生道德品质的基础和依据，是个体对道德行为准则及其意义的认识，表现为对道德现象或道德行为的是非、好坏、善恶及其意义的认识。学生掌握一定的道德知识，如道德概念、道德行为准则，形成有关的道德观念，逐渐作为行为指南，达到坚定不移的程度，就变为道德信念，并以此来评价自己和他人的道德行为。

2. 道德情感

道德情感简称为“情”，道德情感是在道德认知的基础上，对现实社会中他人和自己的思想言行是否符合道德标准和道德需要而产生的内心体验。通常符合道德认识或能满足道德需要的道德情感都会产生积极的、肯定的情感体验；不符合道德认识或不能满足道德需要的道德情感就会产生消极的、否定的情感体验。道德情感大致有三种：第一种是对某种具体情境的感知而引起的内心体验，称为直觉的道德情感；第二种是通过联想和想象，引起情感共鸣，并领会其中的深刻含义的内心体验，称为形象的道德感；第三种是以道德的理性认识为基础，清晰地意识到道德伦理的内心体验，具有自觉性、概括性、深刻性，称为伦理的道德情感，是道德情感的最高形式。当道德认识、道德情感结合在一起指向人的道德行为，成为产生道德行为的内在动力，就成为道德动机。

3. 道德意志

道德意志简称为“意”，是一个人自觉地调节行为，克服困难，以实现一定道德目的的心理过程。道德意志与道德行为是密切联系的，离开了道德意志就无从表现。但道德意志又不等于道德行为，它是调节行为的内部力量，道德意志对道德认识具有能动作用，是通过理智的权衡作用去解决道德生活中的内心冲突与支配行为的力量。道德意志的能动作用通常表现为积极进取或坚韧自制这两种方式。意志行动的过程包括：①头脑中产生可选择的各种方案；②预测各种行动方案的结果；③衡量行动后的利弊得失；④按自己的决定行动；⑤现实生活中结果的出现；⑥接受行为结果的反馈；⑦反馈影响心理结构。

4. 道德行为

道德行为简称为“行”，道德行为是人在道德意识的支配下所进行的各种具体行动。它是实现道德需要和道德动机的行为意向及外部表现，是道德认识、道德情感、道德意志的具体表现和外部标志，是品德形成的最终环节，是衡量品德的重要标志。评价一个学生的品德的关键是他的言行是否一致。道德行为包括道德行为方式与道德行为习惯。人们在完成特定的道德任务时，通常在道德动机的驱使下，将某些必要的行为技能和习惯构成一定的行为模式，我们将其称为道德行为方式。道德行为习惯是具体的道德行为方式经过多次重复巩固形成的自动化的、经常的行为方式。一个人只有养成良好的道德行为习惯，才会出现高尚的品德，道德行为习惯一经养成道德行为就容易出现，而当其道德行为受阻时反而会引起消极体验。

品德的各种心理成分各自都有一定的地位和作用，既不能互相代替，又难以截然分开，它们相互联系、相互影响、相互渗透、相互促进、相互制约，组成品德心理结构的有机统一整体。道德认识是前提、基础，在一定程度上决定着品德形成的方向、内容和速度。道德情感以道德认识为基础，影响着道德认识的倾向和深度。道德情感和道德意志是两个重要的内在条件和力量，是联系道德认识与道德行为的中间环节，可生动地将其比喻为“催化剂”（道德情感的推动作用）和“凝固剂”（道德意志的持续作用）。同时，道德认识和道德情感是道德意志这种个体意识力量的来源，道德意志又影响着道德认识和道德情感形成的速度和水平。道德行为是衡量品德的一个重要标志，是在道德认识的指导和道德情感的催化以及道德意志的调节下通过道德实践形成起来的，道德行为还对其他的各种心理成分进行检验，起着巩固、调节的作用。因此，在德育工作中要全面地兼顾品德的各种成分，要“晓之以理，动之以情，导之以行，持之以恒”。

（二）品德心理结构特点

1. 品德心理结构的统一性与和谐性

在品德结构中，知、情、意、行四要素尽管具有不同的地位和作用，然而，它们又是一个彼此互相联系、互相制约、互相促进的统一整体。一个人的品德如何，主要取决于品德的心理结构的成分是否协调和谐地发展，如其发展造成长期的知行分离，就难以形成良好的品德。

2. 品德心理结构的矛盾性与平衡性

品德心理结构的矛盾性一方面是指知、情、意、行之间的对立、不适应；另一方面是指知、情、意、行四要素之间发展方向与水平的不适应。正是由于矛盾性，促进品德结构的动态发展，即不断从不平衡到平衡，由不适应到适应，从而实现其发展的和谐性和统一性。

3. 品德结构的独立性与差异性

由于个体的社会关系和个体身心发展不同，因此，在个体的发展中，每个人的品德结构就具有一定的独立性和独特性，在分析其心理结构时就有不同的差异性，表现为道德认识、道德情感、道德意志、道德行为的发展水平各有不同的特点，形成了学生在同一年龄阶段各心理成分在发展水平上的差异性。因此，在德育中要针对学生的具体情况，因人而异、因势利导、因材施教。

4. 品德心理结构的复杂性与阶段性

品德心理结构的心理成分之间也不可能是一对一的关系，如同样的道德行为方式，可能是由多种不同的道德动机引起的，如助人的行为，可能是为了满足助人为乐的道德需要，可能是为了获得表扬、称赞，可能是为了得到钱财等。另外同样的道德动机在不同的情景中也可能会表现出不同的道德行为方式，或在不同的人身上有不同的道德行为方式的表现。品德心理结构的复杂性还表现在各心理成分都具有多层次，具有水平的高低之分，这种发展大多是随年龄呈动态发展的过程，也表现出年龄的特征，经历了一系列的阶段，有明显的阶段性。

（三）国内关于品德心理结构的研究

1. 林崇德的动态开放系统结构

1989 年林崇德提出，品德心理结构是人的道德活动特征的整体联系，是“人”这个心理大系统下的子系统，是多侧面、多形态、多水平、多联系、多序列的动态的开放性的整体和系统。该系统包括三个子系统：一是品德的深层系统和表层系统，即道德的动机系统和道德行为方式系统；二是品德的心理过程和行为活动的关系系统，即道德认识、道德情感、道德意志和道德行为的心理特征系统；三是品德的心理活动和外部活动的关系及其组织形式系统，即品德的定向、操作和反馈系统。

这些子系统有如下功能特征：①品德的子系统反映品德成分的不同侧面，它既要依靠一系列的客观条件，又有内部的动力；它既要以知、情、意、行诸要素为材料，又要体现这些因素的关系和联系；②品德的子系统是复杂的，有定向、有操作、有反馈、有自我监控或自我调节、有个性心理意识倾向性与个性心理特征，成分繁多，形态丰富；③品德的子系统分为深层结构与表层结构，前者指品德的内部联系，后者指品德的外部联系，两者互为前提，但前者制约后者，只有通过后者才能认识前者；④品德的子系统有一定的循序性，它反映品德形成和发展要经过由易到难、由低到高、由原始性到社会性、由他律到自律的过程，逐步成为多种联系的整体。

2. 李伯黍的道德价值结构

1990 年李伯黍教授提出品德实质上是一个统整的道德价值结构。道德价值结构是人们进行道德判断、道德推理和道德行为决策的基础，它兼含知、情、意、行几方面的意义。他建议学校道德教育应着重促进儿童青少年发展一个既具有丰富而正确的道德内容，又具有较高道德推理形式水平的道德价值结构，并使之得到有效的应用。并提出具体的措施就是对受教育者进行道德价值观的教育以及道德价值结构的形式训练（简称道德教育的综合模式）。

李伯黍的《品德心理研究》中提出，道德价值结构可分为形式与内容两个统一的维度。他使用了道德情境故事，在道德价值结构的形式与内容相结合的基础上，在控制形式变化的条件下，探索了成熟品德基本观念范畴，确定了八个基本道德观念范畴：律己（礼貌、谦虚、纪律、合作）、利他性（助人、不苛求）、报答、尊老、责任、真诚（诚实、信用）、集体和平等。

3. 章志光的品德心理形成结构

1993 年章志光以 20 多项品德的实验研究为基础，吸取前人的成果，系统化、理论化地提出了品德心理结构的设想，认为品德心理结构可以从生成结构、执行结构、定型结构三个维度进行探讨。

“生成结构”并非指生来就有的结构，而是指个体从非道德状态过渡到开始出现道德行为或初步形成道德性时的心理结构。个体获得道德认知，调节需要，产生符合道德规范的行为，这个过程不断循环往复或更新，使个体获得道德行为的经验、产生是非感、形成道德行为的定势或习惯，使个体的需要激活及行为意向不断受到道德规范认知的定向或调节，产生社会的道德行为，其心理结构及活动过程的表现就是道德性。

“执行结构”指个人在道德性生成结构基础上发展起来的更有意识地对待道德情境、经历内部冲突、主动定向、考虑决策和调节行为等环节的一种复杂的心理过程及结构，这个结构是个体处理日常道德问题时的一般心理空间状况，也是由简单的道德性向品德形成的一种形式和阶段。

“定型结构”是指个体具有稳定的品德心理结构。道德行为可以是情境性的，也可以是倾向性的。情境性的行为受外部特殊情境及内部不稳定因素驱使而发生，因而不具有一贯性；倾向性的行为是内部比较稳定的心理结构（定向结构）的表现，有恒常性。个体具有的某种品德，如助人品德，是他通常或更多情况下必然和可预期表现出来的某些特定的道德行为，如助人行为。

三种心理结构是品德形成过程中相继出现的不同形式，是彼此包括、相互渗透的统一体。前一种结构是后一种结构的铺垫、基础；后一种结构是前一种结构因素、序列的发展和功能的跃进。三种心理结构构成个体的品德动力系统。

第二节　高职学生品德形成和发展的基本理论

学生品德心理发展是一个连续的过程，虽然在学生不同发展阶段其品德发展表现出不同的特点，但是每一个阶段的品德发展都是紧密相连的，前一个阶段的品德发展是后一个阶段品德发展的基础，后一个阶段的品德发展是在前一个阶段基础之上得以发展的，学生的品德心理既有阶段性又有连续性，品德发展的这种连续性表现出学生个体的品德发展是一个持续不断、渐进的变化过程。高职学生的年龄处于青年初期，这个年龄阶段的学生品德虽已基本形成，但还需要不断地完善和发展。基于此，下面主要介绍一下国内外品德发展的相关理论，以期对促进高职学生品德发展有所借鉴和帮助。

一、皮亚杰品德发展阶段理论

皮亚杰的品德发展阶段理论也就是道德判断发展的理论，皮亚杰是第一个系统追踪研究儿童道德判断发展的心理学家。皮亚杰 1930 年出版的《儿童的道德判断》提供了一个理论框架和一套研究方法，初步奠定了品德心理研究的科学基础。皮亚杰运用“对偶故事法”的观察实验，观察儿童的活动，用编造的对偶故事与儿童交谈，从而考察儿童的道德发展问题。

下面是皮亚杰设计好的“对偶故事”实例，让儿童对主人公的过失行为做出评价，说出评价所依据的理由。

A. 一个小男孩约翰，听到有人叫他吃饭，就去开饭厅的门，他不知道门外有一把椅子，椅子上放着一个盘子，盘内有 15 个茶杯，结果撞翻了盘子，打碎了 15 个杯子。

B. 一个小男孩亨利，一天趁妈妈外出，想吃橱柜里的果酱，他爬上椅子手伸去拿，由于果酱放得太高，手够不着，结果碰翻了一只杯子，杯子掉在地上碎了。

通过研究，皮亚杰认为儿童道德发展经历了一个从他律到自律的过程，提出了道德认知发展理论。

皮亚杰把儿童道德判断发展划分为四个阶段：

（一）自我中心阶段（2~5 岁）

自我中心阶段又称无律期。规则对这个阶段的儿童没有约束力。这个阶段的儿童按想象去执行规则，游戏是独立的任意活动，以自我为中心，不能把自己与周围环境区别，外部环境是自我的延伸，与成人、同伴之间还没有形成合作关系。

（二）权威阶段（6~7 岁）

权威阶段又称他律阶段。这个时期的儿童服从外部的规则，对外在权威表现出绝对尊重和顺从，如对父母、教师、年龄大的孩子，他们认为服从权威是好孩子，把规则看成是固定、不可改变的，并根据行为的后果来判断对错，不考虑行为动机。

（三）可逆阶段（8~10 岁）

可逆阶段又称自律阶段。这个时期的儿童不把规则看成是不可改变的，认为规则是同伴间共同的约定，如果大家同意是可以修改的。儿童已经意识到规则是一种同伴间发展起来的相互尊重的平等社会关系（你让我遵守，你也必须遵守），规则对他们来说已具有一种保证他们相互行动、互惠的可逆特征。这个时期儿童不再无条件地服从权威，标志着儿童道德认识的形成。

（四）公正阶段（11~12 岁）

公正观念是从可逆的道德认识发展起来的，是互敬互惠的产物。儿童的公正感是从抛弃父母的意见而获得的，这一时期儿童与成人的关系从权威性过渡到平等性。这个时期儿童开始主持公正、平等。公正的奖惩不能千篇一律，应根据具体情况进行，公正感成为情感领域的核心、规范。皮亚杰认为可逆性关系向公正关系的转变的主要原因是利他主义因素。

皮亚杰认为，品德发展的阶段不是绝对孤立的，而是连续发展的，儿童的品德发展是一个连续的统一体，应用时加以界定只是为了研究的方便，并不表明发展的连续统一体的中断。

二、柯尔伯格品德发展阶段理论

20 世纪 50 年代后期，美国发展心理学家柯尔伯格（L. Kohlberg）对皮亚杰的品德发展阶段理论进行了一系列的再证实工作，发展了皮亚杰的理论，提出了道德发展阶段理论。

（一）提出道德发展与认识发展的关系

该理论认为：一是道德的发展是认识发展的一部分；二是道德判断能力的发展与逻辑判断能力的发展有关，他认为，逻辑判断能力的发展是道德判断能力发展不可缺少的条件，但不是充分的条件；三是社会环境对道德的发展有巨大的刺激作用。人的道德发展在很大程度上受社会环境的支配。

（二）运用道德两难论方法研究道德的发展

柯尔伯格把皮亚杰的道德发展研究延伸到了青少年，把皮亚杰的对偶故事法改为两难故事法，即设计编撰一些道德故事，每个道德故事都包含一个在道德价值上冲突的道德问题，让儿童、少年和青年听了故事之后，判断是非，然后回答问题，用回答的方式讨论故事中人物行为的道德性质，再根据被试者的回答来划分道德判断发展的水平。

两难故事中具有代表性的故事是“海因茨故事”。

在欧洲，有一个妇女患有癌症，生命垂危。医生认为只有本城一家药店的药才能救她。药店老板制造这种药花了 200 元，而老板的要价高达 2 000 元。病妇的丈夫海因茨四处向熟人、亲人借钱，并变卖了家产，最后只能凑到 1 000 元，只够药价的一半。海因茨不得已，只好告诉老板，他的妻子快要死了，请求将药便宜一点儿卖给他，或者让他延期付款，但老板不干。海因茨药没能买上，妻子又病危，他万分焦急。不得已，海因茨晚上撬开药店的门，偷了老板的药。讲完故事后向儿童或青少年提出一系列的问题：海因茨该不该偷老板的药？为什么该？为什么不该？海因茨犯了法，从道义上看，这种行为好不好？为什么？等等。柯尔伯格与皮亚杰真正关心的不是儿童对问题回答是或否，而是回答中的理由。

柯尔伯格仔细研究了被试者的每一个道德陈述，分出 30 个不同的道德观念维度，如是非观念、权利义务观念、责任观念、赏罚观念、道德动机与行为后果，等等。

柯尔伯格采用这种道德两难的故事法对来自欧亚十多个国家的儿童进行了测验，发现尽管种族、文化、社会规范等各方面存在不同，但道德判断能力随年龄发展的趋势是一致的。他将儿童和青少年的道德发展划分为三种水平六个阶段。

（三）道德发展的三水平六阶段模式

1. 前习俗水平（0~9 岁）

这一水平的道德观念完全是外在的。儿童为了免受惩罚或获得奖赏而顺从权威人物规定的准则。儿童遵守准则，没有形成自己的主见，关注的是人物行为的结果与对自身的利害关系。这一水平包含两个阶段：

第一阶段：惩罚和服从定向阶段。

这一阶段的儿童没有固有的是非善恶观念和判断的准则，因为害怕惩罚而避免它，去服从规范和准则，认为免受惩罚是对的、好的，受到批评指责的事都是错的、不好的。这一阶段的被试者认为海因茨先生偷药的行为是不对的，因为他偷药的行为要受到惩罚。

第二阶段：朴素的利己主义定向阶段。

这一阶段的道德判断是从自身的利益出发的，对自己有利的就好，对自己不利的就不好，并且也以“你奉承我，我也奉承你”为指导思想，以行为的功用和相互满足需要为准则，有浓厚的互利交换的实用主义色彩。

这一阶段的被试者认为海因茨先生偷药是应该的，因为偷药才能救他妻子，才会使自己不再痛苦。

2. 习俗水平（9~15 岁）

这一水平的儿童为了获得赞扬或维护社会秩序而服从学校、家庭、社会及同伴间所确立的各种准则，也可以说这一水平的儿童做好事、尽义务是为了满足别人的期待和社会的需要。

第三阶段：人际和谐的定向阶段。

这一阶段又称“好孩子”阶段。在这一阶段，儿童心目中的道德行为就是取悦于人的、有助于人的或为别人所赞赏的行为。

这一阶段的被试者认为丈夫偷药救妻是对的，因为做一个好丈夫要尽力保护好妻子，如他不这样做，既无钱买药，又不敢冒险去偷药，结果妻子死了，别人会骂他见死不救，没有良心。

第四阶段：维护权威和秩序的定向阶段。

这一阶段的儿童相信准则和法律维护着社会秩序，所以服从团体规范、严守公共秩序，尊重法律权威，接受和遵从社会及别人的期望。

这一阶段的被试者认为丈夫偷药救妻是错的，因为偷窃行为是违法的，无论理由如何，法律的权威必须维护，否则社会秩序就会紊乱。

3. 后习俗水平（15 岁以后），又称原则水平

这一水平的儿童已经超越了现实道德规范的约束，达到完全自律的境界，也可以说能够自觉地遵守公共规则，行使权利和履行义务，达到这一水平的人其行为原则已经超出了某个权威人物的规定，而有更普遍的认识，可表现为个人的义务感、责任感。只有少数人在年龄至少是青年期人格成熟后才能达到这种水平。

第五阶段：社会契约的定向阶段。

这一阶段的儿童有强烈的责任心和义务感，其道德判断特别看重相互之间的义务和权利，注重社会契约关系；同时，尊重法制，这一阶段的儿童认为法律可以帮助人们维持公正，契约和法律的规定是人定的，不适于社会时理应修正。

这一阶段的被试者认为丈夫偷药救妻的做法是对的，因为社会一向强调生命重要，垂死者要求得到医药的权利，重于药商谋利的权利。两者相衡，海因茨先生在走投无路的情况下，其偷窃行为纵然是违法，也是符合道德意义的。

第六阶段：良心或普遍道德原则的定向阶段。

这一阶段是道德判断的最高阶段，按良心所选择的道德原则来进行道德判断，不受现实规范的限制，遵从自己所选择的普遍的原则，如背离了自己选择的道德原则就会产生内疚感和自我谴责感。

这一阶段的被试者认为丈夫偷药救妻的做法是对的，因为维护别人的生命的行为，其价值高于所有其他道德。生命权是天赋予的，是人人平等的，海因茨妻子的生命权不容任何人剥夺。因此药商不但应该放弃谋取暴利的心态，而且应该同情海因茨先生，对海因茨先生的偷药和破门不予追究。

柯尔伯格认为道德发展是一个逐步上升的过程，它按一定规律以固定的顺序向前发展，不会倒退，也无法超越，而各阶段的时间长短也是不相等的。同时，个体的道德发展水平因人而异，有些人可能只能停滞在前习俗水平或习俗水平，而永远达不到后习俗水平。

皮亚杰和柯尔伯格从认知发展的角度，提示了品德发展的基本历程，道德发展阶段理论也得到了许多跨文化的研究证实。

道德发展阶段理论对高等职业教育主要有以下教育意义：一是由于人类的道德教育认知发展是从他律到自律的，要培养学生优良的品德，宜先教他遵守既定的行为规范，教他符合社会规范的行为。二是道德认知发展有一定的顺序，因此学校的品德教育要循序渐进，不能超越学生的认知水平，要根据学生不同的水平和阶段选择适合的内容和方法，遵循学生心理发展的年龄特征。

三、班杜拉的品德的社会学习论

社会学习理论是美国心理学家班杜拉于20世纪60年代提出的，由于这一理论不排斥认知在学习中的作用，20世纪80年代中期把该理论改为“学习认知论”。这一理论与社会性行为的获得、维持和表现有关。道德行为是人的社会性行为之一。

（一）观察学习

班杜拉用观察学习和模仿来说明在社会情景中个体行为何以受别人影响而产生改变。

观察学习是指个体只以旁观者的身份，观察别人的行为表现，即可获得学习。观察学习既包括实地观察别人的行为，也可从别人的学习直接经验进行间接学习获得行为，后者称为替代学习。

观察学习包含四个阶段：

注意阶段：在观察学习时，个体要注意楷模所表现出来的行为特征，并了解其意义；否则无法通过模仿而成为自己的行为。

保持阶段：个体观察楷模的行为后，把所获得的行为转换为具有表征性的语词、表象（能用语言描述楷模的行为、能把楷模行为的样子记下来），在记忆中进行保存。

再生阶段：把记忆中的楷模行为以自己的行动表现出来并加以反馈调节做出正确的反应，也可以说，在观察早期的注意与保持阶段，不仅由楷模行为学到了观念，而且也经模仿学到了行为。

动机阶段：个体不仅经过模仿学习从楷模身上学到了行为，而且也愿意在适当的时机将学得的行为表现出来。

（二）模仿与楷模

模仿是个体在观察学习时，向社会情境中某个人或团体行为学习的历程。模仿学习的对象称为楷模或榜样。父母、教师容易成为学生模仿的楷模人物。父母、教师常被要求“以身作则”，他们可以通过言传身教对学生产生影响。

米歇尔等人（Mischel et al.，1966）在实验中，要求儿童按规则进行游戏，一开始成人、儿童一起玩游戏，然后分成两个小组，其中一个小组的成人要求儿童遵守规则，并且成人也遵守规则，另外一个小组，成人只要求儿童遵守规则，但自己不遵守。实验结果是第二组成人在场儿童能遵守规则，但成人不在场时他们就不按规则去做。教育者应该言行一致，身教重于言教。

儿童通常采用以下方式进行模仿：直接模仿、综合模仿（经历模仿过程学习，并且是综合多次所见而形成自己的行为）、象征模仿（对楷模的模仿是模仿其性格或行为所代表的意义，而不是具体行为）、抽象模仿（观察学习所学到的是抽象原则，而不是具体行为）。例如，针对电影、电视的暴力镜头对儿童是否有害这一问题。回答时就应考虑儿童在模仿学习中学习的对象是什么来思考其对儿童的影响。

最能引起儿童模仿的是些什么样的人物？根据班杜拉的实验研究发现有五种人物是儿童最喜欢或最不喜欢模仿的（Bandura et al.，1963）：

（1）儿童最喜欢模仿他心目中最重要的人，也就是在他生活上影响他最大的人，如父母、教师、同伴等。

（2）儿童最喜欢模仿与他同性别的人，这种模仿是儿童心理发展中性别认同的重要学习历程。

（3）儿童最喜欢模仿曾获得荣誉、出身高层社会以及富有家庭儿童的行为。

（4）同伴团体内，有独特行为甚至曾经受到惩罚的人，并不是一般儿童最喜欢模仿的对象。

（5）同年龄、同社会阶层出身的儿童，彼此间较喜欢相互模仿。

（三）强化的作用

班杜拉的社会学习论中包括环境、个人、行为三个因素。班杜拉的强化不同于斯金纳的强化，其认为强化是个体适应环境认知的一种信息。这种信息是指强化物的出现，个体的行为结果受到奖励或惩罚，个体喜欢自己行为的后果，就会在相同的情境下继续同样的行为。个体自己没曾亲身体验行为后的奖励或惩罚，单凭观察所见别人行为表现出来的奖惩后果，或是听到别人对某种行为的对错批评，也会学到相应的社会规范行为。

强化有对学习者进行奖惩的直接强化，有对楷模进行奖惩的替代强化，也有学习者根据自己的判断标准对自己行为的评价的自我强化。其中替代强化，观察者不受强化，但看到楷模受强化，也影响观察者的行为，这种效果主要表现为：

（1）通过学习者观察他人的行为后果及奖惩，了解哪些行为受到社会的赞许，或反对；

（2）学习者容易模仿受到奖励的行为，抑制受到惩罚的行为；

（3）观察到楷模的行为，会产生如果有与楷模一样的行为也会同样强化的心理期待；

（4）楷模受到奖惩的情绪反应，会唤起学习者体验，并影响学习者相应的行为反应。

四、我国心理学家对儿童品德发展的研究

（一）林崇德教授品德发展的年龄特征

品德发展的年龄特征是整个身心发展的年龄特征的一个组成部分。林崇德将儿童与青少年的品德发展分为彼此联系的六个年龄段：

0~1岁，主要是适应性时期。在这个时期的儿童还不可能有道德认识，也不可能有意地做出什么道德行为。在这个阶段的儿童需要的是有规律的满足和舒适的照顾，缺乏社会性。这个阶段的主要任务是适应社会现实。

1~3岁为品德萌芽阶段，是一个以“好”（或“乖”“对”“好人”）与“坏”（或“不好”“不乖”“坏蛋”）两义性为标准的道德动机，并以此引出合乎“好”与

“坏”的道德需求的行动来。此时，儿童不可能掌握抽象的道德原则，其道德行为是极不稳定的。这个阶段的主要任务是理解“好”“坏”两类简单的规范，并做出一些合乎成人要求的道德行为。

3~6、7岁，主要是情境性品德发展时期，这时道德行为的动机往往受当前的刺激（情境）所制约，道德认识还带有很大的具体性、情绪性和受情境的暗示性，这个阶段的重要任务是开始接受系统而具体的道德品质教育。

6、7~11、12岁，即小学阶段，是品德发展协调性时期，此时出现比较协调的外部和内部的动作，道德知识系统化，并形成相应的行为习惯；言行比较一致，动机与行为也比较一致；随着年龄的递增和道德动机的发展，言行一致和不一致的分化逐步增大。这个阶段的主要任务是发展道德信念，以提高道德行为的思想境界。

11、12~14、15岁，即少年期，为动荡性品德发展时期，也是人生的十字路口。这个时期一方面是道德信念和道德理想形成的时期，是世界观萌芽的时期，是开始以道德信念和理想来指导自己的行为的时期；另一方面又是心理的发展跟不上生理迅速成熟的时期，是逆反心理、对抗心理出现的时期，是幼稚与成熟、冲动与控制、独立与依赖错综并存的时期。因此，少年期必然是两极分化严重的阶段。这个阶段的重要任务是处理好过渡时期的各种矛盾，日渐趋于成熟化。

14、15~17、18岁，即青年初期，这一时期品德发展的明显特点是成熟性。成熟的指标，一是较自觉地运用一定的道德观点、原则、信念来调节行为；二是世界观、人生观的初步形成。这个阶段的任务是形成道德行为的观念体系和规划，并促使这些青年的发展进取和开拓精神。

适应性、两义（机械）性、情境性、协调性、动荡性和成熟性，反映了儿童和青少年品德发展六个阶段的重要特点，即一般的、典型的、本质的特征。当然，各个阶段的特点之间都是交错和联系的，在一个阶段之初，可能保存着大量的前一阶段的年龄特征；在一个阶段之末，也可能产生较多的下一阶段的年龄特征。

林崇德的研究还认为：2.5~3岁、5.5~6岁、小学三年级、初中二年级是儿童与青少年个性发展，特别是品德发展变化的关键期。同时，他们的品德发展到了青年初期就到达了成熟期，这时个体的品德结构和个性特点就基本定型，可塑性强的未成熟期，应加强训练和培养，抓住教育的关键期。

（二）李伯黍教授的儿童道德判断研究

1973年以来，李伯黍教授通过大量的实验和调查，主要对我国儿童5~11岁的道德判断发展及教育影响进行了一系列研究。研究成果的主要要点如下：

（1）儿童的道德判断“经历着从客观性判断过渡到主观性判断的发展过程。”这个转折年龄是在6~7岁，9岁儿童的主观性判断已占绝对优势。

（2）我国儿童摆脱成人的影响，根据行为本身好坏做出分析判断的转折年龄是8~9岁。

（3）我国11岁以上儿童能依据稳定的公私观去进行道德判断。

（4）我国小学儿童出现集体意识，进行道德判断时重视集体动机。

（5）实验表明对不善于作意向判断的儿童经过短期的训练，绝大多数儿童能有效地改变原来的道德判断定向，并能迁移到其他方面进行道德判断。

第三节 高职学生品德的培养

高等职业教育主要任务是培养能够直接在生产、服务和技术等一线工作的综合应用型人才，但徒有技术而无道德，对学生个体、社会发展皆是无益的，因而，“德才兼备，以德为先”的理念仍应成为高职院校人才培养的指导思想，同时应把高职学生的品德培养作为高等职业教育的重点内容。

品德的培养可以从如下三方面入手：第一，要重视内化，内化的过程就是将外在的社会规范逐渐融入自我的价值体系当中去，从而影响自己的社会行为；第二，厘清影响品德形成发展的因素，有针对性地进行品德培养；第三，从品德心理结构入手，具体探究道德认识、道德情感、道德意志和道德行为的培养模式。

一、品德的内化过程

品德的形成过程是从外到内的转化过程，也是接受和内化社会规范的过程，这个接受、内化过程有三个典型的水平，即依从、认同、信奉。

（一）社会规范的依从

社会规范的依从是指行为主体对别人或团体提出的某种行为要求的依据或必要性缺乏认识、甚至有抵触情绪，但仍然表面上接受社会规范，按社会规范的要求来行动的一种遵从现象。依从作为社会规范的一种接受水平，是规范内化的初级阶段，也是进一步内化的基础。依从具有被动性和盲目性，对行为缺乏充分的了解，并且屈从权威的命令或权力的压力和情境的压力，避免现实的危险和维持安全的需要；具有工具性和情境性，遵从社会规范。依从是不稳定的，如没有外部的监控和压力，相应的规范行为就会动摇和改变。

（二）社会规范的认同

认同作为社会规范的一种接受水平，指行为主体在认识、情感上与行动上对规范趋于一致，从而产生自愿对规范遵从的现象。认同包括偶像认同、价值认同。偶像认同是指个体对某个人或团体（楷模、榜样）的崇拜、敬佩等的趋同心理而产生的遵从、模仿现象。主体企图与楷模、榜样一致，希望自己成为和施加影响者一样的人，以提高自身的价值感。价值认同是指个体出于对社会规范本身的意义及必要性认识而发生的对规范的遵从现象。如认识到遵守交通法规是安全行驶的保障，便自觉遵守交通规则。认同具有自觉性和主动性，是自愿的，受认知因素、情感因素的驱使，而不受外部的压力的驱使，并不受情境的影响，且表现出一定的稳定性。认同是规范内化的深入阶段。

（三）社会规范的信奉

信奉是一种高级接受水平或高度遵从态度，是品德形成的高级阶段，是学习者对社会规范及其价值原则有深刻的理解，并持有积极的情感体验，使之成为自己的一种信念，与原有价值观念一体化。也就是把一种价值结合进自己的价值体系，并组织这个体系，形成指导自己行为的价值体系系统。学习者的规范行为是由自己的价值信念所驱动，而不是外部压力，符合价值标准的行为，个体就感到满意和快乐，如与之相违背就感到内疚和自责。信奉有高度的自觉性和主动性，信奉的行为具有坚定性、稳定性。

实现品德的形成，首先从道德行为的纪律约束和外部的控制开始，也就是从依从开始，然后必须进一步让学生对规范及价值原则进行思考、分析和判断，促进规范的认同、信奉。

二、影响高职学生品德形成发展的因素

高职院校的学生正处于青年初期，这一时期是人生发展非常重要的阶段，他们的思维、心理正处在向成熟转折的关键时期，影响其品德发展的因素较复杂，主要可归纳为外部环境因素和内在自身因素。

（一）外部环境因素

1. 家庭是影响学生品德发展的首要因素

家庭是每个人生来接受教育的第一所学校，家长是第一任教师，家庭教育是学生品德形成和发展的基石。一个人的品德养成是循序渐进的过程，不可能一蹴而就，而从小到大所受家庭教育对其品德的形成和发展有着重要的影响。比如家庭类型、家庭的结构、家长的职业类型、家长的文化程度、家长的道德观念、家庭的气氛、家庭教育方式等方面都会对学生的品德形成发展产生影响。

高职院校的学生处于青年初期，大多数学生已经形成基本的人生观、世界观和价值观，因而对于这一年龄阶段的学生，家长不能像对待小孩一样对其进行过多的约束，但这一阶段学生的思想观念还不够成熟，也不能过于放纵，所以家长对待子女的态度过分严格或过分放纵都极不适宜，要做到充分的尊重，同时也要进行积极的引导，在家庭中采取民主平等的方式对待学生，对其品德发展才会有良好的影响。

另外，家庭的自然结构不完善如感情破裂、父母离异，对子女品德发展有严重的不良影响。一项调查表明，54.6%的犯罪青少年来自这类家庭。家长的职业类型与文化程度不同，对子女的品德有明显的影响。家长的道德观念影响学生的品德发展，父母是学生道德认同、模仿的对象，日常生活中的言行举止都成为子女观察学习的对象。如家长经常发牢骚、说怪话、常发表对社会不满的言论，或有不良的道德行为如举止粗鲁、不文明，赌博、吸毒、偷窃，迷信，损公肥私、损人利己等，都会影响学生的成长，容易让学生习得不良的行为习惯。

2. 社会是影响学生品德发展的重要环境因素

社会环境是学生身心发展的重要条件，也是影响学生品德发展的重要因素。

当下，政治、经济、文化、生态等整个大的社会环境都呈现出前所未有的良好发展势态，良好的社会环境为高职学生的发展提供了各方面的保障，包括制度层面、物质层面和精神层面的保障。但社会发展过程中还有很多不完善的地方，比如随着经济发展，滋生出“功利主义”“拜金主义”等不良思想；网络信息鱼龙混杂，充斥着大量不利于青少年发展的不良信息；等等。而高职院校的学生虽然已是成人，但各方面心理仍不完全成熟，对社会信息缺乏准确的认识和判断，极易受到各种影响。

3. 学校是影响学生品德发展的特殊环境

班集体是构成学校集体的基本单位。良好的班集体有良好的集体观念和行为规范可以成为个体的道德行为准则，可以增强自觉性，可以服从集体的利益；良好的班集体有较强的集体荣誉感、义务感，同学互助友爱，相互学习，热爱集体；良好的班集体有较强的凝聚力，同学相互督促和约束，服从集体规范，有较强的自觉性，增强道德行为的坚持性和自制性；良好的班集体促进个体良好的道德行为习惯的形成和巩固，并改造个体不良的行为习惯。

教师良好的品德成为学生道德观察学习的楷模，教师的以身作则对学生的品德形成产生积极影响。但有的教师片面地追求学生的学习成绩，不喜欢差生，体罚、讽刺挖苦学生，给学生身心发展造成伤害，使有的学生形成了不良的行为习惯。教师对学生的教育态度和作风影响学生品德的发展，如民主的作风将学生向情绪稳定、态度友好和具有领导能力等方向发展；专制的作风易导致学生情绪紧张、冷淡，行为的攻击性强，自制力差；放任的作风易使学生朝无组织、无纪律的方向发展。

校风、班风是普遍具有的、占优势的言行倾向性和作风，对学生会形成一种压力，良好的校风、班风有助于改造不良道德行为习惯。

学校德育工作的有效实施对学生的品德发展有积极的作用，通过课程“大学生思想道德修养”、各科教学的渗透、课外活动、校园文化等，可以培养学生良好的道德品质。

（二）内在自身因素

1. 品德与智力

智力水平与品德之间的关系是非常复杂的。有人对500名有法庭记录的青年犯的智商进行测量，结果发现他们的智商分布与随机抽样的儿童的智商分布很相似，但他们的平均智商要低8~10分，而且他们中智商低的较多，智商高的较少。在智商的全距水平上都有青少年犯，有智商高者，也有智商低者。许多研究一致地发现，考试作弊与智商水平呈负相关，智商水平越高，考试欺骗行为越少。智商低而且成绩差的学生由于失败经验导致他们企图通过欺骗来提高成绩。目前如网络犯罪，“黑客”利用高智商、高技术来破坏网络的正常运行，有的具有较强的反侦察能力的罪犯进行连环作案。一个人有高的智商并不等于他有高尚的品德，具有不良品德的高智商者的不道德行为会对社会造成更严重的危害。

2. 品德与教育程度及性别

青少年的道德认识和判断不仅与智能有关，也随着年级的增加，教育水平的提高而增强。有人以小学二年级、五年级、初中二年级的学生为谈话对象，让他设想在面对许多问题情境和纠纷时最好的解决方法。其中一项关于破坏性、报复性解释中低年级回答的百分比高于高年级（表8-1）。道德观念水平低而迁移到道德行为，就容易为小事冲动，而道德观念淡漠易产生不道德行为。

表 8-1　道德解释在年级上的差异　　单位：%

回答	年级		
	二	五	八
拒绝共用工具	72	21	7
宣扬他人的坏品德	55	39	6
夺取他人的用品	57	40	3
毁坏他人的器具	69	31	0

问题：一天早晨甲把乙书桌上的一把计算尺拿走了，甲不愿意归还乙。这时乙应怎么对待呢？

国内外研究认为学生道德行为与性别无显著相关。

3. 品德与情绪

青少年的情绪适应与道德观念起交互作用。情绪适应与不适应的学生在道德判断方面有显著的差异。主要表现为：一是情绪适应组的学生以行为的结果和动机进行道德判断，而情绪不适应组的学生只重视行为的直接结果。二是情绪适应组的学生重视从理性角度吸取经验教训，以改正别人的错误，而情绪不适应组的学生重视惩罚别人的错误。三是情绪适应组的学生以宽容来对待别人的错误，以同情来帮助别人解决困难，而情绪不适应组的学生以冷酷对人、对事，以偏激来看人和事。四是情绪适应组的学生更多的是从内心自发来接受社会规范，而情绪不适应组的学生大多是因为害怕受到惩罚和外部压力来顺从社会规范。

4. 品德与年龄特征

青少年的心理发展处于不成熟向成熟过渡的阶段，可塑性强，道德判断的是非观念容易不明确，常常重同伴的友情而轻道德行为的准则，情绪易冲动，道德意志有时薄弱且容易受到诱惑。这是成长过程中一些与年龄因素有关的特征。

此外，原有的品德心理结构也影响品德的形成和发展，在道德学习行为准则学习过程的模式中（图 8-1），原有的心理结构有适合新的需要并与新的需要建立联系部分，也有不符合新需要的意义障碍部分。青少年在发展的阶段，随时随地通过获取大量的信息经过进一步加工，转化成能适应社会的心理结构，但也可能形成错误的子结构，心理结构中有积极的方面，也有消极的方面，关键在于不断地进行品德教育和道德品质的转化。

三、高职学生品德培养模式探讨

品德的培养主要表现在道德认识、道德情感、道德意志和道德行为的形成和发展方面。品德的形成和发展必然与品德心理结构有紧密的联系，是研究品德培养的心理依据，是品德培养模式的基础。德育实践遵循品德形成的心理规律，总结出了许多成功的经验。特别是在新课程改革实践中，通过在中小学课程开设“品德与生活”“品德与社会”“品德”等课程，对学生良好道德品质的培养大有帮助，充分体现了这些课程与儿童的生活世界的联系，培养的方式体现生活化、情境化、体悟化、反思化，而不

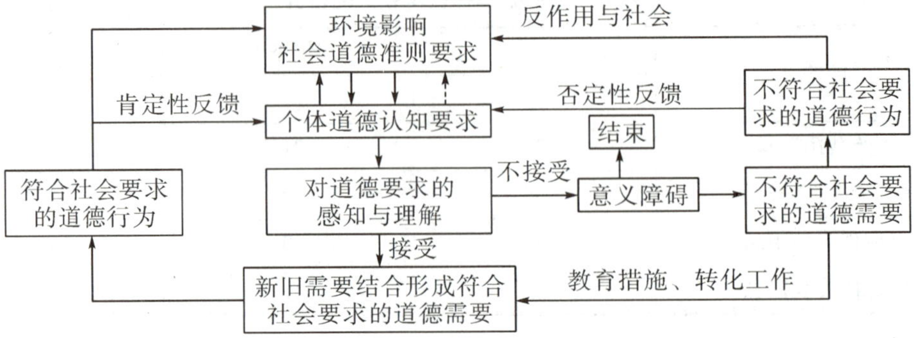

图 8-1　道德行为准则学习过程模式

是教师的简单说教，不是以规压人，强制学生，而是充分尊重学生，关爱学生，信任学生，与学生共同健康成长，促进学生的发展。高职院校更应根据高职学生的身心发展特点安排适当的德育课程，通过理论学习和实践活动，促进学生的品德培养。

（一）道德认识的形成——明理

道德认识是品德心理的基础，有赖于教育的培养。它是在教育影响下从不知到知，从知之甚少到知之甚多。学校系统的道德认识的教育形成了个体不断完善和不断全面的道德认识结构，这种结构的建构是通过对外部道德期待或道德行为规范不断的同化或顺应，主客体相互作用的建构过程。

道德认识以道德概念、道德规则等为内容，以道德判断为形式，道德内容与形式相互统一是发展完整道德认识的前提。

1. 道德概念的掌握

道德概念是对道德规范及意义的理解，是对道德标准的概括的认识。它指导道德的行为，评价自己和他人的道德行为。道德概念是在学习和生活实践中逐步形成的，随年龄的增长，道德概念的掌握是从直观、具体向概括、抽象方向发展的。

关于儿童道德概念的发展，有人对小学二、四年级儿童进行“什么是道德高尚的人”的研究说明了儿童对道德概念的理解有三种水平：一是停留在个别现象，如“不打人不骂人”；二是比较全面地理解其含义，但相当具体，如“关心集体、爱护同学、做好事、讲文明，努力做集体的小主人”；三是能全面理解而且认识深刻，如“坚持真理、实事求是、敢于和损害集体利益的坏人做斗争”，能举出日常生活的具体实例。可见，学生的道德概念表现为三种水平：第一种是具体的道德概念，与具体的道德行为或道德形象联系起来；第二种是知识性的道德概念，这一类道德概念作为知识理解，没有内化为道德观念，不能指导道德的言行；第三种概括化了的道德概念，这一类道德概念内化为自己的道德观念，成为指导自己的言行和进行道德评价的标准。

学生道德概念的形成过程中常会发生错误概念或糊涂观念，如认为帮助同学抄作业或考试作弊，是“友谊”的表现等，并且对教师、父母提出的道德要求不接受、抗拒、逆反，产生“心理障碍”或称为“意义障碍”，这是因为学生头脑中存在某些心理因素，阻碍他们对道德规范及意义的理解，难以形成道德动机。通常产生“意义障碍”的原因有：学生经验的局限，对道德要求的实质难以理解或领会，容易产生误会和认识偏差；父母、教师给学生提出的要求不符合学生的实际需要；教师或家长使用的方法让学生难以接受，利用权威进行压制，伤害学生的自尊心；学生生活环境道德现象的多样性，信息多元化，道德判断标准不一致，造成学生道德认识的混乱；等等。教师应选择灵活多样的符合学生需要的方法对学生进行道德认识的教育，不能简单地说教。

2. 道德评价能力的发展

道德评价是指学生根据道德规范，对自己或他人进行的道德判断。道德评价以道德的概念、道德规范为内容，是道德认识的外部表现，是学生品德形成的重要标志之一。道德评价具有价值的倾向，并伴有情感的体验，能给人产生巨大的道德约束力，如善良、正义的价值取向，会让人产生敬畏、抑制、尊严等体验，影响道德行为的选择和道德判断过程。

学生的道德评价能力的发展一般包括下列过程：

一是从依靠成人评价向独立的自我评价的发展，这一过程主要受到父母、教师评价的影响；

二是从依据具体行为评价向运用道德原则评价的发展，这一过程是从现象到本质的认识的发展；

三是从行为结果的评价向行为动机评价的发展，这一过程能逐渐联系动机来考虑行为结果；

四是从评价别人向评价自己的发展，中小学生对自己的评价落后于他人，常常是对别人的评价低于对自己的评价；

五是从绝对、片面评价向客观、全面评价的发展，年级低的学生易以点带面、以偏概全来绝对肯定或否定进行道德判断，随经验的丰富、评价能力的发展，学生能进行全面、客观的评价。

学生的道德评价能力的发展是不均衡的，不能完全以年级、年龄作为划分的标准，而应主要以教育水平作为划分的标准。教师要提高学生的道德评价能力就应做好品德评价的示范，组织学生参加道德评价活动，促进学生的道德评价能力和评价习惯的发展。

（二）道德情感的丰富——激情

道德情感是道德认识转化为道德行为的中间环节，道德情感是个体内在的体验，内容和形式是丰富的，个体品德形成的完整过程中道德情感具有特定的价值和地位。

1. 道德情感的内容

道德情感的内容目标，是以道德感涵盖全部的内容，是在道德关系中个体的道德体验，其中同情、善良、尊严感、责任感是具有核心性、永恒性、迁移性的内容。

道德情感的内容主要表现为：一是人与自然的道德关系方面，表现为人与生物和人与自然作为道德共同体而倾注关心、珍惜及爱的道德体验，有对地球、自然以及自然界生物的感谢之心。二是人与操作对象的道德关系方面，表现为对操作对象客观特征、固有秩序的尊重和敬畏之情，对操作对象有规律专注、迷恋和探究的理智之情。三是人与他人之间的道德关系方面，表现为同情、仁慈、宽容、体谅之心，有涵养的，与人友好、合作的，和谐、融洽、豁达的性情。四是人与社会之间的道德关系方面，表现为热爱家乡、学校集体、职业团体，直至热爱祖国、关心世界和平和人类公正，以及地球人类终极命运的爱心、亲和力、荣誉感、责任感、正义感、终极关怀等。五是人与自我的道德关系方面，表现为热爱生活、享受生命，以及自知、自控、自尊、自爱的自我接纳感受、自我同一感。

2. 道德情感的具体表现

情绪、情感发展在神经生理—心理上应有的正常功能状态，包括情绪的感受性、情绪的分化度、情绪的唤起强度和调控适度、情绪的稳定性等。道德情感就具体而言表现为移情能力、情绪的辨认能力、情感调控和表达能力、体验理解能力。

移情能力是指一个人对他人情绪、情感的共鸣反应能力。大量的心理实证研究证明移情能促进亲社会行为的发生，是人类最重要的“亲社会性动机”。情绪辨认能力是对表情的辨认、对别人或自己内在感受、内在情感需求的辨认。情感调控和表达能力是指人通过丰富多彩的文化情境和人际情境，使消极的情绪得到合理的宣泄，情感表达准确、合理而丰富，学会选择与最重要的价值相一致的方式对具体情境做出反应。体验理解能力是指与逻辑—理智理解相对的一种独特的理解方式，表现为人在兴趣—关心的驱使下组织智力加工，对客体投入自己的主观情感，以深入、体验、主客融合、人我共感的情感状态把握客体，或者导致认知过程的阶段性完成，产生新的、更为高级复杂的情感性动机，如期待、希望等，或者形成对人和事的智慧处理，全面系统的把握。

3. 道德情感培养的时序性

尊重情感发展的规律，把道德情感的教育科学地区分为不同的阶段，抓住教育的关键期。3~8 岁是儿童兴趣发展和快乐的时期，这一时期完成儿童情感从自然依恋向群体小社会依恋的过渡和情感适应，从温馨的师生关系、伙伴关系中去建立学生在学校集体中的安全感、信任感，为健康和谐的人格奠定基础。9~14 岁是自尊和荣誉感时期，学业中的胜任、成功，同伴交往的认同和接纳，师生间的信任、重视、尊重、关爱，成为少年安宁、自足、愉悦的情感来源。教育者应在教育中促进学生的自尊和荣誉体验，防止过多的自卑体验，自我否定，形成在积极、健康的自我观念启动下的工作责任感、学业成功感、同伴友谊感、集体荣誉感及归属感。15~22 岁是自我同一感时期，是实现青少年理想自我与现实自我的时期。教育者应帮助学生建立准确的自我形象和合理的社会角色期待，以自我同一性防止角色的混乱或消极的自我同一性，在原有的自尊感、友谊感、集体荣誉感的基础上衍生出公民感、职业感、人际适应感、社会责任感等具有广泛意义和丰富复杂的道德情感。

（三）道德意志行为的实践——导行

1. 道德意志与道德行为

（1）道德意志既表现在道德动机的产生过程中，也表现在道德行为的实施过程中。道德意志主要表现为：一是控制和调节个人的需要，积极满足社会性的道德需要；二是协调动机冲突，符合社会要求的道德动机战胜不符合社会要求的不道德的动机；三是对道德情感的自我调节，情感服从理智，抑制与道德要求相矛盾的道德情感，采取与道德要求相一致的道德行为方式；四是克服道德行为中的困难，排除干扰，实现道德行为目标。

（2）道德行为是一种意志行为。道德行为的发展具有以下特点：一是自觉性，儿童道德行为从教师的外部要求逐渐转化为自己的内部力量，自觉性增强；二是独立性，儿童能自主地进行道德活动，不依赖于他人的指示，随年龄的增长，学生的独立性增强；三是稳定性，低年级的儿童活泼好动，缺乏自制力，良好的道德行为不稳定、不巩固，随着年级的增加，良好的道德行为习惯逐渐巩固和稳定；四是冲突性，良好的道德行为习惯与不良的道德行为习惯之间的矛盾，由于儿童对道德观念的错误认识、不健康的需要、情绪的异常表现、自制力差、不良行为未及时制止和矫正等原因，在学生身上表现出不良行为习惯，学生的道德行为标准会出现混乱，造成矛盾和冲突。

2. 抗拒诱惑

抗拒诱惑是道德意志的现实表现，是按社会道德规范在生活情境中对自己行为的调节和约束。

心理学家对抗拒诱惑做了许多的实验，其中，阿隆弗里得（Aronfreed，1968）的实验就是对不同的惩罚对抗拒诱惑自制力的影响研究。主试在小学儿童面前放两个玩具，一个是新奇玩具，好玩并具有诱惑力，另一个玩具是儿童玩过、熟悉的、无吸引力的，主试要求儿童选取其中一个，并编一个故事来说明该玩具的特色。每一个儿童单独进行实验。实验设计为三种情境：第一组（实验1组）儿童正想取，但还未取到新奇玩具时，主试立即厉声地给予制止，说“不行，那是留给大孩子的!”被试只好取另一个玩具；第二组（实验2组）则在儿童取到玩具后再以同样方式来制止儿童取新玩具；第三组（控制组），主试让儿童任意取玩具，不给予限制。该实验实质上对实验组儿童进行了抗拒诱惑的训练，儿童虽然喜欢新奇玩具，但是因为要留给大孩子，所以只好控制自己。主试进一步在无人监管的情况下，任凭儿童选取喜爱的玩具，暗中记录，结果在抗拒诱惑的自制倾向上，第一组最大，第二组其次，第三组最差。实验说明要让儿童学会抗拒诱惑，需要适时、适度的惩罚。

3. 言行一致

心理学的研究表明，教育者的言行是否一致，对于受教育者能否遵守规则具有明显的影响。米斯切尔（W. Mischel，1966）等曾进行如下实验：把被试分为两组，玩有规则的滚木球游戏，投中者得分，满20分可得奖，实验分为三个阶段。实验第一阶段，两组儿童各和一位成人同玩。第一组中的成人扮演言行一致的角色，第二组中的成人扮演言行不一致的角色。第一阶段的实验结果，两组儿童的得分差异不大，第二组儿童并没有立刻照成人的榜样行事。实验的第二阶段，两组儿童不与成人在一起，分别在一间有单向观察孔的房内玩同样的游戏，并自报成绩。第二阶段的实验结果发现，第一组得分仍然很低（只占总次数的1%左右），表明他们还是严守规则的，第二组得分高（占总次数的50%以上），表明他们一旦离开成人，就会仿效成人榜样行动，把不守规则投中的球都算上了分。实验的第三阶段，把两组儿童混杂在一起玩，结果第一组儿童由于受到第二组儿童的影响也降低了标准。可见，教育者及家长对学生的榜样示范性是非常重要的，会影响其对道德规范的领会和道德行为的习得。

第四节　高职学生的纪律管理

高职学生纪律性不强的现象，应该是高职院校普遍存在的问题，如何提高高职学生的纪律性，也是高职院校在不断探索的课题。下面我们从个别学生的纪律问题和班级群体学生的纪律问题这两个角度去探究一下高职学生的纪律问题与管理措施。

一、个别学生的纪律问题与管理

学生的纪律问题大致包括两种情况：一是个别学生经常表现出的纪律破坏行为，二是班级群体性的纪律问题。对这两类纪律问题，我们要分别对待，采取不同的措施。

（一）个别学生违反纪律的原因

任何行为的产生都是有原因的，个别学生违反纪律的行为也是一样。只有真正了解学生出现纪律问题的原因，才能有针对性地解决这一问题。诱发学生破坏纪律的具体原因多种多样，归纳起来有以下几个方面：

1. 因学习内容枯燥而缺乏坚持性

有个别学生只对生动有趣的学习内容感兴趣，而一旦老师讲到理论性较强、较抽象的地方就会出现注意力不集中的现象；还有个别学生是因为对所学科目不感兴趣，一到上这门课程，他就找人聊天、玩东西、观窗外、看小说或做恶作剧等。

2. 缺乏良好的行为习惯

有的学生从上幼儿园或小学开始，就没有养成良好的遵守纪律的行为习惯，无法有效地控制自己。只要上课，每隔几分钟或十几分钟，就会注意力不集中而干其他的事情。

3. 因产生不良情绪而发泄

由于学习压力过大，或者由于家庭经济困难、父母关系不好甚至离异，或者对班级群体缺乏认同感，人际关系不和谐或者失恋等原因，从而产生挫折感或导致心理紧张，感到压抑而发泄。

4. 寻求注意、承认和地位等代偿性满足

奥地利心理学家阿德勒认为，人人都有追求优越的本能，都希望得到他人或群体的承认、接纳和认同，都有尊重的需要。但有的学生由于学习成绩不好，又没有其他特长，从而产生自卑感，尊重需要得不到满足。面对这种自卑感有两种选择：一是超越自卑，将境遇低下的现实状态变为动力，发愤图强，达到优越。二是寻找代偿性满足，作为自卑感的过度补偿。个别同学就选择了第二种方式，通过破坏课堂纪律来引起同学们的注意。

（二）正确对待和处理个别学生的纪律问题

1. 正确对待个别学生的纪律问题

纪律问题是任何一个教师都要面临的问题，当有学生破坏课堂纪律而影响正常的教学秩序时，教师首先要冷静下来，千万不能因学生的破坏行为而恼羞成怒，陷入与学生同水平的争辩之中，失去教育者应有的地位和形象，从而产生新的冲突和矛盾。

要认识到学生的纪律问题是一种习得行为，不是先天的，是可以改变的。关键是教师要关心、爱护学生，尊重学生的自尊心，同时要严格要求学生。在此前提下，与学生平等地交流，就纪律问题的解决达成共识，寻求最佳的解决途径。

2. 时刻牢记解决纪律问题的最终目的是保证正常的教学秩序

从本质上讲，当学生出现纪律问题时，老师和学生不存在对立的、不可调和的矛盾，很多时候，学生自己也为出现纪律问题而苦恼。所以，老师要时刻牢记解决纪律问题的最终目的在于回到正常的教学进程中去，而不是追究学生的责任，惩罚他们，从而损伤他们的自尊心。如果老师只顾发泄自己的情绪，而忽略了解决问题的最终目的，不但解决不了问题，还会产生新的矛盾，影响师生关系，从而给教学带来更大的影响。

3. 有针对性地解决问题

既然学生产生纪律问题都有自己的原因，而且原因各不相同，因此，教师解决纪律问题时就不能一刀切，应有针对性。如果是因教学内容枯燥而出现纪律问题，一方面老师要尽量把课上得生动有趣，另一方面要让学生明白，在教学中能引发学生兴趣的东西总是有限的，有些东西很有意思，但用处不大；有些虽枯燥无味，却非学不可。十年寒窗，青灯黄卷，学习本身就是一件苦差事，这是人生的必经阶段。对有兴趣的知识要认真学，没有兴趣的知识更要认真学。如果学生是因为没有养成良好的遵守纪律的行为习惯，作为老师，就要有耐心地帮助学生慢慢地养成良好的习惯，学会控制自己。这需要一个很长的过程，包括其中的反复阶段。如果学生是因产生不良情绪为了发泄而影响纪律，就要尽可能地帮助其解决引起不良情绪的事情，同时要让学生明白，情绪的宣泄要讲究方式，不能损害别人的利益，或违背道德规范，要采取社会认可的方式宣泄，最好是以积极情绪代替消极情绪。如果是因为自卑而寻求代偿性满足，就要告诉学生，只有自己拥有真正的本领，才能赢得别人的尊重。通过破坏纪律而得到代偿性满足，只能走向歧途。

4. 教师要通过自己切切实实的工作解决问题

有个别老师，学生一出现纪律问题就状告家长或扩大到学校，这最容易引起学生的逆反心理，并由此恨老师、恨学校、恨学习。老师应通过自己切切实实的工作来解决问题，而不是假手家长或学校。

二、班级群体的纪律问题与管理

有时候老师上课会碰上这样的情况，整个教室乱哄哄的，几乎所有的学生都没有认真听讲，有的说话，有的看小说，各干各的。这就不是个别学生不守纪律，而是班级群体的纪律问题。

（一）班级群体纪律不良的原因

班级群体纪律不良的原因，归纳起来，大致有以下几种：

1. 与班风有关

班风的好坏直接影响学生的思想和行为。良好的班风会对班级成员起到良好的教育作用和规范作用，使班级内的积极因素得到强化，建立起团结的高效率的班级群体。班级的正确舆论、良好的学习气氛会陶冶学生的情操，磨炼学生的意志，形成良好的行为方式。有的班级形成了不爱学习，不守纪律，上课随随便便的不良班风。不管上什么课，都没有良好的纪律秩序。

2. 与课程有关

有的班级在上大多数课程时纪律良好，而只在上其中某一门课或两门课时存在较严重的纪律问题。这种情况可能是由课程的性质决定的。有的课程本身内容枯燥无味或深奥难懂；也有的课程，如思想道德课程，由于道德化，理论联系实际不够，灌输的教条解决不了社会前进中遇到的新问题，一些思想道德课程成了摆设，引起了学生的反感，学生觉得学了没有什么意义，从而导致不良的纪律。

3. 与任课教师有关

有的班级在大多数老师上课时纪律较好，而只有在某一位老师上课时纪律不好，这就可能是老师的原因造成的。有的老师上课教法呆板，语言枯燥，或讲述不清；也有的老师与班级学生群体发生过矛盾，彼此留下不良印象，师生之间产生了抵触情绪，相互反感。

导致班级群体纪律不良，除了以上原因以外，还有其他一些原因，如校风不好，或者生源差等。以上三种是主要原因。

（二）解决的办法

1. 重建良好班风，重塑行为习惯

班风一经形成就具有相对稳定性，是一种巨大的教育力量。它作为一种氛围、一种风尚，能对其中的成员产生暗示作用，给人以潜移默化的影响，使人在不知不觉中受到感染和熏陶。所以，如果是班风不良而导致纪律不好，就只有通过重建良好班风来加以纠正。只是班风的重建需要一个较长的过程，需要付出艰辛的努力。

2. 切实解决与纪律有关的具体问题

如果是因课程的原因引起纪律不良，一方面要提高课程内容的趣味性，另一方面要锻炼学生的意志，提高坚持性；如果是因为教师教法呆板，或能力有限而降低教学质量，就要想方设法提高其教学艺术或教学能力；思想道德课程也应该进行改革，应普开心理课程，并与政治、道德、法律等课程构成一体，强化人格、思想和心理的综合教育。

面临班级纪律问题的老师要自己解决问题，而不要借助其他人的权力。否则，即使当时解决了问题，但仍潜藏着危机，同时也会影响到老师的威信。

当然，解决纪律问题没有一个固定的通用的公式，而应该因人、因地、因时采取具体的灵活的方法，但其原则和原理是相同的。

第九章 技能学习与教学指导

高职学生不仅应具有丰富的基本知识与良好的知识结构，还必须具备学习的基本技能，因此，技能的学习与掌握是高职学生学习过程中的重要方面。掌握技能的水平较高，对知识的学习和能力的培养有积极的促进作用。教师必须掌握学生技能形成和学习的心理发展规律，才能有效地帮助和指导学生学习和掌握必备的技能，以促进学生的发展。

第一节 技能的性质

一、技能的一般概念

技能是指通过练习而形成的、能顺利完成活动任务的操作方式。如游泳、写字、解题、计算、阅读、构思等均是技能。技能非先天就有，而是后天通过练习而逐步形成的，并具有明显的时代性和社会性。古代人不可能学会修理电脑，因为这种技能是现代生活才具有的；西方人用刀叉，中国人则用筷子吃饭，这是由于不同的文化形成的差异。技能是由一系列局部动作构成的，而动作的形成和完善有个过程，因此，技能有高级、低级之分。低级阶段的技能需要较多的意识控制，常表现出不熟练，只达到“会”的水平。高级阶段的技能则是自动化的操作方式，较少或甚至不需要意识控制，所以可称为熟练技能，已达到了“巧”的程度。技能的掌握与知识的掌握分不开，但在技能形成之初，人头脑中关于技能的经验是陈述性知识，这种知识主要还是概念性质的。经过多次练习形成高级技能时，人脑储存的则是程序性知识，这种知识很难用语言描述出来。

二、技能的分类

依据技能的性质和特点，可将技能分为动作技能和认知技能。职业教育教学更应强调教学的实践性，因此，在教学中应将两者紧密联系起来。

（一）动作技能

1. 动作技能的含义

动作技能也叫运动技能，是指由身体动作组成的自动化的活动方式。动作技能的构成包括三种成分：①动作或动作组。②体能。③认知能力。因此我们认为，动作技能是在练习的基础上，由一系列实际动作以完善的、合理的程序构成的操作活动方式，如驾驶、弹钢琴和打字等。动作技能本质上体现为按一定的关系组织起来的成套实际动作，是动作的连锁化，即动作一旦形成，只要动作刺激出现，就能自动地完成一系列的动作反应过程，表现出迅速、准确、协调、流畅、娴熟的特点。

2. 动作技能的种类

根据不同的标准可以把动作技能划分为不同的类型，动作技能的分类是相对的。

（1）连续性动作技能和非连续性动作技能。根据动作是否连贯，动作技能可分为连续性动作技能和非连续性动作技能两种。连续性的动作技能是指需要完成的动作序列较长，在完成活动任务的过程中需要根据复杂的内外刺激进行连续、不间断的调节和校正的动作技能，如驾驶、打字、弹琴等。非连续性的动作技能是指只包含较短的序列，可以进行精确计数，并对一个特定的外部刺激做出一个特定反应的运动技能。它是由突然爆发的动作组成的，如射箭、举重、急停投篮等。

（2）封闭性动作技能和开放性动作技能。根据主体对外部条件的利用程度，动作技能可分为封闭性动作技能和开放性动作技能两种。封闭性动作技能是指完全依赖肌肉的内部反馈信息指导的动作技能，如跳水、投掷铁饼等。开放性动作技能是指必须根据外部刺激的变化而相应调节自己动作的动作技能，如驾车、踢球、击剑等。

（3）精细动作技能和粗大动作技能。根据所涉及的骨骼、肌肉以及动作幅度大小，动作技能可分为精细动作技能和粗大动作技能两种。精细动作技能是指在狭小空间范围内进行，并要求动作具有协调、精致、幅度小的特点的技能，如打字、刺绣和雕刻等。粗大的动作技能是指在较大空间范围内进行并要求做大幅度动作的技能，如跑步、游泳、打球等。

（4）工具性动作技能和非工具性动作技能。根据完成活动时是否需要凭借一定的工具，动作技能可分为工具性动作技能和非工具性动作技能两种。工具性动作技能是指需要操纵某种工具才能完成活动的技能，如写字、打字、雕刻等。非工具性动作技能是指不需要操纵工具，只需要利用机体一系列的骨骼、肌肉运动就能完成活动的技能，如跳舞、走路、唱歌等。

（二）认知技能

1. 认知技能的含义

认知技能又叫智力技能，是人们在进行认知活动时所采取的认知活动方式或方法。例如，人们在观察、记忆、阅读思维或想象时分别采用的各种方法。认知技能既可以借助于语言，也可以借助于形象来进行；它既可以与某种特殊的认知活动有关，又可以在任何认知活动中出现。西方一些心理学家将认知技能与关于认知活动的操作性知识混淆起来，将其称为程序性知识。其实操作性知识只是一类专门叙述活动的规则、方法的知识，如解一元一次方程的规则包括去括号、去分母、移项、合并同类项、方程两边同除以未知数的系数，它指明了解一元一次方程这一活动的步骤，属于知识范畴。要真正把这一操作性知识转变为认知技能。还必须通过实际操作，通过练习才能实现。可见，操作性知识主要是“知与不知”的问题，而认知技能则主要是“会与不会”的问题。至于一般的知识，则与认知技能更加不同了。值得注意的是，动作技能与认知技能并不能截然分开，许多技能中常常既有动作技能，又有认知技能。如写作，从外部说，它是手和眼的协调配合（如何写）；从内部说，它却取决于大脑的智力活动（写什么）。

2. 认知技能的种类

智力技能也有两种分类：

（1）智力技能分为一般智力技能和专门智力技能，前者如运算、写作；后者如商务谈判、营销策划等。

（2）这一分类由加涅（R. M. Gagne）提出，他根据智力技能由简单到复杂的程度，将其区分为辨别、掌握概念、掌握规则和掌握高级规则四种。

3. 认知技能的特征

与动作技能相比较而言，认知技能有下列特征：

（1）认知技能操作对象的观念性。动作技能操作的对象是外部物质对象。而认知技能的操作对象是客体在人脑中的主观映像，是知识、观念、信息。而知识、观念、信息等都属于人的观念范畴，具有主观性，因此，认知技能是对观念的加工、改造活动，具有观念性。这种操作虽然不以外部事物为对象，但却是针对外部事物在头脑中所形成的映象的。

（2）认知技能操作过程的内潜性。动作技能总是以肌肉活动为基础，因此，它常常是外显的、可观察的活动方式，而认知技能的进行是在人脑内部，借助于内部言语进行的，是内隐的、不可观察的内部活动方式，因此具有内潜特性。

（3）认知技能操作结构的简缩性。就运动技能本身而言，它是程序性的动作方式，因而往往不能省略。认知技能在达到熟练的程度之后，却常常能加以简略；例如对心算很熟练的人，他并不需要把数字运算的每一过程都在头脑中“显现”出来，而常常是一看到数学表达式就很快得出答案。在这里，认知技能就被高度简编化了。

第二节　动作技能学习与教学指导

一、动作技能形成的阶段

技能由不会到会，由初会到熟练，是一个逐渐发展的过程，而促进这种发展的基本条件则是练习。动作技能的学习一般要经历习得、保持和迁移的过程，动作技能的形成是指通过练习从而逐渐掌握某种外部动作方式并使之系统化的过程。费茨（T. M. Flits）和波斯纳（M. I. Posner）提出了动作技能形成的一般过程，包括以下三个阶段：

（1）认知—定向阶段。在形成某技能之前，应形成掌握这种技能的动机，学习者通过指导者的言语讲解或观察他人示范的动作模式，或自己按照操作说明或使用手册的要求，试图对所学技能的任务、性质、要点进行分析、了解和领会，学习与该技能有关的知识，在头脑中形成这种技能的最一般的、最粗略的表象。这是通过认知活动实现的目的定向活动，故称为认知定向阶段。在此阶段，学习者的注意范围较狭小，只能集中于个别动作，不能控制动作的细节和全局。因此，动作呆板、迟缓、不稳定、不协调，有多余动作，且动作的连贯性差，需要较多的意识控制。

（2）动作系统初步形成阶段。这是把局部动作综合成更大单位，从认知方面转向动作方面，最后形成一个连贯的初步动作系统的阶段。通过认知定向和练习，学习者头脑中已形成了动作的表象，掌握了一些局部动作，并开始将局部动作联系起来，但动作之间的联系还不紧密。在此阶段，重点是使客体刺激与动作反应形成适当联系。为此必须排除过去经验中习惯的干扰以及局部的动作之间的相互干扰。

（3）动作的协调和技能的完善阶段。这是技能的自动化阶段，是技能形成的最后阶段。在此阶段，各个局部动作联合成为一个完整的自动化的动作系统，成为一个有机的整体固定下来，整套动作序列能依照准确的顺序以连锁反应的方式实现。在执行动作时，技能从由大脑高级中枢控制逐步向大脑的较低级中枢控制转变，意识成分的参与减少以及多余动作和紧张状态消失，注意范围扩大，并能根据情境变化灵活准确、迅速地完成整套动作，整套动作自动涌现，无须特殊的注意和纠正。总之，动作技能的形成需要从领会动作要点和掌握局部动作开始，到建立动作之间的有机联系，最后达到整套动作的协调和完善。

二、动作技能形成的特征

动作技能形成的特征是达到熟练操作。所谓熟练操作，是指动作已达到较快速度，准确、流畅、灵活自如，且对动作组成成分很少或不必有意识注意的状态。研究表明，熟练操作具有以下主要特征：

（1）行为控制从有意识向无意识转化。在动作技能形成初期，各种动作都受意识支配调节。如果意识控制稍有减弱，动作就会停顿或出现错误。通过反复练习，一旦动作达到熟练程度，意识调控被自动化取代，那么动作就是无意识进行的，很少或基本不需要意识控制。

（2）利用细微线索的变化。在初步掌握动作技能时，学习者只能对那些很明显的线索（如指导者的提示）产生反应，不能觉察自己动作的全部情况和错误。而动作熟练后，学习者能觉察到自己动作的细微差别，仅凭细微的线索就能改进调整自己的动作，做出适当的反应。例如，在唱卡拉OK时，开始只能看字幕，到后来就不需要，根据音乐的节奏就可以了。

（3）动觉反馈作用加强。动作技能的反馈包括两类：一类是外部反馈，即对反馈结果的知悉；另一类是内部反馈，是以肌肉活动本身的动觉刺激形式（肢体感觉）出现的。在初步掌握动作技能时，学习者主要依据外部的视觉反馈来调节自己的动作，而在动作技能的熟练期，学习者主要依据内部的动觉反馈来操作或调节自己的动作。

（4）形成运动程序的记忆图式。所谓运动程序的记忆图式，是指经过长期的练习而在长时记忆中形成的关于动作的有组织的系统性知识，它使完整的操作流畅地执行。拉斯罗研究表明，运动技能的熟练程度达到某一阶段时，人的头脑中就会产生运动的指导程序，并以此程序来控制运动。

（5）在不利条件下能维持正常操作水平。检验动作的熟练程度，更重要的是考察在不利条件下表现出来的操作水平。一般来说，越熟练的动作，越能在外界情况变化下或面临紧急情况时维持正常操作水平。如著名的球星在有对手贴身防守，甚至由于对手犯规而使自己失去平衡时，仍然可以将篮球投入篮筐。紧急情况的突然出现，可能使不熟练者手足无措，但能使熟练者的技能发挥至高峰。

三、动作技能的保持与迁移

（一）动作技能的保持

动作技能一经形成，就不易遗忘。动作技能的保持比知识的保持更牢固，越是复杂的动作技能，保持的时间越长；越是简单的动作技能，保持的时间越短。为什么动作技能不易遗忘呢？弗雷西门（E. A. Fleishman）和派克（J. F. Parker）的实验可以部分地回答这个问题。他们设计了一个类似驾驶飞机的任务。在实验中，被试握一操纵杆，该操纵杆可以左、右、前、后移动，控制两维的运动。被试要用脚去控制方向舵，方向舵像一块跷跷板，可以围绕一个支点上下运动。被试需要使操纵杆在一个阴极射线管的中心保持一个光点，若光点偏离中心，他必须及时调节操纵杆，使光点回到中心位置。在阴极射线管的上方有一个伏特计，被试用脚踏方向舵，使伏特计指针同样保持在中心位置上。这一任务是颇为复杂的，被试既要观察光点和伏特计指针的移动，又要手脚并用进行不同的操作。被试练习 50 次，每次 6 分钟，历时 17 天，达到了熟悉水平。在训练完成以后，将被试平均分成 3 个级别。其中 1/3 的被试在 9 个月后进行测试，1/3 的被试在 12 个月后进行测试，最后 1/3 的被试在 24 个月后进行测试。结果表明，前两部分被试对技能没有遗忘。最后的那部分人对技能虽有少量遗忘，但经过 6 分钟练习后，便完全恢复。也就是说，已经掌握了的动作技能，经过两年以后，仍然基本保持完好。

上述实验可以给我们如下的启示：第一，动作技能是在大量练习的基础上获得的。如在上述实验中，被试用脚踏方向舵，经过 300 分钟的练习，反复将伏特计指针调整到中心位置，这里有大量的过度学习。大量的练习往往意味着过度学习，而且在练习过程中常凭借外部和内部反馈信息来不断地校正动作，完善动作。因此经过过度学习的任务是不易遗忘的。研究表明，动作技能越复杂，练习量越多，遗忘发生得越少；动作技能越简单，练习量越少，遗忘也越明显。第二，许多动作技能是以有序连续的局部动作为基础的，有序连续的动作只要出现某一局部动作，动作的其他连锁就会相应出现，因此有序连续的动作序列构成的动作系统不易遗忘。在上述实验中，被试要追踪光点和指针，连续进行调节。连续的任务相对简单，故不易遗忘。如果动作技能是由许多完全不同的孤立动作成分构成的，其遗忘程度也会与言语材料的遗忘相去无几。第三，动作技能不同于言语知识，它的保持高度依赖小脑的低级中枢，这些中枢可能比脑的其他部位有更大的保持动作痕迹的能量。

（二）动作技能的迁移

动作技能的学习与知识的学习一样，也存在着迁移现象。即已学得的知识、技能对学习另外的知识、技能的影响，这被称为知识、技能的迁移。运动技能的迁移可分为不同类别：①从迁移的性质及其作用分为正迁移和负迁移。已经掌握的技能对学习新技能有积极影响，这是正迁移。如先学会了骑自行车，再学习骑摩托车，就会显得容易一些，这就是由于正迁移的作用。已经掌握的技能对于学习新的技能有消极的影响，这是负迁移。例如，习惯于左脚起跳做撑竿跳高的人，在学习用右脚起跳作撑竿跳高时往往觉得很困难，这就是由于负迁移的缘故。②从迁移发生的方向划分为顺向迁移和逆向迁移。先学会的技能对后学习的技能产生作用，这是顺向迁移，如前例；后学习的技能也会对先学习过的技能产生作用，这是逆向迁移，例如，先前钢笔字写不好，但是后来学习了写毛笔字后，发现钢笔字居然也有了进步，这就是逆向迁移的缘故。③从动作的特点及其关系来划分，可以把动作技能的迁移划分为以下几种迁移形式：a. 双侧性迁移。双侧性迁移又称交叉迁移，是指在身体一侧器官形成的技能迁移到身体另一侧器官。研究表明，双侧性迁移最明显是人体对称部位，即左手—右手、左脚—右脚；其次是同侧部位，即左手—左脚、右手—右脚；最弱的是对角线部位，即左手—右脚，右手—左脚。双侧性迁移对于需要双手或四肢协调的动作技能的学习具有促进作用。b. 语言—动作迁移。这是指在动作练习前的语言训练对掌握动作技能有影响作用。一般来说，只有当语言的反应不干扰被试的动作时，如语言就是对该动作的表征，或者语言的反应简单，或语言能提高知觉的辨别能力等，学习动作技能前的语言训练才能对动作技能产生正迁移。c. 动作—动作的迁移。这是指已形成的一种动作技能向另一种动作技能的迁移。两种动作技能之间既可以产生正迁移也可以产生负迁移。当两种动作技能的学习存在相似的注意分配、反应速度、操作动作成分、操作方式时，则产生正迁移。如学会骑摩托车就较容易掌握驾驶汽车的技能。当两种动作技能的动作成分相似，操作动作的方式相反时，则容易产生负迁移。如习惯于从自行车左边上车的人很难掌握从自行车右边上车的技能。

四、促进动作技能学习的条件

动作技能的形成要经历一个复杂的过程，需要具备一系列的条件，为了提高动作技能学习的效率，必须充分了解制约动作技能形成的条件，这些条件可以分为内部条件和外部条件两类。

（一）促进动作技能学习的内部条件

1. 具备学习动作技能的动机

学习动作技能的动机是促使学生积极学习动作技能的内在驱动力量，它是在学习者产生学习动作技能需要的基础上形成的，它对学习者持久学习动作技能起到积极的促进作用。例如，学习者对电脑五笔打字的技能产生了学习的意图、兴趣，形成了强烈的学习动机，就会热情地接触它，认真钻研五笔字的特点、规律，并积极上机练习，从而尽快获得这一技能。

2. 具有相应的生理成熟水平和丰富的知识经验

大量的研究与日常的观察表明，学习者掌握动作技能的能力随年龄和经验的增加而提高。生理成熟是学习动作技能的基础，知识经验是学习动作技能的重要条件，学习者生理成熟水平愈高，知识经验愈丰富，动作技能的学习效果愈好。一般来说，成熟与知识经验对动作技能学习的影响是相对的，对简单的动作技能的学习，生理成熟所起的作用相对较大；对复杂的动作技能的学习，知识经验所起的作用相对较大。

3. 具有正常的智力水平

当学习者的智力处于正常水平时，与小肌肉活动有关的动作技能的学习与智力水平有较低的正相关，智力水平越高，动作技能学习成绩越好；与大肌肉活动有关的动作技能的学习与智力水平之间几乎没有什么相关。当学习者的智力处于常态以下时，小肌肉与大肌肉的动作技能的学习和智力之间存在明显的正相关，智力越低，动作技能的学习速度越慢，越难获得动作技能。

4. 良好的人格特征

人格特征与动作技能的学习关系密切。奥吉利夫（B. Ogilive）和塔特科（T. Tutko）在1967年的研究表明，与出色完成竞赛活动有关的人格特征有：①较高的成就动机；②忍耐力、坚持性；③抗干扰、承受打击和注意稳定的能力；④控制能力；⑤任劳任怨、努力、吃苦精神；⑥自信、大胆、心胸开阔；⑦高于常态的智力水平。由此可见，良好的人格特征，对动作技能的学习和掌握起着促进作用。人格类型也会影响动作技能的学习。外向型与内向型人格类型对动作技能的学习会造成不同的影响。外向型的人与内向型的人相比较，动机水平高，活动效率也较高；外向型的人比内向型的人较难形成条件反射；外向型的人易于形成粗大动作技能，内向型的人易于形成精细动作技能；外向型的人动作速度快，但欠准确，内向型的人动作速度慢，但准确性高；外向型的人动作的灵活性高，内向型的人动作的灵活性较低；外向型的人动作的稳定性较低，内向型的人动作的稳定性较高。

（二）促进动作技能学习的外部条件

1. 科学的指导

在动作技能的学习中，有效的指导是不可缺少的。指导主要包括讲解和示范两种形式。结合动作技能的特点进行讲解和示范，对动作技能的学习起着积极的促进作用。

（1）讲解。讲解可以以口头形式进行，也可以借助文字模型、草图等进行。讲解的内容包括：

第一，学习动作技能的目的。如教师应明确告诉学习者要学习什么，明确提出动作技能应达到什么目标，并向他们提出适当的切实可行的期望，使学生明确“做什么”和“怎么做”，形成对自己的正确评估，并能根据自己的能力与学习任务的目标而调控自己的练习过程。

第二，动作技能的性质。如告诉学习者是连续性动作技能还是非连续性动作技能，是工具性动作技能还是非工具性动作技能。

第三，学习程序与步骤。如告诉学习者有关动作技能的步骤、动作顺序、练习时间与分配方式等。

第四，注意事项。如告诉学习者学习该动作技能的难点是什么，什么时候容易出现错误和危险，如何学得最快，保持得最牢固，运用得最灵活等。

（2）示范。讲解是教师讲学习者听，而示范则是教师做给学习者看的。教师直接以动作方式演示，学习者通过观察示范动作，也能获得相应的动作技能。示范主要有两种形式，第一种是由教师做出示范。根据教师与学习者所处的相对位置，具体可以把教师做出的示范分为三种：一是相向示范。在教室情境中，教师对学生进行面对面的示范。该种方式易产生左右反向的不良影响。二是围观示范。这种方式教师居中，学习者围而观之，该方式易使学习者因观察角度不同，影响动作的准确性。三是同向示范。学习者在教师背后，且居高临下，该方式可以避免左右反向及观察角度不同造成的不良影响。第二种是借助视听教学进行示范。如通过观看教学电影、幻灯片等。这种方式可以提高学习者的学习兴趣，提高教师指导及学习者学习动作技能的效率。上述示范都要求动作准确、规范，力求使包含在技能中的每一个具体动作都清楚地展现出来，并且在动作技能学习的初期，若采用教师直接示范，应尽可能使教师的动作慢速进行，充分展示分解动作，然后再合成完整的动作系统。在动作技能学习中，讲解与示范通常不是孤立进行，而是结合起来进行的。研究表明，示范时结合讲解，或指出错误，进行现场评价效果更好。

2. 练习

（1）练习与练习曲线。技能是通过练习而形成的，所谓练习就是以掌握一定的技能为目标而进行的反复操作过程，或是刺激与反应的重复操作。练习的结果可以用“练习曲线”来表示。它是一个表示技能形成过程中练习次数与练习成绩之间的关系的曲线（图 9-1），借助练习曲线，我们可以分析、考察动作技能随练习量的增加而改进的一般趋势。

（2）练习的一般趋势。练习的总趋势是逐步提高，练习曲线主要有四种类型。如图 9-1 所示，这四种练习曲线表示了练习效果的变化趋势：练习的进步先快后慢（A 线），如跳高、射箭、跳远等；练习的进步先慢后快（B 线），如铅球、游泳等；练习进步最初慢然后快之后又慢（C 线）；练习的进步最初快然后慢之后又快（D 线）。

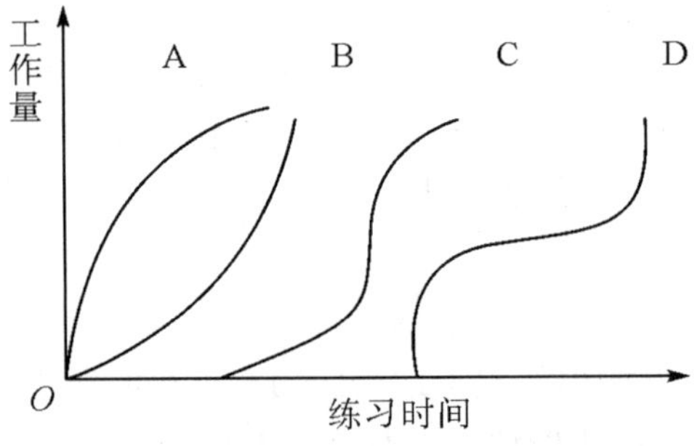

图 9-1　练习曲线

①高原现象。这是指在比较复杂的动作技能形成的过程中，练习到了一定时期成绩会出现暂时的停顿的现象。这种现象一般在练习的中期出现，这时练习曲线保持水平状态，甚至有些下降，但在高原现象后又会继续上升。造成这种现象的原因主要有：感觉机能和中枢机能对动作技能的调节和控制作用减弱；技能水平的提高有赖于动作结构的改进，但实际上并未得到改进；学习者身体素质发展不够，高原现象难以打破；练习过程中出现了生理和心理上的疲劳现象；动机强度减弱、兴趣降低、意志品质差等。只有努力消除这些消极因素的影响才可能避免高原现象的发生。

②练习成绩的起伏现象。在技能形成过程中，也会出现练习成绩时好时坏的现象。这时练习曲线显得起伏不平，其原因主要有两种：一是练习者的主观状态的变化，如健康状况的欠佳，苦闷消极的情绪体验，注意力不集中，缺乏兴趣动机等；二是客观

条件如练习环境、练习工具、指导者等的变化。

③练习成绩相对稳定的现象。在动作技能形成的最后阶段，出现练习成绩相对稳定的现象，通常称为动作技能发展的极限。从人的生理素质和机能来看，每个人掌握一种技能都有一定的限度。动作技能之所以有生理限度，是因为动作是身体的技能，是通过骨骼、肌肉的运动来实现的。身体有其固定的物质结构，动作的准确性、速度、灵活性不能超越身体物质结构的许可限度。但实际生活中，真正达到生理极限的情况很少，动作技能发展的极限是相对的，因此提高技能的潜力很大。只要不断地总结经验，改进操作工具和方法，就能促进技能的发展。

④练习曲线的个别差异。虽然各种运动技能的发展都遵循技能发展的总趋势，但由于各种动作技能的复杂程度不同，学习者的知识经验、人格特征、练习态度、练习方法、主观努力、能力等存在差异，因此练习的进程也各自不同。这就要求教师在指导学习者练习时，既要考虑练习的总趋势，同时还要考虑学习者的个别差异。

（3）练习中的策略问题。影响练习效率的因素很多，要使学习者顺利获得动作技能，一般要注意以下几点：

第一，明确练习的目的与要求。这是影响练习效率的最主要因素。学习者明确练习的目的与要求，有助于提高积极性与创造性，使他们在练习过程中不仅运用感官和动作，而且还展开积极的思维活动，并经常处于意识控制的状态，排除干扰，克服困难，有利于提高练习成绩。同时，具体明确的练习要求、难度适中的练习目标、近期目标等对提高练习效果有更大的促进作用。这通常要求在认知定向阶段就完成。

第二，恰当分配练习时间。动作技能的学习需要充足的时间来进行练习，因此要制定合理的时间分配方案。一般可以分为两种方式：一是集中练习，即指长时间不间断地进行练习，直至掌握某种动作技能为止，中间不安排休息时间；二是分散练习，即把练习分成若干阶段，各阶段安排适当的休息时间。复杂技能的学习常常需要学习者把练习时间分为几段，这样，学习者就能在每段时间内分别练习技能结构中的不同部分，既有利于巩固记忆和加工，又有利于避免疲劳。当然，简单技能的学习则不需专门分配练习时间。

第三，正确采用练习方式。获得动作技能的练习方法主要有整体练习或者部分练习。所谓整体练习是指把要学习的动作技能作为一个整体重复加以训练的练习方式；所谓部分练习是指把一套完整的动作技能分解成同时或按照顺序出现的许多的部分，每次分别进行其中一部分的训练，最后获得完整的动作技能的练习方式。采用整体练习还是部分练习，要考虑动作技能的性质及其复杂程度。如果动作之间要求高度协调，那么整体练习效果将优于部分练习；若动作之间的联系不密切，那么部分练习就是较好的策略。有时，整体与部分相结合的方法也经常得到运用。

第四，充分利用反馈信息。所谓反馈，是指学习者了解自己练习的结果。技能形成中的练习过程是一个开放系统，需要接受反馈信息才能得到发展，其中主要有两种反馈信息，即来自肌肉运动的机体肌肉知觉反馈来自自己观察或外部的信息反馈。在技能形成之初，要有效地利用外部信息反馈，而在技能形成的中、高级阶段，则需要更充分地利用肢体知觉的内部信息反馈。

第五，多做想象练习。在技能形成的认知定向阶段要充分地利用想象练习，对技能的完成加以想象，并在想象中对技能加以操作，这样，就有助于学习者熟悉技能的结构。

第三节　认知技能的学习与教学指导

一、认知技能形成

（一）认知技能形成的阶段

苏联心理学家加里培林经过多年研究，揭示了外部的实际操作动作是如何“内化”为大脑内部的认知操作活动的问题，提出了智力活动按阶段形成的理论。

1. 活动的定向阶段

所谓活动的定向是指在从事实际活动之前对将从事的智力活动的实践模式的了解，也即对智力活动的结构、程序和活动结果的了解，使个体知道该干什么，怎样去干。这实际上是获得有关的操作性知识，而并未实际去操作。在这一阶段，通常要向学生提供活动的“原型”。

2. 物质活动或物质化活动阶段

所谓物质活动，是指运用实物进行认知活动；所谓物质化活动是指运用实物的替代物，如模型、图片、示意图等进行认知活动，它虽然不是实物本身，但却保留了运用实物的优点。

这个阶段是借助实物或实物的模型、图片等进行学习的阶段。学习者以具体的、可见的实物或以其图片为基础进行认知活动，即把认知操作经外部活动显示出来，成为“可见的思维方式”。此阶段的关键是把认知活动分为各种大人小小的可以进行的操作步骤，将认知活动的全过程充分展开，以便让学生了解并实际操作认识活动的全过程。

3. 有声言语阶段

这个阶段已开始了外部的物质活动或物质化活动向内部的转化，即“内化”。这一阶段已经不再需要借助实物或实物的模象，而是借助出声的言语来进行认知活动，比前一阶段进了一步。可以说，这时的认知活动已经摆脱了实物或实物的模象的约束，而以出声的言语充当内部认知操作的支持物，实现了从外部活动向言语的转化。

4. 无声的“外部”言语阶段

本阶段是由出声言语活动阶段向内部转化的开始，并且是以对活动的完全不出声的自由叙述而结束的。这一阶段同前一阶段的不同点在于活动的完成是以不出声的外部言语来进行的，即喉头、嘴、唇在动，只是不出声，默默地在内心进行，这时是以声音表象、动觉表象为基础进行认知活动。

5. 内部言语阶段

这是认知技能形成的最后阶段。这一阶段的主要任务是外部言语向内部言语的转化。按加里培林的观点，所谓内部言语是指无声的、自动化的在意识之外的言语。在此阶段，活动的主要特点是简洁、自动化和远离意识的控制。例如，四则运算时不再默念法则，只是在头脑中出现个别关键的词作为对认知活动的揭示，而且自己也没有意识到这一运算过程，只能觉察到最后的运算结果。

儿童的认知技能的发展一般要经历这五个阶段，并且次序不能改变，只是每个阶段的持续时间却因人而异。儿童某些智力活动不能顺利进行，往往是由于某个阶段没有顺利过渡。因此，教学（或教育）中应该注意分析儿童的问题出现在哪个阶段，以便更好地对症下药。

（二）常用认知技能的掌握与运用

1. 观察技能

（1）有目的地观察。观察是有目的、有计划、持久的知觉活动，培养观察技能，首要的是使学生养成带着目的去观察的习惯，使学生对于观察的目的、计划、步骤方法在观察之前有所准备和安排。有研究证明，在特定的目的、任务的情况下，学生的观察一般更精确。

（2）观察与思维相互结合。在观察过程中，对于出现的各种现象要多问几个为什么，力求做科学的解释。这就要求思维始终贯穿在观察的活动之中，在观察中如果不溶入思维活动，那么在我们在观察中遇见了有价值的问题，也可能视而不见，失之交臂。

（3）重点观察。由于事物、现象的复杂性，我们在观察中常常容易被表面的现象所迷惑而忽视了观察的主要任务。所以要在众多的现象中选取最重要的现象加以分析，不要纠缠于那些虽然有趣但与活动任务无关的现象。为此，在观察之前要确定哪些属性需要重点观察，哪些属性可以忽略，使观察具有计划性。

（4）对比观察。只有对事物进行对比，才可能抓住事物的本质，了解事物之间的联系。所以进行对比观察能迅速把握事物的本质，了解事物之间的联系。对比观察实际上还是一种在观察中运用的比较科学的思维方式，可以加大对事物本质的认识。

（5）记观察笔记。在观察中遇到的现象要认真地加以记录，这不仅有利于保存观察的结果，也有利于对自己的观察过程加以分析，从而了解自己观察中的优劣，为提高观察能力提供反馈信息。

（6）多种感官联合观察。在观察过程中，要根据对象的特征，运用多种感觉器官进行观察，这样不仅可以了解更多的信息，把握事物的本质，同时还有利于知识技能的提取。

2. 记忆技能

（1）位置法。这是一种以自己所熟悉的环境中的各种位置作为线索来记忆的方法。它要求记忆者把需要记忆的项目与自己所熟悉的事物联系起来，然后根据不同的位置回忆不同的项目。运用此方法，首先要识别按照事物顺序排列的熟悉地点的位置；其次要创造与地点有联系的回忆项目形象；最后要按照“重访”地点进行回忆，其作用是充当回忆项目的线索。

（2）标记词法。其基本思想是学习者学习一组作为“标记”的词，将要记忆的项目“标记”在“标记”词上，就像把帽子、围巾和外套挂在挂物架的挂物钩上一样。这里关键在于学习者作为“标记”用的词，并记住这些词的出现顺序，然后把需要记住的项目与作为“标记”的词联系起来，以后如果要回忆那些项目，就可以迅速通过回忆作为“标记”的词而回忆那些需要记忆的项目。要注意的是，一是必须保持要回忆项目的次序；二是必须形成回忆项目与“标记”之间的鲜明表象。

（3）自然语言媒介法。这种方法是把要记住的材料与长时记忆中已有的自然语言的某些成分（如词义、字形、音韵等）相互联系以便提高记忆的效果。有时，甚至可以把要记忆的项目编成故事来加以记忆。我国传统的乘法口诀、珠算口诀等都曾借助自然语言媒介法来帮助记忆。

（4）视觉表象法。这种方法是把要记住的材料同视觉表象联系起来记忆，视觉表象越清晰，记忆效果越好。

（5）组织化。所谓组织化，是指将要记忆的材料通过某种方式组织起来，然后加以记忆的方法。常用的组织方式有：类别组织，即把要记忆的材料按一定的类别加以组织，这样就可以缩减要记忆的类别；联想组织，即把要记忆的材料通过联想而使孤立的材料建立一个大组块；层次组织，即把要记忆的材料按照内在的逻辑关系，组织成为一个有层次结构的体系。在学习相互不关联的学习材料时，上述三种方法难以奏效，这时可以用主观的组织方法，即根据个人主观体验赋予材料一定的联系，然后加以记忆。

关于记忆的技能还有很多，例如，整体学习与部分学习相互结合、复述，有意记忆与无意记忆相结合、及时复习等。

3. 思维技能

关于思维技能的研究很多，这里主要介绍几种比较难以掌握和控制的思维技能。

（1）综摄法。综摄法指通过已知的线索做媒介，将自己认知领域里本不关联的、不相同的知识要素综合起来，以获得高质量的设想方案的思维方法。所谓“综”是把各种设想集中起来，分别加以归纳整理，从而使原本凌乱的设想组合成为系统的、条理分明的全新设想；所谓“摄”，就是摄取相关设想。运用这种方法时要注意：第一，同质异化，即运用新知识或从新的角度观察、分析和处理已知事物，将其转化为新的事物，以产生创造性的设想。第二，异质同化，即思考不熟悉的事物时，用性质不同的现有事物进行分析和模拟，从而启发新的设想。

（2）检核表法。检核表法指根据解决问题的需要，列出一系列提纲式问题，然后逐项加以核对与讨论，从中获得解决问题的办法和设想的方法。奥斯本的检核问题表列出了 9 类共 75 个问题。第一，现有的事物有无新的用途？第二，能否从其他地方得到启发？第三，能否增加些什么？第四，能否减少些什么？第五，假如改变会变得怎样？第六，能否代替？第七，能否变换？第八，能否颠倒？第九，能否重新组合？等等。对这些问题的讨论与回答，常常就能产生一些新的设想。

（3）发散思维。发散思维指对同一个问题，从不同的方向、不同的角度进行思考，从而寻找出解决问题的正确答案的思维方法。在运用发散思维时，人们根据问题提供的信息，往往探索多个可能的答案，同时又很难确定哪个答案是正确的。这种思维方法能够使人打破旧的框架，克服“心理定势”，不拘一格，多方设想，不断创新。但其结果往往还无法确定。因此，还要借助其他思维方法。

（4）聚合思维。聚合思维是以已有的若干事或命题出发，把问题所提供的各种信息结合起来，遵循传统逻辑思维的方法，沿着单一或归一的方向进行推导，集中往某一个中心点，从而找到最佳答案的思维方法。这种方法与发散思维正好相反，是从不同方向向同一个中心进行思考。但其不足在于，容易形成单一的思维模式。

（5）旁通思维法。旁通思维法指通过类比推理的方式，把所了解的信息运用到其他事物的研究中去的一种思维方式。旁通离不开触“类”，“类”则是建立在对大量的类似事物的认识的基础之上的，而客观世界中存在大量的类似的事物，因此，类比、旁通就有了基础。如果缺乏对大量的类似事物加以认识的基础，那么任何类比都是不可能的，所以，必须丰富和提高我们的知识，才能充分旁通类比。

（6）逆向思维。逆向思维也称“反推法”，人们在解决问题时，通常是顺着事物发展的因果关系或事物发展的逻辑顺序进行思考。但如果利用事物的因果、前后、作用与反作用可以相互转化的原理，就可以进行逆向思考。利用逆向思维的方法，可以打破常规，产生非同寻常的设想，从而使问题圆满解决。在学习和研究中，利用逆向思维，有助于发展创造性思维，促使大脑的开发，促进智力的发展。

（7）手段—目标分析。手段—目标分析是指人们在解决问题时发现自己的目标与当前的问题状态之间存在着一定差异，于是对所求目标进行分析，并把目的划分为若干不同的子目的，寻求逐步达到各子目的的手段，通过对每个子目的的实现而最后实现问题的解决。这种分析一般有两种形式，其一是把当前状态转化为目标状态，其二是寻求消除差异的操作手段。

思维技能的种类还有很多，例如特征例证法、缺点逆向法、反馈思维法、扩展用途思考法、多维思维法等。

4. 自我监控技能

自我监控技能一般指认知者用来对自己的认知活动加以认知和监控的元认知技能。由于它对自己的认知活动起着调节的作用，因此，它对认知活动的顺利进行必不可少。现有研究所发现的元认知技能主要有：

（1）计划监控。它包括设置学习目标、浏览阅读材料、产生待回答的问题以及分析如何完成学习任务。成功的学习者并不只是被动地听课、做笔记和等待老师布置作业，他们会预测完成作业需要多少时间，在做作业前将各种相关知识融会贯通，在考试前复习笔记，在必要时组成学习小组，等等。通过这些设定的计划，学习者对自己的学习过程进行监控，经常对学习过程与原先的计划设想进行对比，及时发现问题，进行调整。

（2）领会监控。领会监控是指学习者头脑中有明确的领会目标，在整个学习过程中始终注重实现这个目标，根据这个目标监控学习过程，包括寻找重要细节，找出要点等。

（3）策略监控。与领会监控不同，策略监控主要是学习者对自己应用策略的情况进行监控，保证该策略在学习过程中有效地运用。使用策略监控的方法很多，最常用的方法是学生自我的提问法。

（4）注意监控。注意监控是指学习者在学习过程中对自己的注意力或行为进行自我管理与自我调节，如注意自己此刻在做什么，如何避免接触能分散自己注意的事物刺激，如何抑制分心等。

二、认知技能训练的模式与策略

（一）“学思维”教程

“学思维”教程是法国心理学家德·波诺以9~11岁儿童为对象制定的思维训练教程，它通过大量的日常生活中的问题情境，训练学生探讨想法的正反面，考虑事情的各种因素，分清主次，寻求更多的可能性等多种思维方法。我国心理工作者分析了这一教程，将其依据中国的实际作了修订，制定了中国版的思维训练教程，该教程主要作下列训练：①要看事物的正反面，不轻易拒绝或接受；②全面考虑一种情境的所有因素；③注意一种行为的近期后果和长远后果；④弄清行动的真正目的；⑤按问题的重要性，优先解决较重要的问题；⑥想出解决问题的新办法；⑦要善于放弃自己的观点而去观察和考虑别人的观点。研究和实践证明，这种思维训练方法有比较好的训练效果。

（二）“工具强化”教程

“工具强化”教程是以色列心理学家费尔斯坦以9岁儿童为研究对象而制定的。它由13套系列强化工具组成，包括：点的组成、空间定向、比较、分类、分析知觉、家庭关系、时间关系、数列推理、指导语执行、图示、表征模板设计、传递关系、逻辑推理。此训练课程介于学科内思维训练和超内容训练之间，得到一些国家教育界的认可，并在美国、以色列等国家的一些学校使用推行。

（三）“儿童哲学”方案

“儿童哲学”方案旨在向学前儿童和小学生传授逻辑推理和思辨的原理，是美国心理学家李朴曼和他的同事设计并提出的新的儿童思维训练方案。这一方案用小说和哲学问题作为启发学生集体讨论的材料。学生的活动主要是相互交流观点、争论问题和进行推理，对某些观点是否正确，是否公平和是否与人为善做出判断。

（四）“专家策略传授”方式

许多心理学家认为，专家的思路和新手的思路是很不相同的，新手之所以感到困难，主要原因是其思路不如专家明晰通畅。一般认为专家思路是可以传授的，因此，一些心理学家在先研究专家思路的前提下，发展了把专家思路传授给新手的思维训练教程。布鲁姆对大学生进行了一系列学科内容的综合测验，把在测验中表现优异的学生称为榜样组，将不能通过测验的学生设为继续学习组。在训练过程中，让两组学生都大声说出解决问题的思维过程，然后请继续学习组学生找出自己问题解决过程与榜样组学生问题解决过程的差异。经过多次训练后，继续学习组学生的成绩有较明显的提高，并表现出更多的自信。

（五）“教学思路的启发”模式

这是美国数学家波利亚研究了数学家的研究思路，结合数学课程而制定的思维训练课程。课程包括：①用图表法或曲线法呈现将要解决的问题，使之易于理解；②把复杂问题用另一种方法组织起来，让问题简明易懂，或用数学模型表达，使之简化；③通过分析，把复杂问题分解成一些简单的组成成分，使之易于解决；④对难以解答的问题进行类比，使之转化为易懂的问题。

（六）“早期问题解决策略训练”模式

这是根据学生早期解应用题的主要问题不是缺乏知识，而是缺乏问题解决策略而制定的思维训练模式。此模式中主要训练六种问题解决的策略：①简化法，包括突出重点及利用模式简化；②图解法，用线段图或草图呈现将要解决的问题，使之更直观化；③结构训练法，逐步揭示复杂应用题的中间问题，让学生了解应用题是如何逐步变得复杂的，而复杂应用题又是如何逐步简化的；④联想法，让学生联想以前解决过的相似问题，以更好地解决当前的问题；⑤假设法，把复合问题单一化、简单化，以便学生解决。⑥对应法，通过列出对应问题的相关条件或找到与问题中具体数量对应的分率而找到问题解决的思路。一般而言，各个不同的个体或群体能适应的认知技能的训练模式与策略不一致，而且认知技能的训练模式与策略也不只是上面的几种，在现实生活中应该以不同的个体或群体为依据，发挥创造积极性，选择适合个人发展的训练模式与策略。

第十章　学习迁移

学习迁移是一种学习对另一种学习的影响，是学习中普遍存在的一种现象。学校教育总是力图使学生能够将他们在学校里习得的知识、技能、情感、态度、价值观等应用到今后的学习、工作和生活中去。职业教育的主要目的，是通过职业教育或培训而使学生获得某种职业能力和职业发展的潜能，并树立正确的职业道德观。因此，要实现这一教育目的，教师应为迁移而教，学生应为迁移而学。

第一节　学习迁移概述

一、学习迁移的概念

学习是一个连续的过程，任何学习都是在学习者已有知识经验和认知结构、已经获得的动作技能、已经习得的态度等基础上进行的。而新的学习过程及其结果又会对学习者原有的知识经验、技能和态度甚至学习策略等产生影响，这种新旧学习之间的相互影响就是学习迁移。简单地说，学习迁移就是一种学习对另一种学习的影响，或习得的经验对完成其他活动的影响。

迁移往往是以新的方式或者在新的情境下（不同的内容领域）应用知识，它强调产生新的东西，而不是复制之前的过程。例如，一个学生在一节课上学习了一个数学原理，几天或几周以后在课堂上用它解决了物理问题。

迁移广泛地存在于知识、技能、态度和行为规范等的学习和形成中。如学习加法与学习乘法之间的相互影响，学习汉语与学习英语之间的相互影响（知识）；掌握了数控车工操作后再学习数控铣工操作就更容易些，骑自行车和驾驶摩托车两种技能间的相互影响（技能）；学生在实训课上的学习态度也会在理论课的学习中得以体现（态度）；学生在课堂习得良好的职业操守，进入社会工作后就能遵守职业道德规范（规范）。

在学校教育教学中，对知识和技能迁移的研究比较多，应用较为普遍，而对学习态度等的研究比较少，容易受到忽视。比如，布鲁纳20世纪50年代就曾指出，中小学数学教学质量低下的重要原因之一，是教师对数学学习的态度迁移到学生。同样，家庭对学校和教师的不利态度可以从家庭直接迁移到学校，从而对学生的学习态度造成影响。

二、学习迁移的类型

学习迁移的现象多种多样，不同研究者从不同的角度对迁移进行了分类，强调迁移的不同方面。下面就其中较典型的几种迁移类型加以论述。

（一）正迁移、负迁移与零迁移

这种分类方式是根据迁移的性质不同，即迁移的影响效果不同而划分的。

正迁移（positive transfer）是指一种学习对另一种学习起促进作用和积极影响。这种积极影响可能表现为一种学习使个体对另一种学习具有了良好的心理准备状态；使另一学习活动所需的时间或练习次数减少；使另一种学习的深度增加或单位时间内的学习量增加；或者使学习者顺利地解决了面临的问题等。正迁移常常发生在学习内容相似、过程相同或者使用同一原理的时候。比如会说英语的人很容易掌握法语，这是因为英语和法语在方法结构上类似，都是由一个词根派生出不同的词语。

负迁移（negative transfer）是指一种学习对另一种学习起阻碍作用和消极影响。这种消极影响一般表现为一种学习所形成的心理状态，如反应定势等对另一种学习的效率或准确性产生了消极的影响；或一种学习使另一种学习所需时间或练习次数增加；或阻碍另一种学习的顺利进行；或不利于知识的正确掌握等。负迁移常常产生在看似相似但实际上并不相似的情境下，可以表现为认知的混淆。例如，学习了汉语拼音对初学英语英标有干扰。一般来说，负迁移是暂时性的，经过有目的的练习可以消除。教学的任务之一就是要促进学习之间的正迁移，避免或消除相互干扰。

零迁移（zero transfer）也称为中性迁移，是指一种习得的知识经验对另一种学习不起作用，两种学习之间没有任何影响，迁移效果为零。研究表明，先后两项学习，若它们的刺激不同，则不论它们之间的反应相同还是不同，其迁移量均为零。如乐器练习与游泳练习之间不存在相互影响，即两者之间零迁移。其实，大多数经验之间存在着各种直接或间接的联系，由于种种原因，学习者并未意识到两者之间的内在联系，不能主动迁移，使经验处于惰性状态，从而致使迁移的效果为零。

（二）横向迁移与竖向迁移

根据迁移内容的难度水平不同，迁移可以分为横向迁移和竖向迁移。

横向迁移（lateral transfer）又称水平迁移，是指处于同一抽象和概括水平的经验之间的相互影响，即难易相同或相似的两种学习之间的相互影响。学习内容之间的逻辑关系是并列的。例如，阅读报纸时看到在课堂上学习过的新词汇，就属于横向迁移。化学中锂、钠、钾等金属元素之间的关系是并列的，各种概念学习之间的相互影响也是横向迁移。

竖向迁移（vertical transfer）也称垂直迁移，是指处于不同概括水平的经验之间的相互影响，即难易程度不同的两种学习之间的相互影响。竖向迁移又分为自下而上的迁移和自上而下的迁移。前者指下位的较低层次的经验影响着上位的较高层次的经验的学习，即较简单的学习对较复杂的学习的影响，例如数学学习中由数字运算到字母运算的转化中即包含着自下而上的迁移；又如先学习例证，再经归纳而形成概念和原理；等等。这类迁移常见于归纳式的学习之中，类似于奥苏贝尔所称的上位学习。后者也叫原则迁移，是指上位的较高层次的经验影响着下位的较低层次的经验的学习，即较复杂的学习对较简单的学习的影响，也就是经由原则的演绎、推广和应用，而确认某特殊事例隶属于该原则之内。例如，一般平行四边形有关内容的学习影响着菱形的学习；又如先学习某一概念或原则，再利用它来促进例证的学习。这类迁移常见于演绎式的学习之中，类似于奥苏贝尔所称的下位学习。

（三）顺向迁移与逆向迁移

按照迁移的方向不同，迁移可分为顺向迁移和逆向迁移。

顺向迁移（forward transfer）是指先前学习对后续学习的影响。逆向迁移（backward transfer）是指后继学习对先前学习的影响。当面对新的学习情境和问题情境时，学习者利用原来的知识和技能，获得新知识，解决新问题，这种迁移就是顺向迁移。而当学习者原有的知识技能不足以使学习者应付新的问题、学习新的知识技能时，就需要对原有知识进行补充和修正，原有知识结构也会发生改变，这时发生的迁移就叫逆向迁移。

（四）一般迁移与特殊迁移

根据迁移的内容不同，迁移可分为一般迁移和特殊迁移。

一般迁移（general fransfer）也称普遍迁移、非特殊迁移，是将一种学习中习得的一般原理、方法、策略和态度等迁移到另一种学习中去。这种迁移从本质上说，是将已获得的原理、概念等具体化，应用到其他的学习情境中。如数学学习中形成的认真审题的态度及方法也将影响到物理、化学等学科中的审题活动。布鲁纳（1982）非常强调一般迁移，认为基本的原理、基本的态度具有广泛的适应性，能适用于许多表面特征不同、但结构特征相同的多种情境，并且能使以后的学习变得较容易。

特殊迁移（special transfer）又叫具体迁移，是指一种学习中习得的具体的、特殊的经验直接迁移到另一种学习中去，或者经过各种要素的重新组合，以迁移到新情境中去。如英语学习中，当学完单词 eye（眼睛）后，再学习 eyeball（眼球）时，即可以产生特殊迁移，也就是说，利用具体的相同字母组合的迁移来进行新的学习。特殊迁移的范围往往不如一般迁移广，仅适用于非常有限的情境中，但这并不影响特殊迁移的重要性；相反，它对于系统掌握某一领域的知识是非常必要的。

（五）同化性迁移、顺应性迁移与重组性迁移

根据迁移过程中内在心理机制的不同，迁移可以划分为同化性迁移、顺应性迁移和重组性迁移。

同化性迁移是指不改变原有的认知结构，直接将原有的认知经验应用到本质特征相同的一类事物中去，以揭示新事物的意义与作用或将新事物纳入原有的经验结构中去。同化性迁移的特点是自上而下，原有的经验结构是上位结构，新的经验结构是下位结构。原有认知结构在迁移过程中不发生实质性的改变，只是得到某种充实。如原有认知结构中的概念“鱼”，由带鱼、草鱼、黄鱼等概念组成，现在要学习鳗鱼，把它纳入“鱼”的原有认知结构中，既扩充了鱼的概念，又获得了鳗鱼这一新概念的意义。

顺应性迁移是指将原有认知经验应用于新情境中时，需调整原有的经验或对新旧经验加以概括，形成一种能包容新旧经验的更高一级的认知结构，以适应外界的变化。顺应性迁移的根本特点是自下而上。比如，学生头脑中有一些常识概念，当这些常识概念不能解释当前面临的问题时，就要建立一个概括性更高的科学概念来标志这一现象或事物，新的科学概念的建立过程也是一种顺应的过程。

重组性迁移指重新组合原有认知系统中某些构成要素或成分，调整各成分间的关系或建立新的联系，从而应用于新情境。在重组过程中，基本经验成分不变，但各成分间的结合关系发生了变化，即进行了调整或重新组合。比如，将已经掌握的字母进行重新组合，形成新的音词；在操作技能形成中，不同成分的动作组合成连续的整体动作，其中并不涉及新的动作的增加，只是各动作成分的重新结合、重新排列。通过重组性迁移，可以提高经验的增值性，扩大基本经验的适用范围。

（六）自迁移、近迁移和远迁移

这是根据迁移范围的大小而进行的划分。

自迁移（self-transfer）是指原有经验在相同情境中的重复。

近迁移（near-transfer）是指将所学的经验迁移到与原初学习情境比较相似的情境中，如校内某些学科之间的迁移，或同一学科内的学习之间的迁移。

远迁移（far-transfer）是指个体能将所学的经验迁移到与原初的学习情境极不相似的其他情境中，如将校内学习的知识经验迁移到校外的实际生活中去。

自迁移、近迁移和远迁移的区分在于前后学习情境的相似性程度。对于学习情境的相似性程度，可以从学习情境的结构特征和表面特征两个方面来加以区分。学习情境的结构特征是指学习情境中与最终目标的实现有关的成分，如原理、规则或事件间的关系等，属于本质特征。学习情境的表面特征是指学习情境中与最终目标的实现没有直接关联的成分，如某些具体的事例内容、学习情境中的环境因素等，属于非本质特征。学习情境的相似性程度是由两种学习情境中所包含的共同的结构特征与表面特征的多少来决定的。当然这种区分也是相对的，因为学习情境的相似性程度不能完全从客观的角度加以界定。不同个体对结构特征和表面特征相似性的主观知觉存在差异。

（七）低通路迁移和高通路迁移

根据迁移发生的自动化程度，可以将迁移分为低通路迁移和高通路迁移。

低通路迁移（low-road transfer）是指反复练习的技能自动化的迁移，如驾驶不同类型的汽车。

高通路迁移（high-road transfer）是指有意识地将在某一情境下习得的抽象知识运用到新的情境中，如利用做笔记策略来阅读文章。

以上对于迁移的分类都是从不同角度、根据不同标准进行的分类。但不论哪种迁移，其影响的效果都有积极与消极之分，其迁移量也有大小之别。凡是有教育的地方就会有迁移，从来不存在相互间不产生影响的学习，因此迁移在学校教育教学中无所不在。

第二节 学习迁移理论

自从有了学习活动以来，学习迁移的现象就一直为人们所关注。如我国古人很早就知道学习应该“举一反三”“触类旁通”。但对迁移现象进行系统的理论探讨和研究则始于18世纪中叶。研究者们从不同的理论出发对迁移发生的原因、过程以及影响因素等方面进行研究和解释，形成了众多的有关迁移的理论和观点。

一、形式训练说

形式训练说（formal discipline theory）是一种古老的学习迁移理论，源于古希腊，形成于17世纪，兴盛于十八十九世纪。这种学说是以官能心理学（faculty psychology）为基础的。官能心理学认为人的心是由许多不同的官能（faculties）组成的，这些官能包括注意、知觉、记忆、想象、意志、推断、判断等，不同的官能都是一个个的实体，它们相互配合就构成各种各样的心理活动。官能可以像肌肉一样通过训练得到发展和加强，如记忆的官能通过记忆训练而得到增强；同时，如果一种官能在某种学习情境中得到改造，就可以在与该官能有关的所有情境中自动地起作用，从而表现出迁移的效应。可见，从形式训练说的观点来看，学习迁移是通过对组成心智的不同官能进行训练来提高整体的能力。学习迁移是无条件的、自动发生的。

形式训练说认为，训练心理官能、提高心理官能的能量是教学的重点；而学习的内容并不重要。因为学生的学习时间是有限的，而知识浩如烟海，我们不可能把所有的知识都传授给学生。只要学生的官能通过训练而得到发展，就可以迁移到其他的学习上，任何知识随时都可以去吸收。知识的价值只是在于作为训练官能的材料。这种理论认为，学习要收到最大的迁移效果，就应该经历一个痛苦的过程，所以学习应该有一定的难度。因此，数学难题有利于训练推理能力，几何学有助于训练逻辑思维，而拉丁语和希腊语被视为记忆训练的最好材料。形式训练说的倡导者之一洛克就说过：“我认为研究数学一定会使人心获得推理的方法，当他们有机会时，就会把推理的方法迁移到知识的其他部分去。……所以，学习数学有无限的用处”（Adamson，1922）。

形式训练说在欧洲和北美流行了200多年，至今在国外和我国的教育实践中还起着一定的作用。它重视学习迁移、重视能力的训练和培养是合理的，对后来的学习迁移理论研究有很大影响。但是，“心”的各种官能是否可以分别训练并得以提高，进而自动迁移到一切学习活动中去呢？教学的主要目标是训练各种官能还是传授系统的科学知识？要回答这些问题，还缺乏充分的科学依据。19世纪末20世纪初，心理学家们开始通过实验研究对该学说提出挑战。

詹姆士于1890年首先用记忆实验来检验形式训练说的迁移理论，其结论是记忆能力不受训练的影响，记忆的改善不在于记忆能力的改善而在于记忆方法的改善。另外，桑代克（1913）的实验发现，训练可以迁移到类似的学习活动中，不相似的学习活动之间却无迁移现象，如学习拉丁文能促进对有拉丁字根的英文的学习，却不能促进对有盎格鲁-萨克逊字根的英文的学习。其他人的研究结果也显示，对某种材料做的观察、记忆或思维的训练，对于某种特殊材料的感知、记忆或思维有显著的促进，而对于其他的材料则收效甚微，而且对某些材料甚至有负迁移作用。可见，形式训练说主张官能可以因训练而得以普遍提高，这一假设缺乏足够的实验依据和现实依据。

二、相同要素说

相同要素说（identical elements theory）是桑代克于20世纪初在一系列知觉实验的基础上提出的。在1901年的实验中，桑代克选取大学生为被试，训练他们判断不同大小和形状的图形的面积。首先，让被试估计127个长方形、三角形、圆形和不规则图形的面积，这一事先测验旨在了解被试判断面积的一般能力。然后，通过90个10~100平方厘米的平行四边形对被试进行充分训练。接着，将被试分成两组：第一组被试判断13个长方形的面积；第二组被试判断27个三角形、圆形和不规则图形的面积。结果表明：受过平行四边形面积的训练，有助于学生更好地判断长方形的面积，而对估计三角形、圆形和不规则图形的面积没有帮助。此外，桑代克还做了长度、重量、记忆和注意方面的实验，其结果是，通过训练长度、重量方面的成绩明显提高，这些训练可以迁移到类似的活动中去。而在注意、记忆方面的训练未能迁移到相似活动中去。这就是说记忆、注意等不易经过训练而得到改善。

桑代克认为，学习中训练某一官能未必能使它的所有方面得到改善，而任何一种官能的改变也只限于一定的活动范围。经过训练的某一官能并不能自动地迁移到其他方面，只有当两种情境中有相同要素时才能产生迁移，因此迁移是非常具体的、有限的。而且迁移的程度取决于这两种情境相同要素的多寡。也就是说，相同要素越多，迁移的程度越高；相同要素越少，迁移的程度越低。

桑代克的相同要素说揭示了迁移现象中的一些事实，对迁移理论研究做出了重大的贡献。相同要素说在当时的教育界曾起到过积极作用，使学校脱离了那种在形式训练说影响下不考虑实际生活而只注重所谓的形式训练的教学状况，在课程方面开始注重应用学科，教学内容的安排上也尽量与将来的实际应用相结合。

桑代克所提出的相同要素实际是从联结主义的观点出发的。所谓相同要素也就是相同的联结，学习上的迁移只不过是相同联结的转移而已。桑代克的理论只认为两情境中的客观方面的共同要素是决定迁移的唯一因素，这在某种程度上否认了已存在的迁移，也否认了迁移过程中复杂的主体认知活动，因此具有一定的机械性和片面性。

三、概括化理论

概括化理论（generalization theory）又称经验类化说（theory of experience generalization），是由贾德（1908）提出来的。他认为两种学习活动之间存在的相同要素（相同联结），只是产生迁移的必要前提，学习者在两种活动中所概括出的共同原理，或者经验的类化才是产生迁移的关键。

贾德在1908年所做的“水下击靶”实验，是概括化理论的经典实验。他把十一二岁的小学高年级学生分成A、B两个组，要求他们练习用标枪投中水下的靶子。给A组学生讲解光的折射原理后进行练习；对B组学生则不说明光的折射原理，他们只能从练习中获得一些具体经验。在开始投掷练习时，靶子放在水下12英寸（1英寸=

2.54 厘米）处，结果 A、B 两组学生成绩几乎一样。也就是说，这个时候理论对于练习似乎没有起作用。然后，改变实验条件，将靶子移到水下 4 英寸处。这时，两组学生的投掷成绩就明显表现出差异了。没有学过折射原理的 B 组学生表现出极大的混乱，而学习过折射原理的 A 组学生，迅速适应了新的实验条件，投掷成绩迅速提高。

贾德认为这是因为学过原理的一组已经把折射原理概括化，从而对不同深度的靶子都能很快做出调整和适应，把原理运用到不同深度的特殊情境中去。他指出："理论（指折射原理）曾经把有关的全部经验——水外的、深水的与浅水的经验——组织成为整体的思维体系，……他们（被试）在理论知识的背景上，理解了实际情况之后，就利用这种概括了的经验去迅速地解决需要按照实际情况做分析和调整的新问题。"换言之，他们在理论的高度上把握了实际情况后就能利用概括了的经验去迅速地解决需要按实际情况做分析和调整的新问题。

根据概括化理论，对原理概括得越好，在新情境中学习的迁移就越好。1941 年，亨德里克林森和施罗德对贾德的实验进行了改进。他们把被试分成三组：第一组被试不加任何的原理指导；第二组学习光的折射原理；第三组则进一步加以指导，给他们解释水越深，目标所在位置离眼睛所见的位置越远。第一次实验时靶在水下 6 英寸处，第二次实验时靶在水下 2 英寸处。实验结果见表 10-1。

表 10-1　水下击靶迁移实验中水深和练习次数与迁移程度

组别	击中靶所需的练习次数		迁移的进步/%
	水深 6 英寸	水深 2 英寸	
第一组机械学习	9.10	6.03	34
第二组了解折射原理	8.50	5.37	37
第三组了解折射原理和深浅比例	7.73	4.63	40

结果表明，由于第二组和第三组学习了折射原理，成绩优于第一组；而第三组优于第二组则说明，指导得越详细，效果就越好。这一实验不仅进一步证实了贾德的理论，同时还指出，概括化不是一个自动的过程，它与教学方法有密切的关系。根据概括化理论，在教学中如果鼓励学生对核心的、基本的概念进行概括和思考，就会增加正迁移出现的概率。

但是原则的概括有着显著的年龄差异，年幼的学生要形成对原则的概括就更困难些。实现概括化，产生迁移的前提是学会原理、原则，这与学习材料的性质以及学生的能力等因素密切相关。原则概括化的能力会随着年龄的增长而提高，但在每一年龄阶段上，有意识地培养学生的概括能力将有助于其产生积极的迁移。

概括化理论是对相同要素说的进一步发展，它将相同要素的范围上升到更抽象的经验原则，同时把学习者概括学习情境的共同原理的能力作为迁移的基本条件，从而扩大了迁移研究的范围，对教学工作有着深刻的指导意义。

四、关系转换说

关系转换说（transposition theory）是格式塔学派提出的关系理论和斯彭斯的转换理

论的合称。这是对概括化理论的进一步发展。格式塔学派一直强调“顿悟”对学习的重要作用。在他们看来，水下打靶实验中迁移的原因不在于了解光的折射的概括化原理，而在于了解靶的位置、水的深度、射击的方法以及与光的折射原理之间的关系。也就是说，学习迁移的关键不在于掌握原理，而在于学习者对两项学习之间的关系（或完形）的顿悟，如果两个问题具有相同的深层结构关系，那么对其中一个问题的训练将对另一个问题产生迁移。显然，这一学说突出了学习者在迁移中的主动作用。

1929 年苛勒所做的“小鸡啄米实验”是关系转换说的经典实验。他用小鸡和 3 岁女孩作为被试，让其在两张深浅不同的灰色纸下寻找食物。首先，让小鸡在深浅不同的 A 与 B 两张卡片纸中找食，A 为浅灰，B 为深灰，食物只放在深灰色的纸下，单次试验中 A 与 B 这两张卡片的位置随机调换，以排除食物与位置之间的关系。经过 400~600 次训练，小鸡学会准确无误地选择卡片 B。对幼儿也进行同样的实验，通过多次训练，被试学会从深灰色纸而不是浅灰色纸下取食物。然后，变换实验情境，呈现成对卡片纸 B 和 C，C 是比 B 颜色更深的黑色。结果显示，小鸡对黑色纸 C 的反应为 70%，对原来的阳性刺激深灰色纸 B 的反应是 30%，儿童则始终对灰度更深的黑色纸 C 做出反应。实验表明，对被试选择产生影响的不是刺激的绝对性质，而是两种刺激的相对关系。

苛勒通过实验证明，迁移产生的实质是个体对事物间关系的理解或顿悟。即迁移的产生依赖于两个条件：一是两种学习之间存在一定的关系，特别是手段—目的之间的关系，是迁移的前提条件；二是学习者对这一关系的理解和顿悟，这是迁移的关键和根本。人们越能发现事物之间的关系，则越能对其加以概括、推广，迁移也就越普遍。

五、认知结构理论

在认知心理学中，知识主要分为陈述性知识和程序性知识两类。不同类型的知识之间存在各种形式的相互作用，即不同的迁移现象。现代学习迁移理论所研究的迁移现象和知识分类是相对应的，一是与陈述性知识相对应的迁移理论，主要有认知结构迁移理论；二是与程序性知识相对应的迁移理论，主要有产生式迁移理论。

较早考虑认知结构与迁移问题的是瑞士心理学家皮亚杰，他主要探讨逻辑结构在学习中的迁移，认为学生一旦掌握了逻辑结构就可以有效地解决问题。布鲁纳和奥苏贝尔则把迁移放在学习者整个认知结构的背景下进行研究，代表了从认知观点来解释迁移的一种主流倾向。

在现代心理学家们看来，学习和学习迁移遵循同样的机制。布鲁纳认为，学习是类别及其编码系统的形成。学习迁移就是把习得的编码系统应用于新的事例。正迁移就是把适当的编码系统应用于新的事例；负迁移则是把习得的编码系统错误地应用于新事例。

奥苏贝尔在有意义学习理论的基础上提出了认知结构迁移理论。他认为，任何有意义的学习都不是孤立存在的，都是在原有知识和经验的基础上进行的，不受原有认知结构影响的有意义学习是不存在的。一切有意义的学习必然包含迁移，迁移是以认知结构为中介进行的，先前学习所获得的知识经验，通过影响原有认知结构的有关特征而影响后继学习。

所谓认知结构就是学习者头脑中的知识结构，是按一定层次组织的知识体系。认知结构特征（也称认知结构变量）是学习者在学习新知识时，原有认知结构中有关观念在内容和组织方面的特征。认知结构主要包括原有知识的可利用性、可辨别性和稳定性三个变量。

可利用性变量是指认知结构中可利用来起固定作用的适当观念。其中，具有较高抽象概括水平的观念对于新知识的学习能提供最佳的固定点。如果原有的认知结构中具有可利用的知识经验，则有助于新知识的同化，有助于学习迁移。如果原有认知结构中没有适当的起固定作用的观念可以用来同化新知识，那么，新知识便不能有效地固定在认知结构中，从而导致新知识的不稳定和意义含糊，并迅速遗忘。

可辨别性变量是指新知识与同化它的原有观念系统的可分辨程度。新旧知识的可分辨程度越高，越有助于迁移并避免因混淆而带来的干扰。如果新的知识不能同认知结构中原有的观念清楚地分辨，由于记忆有还原的趋势，新知识就会被原有的稳定的知识所替代，从而产生遗忘，难以习得新知识。

稳定性变量是指原有认知结构中起固定作用的观念的稳定性和清晰性。认知结构中原有的相关知识越稳固，新旧知识发生联系的速度就越快而准确，并且有利于新知识作为独立的实体保持下来。相反，已有认知结构的内容模糊不清，起固定作用的概念不稳定而且不清晰，就不能成为形成新学习的适当支点。

原有认知结构就通过这三个变量来影响新知识的学习，迁移能否产生就取决于学习者认知结构的可利用性、可辨别性和稳定性是否良好。

六、产生式迁移理论

认知结构迁移理论可以有效地解释陈述性知识的迁移，但却无法解释程序性知识的迁移。产生式迁移理论是美国心理学家安德森提出的，主要用于解释程序性知识的迁移现象。该理论认为，当先前学习和问题解决中个体所产生的产生式规则与新问题解决中所需要的产生式规则有一定重叠时，学习迁移就产生了。重叠量越多，迁移量越大。

安德森认为，这一迁移理论是桑代克相同要素说的现代化。在桑代克时代，由于心理学没有找到恰当的形式来表征人的技能，以致错误地用外部的刺激和反应（即S-R）来解释人的技能，所以还不能完全反映技能学习的本质。现代认知心理学家用产生式和产生式系统来表征人的技能，迁移的实质可以用两种技能之间的相同要素，即相同的产生式来解释。

这里的产生式是指“如果……那么……”形式的规则，也就是一个条件和行动的规则（简称C-A规则）。C指行为产生的条件，它不是外部刺激，而是学习者工作记忆中的认知内容，A则代表行动或动作，不仅是外部反应，同时也包括学习者头脑内的心理运算。

由此可见，产生式迁移理论把产生式规则作为两项学习之间的共同元素，使早期的相同元素说符合现代认知心理学的原理。又由于产生式规则既可以是某一特殊的技能（如一位数相加的技能），也可以是某一一般的原理（如多位数相加的规则），所以产生式迁移理论实际上也包含了贾德的概括化迁移理论。此外，因为产生式的形成必须经由一个陈述性阶段，所以它也将认知结构迁移理论包括其中。

七、建构主义学习迁移观

20 世纪 90 年代以前，在西方的教育心理学中，以皮亚杰、布鲁纳、奥苏贝尔为代表的认知结构学习论和以加涅为代表的信息加工学习论一直占据着非常重要的地位。认知结构学习论比行为主义学习论加深了对学习的认识，强调学习的内部心理过程以及内部的心理表征，这是一个巨大的进步。但认知心理学家们在研究学习时还是采取行为主义者的立场，强调学习的客观性，忽略了其主观性；研究的都是经过简化的学习，与真实的生活情境存在一定的差距，忽视了学习的复杂性、建构性、社会性和情境性等特征。教育者和认知科学家们普遍还持有这样一种逻辑：个体在某一情境下获得的独立于这一情境的抽象知识技能，通过学习迁移，就能在其他任何情境下应用这些知识技能。在这样的研究范式中，学习和应用是被严格分离的，从而受到建构主义学习观的质疑。建构主义认为，无论在学习情境还是在应用情境中都存在建构，建构过程对两种情境下的学习过程都存在影响。因此，传统学习迁移中的知识学习和知识应用只不过是学习的两个方面或阶段。这样，学习迁移问题本身就成了学习的问题。

1978 年，梅斯耶提出了一个建构主义的学习迁移概念。他认为学习即认知结构的建构，应用（迁移）即认知结构的重新建构。而认知结构的重新建构受两个因素的影响：一是结构的形式是否改变；二是学习的条件是否新。他根据这两个维度区分了四种类型的重新建构（表 10-2）。

表 10-2　迁移的分类

形式	在熟悉的条件下	在新条件下
以未改变的形式	复制	应用（迁移）
以改变的形式	转换	应用（迁移）

在这一分类系统中，新条件下的两种应用与学习迁移的概念是相当的。也就是说，所谓学习迁移，实际上就是在新条件下的重新建构。

建构主义学习迁移观是建立在其对学习的一般观点（知识是由学习者自身主动建构起来的，等等）的认识的基础上的。他们认为，知识的意义与应用是密不可分的，知识的建构总是伴随着对知识应用范围的建构。正如维特根斯坦所言，概念的意义存在于对概念的使用之中，不存在对概念的简单的核心定义，例如，“火”的意义存在于对它的不同使用之中，“火势凶猛”“火气很大”“小日子红火”等中的“火”的意义是各不相同的。总之，知识的意义与其应用范围是二位一体的，理解知识的意义必然离不开对知识的应用。学习者对知识应用得越多样化，知识的逻辑外延就越多地变为心理外延，学习者对知识的理解就变得越深刻，也就越能对知识加以灵活应用。

在建构主义看来，学习迁移的关键特征有以下三个方面。

（一）经验对迁移而言是必要的

学习迁移可以看作是在原有知识经验上的建构。这种原有的知识经验不仅包括学习者带到课堂上的个体学习，学习者在各个发展阶段所获得的一般经验，还包括学习者作为社会角色（如种族、阶层、性别和文化等）而习得的知识。因此，学生是带着社会角色和日常生活经验的知识，而不仅仅是先前的学习经验进入课堂学习中的。学生的这一知识既可能促进学生的学校学习，也可能阻碍学生的学校学习。

（二）迁移是个主动的、动态的过程

迁移是主动地建构，而不是某一类学习经验的被动产物。学习者在已有知识经验与问题之间生成联系，识别、抽象和匹配原问题与目标问题之间共同或类似的内在联系，都离不开学习者的主动建构。在不同的复合情境中，发现其背后所隐含的深层意义上的共同概念特征，并形成富有弹性的知识表征，更是离不开学习者的主动建构。

（三）过度情境化的知识并不利于迁移

在建构主义看来，学习者对知识的理解总是伴随着知识使用的范围和条件。但是过度强调情境的知识并不利于迁移的发生，学习者对不同情境中共同因素的深层的抽象的表征才有助于促进迁移。因此，要特别关注学习与情境之间的关系，因为两者之间的关系决定了知识是如何获得的，也就是迁移在知识获得中的作用。

纵观各迁移理论，从重视官能训练到强调相同因素，从重视经验类化再到强调认知结构和主动建构，每一种理论都有其侧重点。迁移是个体学习中极其复杂的现象，也许任何一种迁移理论都不足以解释它的全部内涵。因此，关于迁移，现代的研究仍然是人们关注的一个重要课题。

第三节　为迁移而教

迁移现象在学习中普遍存在且意义重大，奥苏贝尔首次提出“为迁移而教”的经典论述。影响迁移的因素很多，包括学习者个人的主观因素（智力、年龄、认知结构、学习态度等）和学习情境的客观因素（学习材料的特性、教师的指导、学习情境的相似性等）。在教育教学中，我们应该充分理解迁移的发生规律及其影响因素，创设和利用有利于积极迁移的条件，消除或避免不利因素，把为迁移而教的思想渗透到每一项教育活动中去。

一、影响学习迁移的主要因素

（一）相似性

相似性的大小主要是由两个任务中含有的共同成分所决定的，共同成分越多则相似性越大，并导致迁移的产生。共同成分既可以是学习材料（如刺激）、学习中的环境线索、学习结果（如反应）、学习过程、学习目标等方面的，也可以是学习者态度、情感等方面的。早期的桑代克主要强调两种材料外显的、具体的、元素的相似，苛勒和贾德等人则强调两种材料内隐的、深层的、整体的相似，即原理、原则和关系的相似；现代研究对迁移中所需的内在心理特性的相似性也给予了充分的关注。学习迁移的产生既受到客观相似性的影响，也受到主观相似性的影响。

1. 学习材料的相似性

两种学习材料存在共同的因素，会产生相同的反应，因而在学习中会产生不同程度的迁移。例如，英语和法语这两种学习材料在语音、词汇、语法等方面具有许多共同特征，这些共同的成分决定了两种学习具有很大的相似性，因此，彼此之间容易产生正迁移。而英语和汉语之间共同成分较少，相对而言，不容易产生正迁移。

两种学习材料之间除了具有相似性之外，也必然会有所不同。因此，两种材料的学习可能产生正迁移，也可能同时产生负迁移。为了促进学习迁移，防止干扰，在教学中教师应该引导学生正确认识学习材料之间的相似性，并通过比较认识它们之间的区别。

2. 学习目标与学习过程的一致性

在学习中，个体加工学习材料的过程是否相似也影响着迁移的产生。加工过程的相似性可视为主观相似性。由于加工过程往往受到活动目标的制约，因此，目标要求是否一致、相似，将在一定程度上决定加工过程是否相似，进而决定能否产生学习迁移。

韦斯伯格等曾做了一个实验，要求被试先进行配对联想学习，然后解决邓克尔的"蜡烛"问题（给被试几根普通蜡烛、一盒火柴、一些图钉，要求被试在尽可能短的时间内，把其中一根蜡烛安放在垂直的木板墙上）。在解决实际问题之前的配对联想学习中，有一组配对"盒子—蜡烛"实际上为该问题的解决提供了一个可能的解法，但极少有被试能注意到这种关键线索与解决问题间的相关。研究者认为，不能从前面的配对联想学习中迁移到"蜡烛"问题，这可能是由于缺乏相似的目标或相似的加工过程。这是因为被试以"发现一种方法将蜡烛置于墙上"这个目标作为线索去记忆中搜索，是根据目标本身而不是孤立的问题元素（盒子或蜡烛）去唤起过去的经验。但先前获得的"盒子"和"蜡烛"的联系此时并不起作用，被试在配对联想学习中并没有进行这样的加工活动，即如何将两个问题元素（盒子与蜡烛）以某种方式结合起来。

认知心理学对编码与提取过程的相似性的研究也为迁移中加工过程的相似性问题提供了证据。雅格比让被试分别从事两种活动：第一组被试在没有任何联系的情况下去阅读某一个词（如"冷"）；第二组被试做生成反义词的活动（"热的反义词是什么"）。然后两组被试都进行知觉识别测验和再认测验。结果第一组被试在知觉识别测验上的成绩优于第二组；而第二组的再认测验成绩优于第一组。研究者认为，生成反义词需要语义加工，而再认测验则涉及较多的语义分析；阅读某一词所涉及的是知觉加工，而这正是知觉识别测验所强调的。这一结果表明编码与提取过程的相似性对于迁移来说非常重要。信息能否迁移取决于它是如何以及在什么情境下编码的。信息如果是以将来可提取的方式进行编码，即编码和提取过程具有相似性，则易于迁移。

（二）原有认知结构

原有认知结构的特征直接决定着学习迁移产生的可能性及学习迁移的程度。奥苏贝尔的认知结构迁移理论对此进行了详细的阐述。原有认知结构对迁移的影响主要表现在以下几个方面。

1. 学习者是否拥有相应的背景知识，是学习迁移产生的基本前提条件

背景知识越丰富，越有利于新的学习，即迁移越容易。专家之所以具有较强的学习迁移能力，其原因之一就是他们具有某一方面的丰富的背景经验和认知结构。值得注意的是，有时即使学习者拥有迁移所需的某种经验，但由于这些经验不能被学习者

主动地加以应用，它们在头脑中处于一种惰性状态，因此，也无助于迁移的产生。

2. 原有的认知结构的概括水平对迁移起到至关重要的作用

实验证明，已有知识经验的概括水平是影响学习迁移的重要因素。一般而言，经验的概括水平越高，学习迁移的可能性就越大，效果也就越好。贾德的水下打靶实验即是例证。但如果学生脱离了具体的事例而孤立地学习抽象的概念、原理，也无助于有效地进行学习迁移。

认知心理学的研究则表明，信息能否提取在很大程度上依赖于信息在记忆中是如何组织的，合理组织的信息易于提取，也易于迁移。对专家和新手的对比研究发现，专家对于信息的组织是非常合理的，并且主要根据信息的内在深层结构进行组织，而新手主要根据信息的表面特征加以组织。所以，迁移时专家能根据已有的组织良好的信息进行恰当的提取，以应用于具有相同的结构特性的其他情境。新手则难以适应表面特性发生变化的新情境，无法从原有的认知结构中提取相应的信息。

奥佛门（Overman）将二年级学生分成 4 个等组，每组各 112 人，采用 4 种不同的方法训练他们学习两个二位数相加，3 个三位数连加，以及两个二位数与 1 个一位数相加。各组分别使用了 4 种训练方法。A 组不概括，教师只告诉学生怎样写和怎样加。B 组要求概括，教师不但告诉学生怎样写，怎样加，并帮助他们概括出“写数字须使右行对直”这一规则。C 组只说理，即只告诉学生个位数只能与个位数相加，十位数只能与十位数相加的原理，但不告诉学生“写数字须使右行对直”的规则。D 组兼用 BC 两法。训练 15 天后，用未教过的数目进行测试，结果是 C 组并不比 A 组有更多有意义的迁移；但概括出右行对直规则的 B 组及概括与说理相结合的 D 组产生了较大的积极迁移。这表明帮助学生进行概括的重要性和教学中提高学生概括水平的必要性。

3. 学习者是否具有相应的认知策略和元认知策略对迁移有重要影响

有些情况下，学习者虽然掌握了某种迁移所必需的背景知识，且学习对象也具有相似性，但仍不能产生迁移，其原因之一就是缺乏必要的认知和元认知策略与技能。拥有认知和元认知策略，可以使学习者沿着正确、合理的程序分析问题，使其注意力集中到要迁移的问题上，促使个体知识何时、何处、如何迁移某种经验，也可以在一定程度上增强学习过程的相似性。如在教学过程中，有时新旧知识的性质完全不同，也没有一般与特殊之间的原理关系，但分析问题的方法有相同之处，这种情况也能实现有效的学习迁移，这里迁移的其实就是认知策略与技能。

（三）心向与定势

心向与定势常常指的是同一种现象，即先于一定的活动而又指向该活动的一种动力准备状态。心理定势的形成往往是由于先前的反复经验，它将支配个体以同样的方式去对待后继的同类问题。例如，人在重复感知 10~15 次两个大小不同的球后，对两个大小相同的球也会感知为不同。定势对学习迁移的影响表现为促进和阻碍两种。定势既可以成为积极的正迁移的心理因素，也可能是负迁移的心理因素。

陆钦斯的“量水实验”是定势影响迁移的一个典型例证。在实验中，对第一组学生给予警告“不要盲目进行”；而对第二组学生则无警告。在解决新课题时，第一组学生因为受到警告的影响，就采取了随机应变的态度，根据不同课题采取不同的解决方式；而第二组学生则受到定势的消极影响，仍然采用先前的方式（见表 10-3）。

表 10-3　陆钦斯的“量水实验”　　单位：毫升

问题	容器			需要水量	第二组采用惯用公式	第一组采用简便公式
	A	B	C			
1	29	3		20	A−3B	A−3B
2	21	127	3	100	B−A−2C	B−A−2C
3	14	163	25	99	B−A−2C	B−A−2C
4	18	43	10	5	B−A−2C	B−A−2C
5	9	42	6	21	B−A−2C	B−A−2C
6	20	59	4	31	B−A−2C	B−A−2C
7	23	49	3	20	B−A−2C	A−C
8	15	39	3	18	B−A−2C	A+C
9	28	59	3	25	B−A−2C	A−C
10	18	48	4	22	B−A−2C	A+C
11	14	36	8	6	B−A−2C	A−C

实验表明，因先前的练习（1~6 题）而形成的定势影响到后面问题的解决，使解题的速度加快，问题变得比较容易。从这一意义上讲，定势是正迁移产生的一种积极的心理因素。但这种定势同时又阻碍、限制了其他更简便的两种方法（A+C 或 A−C）的产生，使思维僵化，因循守旧，难以灵活应用其他更简便而有效的经验来解决问题。这时定势又表现出负迁移的效果。同时，教师的指导或暗示，有利于帮助学生克服定势的消极影响。

定势对迁移究竟是积极的影响还是消极的影响，这取决于许多因素，但关键要使学习者首先能意识到定势的这种双重性，具体分析学习情境，既要考虑如何充分利用积极的定势解决问题，同时又要打破已形成的僵化定势，灵活地、创造性地解决问题。

（四）学习态度

学习者对某项学习活动的态度，会影响他们学习迁移的程度。当他们对学习活动具有积极态度时，就可能形成有利于学习迁移的心境，把已有的知识和技能主动运用到新的学习中去，找出两者之间的联系，产生学习迁移。反之，如果他们学习态度消极，就不会积极主动地从已有的知识经验中寻找新知识的连接点。学习态度是一种比较稳定的心理反应倾向，帮助学习者形成良好的学习态度是一项复杂的、长期的工作。

（五）学习指导

教师有意识的指导有利于积极迁移的产生。教师在教学中有意识地引导学生发现知识之间的相同点，启发他们去概括总结，鼓励学生监控自己的学习或教会学生学习的方法，都能对学生的学习迁移产生积极的影响。只要指导正确，符合学生的特点和学习规律，有指导的学习就能减少负迁移的消极影响，促进正迁移的产生。

（六）智力与年龄

智力包括了学习者的概括能力、分析能力、推理能力等，智力较高的人能比较容易地发现两种学习情境之间的相同要素或关系，易于总结学习内容的原理，形成完善的认知结构，顺利地将先前习得的学习策略和方法灵活运用到后继学习中。所以，提高学生的智力能发展学生的学习迁移能力。

年龄也是影响学习迁移的一个因素。在不同年龄阶段，学习者的思维发展水平是不同的，学习迁移产生的条件也不相同。如果学习材料超越了儿童的认知能力，由于缺乏学习的概括能力，正迁移作用也是难以产生的。

二、为迁移而教

（一）精选教学内容

要促进学习迁移的发生，首先要对教学内容进行科学的选择。根据学习迁移的规律，教师应该选择那些具有广泛迁移价值的科学成果作为教材的基本内容，也就是每一门学科的基本知识（如基本概念、基本原理）、基本技能和行为规范等。布鲁纳认为所掌握的内容越基本、越概括，则对新问题、新情境的适应性就越广，也就越能产生广泛的迁移。当然，在选择这些基本经验作为教材内容的同时，还必须包括基本的、典型的事实材料，脱离事实材料空谈概念、原理，则概念和原理也是空洞的、无生命力的，也不利于迁移。

（二）合理编排教材内容

学生的认知结构主要是由教材的知识结构转化而来的。教学内容结构的合理编排能充分发挥其迁移的效能。从迁移的角度来说，合理编排教材，就是要使教材结构化、一体化、网络化。

结构化是指教材内容的各构成要素具有科学的、合理的逻辑联系，能体现事物的各种内在关系，如上下、并列、交叉等关系。只有结构化的教材，才能在教学中促进学生重构教材结构，进而构建合理的心理结构。

一体化是指教材的各构成要素能整合为具有内在联系的有机整体。只有一体化的教材，才能通过同化、顺应和重组的相互作用，不断构建心理结构。为此，既要防止教材中各要素之间的相互割裂、支离破碎，又要防止各要素之间相互干扰或机械重复。

网络化是一体化的引申，指教材各要素之间上下左右、纵横交叉联系紧密，要突出各种基本经验的连接点、连接线，这既有助于了解原有学习中存在的断裂带及断裂点，也有助于预测以后学习的发展带、发展点，为迁移的产生提供直接的支撑。

（三）合理安排教学程序

合理编排的教学内容是通过合理的教学程序得以体现、实施的，教学程序是使教材发挥功效的最直接的环节。无论是宏观的整体的教学规划还是微观的每一节课的教学活动，都应充分运用学习迁移规律。在宏观方面，教学中应将基本的知识、技能和态度作为教学的主干结构，并依此实施教学。要做好整体安排，明确先学什么、后学什么，学习的先后程序要确定。比如小学的四则运算，应先学整数的四则运算，后学小数和分数的四则运算。在微观方面，要做好每个单元、每一节课的教学程序安排。教师要根据教材的难点、重点，结合所教学生的智力特点、知识程序，把那些具有最大迁移价值的基本知识、基本技能的学习放在首位；把那些概括性高、派生性强的主干内容突出出来，以使学生在学习中能顺利地进行迁移。

（四）注重培养迁移意识

教师通过反馈和归因控制等方式使学生形成关于学习和学校的积极态度。教师要注意对学生的反馈，当学生用其他学科的知识来解决某一学科的问题时，应当给予鼓励。如果教师对学生说："我都被你搞糊涂了，我们在讲历史知识，而你却在谈论地理知识。"那肯定会对学生的学习产生负迁移的效果。

此外，还要结合学生的年龄特点、创设和改造学校的环境与氛围，增加学校对学生的吸引力，并且在每次学习前，也应注意帮助学生形成良好的心理准备状态，避免不良情绪、心理定势等产生消极迁移。

（五）重视学习策略的培养

古人云，授人以鱼不如授人以渔。这意味着仅仅教给学生结构良好的知识和技能还是不够的，还必须使学生了解在什么条件下迁移所学的内容、迁移的有效性如何等。掌握必要的学习策略及其元认知策略是达到这一目标的有效手段。布朗等人在阅读理解的实验中，用矫正性反馈训练法教给学生元认知策略，结果不仅使学生对阅读理解问题正确反应的百分数明显提高，而且使其学到的元认知策略迁移到了他们的常规课堂的其他学习中。可以说，学习策略和元认知策略是可教的，同时它们又能够提高学习者迁移的意识性。结合具体学科的教学来教授有关的学习策略和元认知策略，不仅可以促进对所学内容的理解和掌握，而且还可以提高学生的学习迁移能力，使学生学会学习，从根本上促进迁移的产生。

这些教学原则只是提供了一种"为迁移而教"的思路，以帮助教师形成在教学中时刻注意促进学生积极迁移的意识。教师必须结合具体学科领域的特点和具体教学对象的特点，灵活地创设和利用教育教学契机去促进积极迁移的发生。真正做到"为迁移而教"，并能够结合具体情境灵活运用，这样的教师也就是"专家型"教师：他们从经验中形成了丰富的教学图式，面对某一新的教学情境时，能够立刻激发自己记忆中的某一图式，并采取合理的教学策略，这也是教师教学知识的一种迁移。

第十一章 学习动机

随着现实社会生活日趋复杂化，我们在加强培养学生活动技能的同时，更要注重培养他们获得各种丰富认知的需要。教师们在接收各种类型的学生并加以教育时，最应知道所有关于激励学生的问题。因此，对于一名教师来说，研究人的动机是至关重要的。

第一节 动机与学习动机

一、动机的概念

动机是由某种需要所引起的有意识的行动倾向。它是激励或推动人去行动以达到一定目的的内在动因。就动机和需要的关系来看，需要是人行为的深层动力，而动机是被条件"激活"了的需要。需要作为内在动力使人处于一般"驱力"状态，当需要与满足这种需要的条件或对象结合时，需要就变成了具体的行为动机，从而成为行为的直接动力。

二、学习动机的概念

人的各种活动都是由一定的动机所引起的。学生进行学习也总是为一定的学习动机所支配。学习动机是直接推动学生进行学习的内部动力。它是一种学习的需要，这种需要是社会和教育对学生学习的客观要求在学生头脑里的反映。它表现为学习的意向、愿望或兴趣等形式，对学习起着推动作用。

学习动机可分为学习的内部动机与学习的外部动机，这种划分目前被世界上大多数国家的心理学家所接受。内部动机是指人们对活动本身的兴趣所引起的动机。凡是学生根据自身的意志、兴趣、爱好而进行学习的动机因素都是内部动机。如明确的学习目的和强烈的求知欲望等，是内部动机力量。这种动机导致人在活动中直接得到满足，而不是在活动之后才得到满足，这就使得活动的进行更有成效。外部动机是指各种由外部诱因引起的动机。外部诱因如家长的要求、教师的压力、奖惩以及各种物质、精神和社会刺激等。这种学习动机导致学生不是在学习活动中得到满足，而是在活动之外得到满足。内部动机是持久的，它给学习者一种主动性；外部动机往往是短暂的，它所引起的学习大都是被动的。

（一）学习动机与学习目的的关系

学习动机和学习目的对于学生的学习来说，都能起到鼓励、引导、推动和促进的作用。但是两者又是有区别的。一般来说，学习动机指原因，而学习目的指结果。学习动机，多指当前所要进行的行为；学习目的，多指将来要达到的目标。同一个学习目的，可以有不同的学习动机，如高中生为了达到考上大学的目的，就可能存在各种动机：有的是为了脱离农村，有的是为了将来有个好的职业，有的是为了秉承父母之命光耀门庭，有的是为了获得更多的知识，成为国家的有用之才等。同一学习动机，也可以指向不同的学习目的，如从大学生想考个好分数这一动机出发，可以指向不同的目的：有的是为了争当“三好学生”，有的是为了想入党，有的是为了在学生集体中体现自己的才能，获得威信，还有的是为了将来更好地适应社会，求得个人的全面发展等。另外，学习动机和学习目的还可以相互转化，就像原因和结果能够相互转化一样。

（二）学习动机与学习效果的关系

学习动机和学习效果在一般情况下是一致的。对学生学习动机差异的心理学研究表明，在一般情况下，优等生的学习动机内容较广，水平也较高，他们往往既有远大的目标，也有切近的具体目标，这两种目标结合得较好；而差等生的学习动机内容比较窄，水平也较低，他们往往只有切近的具体目标，或只有空泛的远大目标，这两种目标常常是脱节的。

但是，由于实际生活对学生的影响十分复杂，学生本身的心理状态极其多样，因此，学习动机和学习效果之间的关系也并非都是完全一致的、简单的联系。学习动机好，短期内学习效果差，或是学习动机差，学习效果却较好的情况也是存在的。其原因是学习动机对学习效果的影响要通过许多中介因素，而这些中介因素往往有着不同的作用。如学习动机好而短期内学习效果不好的情况，可能是由于学生基础知识差，智能发展较落后，学习方法不好，学习习惯没有建立，以及身体不好等原因所造成的；而学习动机不正确，学习效果却较好的情况，可能是由于上述各方面条件较好，以及具有强烈的学习兴趣所造成的。教师对这些情况的原因应做具体分析。

学习动机的强度与学习效率、学习效果之间也存在着十分密切的关系。在学习活动中，学习动机过强或过弱，对学习效率都是不利的。只有当学习动机的强度处于最佳水平时，才会使学习活动产生最佳效果。据研究，学习动机强度的最佳水平不是固定不变的，它往往会因课题性质的不同而不同。这里有三种情况：一是在学习比较容易的课题时，学习效率会随着学习动机强度的增强而提高；二是在学习比较困难的课题时，学习效率反而会随着学习动机强度的增强而下降；三是在一定范围内，学习动机强度的增强有利于学习效率的提高，特别是在学习力所能及的课题时，其效率的提高更为明显。这条规律是由叶克斯（R. M. Yerkes）与多德森（J. D. Dodson）于1908年通过动物实验而证实的，所以被称为叶克斯—多德森定律（图11-1）。

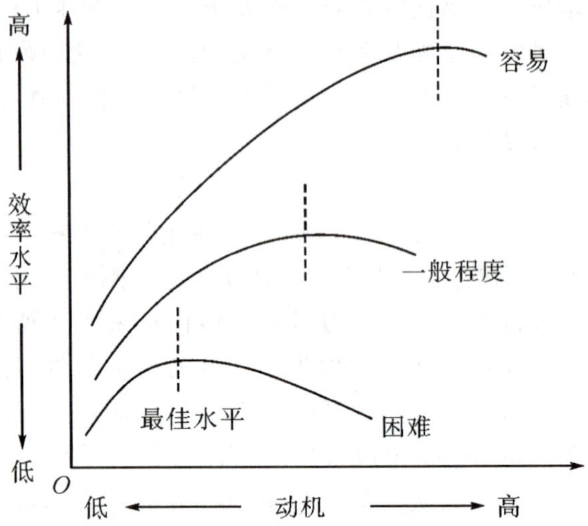

图 11-1 学习动机和学习效率的关系

学习效果可以反过来加强或削弱学生原有的学习动机，这种反作用的大小和性质，要视原有动机的性质而定。

第二节 动机理论与学习动机理论

一、动机理论

（一）本能理论

现代心理学中的本能概念是随着心理学家对行为动机的研究而出现的。这一概念本身又来源于达尔文的生物学。该理论认为，动物的本能是一种先天的生物力量，它预先确定了动物按照一定的方式活动，它使动物对外界刺激的反应表现为一种可以预见的、相对固定的行为模式。19 世纪末 20 世纪初，以桑代克、巴甫洛夫为代表的动物心理学家们运用了本能的概念。他们根据动物的生物本能来研究动物行为的心理倾向。其后，这种理论和方法进一步被引入心理学对人类行为及其动机的研究过程之中。20 世纪初，弗洛伊德首先采用了一个以本能为基础的动机理论。他将本能定义为人的生理需要在心理上的表现。他认为人有多少种需要，就有多少种本能，本能推动并决定着人的行为方式，其最终目的在于消除人体的需要状态。不过，弗洛伊德并未详细考察人究竟有多少种本能，他认为该问题应当由生物学来研究。他将人的本能简单地概括为两类，即与生命保存有关的生本能和为死亡服务的死本能。其中生本能包括饥饿、性欲、口渴等。他认为，这些生物本能在人的生命早期得到满足的情况将决定一个人成年之后的行为模式。死本能则是暗中起作用的，它派生出破坏本能和攻击本能等。当死本能指向内部时，会导致人的自责甚至自杀；而当死本能指向外部时，则导致对他人的攻击、仇视和战争。

本能论的另一个主要倡导者是与弗洛伊德同时代的英国心理学家麦独孤，他在

1908 年出版的《社会心理学概论》中力图运用达尔文的进化论来阐明，人和其他高等动物一样，都是由低等动物进化而来的，人和动物在其生物发展史上具有一种延续性，它们之间并不存在什么天然鸿沟。因此，既然动物的一切活动都受本能所支配，那么在决定人的行为和心理作用上本能也占有主要地位。麦独孤将本能定义为由遗传而来，或是本有的一种生理兼心理的倾向。它使其主体对于某一类客体有知觉而注意；当知觉时，主体感受到一种特殊质的情绪冲动，并且对这个客体亦有一种特殊的动作，至少也感受要做出这种动作的冲动。但麦独孤也认为，在由本能决定其行为的过程中，人和动物并非完全一样。智慧程度不高的动物，其本能的动作是本能的纯粹形式，未被智慧和后天学习所改变；智慧程度越高的动物，其纯粹形式的本能动作越来越少，而人的本能倾向则是与后天的学习和经验相结合来推动其行为的。因此，人的行为从总体上讲可视为遗传本能及其在经验中改变的结果。

由于弗洛伊德和麦独孤的影响，本能论在 20 世纪初一度广为流行，理论家们纷纷寻找各种本能来解答人的行为及其心理倾向。这种思潮是对 20 世纪以前的理性主义的反叛，它否认人的行为是由理性进行选择的结果，而是将它看成主要是由先天的遗传的力量造成的。

（二）内驱力与需要理论

1930 年坎农（Cannon）运用体内平衡概念来描述人类活动过程。他认为，人为了调节和维持机体的生化平衡（食物、水、氧气、体温）而不得不“驱动”机体活动来调节各种平衡，这种内驱力被认为是由体内失去平衡而引起活动的来源。1940 年赫尔（Hull）发展了由基本需要引起的内驱力概念，并把这些基本需要与体内平衡过程同等看待。这种内驱力被划分为主要的和次要的。主要的内驱力是驱动那些为机体生存所必需的活动（如饥饿、渴、性行为）；次要的内驱力表现为次要的基本需要的满足，如恐惧、钱或货币等都是次要的驱动。赫尔还提出，当一个目标达到后，则内驱力减弱，这种随之发生的内驱力降低称之为“报赏”。

内驱力理论同人的生理机能存在着明显的联系，19 世纪中期的研究成果表明，下丘脑的大部分集中在一个“特殊”区域，即在生存限度内控制着人的食欲需要，迄今已发现的有饥饿、干渴、性欲、温度、攻击和快乐中枢定位。

早期人们在推测与证实主要的和次要的内驱力方面已做出了相当的努力。默里（Murray）和卡特尔（Cattel）是其中最突出的代表。默里认为人类的需要有两大主要方面，即出自本能的和心理发生的需要。出自本能的需要在先前已提及，它是人类生存的基本需要。默里的重要贡献在于心理发生的需要（或社会动机）。他假设有 20 种心理发生的需要，它们是成就需要、交往需要、攻击需要、支配需要、娱乐与理解需要等，这些需要通过学习或专门培养而形成。需要可能由内部因素引起，但最普遍的是由外部刺激物激活，这种不平衡而导致施加刺激量的激活称之为“压力”。如此，当我们看见有人被欺负，会产生攻击（或躲避伤害）需要的压力，富有吸引力的工作来自成就需要的压力。卡特尔在创立的动机的动力特性理论中提出一个叫作动力网络的相互作用因素的结构，该结构是用来作为因素分析的一种方法。通过对人的态度行为评估的大量测试，他提出了影响动机的两个基本因素：一个影响因素是基于人类需要的本能作用，诸如寻找食物、择偶、群居、恐惧、自我防卫、自我关照、好斗与渴望获得等；另一个影响因素是情感获得，它来自对人、事物和社会制度的反应。

（三）认知理论

认知理论学家认为：人的思想介入对动机有实质的影响。一个人的意识发生对他或她在类似情形中的未来行为有重要作用。从环境中观察、解释、选择、储存和提取信息是关键过程，它影响着我们现实和将来的动机形成。

最早的认知理论是罗特（Rotter）提出来的。他提出三个基本概念，即潜在行为、期望和加强。潜在行为是一种可能性，即人在确定的信号中为了得到加强而做出反应。这种可能性取决于人的奖赏期望，即加强与估量奖赏的价值。这种期望是某种活动（行为）即将出现并符合奖赏（或惩罚）结果。

认知理论家信奉的是认知失调或偏差观点。费斯汀格（Festinger）发展了认知失调理论，他认为，当我们存在两个或更多的心理上的不协调事件（信念、态度等）时，便会出现紧张。根据他的观点，失调出现在人们对某情景中有关“要素”间的认识发生困难时。这种失调可以用许多方法加以消除，能够消除失调的前提是：①失调是心理上的不舒适，因而驱动个体减少这种失调；②失调随时可发生，每个人将尽可能避免接触那些可能增加失调的信息。

二、学习动机理论

（一）强化理论

行为主义心理学家用S-R的公式来解释人的行为。他们把动机看作由外部刺激引起的一种对行为的冲动力量，并特别重视用强化来说明动机的引起与作用。经典条件反射与操作条件反射的理论也都认为强化是形成和巩固条件反射的重要条件。在他们看来，人的某种学习行为倾向完全取决于先前的这种学习行为与刺激因强化而建立的牢固联系；强化可以使人在学习过程中增强某种反应，重复可能性的力量。与此相反，联结学习理论的中心概念是刺激与学习者反应之间的联结，而不断强化则可以使这种联结得到加强和巩固。按照这种观点，任何学习行为都是为了获得某种报偿。因此，在学习活动中，采取各种外部手段如奖赏、赞扬、评分、等级、竞赛等，可以激发学生的学习动机，引起其相应的学习行为。学校中的强化既可以是外部强化，也可以是内部强化。前者是由教师施于学生身上的强化手段，后者则是自我强化，即学生在学校中由于获得成功的满足而增强了学习的成功感与自信心，从而增强了学习动机。而无论是外部的或内部的强化，都有正强化与负强化之分。一般说来，正强化起着增强学习动机的作用，如适当的表扬，获得优秀成绩等便是正强化手段；负强化一般起着减弱学习动机的作用，但有时也可以使一个人在失败中重新振作起来。在学习中如能合理地增强正强化，减少负强化，将有助于增强学生的学习动机，改善他们的学习行为及结果。

（二）自我实现理论

自我实现理论是人本主义心理学的一项主要理论，美国心理学家马斯洛（A. H. Maslow）是这一理论的提出者和代表人物。马斯洛认为人的基本需要有五种，它们由低级到高级依次排列成一定的层次，即生理的需要，安全的需要，归属和爱的需要，尊重的需要，自我实现的需要。很明显，自我实现乃是在前四种需要的基础上产生的一种最高级的需要，包括认知、审美和创造的需要。自我实现有两方面的含义，即完整而丰满的人性的实现以及个人潜能或特性的实现。马斯洛说，一个人力求变成他能变成的样子，这就是自我实现。他还概括地提出了自我实现者的15项优良的人格特征，认为只有极少数人才能成为真正的自我实现者。从学习心理的角度看，人们进行学习就是为了追求自我实现，即通过学习使自己的价值、潜能、个性得到充分的发挥、发展和实现。因此，可以说自我实现乃是学习的一项主要的动机，自我实现理论也是人本主义心理学的一项主要的学习动机理论。根据这一理论，教师应意识到，在某种程度上学生缺乏学习动机应归因于那些低级需要未得到充分满足，而正是这些因素可能成为学习和自我实现的主要障碍。

（三）归因理论

人们在做完一项工作之后，往往喜欢寻找自己或他人之所以取得成功或遭到失败的原因，这在心理学上称之为归因。

归因是指人们对于自己或他人行为成败原因的推论和分析。归因理论是对行为成败原因做分析或推论的理论。归因理论认为，寻求理解是行为的基本动因，人们关于行为成败结果的知觉分析会影响他随后的情感、期望和行为。

最早提出归因理论的是奥地利社会心理学家海德（F. Heider）。他认为，人们具有理解世界和控制环境这两种需要，使这两种需要得到满足的最根本的手段就是了解人们行动的原因，并预计人们将如何行动。行为的原因或者在于环境，或者是在于个人。他人的影响、奖惩、运气、工作难易等都是环境原因。如果把行为的原因归于环境，则个人对其行为结果可以不负什么责任。人格、动机、情绪、态度、能力、努力等都是个人原因。如果把行为的原因归于个人，则个人对其行为结果应当承担责任。

美国心理学家韦纳（B. Weiner）是归因理论的一位重要代表人物，韦纳等人认为：能力、努力、任务难度和运气是人们在解释成功或失败时的四个主要原因。韦纳把这四种基本原因分为控制源（内部原因和外部原因），稳定性（稳定的原因和不稳定的原因）和可控性（可控制的原因和不可控制的原因）三个维度（表11-1）。

表11-1　对成功和失败的归因

内部的		外部的	
稳定的	不稳定的	稳定的	不稳定的
不可控的	可控的	不可控的	不可控的
能力 持久努力	心境 一时性努力	任务困难 偏见	运气 求助他人

这三个维度中，控制源同个体对学习成败的情感反应密切相关。例如，当一个学生把学习成功归因于努力、能力等内部因素时，他会感到满意和自豪，而把成功归因于任务容易和运气好时，他的满意感会显著减少。如果学生把失败归因于能力不强或努力不够时，他会感到自卑和内疚，而将失败归因于任务太难或运气不好时，他会自我原谅，从而较少产生消极情感体验。稳定性维度同个体取得成败经验后对未来结果的预期有关。例如，当一个学生将成功归因于能力这一稳定因素时，会对以后的成功报较高的期望，因为能力是可以持久发挥作用的因素；当把失败归因于能力时，则会

对未来成功报较低的期望。可控性这一维度明显地关系到以后的努力程度。例如，一个学生把自己学习的好与坏归因于努力这一可控制的因素时，他会更加努力。但当他把学习的好坏归因于能力和运气这些不可控制的因素时，就可能对学习采取听天由命的态度。

归因的三个维度是相互交织的。例如，有的学生认为成功的原因是能力，这是从内部的、稳定的、不可控制的角度进行归因。如果学生认为自己学习不好是学习内容太难，这就是从外部的、稳定的、不可控制的角度进行归因。研究表明，内在的、不稳定的和可控制的归因（努力、注意等因素）对于激发学习动机最为有利。因为把好成绩归因为自己努力，学习时注意力集中等，会促使学生以后更加努力。把挫折和失败归因于不努力、学习不专心，而不是归因于自己能力差或内容太难时，学生会通过努力来改变这一状况而不会产生自卑感和丧失自信心。

归因理论是从结果来阐述行为动机的，它的理论价值与实际作用可以归纳为三个方面：一是有助于了解心理特征和个性差异；二是有助于根据学习行为及其结果推断出个体的稳定心理特征和个性差异；三是有助于从特定的学习行为及其结果预测个体在某种情况下可能产生的学习行为。正因为如此，在学校中运用归因理论可以了解学生的学习动机，对于改善其学习行为，提高其学习效果也会产生一定的作用。但是，人的心理活动和行为动机纷繁复杂，仅用上述归因的三维模式来了解学生可能难以得到完全合乎实际的结论，甚至会产生“差之毫厘，失之千里”的弊端。

（四）成就动机理论

成就动机在 19 世纪 30 年代末就被国外心理学家墨里提出。当时，他对其的定义为：“克服障碍、施展才能、力求尽快尽好地解决某一难题。”20 世纪四五十年代，麦克勒伦和阿特金森接受了墨里的观点，并将这一概念修改为“在具有某种优胜标准的竞争中对成功的关注”。后来，他们就进一步把这一思想发展为成就动机理论。

成就动机是指人有一种力求施展才能，有所作为，干好自己认为有价值的工作的那种动机。简言之，就是指为追求成就，希望获得成就的动机。成就动机强的人喜欢追求成功、乐于接受富有挑战性的工作任务，不怕失败，有较高的抱负水平。相反，当成功决定于运气或问题由别人为他们解决时，他们很少产生满足感。在解决问题时，成就动机强的人毅力强，而且总是倾向于将自己的失败归因于努力不够而不是归因于任务太难或运气不佳。总之，成就动机强的人希望获得成功，而当他们失败后，会加倍努力，直至成功。

阿特金森认为，个人的成就动机可分为两类：第一类是力求成功的需要，第二类是避免失败的需要。他在研究中发现，某些人的动机中，避免失败的成分比力求成功的成分更多，这样的人叫作“避免失败者”；而另一些人的动机成分中，力求成功的成分比避免失败的成分多一些，这种人叫“力求成功者”。“避免失败者”的一个重要特征就是：他们倾向于选择非常容易或非常困难的任务，因为选择容易的任务可使他们免遭失败，而选择的任务极其困难，那么即使失败，也可以找到适当的借口，从而可减少失败感。相反，力求成功者想获取成就，他们最有可能选择成功概率约为 50% 的任务。因为这种选择能给他们提供最大的现实挑战。如叫他们去完成不可能完成的任务和轻而易举的任务，他们动机水平反而会下降。

1. 成就动机与学习行为

研究表明，具有强烈成就动机的学生比成就动机低的学生有较高的学习劲头和直到把问题解决为止的学习毅力。温特（H. W. Wendt，1995）研究了成就动机水平与数学学习的数量和质量的关系。他在研究中发现，成就动机水平高的被试能够尽快而准确地解决许多数学题。这些被试在没有时间限制的情况下，仍然保持这种学习的速度和效率。韦纳和库克拉（B. Weiner & A. Kukla，1970）的研究指出，成就动机高的被试在执行某项学习任务失败的情况下，仍然比成就动机低的被试有较大的学习热情和继续完成此项学习任务的信心和努力行动。总之，大量研究证明，成就动机在学习中起着很大的推动作用，它与学生的学习毅力、学习效率和学习成绩呈正相关。

对于任何人来说，都希望自己有较高的成就动机水平，但是，成就动机太高，太强烈也并不是一件好事。美国心理学家白寇威兹指出，强烈成就动机者可能具有下列一些不良行为表现：①顺从——如果他认为顺从可以作为达到目标的手段的话。②欺骗——如果他认为欺骗可以获得酬赏的话。③自我攻击和罪疚感——因为他的成就未能达到他的抱负水平。④高度的肌紧张和精神病征兆。

2. 影响学生成就动机的主要因素

（1）家庭教育的影响

成就动机在幼年期已经开始形成，并且在很大程度上取决于所接触到的社会文化背景以及父母对成就的重视程度。可以说，成就动机的根本基础是在家庭中奠定的。家庭的意图、态度和价值观系统都会影响孩子的成就动机。美国的一项研究表明，母亲成就动机不同在对待自己孩子的期望上就不同：成就动机高的母亲，在自己孩子较小的时候就要求他们能独立，自给自足；而成就动机低的母亲对孩子的独立性要求得较晚，更多地保护自己的孩子，在较长时间内更多地限制孩子。美国的另一项研究证明，父母的期望和压力，对于孩子上大学的成就动机具有压倒一切的作用。研究者把一组打算上大学的劳动阶级的男孩和另一组不打算上大学的劳动阶级的男孩做了比较。这两组男孩都有足够的智力上大学，并且都有毕业于大学的希望，两组男孩家庭的社会经济水平相同，他们的父母都没有上过大学。所不同的是：希望上大学的男孩的父母，有三分之二以上明确而有意识地对他们的男孩施加了压力；而不想上大学的男孩的父母，只有大约百分之九施加过这样的压力。

父母的个性特征和教养方式也与他们孩子的成就动机和学习成就有关。研究表明，在大学生中，学业成绩不良的女生往往有专断的母亲，而学业成绩不良的男生则往往有专横霸道的父亲。这一结果暗示我们，在学校里学生的自信心和独立性得不到充分发展就会造成学业成绩不良。不少研究表明，父母严加管教有助于学生在中学取得良好的学业成绩，而管教过多则会干扰其在大学取得良好的学业成绩。

（2）学习成败的经验对成就动机和抱负水平的高低与学生在学习中成功与失败的经验密切相关

一个学生如果能够经常取得较好的成就，在成功信息的激励下，他的成就动机水平会逐渐提高。相反，学生在学习中经常得低分，经常体验到失败的滋味，他的成就动机水平就会逐渐降低。

在教学中，教师的一个重要任务是让学生尽可能取得较多的成功经验。尤其是不应把学习分数作为鼓励学生学习的唯一手段，以提高学生的志向水平和成就动机水平。

（3）教师和学生集体评价

教师和集体的评价是影响学生成就动机的一个重要变量。事实证明：一个学生经常受到教师和班集体的积极评价，就会提高他的成就动机水平。相反，如果一个学生从教师和集体那里总得到消极评价，他听到的总是“学习不好”“头脑反应慢”等，久而久之，学生的志向水平和成就动机就会逐渐降低。

在教师和学生集体的评价中，教师的评价往往更具有影响力。学生集体的评价常常来自教师的评价，在学习方面尤其如此。学生年龄越小，这种现象越突出。因此，教师在评价学生时要谨慎，应多从积极的方面去评价学生，对差生尤其应注意这一点。总之，不管怎样评价学生，评价始终应该富有激励性，使评价成为提高学生成就动机的手段。

3. 成就动机是学生课堂学习的主要动机

美国教育心理学家奥苏贝尔认为，学生课堂学习的主要动机是成就动机。他认为，学校情境中的成就动机由三种成分构成：

（1）认知内驱力

认知内驱力是一种掌握知识、系统地阐述问题并解决问题的需要。实际上，这种认知内驱力是一种好奇的倾向和探究环境、应付环境的一种倾向。比如，儿童很早就表现出了这种认知内驱力，他们对周围环境和新异刺激很感兴趣，总爱问成人这是什么？那是什么？为什么？等等。但这时儿童的认知内驱力主要是先天的好奇心和探究环境的倾向。学生对某一学科的认知内驱力，不是先天具有的，而是后天依赖于特定的学习经验获得的。学生一旦形成了对学科知识的认知内驱力，这种动机就会指向学习任务本身，获得知识就成了学生追求的目标，所以，认知内驱力也叫作内部学习动机。研究表明：这种对获得知识本身的认知内驱力在课堂学习中是一种最重要、最稳定的动机，它对学习起头等重要的作用。

（2）自我提高的内驱力

自我提高的内驱力是指个体因自己能胜任工作而赢得相应地位的需要。这种需要从儿童入学开始，日益显得重要，成为成就动机的主要组成部分。

由于一定的成就总是能够赢得一定的地位，也就是说，一个人赢得的地位通常是与他的成就或能力水平相称的，成就的大小决定着他所赢得的地位的高低；与此相同，一定的地位又决定着他所感觉到的自尊心，这种自尊心是赢得相应地位的直接反映，所以，自我提高的内驱力并不是直接指向学习任务本身，而是把所取得的学业成就看作赢得地位与自尊心的根源，显然它是一种外部动机。对于学生来说，自我提高的内驱力一方面是学生力图用学业成绩来取得名次的一种手段，另一方面，又是他们在未来的学术生涯或职业生涯中谋求做出贡献取得地位的一种手段。可见，自我提高的内驱力对学习也起着很大的推动作用。因此，学校教育中通常采用评“三好学生”、评“优秀干部”等精神或物质奖励的方式引起学生自我提高的内驱力。这些手段可以使学生体验到荣誉感、自尊心，体验到学习成功的乐趣，从而激发起他们的学习热情。

但是，如果过分强调自我提高内驱力的作用，也是不恰当的，甚至是错误的。学生的学习动机，如果主要着眼于取得外来的利益，一方面在结束一门课程之后，就会很少考虑这种知识与后继课程的学习和将来的工作成就之间的关系，也会很少意识到这门学科的价值。或者，他们在得到学分之后，就感到满足，不觉得有进一步学习的价值。这样，他们是不会产生持续而深入学习的愿望的。另一方面，也会影响他们对学习的社会意义的认识，产生不正确的学习目的性，从而陷入个人中心，产生自私、利己的思想。

（3）附属内驱力

附属内驱力是指一个人为了获得长者（如教师、家长等）的赞许和认可而表现出来的把工作做好的一种需要。也就是说，学生努力想取得学业上的成就，并不是想获得更多的知识，也不是想赢得相应的地位和获得自尊，而是为了从长者那里获得赞扬和认可。因此，这是一种外部动机。

研究表明，具有高度附属感的学生，一旦得到长者的肯定或表扬，就会更加努力地学习，在学习上取得良好成绩。反之，如果他们的努力没得到教师、家长的赞许，有时就会丧失信心，甚至出现学习积极性的下降。

成就动机的这三个组成成分，在不同时期有不同的比重。在儿童时期，附属内驱力是成就动机中的主要成分，到了儿童后期和青年期，自我提高内驱力和认知内驱力就成为强有力的动机因素。

第三节　激发学习动机的常用方法

在学生产生学习需要以后，要使它真正变成学习中经常起作用的有效的动力，还必须采取相应的措施，把学习动机激发出来。也就是说，要利用一定的诱因使已经形成的学习需要由潜伏状态转入活动状态，使它成为实际上起推动作用的内部动因，从而能调动学习的积极性来解决当前的学习任务，并使已形成的学习动机不断地得到巩固、加深和提高。学习动机的激发是在学习过程中进行的，它主要依赖于教师的教学内容、教学方法以及教学组织。经验和研究表明，下列方法是激发和培养学生学习动机的有效方法。

一、明确课堂学习的目的和意义

许多时候，有的学生缺乏课堂学习动机，是因为他（她）不知道学什么，为什么学和怎样学。因此，要增强学生课堂学习动机，首先要向学生们讲明本课程的学习目的和主要内容，即课堂上应该理解和掌握的学习内容；其次要向学生解释本课程学习内容的价值，即现在所学的内容与日常生活经验有哪些联系，掌握该课程的社会价值和对个人发展的意义；最后还应具体指导学生通过什么方式才能更好地达到学习目的。

二、创设问题情境

创设问题情境就是在教材内容和学生求知心理之间制造一种不协调，把学生引入一种与问题有关的情境的过程。实践证明，在正式讲授教学内容之前，提出与课文有关的一些问题，以引起学生的好奇与思考，是激发学生学习动机的有效方法和手段。

与自己的观点和见解相一致的东西，常常不能引起人的兴趣和注意。人总是倾向于关注富于变化的、新奇的、能够引起认知不协调的事物。用创设问题情境的方法来激发学生的学习动机正是适应了人的这一心理特点。

要激发学生的学习动机，在使用这一方法时，应遵循以下几个原则：①问题要小而具体。②问题要新而有趣。③要有适当的难度。④要富有启发性。

关于如何创设问题情境，方法多种多样，经常采用的有三种：①活动方式，就是让学生通过参加一些活动而产生问题。如，在做实验、游戏、体育活动中产生问题。②复习旧课时产生新问题。③直接提出与教材有关的问题。

三、促进学生形成良好的自我概念

自我概念是指一个人对自己的了解和基本评价。心理学研究表明，一个人的自我概念的性质直接影响一个人的动机水平和行为。一个自我认可的人，对自己有肯定和积极的认识，就会悦纳自己，确定较高的抱负水平，学习动机也比较强烈，行为表现更符合社会上所赞许的标准，行为更富有竞争性。反之，一个自我拒绝的人，对自己的认识消极、否定，自己看不起自己，埋怨自己，不相信自己的能力和成绩，因而，抱负水平低，学习动机也比较弱，在行为上倾向于回避复杂的、富有挑战性的事物。

在高职教育中，教师应帮助学生形成积极的、健康的自我概念，让学生能够正确、客观地认识自己。研究表明，自我概念在很大程度上是他人和社会评价的产物，在少年儿童时期尤其如此。学校、教师的评价直接塑造着学生的自我概念。高职学生虽已是成人，但心理也并没有完全成熟，学校、教师在学生的自我概念建立上的作用也不容忽视。因此，教师应多从积极方面评价学生，使他们自尊、自信，感到自己聪明，有价值，通过这种健康的、富有激励性的自我概念来促进学生的学习。

四、加强学习结果的反馈作用

随时让学生了解自己的学习结果，一方面有利于学生及时采取矫正措施来促进学习，另一方面，对学习结果的了解又能对学习产生很大的激励作用。心理学家罗西（C. C. Ross）和亨里（L. K. Henry）做过这样一个实验：他们把一个班的学生分成三组，对第一组，每天告诉其学习结果，对第二组，每周告诉其学习结果，对第三组则不告诉其学习结果，八周后，除第二组仍每周告诉其学习结果外，第一组和第三组的条件互换，即对第一组不告诉他们学习结果，对第三组每天告诉其学习结果，这样又进行了八周，三组学生学习成绩如图 11-2 所示。

结果表明，第二组是稳定进步的，但是第八周后，第一组和第三组的情况则产生相反的变化，即第一组由于不知道学习结果，学习成绩明显下降，而第三组由于得到明确的反馈信息，成绩明显提高。这表明了信息结果反馈的重要性，也表明经常性的反馈比间隔时间较长的反馈更富有激励性，更能促进学生的学习。

因此，在教学过程中，教师应注意以下几个问题：第一，及时批改作业和发还学生的作业、测验和试卷。第二，眉批、评语要写得具体，有针对性、启发性和教育性，使学生受到鼓舞和激励。

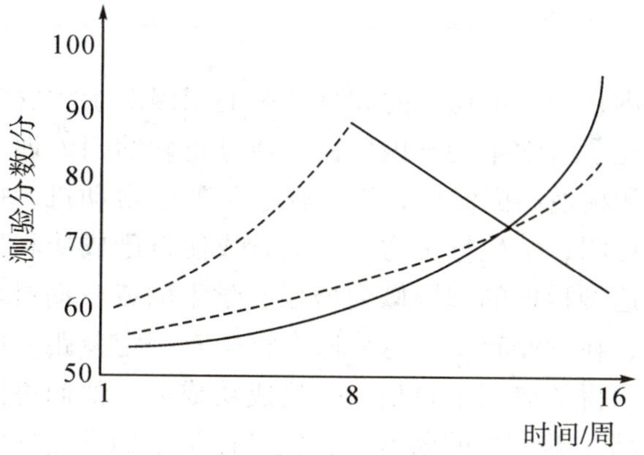

图 11-2 学习结果的反馈效应

五、正确运用表扬与批评

在学习活动中，对成绩好的学生，教师不仅要使他们知道自己的成功，还要表扬、奖励他们，以引起其愉快的情绪，勉励他们继续努力学习。对成绩差的学生，教师不仅要使他们知道自己的失败，还要批评、惩罚他们，以引起其苦闷的情绪，督促他们重新努力学习。总的说来，无论表扬或批评，对于激励学生的学习动机都是有好处的。但比较起来，表扬、赞扬比批评、指责更能激发学生的学习动机，既不表扬也不批评的效果最差。

在学校中运用表扬与批评时，应当注意以下几个方面：①对学生进行表扬或批评都要公正、及时，不能过多地表扬和过多地批评，否则会产生相反的效果；②评价学生应以表扬为主，尽量少用或不用批评，特别是对“差生”，更要善于发现其闪光点，抓住其点滴进步予以表扬；③表扬与批评要针对学生的特点，因人而异。在年龄差异上，对于小学生，教师的评价作用较大，对中学生、大学生，班集体的评价效果更好；在性格差异上，对于自卑的学生，应多鼓励和表扬，以增强其信心，对于过于自信的学生，应更多地提出要求，在表扬的同时指出他的不足；在性别差异上，男生易受批评的影响努力学习，女生易受表扬的影响努力学习。

六、适当开展竞赛

竞争的成败直接与学生尊重需要、成就动机等的满足相联系，因此，竞争在学习中可以成为很强的激励因素。职业技能竞赛应该是激发高职学生学习动机的主抓手。但同时也要注意竞赛既能发挥激励作用，也会产生一些消极作用。

因此，组织竞赛要注意科学性。竞赛如果组织得不好，通常会产生下列消极结果：①造成学生之间人际关系紧张。②使学习成绩差的学生完全丧失信心。③对有把握成功的学生缺乏激励作用。④对中等成绩的学生和求胜心切的学生会有过大的心理压力。

为了发挥竞赛的激励作用，在组织竞赛的过程中应注意：①竞赛应立足于对大多数学生的激励，而不是仅仅激励少数学生。②竞赛活动多样化，要尽可能为每个学生创造获得成功的机会。③激励学生自我竞赛，把自己现在的成绩与过去的成绩相比较，只要有进步，就及时给以肯定。④在竞赛过程中，鼓励学生之间互相帮助和互相促进。

七、帮助学生正确归因

根据归因理论，内在的、不稳定的和可控制的归因对于激发学生学习动机最为有利。因此，教师要首先了解学生的归因倾向，通过正确的归因训练方法来改变学生的消极归因倾向，形成积极的归因倾向，以增强学生的学习动机，提高其学业成绩。许多学者通过归因实验证明，学生把努力、方法看成使自己成功和失败的主要因素是一种积极的归因倾向。这种积极的归因倾向增强了学生的成就动机水平，提高了其学业成绩。对于高职学生，在学业起点上与普通本科生有一定差距，因而，其在学业上容易产生自卑心理，对取得的成绩不自信，无论成功或失败他们可能更多会将其归因为运气或题目简单等外部、不可控的因素。长此以往学生的学业成绩很难得到提升。因此，高职教师在教学过程中，应指导学生从内在的、不稳定的和可控制的因素上寻找成功和失败的原因，这对于增强学生的学习动机，提高其学业成绩，具有非常重要的作用。

那么，教师如何帮助学生进行正确的归因呢？根据教学经验和心理学实验研究结果，我们认为教师在帮助学生进行正确归因时，应该考虑到：①教师应树立正确的教育观念，对学生的评价要以表扬、鼓励为主，以增强学生的自信心和自尊心，即在各种情境中，教师都要相信学生的努力和能力，做到课内、课外对学生的评价一致。②对学生进行积极归因训练，不论学生在学习中是成功还是失败，都要促使学生在归因时朝努力、方法等内在的、不稳定的和可控的因素上寻找原因。③帮助学生确立今后努力的目标，制定出达到目标的具体方案。④帮助学生提高心理分析的能力，以了解自己的优势和不足之处。⑤教会学生多种切实可行的学习方法，使学生获得良好的学习效果。

第十二章 创造性及培养

创造性是人类区别于动物的根本特征和标志之一，研究创造性的重要意义和最终目的在于使人类创造性的发展从自发走向自觉，从而尽可能挖掘人类的创造能力，造福人类。创造能力是高职学生的核心素养，培养高职学生的创造能力是高职教育的核心目标。

第一节 创造性与创造

一、创造性

从 1869 年英国心理学家高尔顿出版《遗传与天才》，第一次对“创造性”进行研究以来，各国心理学家对“创造性”的研究给予了充分的关注。在心理学上，创造性是一个十分复杂、颇有争议的概念。迄今为止，由于研究者的观点的分歧和侧重点不同，其采用的标准也各不相同，有关创造性的定义多达百余种。有些研究者强调主观创新，有的则强调创造的目的性，有的侧重创造的过程，有的则侧重创造的结果，有的从创造的认知方面出发，有的则从创造的动机、人格因素入手，或者几个方面兼顾。由此可见，人们对创造性的认识还很不统一，但一般认为创造性的定义中至少应包括四种成分：创造性的主体、创造性的环境、创造性的过程、创造性的结果。

目前，对创造性较一致的看法把创造性界定为：人根据一定目的，运用一切已知信息，产生出某种新颖、独特、有社会或个人价值产品的活动中所表现的各种心理要素的有机结合而形成的心理结构的特征。这里的产品既指思维成果，也指物质成果，它可以是一种新概念、新设想、新理论，也可以是一项新技术、新工艺。创造性就是指创造的属性或特性，它是对创造内涵和本质的规定。创造性应包括以下几个方面：①新颖性。新颖性是指人们的思维、技术或产品是前人所没有过的，或者说是个人以前所从来没有过的。“新颖”主要指不墨守成规、破旧布新、前所未有，这是相对历史而言的，为一种纵向比较。②独特性。独特性是指人们的思维、技术或产品具有与众不同的性质，具有独创性的特征。“独特”主要指不同凡俗、别出心裁，这是相对他人而言的，为一种横向比较。③有价值。有价值是指人们的思维、技术或产品对人们来说是有用的，能给人类或个人带来利益。这种价值不应只限于有社会价值，以及能否有利于社会、能否推动社会进步作为标准，也应考虑到个人的价值标准。

创造性由创造性动力因素、创造性人格因素和创造性认知因素构成，其中创造性认知因素是创造性的核心。

创造性的动力因素是推动人们运用认知因素和人格因素作用于创造对象的力量因素，它决定着创造性活动的目的和意图，主要包括创造需要、创造动机和创造热情。

创造性的人格因素是创造性的人所具有的人格特征，它主要包括创造风格和性格特征等。它对创造性的发挥起着重要的推动作用。

创造性的认知因素是指创造性心理结构中与智力活动有关的部分，主要包括下列认识成分：智力、创造性思维、创造性想象、创造性认识策略、良好的知识结构。其中创造性思维是创造性认知因素中最重要的成分。

二、创造

创造也称创造性活动，是一种提供独特的、具有价值产物的活动。科学中新概念、新理论的提出，新机器的发明，文学艺术作品创作等，都是不同实践领域中的创造性活动。创造性活动是一种实践活动，其本质是由它所提供的产物决定的，只有当它所提供的产物新颖、独特并且具有价值时，这种活动才能叫作创造性活动。所以，独特性和价值性是创造性活动的最基本特征。而创造力则是主体在认识、改造世界过程中产生出独特、新颖和具有社会价值意义的产品的能力。

三、创造过程

创造性活动虽然种类繁多，时间长短不一，复杂程度不同，但其整个活动过程可以大致划分为一些阶段。在这些划分中比较有代表性的观点是心理学家华莱士（G. Wallas）于1926年提出的创造过程四阶段论。1930帕特里克用实验结果支持了这一理论。

（一）华莱士的观点

华莱士认为任何创造活动的过程都包括准备阶段、孕育阶段、明朗阶段和证实阶段。

一是准备阶段。在这个阶段，创造主体明确要解决的问题，然后围绕问题，收集资料信息，并试图使之概念化和系统化，同时开始尝试和寻找初步的解决方法，但往往这些方法行不通，导致问题的解决出现僵持。在划分时，有时也将创造主体有关知识的学习、技能的训练包括在这一阶段内。

二是孕育阶段。这一阶段最大的特点是潜意识的参与。对创造主体来说，需要解决的问题被搁置起来，主体并没有在它上面做什么有意识的工作。这一阶段也常常叫探索解决问题的潜伏期、酝酿期。

三是明朗阶段。进入这一阶段，问题的解决一下子变得豁然开朗。创造主体突然间被一个启发唤醒，创造性的新意识猛地出现，以前的困扰顿时一一化解，问题得以顺利解决。这一阶段伴随着情绪强烈而明显的变化，这一情绪变化是在面临问题解决的一刹那出现的，是突然的、完整的、强烈的，给创造主体以极大的快感。这一阶段常称为灵感期、顿悟期。

四是证实阶段。这是对整个创造过程的正确的验证期。在这个阶段，提出的解决方法必须详细地、具体地叙述出来并加以运用和验证。如果试验是好的，问题便解决了。如果提出的方法失败了，则上述过程必须全部或部分重新进行。

这四个阶段是一般情况下存在的，但并不意味着它们在各种情况下必定一律依次出现。从华莱士的理论我们可以得到的启示是，作为教育者应该鼓励学生多进行创造性活动，发展学生的创造性，特别应在第二阶段和第三阶段多加训练和教育。

（二）吉尔福特的观点

吉尔福特通过对智力和创造力的研究，认为创造性活动过程一般是从聚合思维到发散思维再到聚合思维的不断反复、转化、上升的循环往复的过程。

第二节 创造性鉴别

理论和实践都证明一般的智力测验并不能满足社会和教育系统鉴别和选择创造性人才的需要，由此我们可以看出创造性的测量和评价的重要性。只有通过创造性的测量和评价，有效地鉴别学生创造性发展水平及学生的特殊才能，我们才能在教育过程中真正做到因材施教，使学生的创造潜能得到充分的发挥。同时，创造性测量和评价过程本身就是一个激发学生发挥其创造性思维的过程。

创造性测评方法，一般有以下几种：

一、标准化的测量方法

（一）发散思维测量——创造过程的标准化测验

发散思维测量是通过创造过程角度的一种评价。它的理论基础是吉尔福特的“创造性的表现在于发散思维”的观点及其有关创造性结构的观点。其主要是测量思维的变通性、流畅性、独特性。这种评价技术适于在教育背景下使用。其测验项目通常是“列出有轮子的物体”“列出能发出声音的物体”等。这种测量方法的主要优点是能够引发出学生可观察、可量化的、易于统计和解释的行为，这些行为代表了个体对现实情境做出创造性反应的可能性（Runco，1991；Torrance，1987）。发散思维测量在 20 世纪 60 年代就得到发展，主要有：托兰斯创造思维测验、南加利福尼亚大学测验、芝加哥大学创造性测验、沃利奇—凯根测验等。

（二）有关创造性人格方面的测量

人格角度的测量主要是指态度、人格、兴趣和传记式测量。态度和人格如同发散思维，也是可以被观察和测量的。只要教师或其他人有足够的机会观察学生在创造情境下的行为，我们就可以从他们的评价中获取有关学生创造性的资料。考察与创造性有关的情感行为的自陈式评价工具主要有《发现才能团体问卷》（Rimm，1980）、《Khatena-Torrance 创造性知觉问卷》、《你属于哪一类人》《关于我自己》（Khatena &

Torrance，1990)，这些工具主要用于测量青少年对创造性自我的知觉。对于年幼学生，有的问卷通常由其父母完成。此外，兴趣问卷能反映出一个中小学生在某一特定领域具有创造性的可能性（Cohen&Gelbrich，1998）。有关其他人格建构如学习或思维风格的测量也能反映出中小学生的创造性。常用鉴别创造性人格的量表有《发现才能团体问卷》《你属于哪一类人》《探究兴趣问卷》等。

（三）创造性产品的评价

产品评价反映了目前方案评价和学生选拔中的一种趋势。产品评价一般需要一个以特定的创造性指标为依据的客观化的评定量表。产品评价技术的信效度与评价标准以及评价者是否有能力做出准确的评价有很大的关系。在进行产品评价时，一般需要邀请多个熟悉该领域的专家对这些产品进行独立的评价，最后达成一致的意见。曾有心理学家在 1987 年发展了一套可以评价许多领域内的复杂的创造性产品的程序。他们的评价方法使用了三个明确界定的标准：新奇性、问题的解决、综合评价。产品评价法的优点是具有客观性且分析深入、细致，但由于编制客观的数量化的记分系统是关键，因此该法难度较大。

二、其他的评价方法

（一）主观评定法

主观评定法指由专家或专门研究者按照一定的标准，对受测者的创造性进行评价的方法。该方法的评价内容包括受测者的各个方面，而不仅仅是产品，因此是一种综合性的评价方法。其评价过程必须由多个人来完成，通常没有客观的评分系统，而是以经验作为评价依据。主观评定法的实施分三个步骤：①组成评价小组，成员由有关专家、研究者、有经验的教师构成；②由评价小组成员分别对评价对象的创造性进行评析；③合成总的评价成果，考察评分信度。该方法较为经济可行，预测效度也较高，但很容易受到评价者个人经验、情绪状态等主观因素的影响，而且这类测验很难区分个体创造性成分与其他成分在作品中的表现，因此难免影响该测验的效度。此外，创造性的界定对于该方法尤其重要，如果在界定上有所偏颇或评价小组成员对创造性的理解不一致，就会影响到整个测量的科学性。

（二）创造性实验法

该方法是指通过给受测者设置一定的问题情境，控制和改变一些条件，记录其反应情况，然后加以分析的一种测评方法。心理学家卢钦斯曾有一个相关的经典实验。其过程是：为中小学生设计了一个问题情境，要求他们思考如何用 3 个已知容量的容器量出特定数量的水。前 7 个问题属于同一模式，有共同的解决方法。其中第 6、7 题除上述方法外还有更容易的解决方法。第 8 题能用简单方法来解决。被试分两组，第一组被要求从第 1 题做到第 8 题，第二组只做后三题。结果发现，第一组被试 80% 的人在做后三题时继续使用做前五题时的方法，而第二组被试大多数都用最简单的方法顺利解决了最后三道题。

（三）档案袋评价法

档案袋评价法是一种综合评价方法，指将学生在学校及课外活动中的各类表现归档，然后根据这些资料，用一种具体明确的、完整定义的程序进行评价。

另外，使用创造性评价和测量工具时需注意，创造性评价和测量的工具是被用来对个体进行测评的，其本身无好坏之分，影响测量的准确性和科学性的关键是如何正确使用这些工具。对个体创造性的测评是一个包括各个环节的标准化的程序。只有本着科学性、客观性的原则才能使测评结果具有可信度，从而发挥其应有的作用。

第三节　影响创造的因素

要有效地培养个体的创造性，就必须首先探明影响创造性发展的各种因素，以防止消极因素的作用，充分利用和发挥积极因素促进个体创造潜能的发展。我们通常从外部环境和个人内部心理环境两个方面来考虑影响创造性的因素。

一、外部环境因素

外在环境因素主要包括家庭环境、学校教育环境、社会文化、具体问题模式及情景压力。

（一）家庭环境

家庭环境、父母亲的教养态度与方式会直接影响儿童的创造性。它可以促进，也可以抑制个体创造潜能的发展。许多对杰出创造成就人物的儿时家庭环境的追溯研究和对具有创造才能儿童的家庭调查，都为此提供了有利的证据。一般而言，权威型的家长，在生活上对儿童支配、专制或娇惯，则儿童的思维能力就会刻板、呆滞，表现为依赖性强、服从，创造性水平低；民主型的家长着重儿童独立性的培养，家庭气氛民主、活泼，儿童容易形成灵活思维，想象力丰富，表现为独立性强、创造性水平高。一些对具有较强创造力的儿童的父母进行检测和面谈的结果证实，这些父母具有这样一些共同的特点：富有表达性，独立性强，主张地位平等，强调个人观念，允许儿童自由表现，鼓励儿童动手实践。另外的一些研究表明，父亲和母亲在儿童创造性发展上起的作用有所不同。母亲的强制行为同儿童创造性思维能力呈负相关，创造性思维能力高的儿童与父亲接触较多；父子关系与儿童的创造性高低有较高的正相关；父亲对儿童的创造性的影响比母亲的影响大得多。

（二）学校教育环境

学校教育对学生的创造性发展的影响主要表现在两个方面：第一，教师个性和行为的影响。教师的教育观点不同，学生的创造性水平亦有明显差异。不同的教育观念和方法，对于提高学生的创造性水平有不同作用，如果教师忽视学生主体，不注重引导学生进行探索发现，而采用“机械模仿”“死记硬背”的教育方式，就会扼杀学生的创造性；相反，如果尊重学生意见，允许他们大胆思考，鼓励学生提问，注意因材施教，则有利于学生创造性的培养。第二，各种有关创造性活动的项目、课程和活动也能促进学生创造性的发展。许多研究发现，具有比较高创造性能力的学生，其所在学校的各种项目、活动等的安排会更加趋于完善、合理。

（三）社会文化

对种族文化的研究发现：犹太人和亚洲人，以杰出的创造才能而闻名，诺贝尔奖获得者占有很大比例。其主要原因在于他们种族文化的影响，如对文学的热爱、对教育的重视、对抽象的概念的领会及稳定的家庭结构，这些共同的文化因素有利于其创造性的形成。托兰斯对美国、澳大利亚、印度、德国等的文化与儿童创造性思维的关系进行研究，发现这些国家文化发展的过程中，儿童独创性的创造性思维发展虽缓慢但却连续上升而无下降期。另外一些跨文化的比较研究也发现，在鼓励独立性、创造精神，主张男女平等的开放性社会中，儿童的创造性水平普遍较高且男女差异也较小，而在强调专制、服从、男女地位悬殊的封闭性社会中，儿童创造性水平普遍较低，男女差异也较大。许多研究都得出了这样的结论：来自独裁的文化环境的儿童往往表现出退却、服从、逃避现实，缺乏创造精神；而有利于创造的社会风气、丰富的环境刺激及各方面的文化交流则促进求知欲，有利于创造性的形成。

（四）具体问题模式及情景压力

问题模式指个人所面临的问题有时空上的种种特点及其表现的功能特性。问题的空间特征对创造性活动有很大的影响，因为问题呈现的方式不一样，问题的难度就会产生很大的差异。魏特海默在实验中让已学过平行四边形面积的学生解一道平行四边形的题。由于问题呈现的方式（如图 12-1 中 A、B）的变化，多数学生不能回答，而只有少数创造水平较高的学生完满解决了问题。这表明，问题的空间特征影响了创造性的发挥。

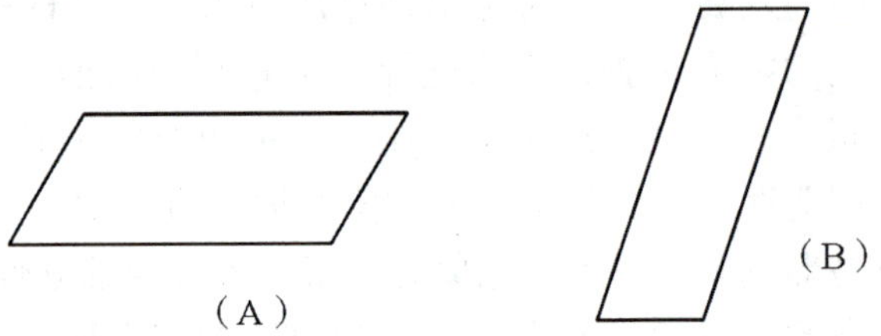

A 是已学过的图　　B 是改变呈现方式的图

图 12-1　问题的空间特征对创造性活动的影响

另外，一个问题中所包含的因素太多，并且很多又与问题无关时，多余刺激就会影响个体创造性的发挥。

对于个人造成情绪紧张或压力的情景也会影响创造性活动的水平。心理学家利用实验方法在问题情景中制造紧张和情绪的压力，结果使经受这种紧张和压力的人减弱了创造性水平。艾曼贝尔研究表明：要求屈从社会压力，对创造性具有普遍的有害影响，它同创造性呈负相关。

二、个人内在因素

个人内在因素指创造者本人的种种心理心素对创造性活动的影响，通常创造性活动是由个人的创造性水平决定的，而个人创造性水平又是构成创造性的动力因素、人格因素、认知因素三者共同决定的。

第四节　高职学生创造性的培养

一、高职学生创造性的培养应遵循的基本原则

（一）协同性原则

高职学生创造性的培养与训练，应同日常教学活动及学生的其他活动协同进行，充分发挥创造性培养与训练同知识传授、能力培养、思维培养、个性品质培养等在教学目标、内容和方法等方面的协同效应，促进高职学生创造能力与创造意识、创造认知的协同发展，提高高职学生的综合创新素质。

（二）主体性原则

在高职学生的创造性培养与训练中，应当更多地把学生放在整个活动的主体地位，引导和启发全体学生自觉地、积极地、主动地参与到活动中来，培养他们的创造意识、主动参与创造和独立进行创造的精神。高职教师要善于激发学生主动地接受训练的热情，引导学生自觉进行自我训练，自觉地去寻找各种有效的方法，尝试独立地解决问题。

（三）活动性原则

创造性培养与训练的最终目的，是让高职学生能更为有效地解决学习、生活和社会实践中的具体问题。因此，结合实际，在形式多样的发明、制作、实验、论文等各种科技创造活动或实际的科学研究活动中，进行创造性的培养与训练，让学生掌握实际操作能力，意义更为重大。

（四）整体性原则

个体的创造性有它的多维度、多层次的结构。高职学生的创造性的提高，不只反映在掌握了有效的创造方法上，还表现在创造性意识的增强、创造性动机的激发、创造性心理的完善、创造性人格的成熟、创造性能力的提高等方面。这些综合构成了一个人的创造性的整体结构。因此，从整体上提高一个人的创造性要比让一个人仅掌握几种创造方法更加有价值。

（五）兴趣性原则

高职学生的创造性的培养与训练，要求高职教师善于创设活动情境，采取以趣激学、寓教于乐、趣中启智、丰富多彩的形式，使学生对创造性的培养与训练产生浓厚的兴趣，兴趣盎然地参与其中；在培养与训练过程中，高职教师还要善于创设和谐协调、合作竞争的心理氛围，使全体学生体验到成功的愉悦感，从而进一步激发学生积极进行创造活动的热情。

二、如何有效地培养高职学生的创造性

培养和发展高职学生的创造性，是教育特别是高职学校教育的一项重要任务和目标。怎样才能为学生创造性的培养提供良好的条件？我们认为有以下途径：

（一）创设有利于创造性发挥的环境

这里的环境不仅指学校环境，还包括家庭环境和社会环境。研究表明，家庭与学校的教育环境是影响学生创造力发展的重要因素。所谓有利于创造性发挥的环境，应该是一个能支持或高度容忍标新立异者和偏离常规者的环境，是一个让学生感到心理安全和心理自由的环境。心理安全就是指不对学生的独特想法进行批评或挑剔，使其消除对批评的顾虑，获得创造的安全感，敢于表达自己的见解；心理自由就是尽量减少对学生行为和思维的无谓限制，给其自由表现的机会。在这样的环境中，老师或家长尊重学生的与众不同的疑问和观念，并且向学生证明他们的问题和观念是有价值的，同时提供给学生大量的学习机会，不断地鼓励他们去思考、想象、尝试、探索和发现。高职教师对学生的态度更多的是积极、鼓励、平等和宽容，教师不再是自我权威的维护者，而是学生创造性的激发者、培养者和欣赏者。从大的社会环境来看，要改造传统文化中负面的东西，鼓励竞争，鼓励冒尖。显然，在这样自由而安全的环境中，才能够激发学生学习的积极性和主动性，促使高职学生的认知功能和情感功能均得到充分的发挥，使其创造潜能得到最大限度地展现。

（二）转变教育思想和观念，改革现行的课程体系，以适应高职学生创造性的培养

转变陈旧的高职教育思想观念，树立民主、科学的高职教育理念是创造性培养的前提。因此，我们必须转变那种以知识为中心的高职教育理念，正确处理知识和能力、创造力的关系，确立以培养学生能力为中心的高职教育理念；转变那种以教材和教师为中心的高职教学观，确立以学生为中心的教育主体观；转变那种以灌输为主的高职教学方法体系，确立以学生主动探索为主的多种教学方法结合的、灵活的教学方法体系。而这些都集中体现为课程问题，可以说课程的改革是创造性培养的关键。必须改革传统的以知识为本位的高职课程体系，构建适应创造性培养的新的高职课程体系。具体来说，首先，高职课程目标必须体现知识、能力、人格的完整统一；其次，高职课程体系应该包括知识课程、情感课程、活动课程和自我发展课程。另外，高职课程内容要新，而且编排要合理，也就是要使课程结构化、一体化和网络化。从高职的课程结构来说，不仅要重视学科课程、分科课程、正规课程和必修课程，同时也要加强活动课程、综合课程、隐性课程和选修课程。

（三）改变课堂教学模式，激发学生的创造性

在我国传统的高职课堂教学中，一是过于强调统一性和一致性，喜欢用同一标准来要求所有学生。这样很容易使学生形成循规蹈矩的思维程式，为使自己的言行符合规定的标准，学生很难去尝试发表一些独特的见解，做一些与众不同的事情，这最终会导致学生形成从众思维和从众个性，对于创造性的发挥是非常不利的。二是高职教学方式是灌输式和演绎式的。高职教师独占课堂，只顾自己单向传授知识，学生成了被动的接受者。在这样的高职课堂教学过程中，学生的注意力很难一直保持较高水平，甚至会逐渐下降，导致教学低效。演绎式的教学是高职学校传统的一种教学方式。它主要体现为先介绍概念、定理和定律，再引用例子进行解释和说明。这是一种从一般到特殊的教学思路，有益于聚合思维的培养，但是对于发散思维的发展是非常不利的。因此，必须树立多元化的能力观，建立多元化的高职教学评价和管理模式，尊重和承认学生的个别差异；改变单一的灌输式和演绎式的教学方式，重视讨论式、启发式和

发现式教学，突出学生的主体性和主动性，增进师生间或学生间的互动性。高职教师的教学方法不应该是一成不变的，应根据不同的内容和学生的年龄特点，灵活采取各种教学方法，并不断更新和整合自己的教学方法，这样才能更好地激发高职学生的创造性。

（四）在知识教育中培养创造性

创造性的培养或者创新教育并不排斥知识教育，更不否定知识的价值，当然也不是说知识越多，就越有利于创造性的发展。问题的关键在于获取的是什么知识，以及如何获得知识。根据现代认知心理学的广义知识分类，知识有两类：一类为陈述性知识，是关于事物是什么、为什么和怎么样的问题的知识；另一类为程序性知识，是关于做什么和怎么做的问题的知识。程序性知识又分为应用概念和规则对外办事的智慧技能和运用概念和规则对内调控的认知策略，也称策略性知识。在现代认知心理学看来，人类的后天习得的能力都是由知识构成的，可以用广义知识来解释。因此我们认为只要组织有效的教学，正确处理好陈述性知识、智慧技能和策略性知识的关系，完全可以在知识教育过程中发展学生的能力和创造性。因此，高职学生创造性的培养完全可以在知识教育中结合具体学科内容来进行，而不必单独开设什么思维训练课或创造性思维课程，而且现在越来越多的研究均表明这种脱离具体教材内容的训练课程收效甚微，很难有长期的效果。

（五）注重创造思维的培养

在创造性结构中，认知因素是核心，而创造思维又是最重要的认知因素，因此应注重对高职学生创造思维的培养。可以从以下几个方面来培养高职学生的创造思维：

1. 激发高职学生的学习动机和好奇心

学生的求知欲、学习的积极性和主动性是学生发展创造思维能力的重要条件。这需要高职教师创设良好的环境和问题，善于启发和调动，使学生的思维处于积极状态，使学生的学习过程成为一个积极主动的探索过程。这样不仅可以获得知识，还能进一步发现未知的新知识，甚至有所创造。

2. 培养高职学生发散思维和集中思维

创造性是“一种以发散思维为核心、聚合思维为支持性因素、发散思维与聚合思维有机结合的操作方式”。聚合思维就是根据已有信息求取唯一正确的答案。而发散思维是假定一个问题有多种答案，思维的方向往外发散，寻找各种可能的正确答案。实际上，一个创造性活动的过程，要经过从发散思维到聚合思维，再从聚合思维到发散思维的多次循环才能完成。因此既要培养发散思维，又要培养聚合思维。发散思维具有三个基本特性：流畅性、变通性和独特性。高职教师在教学过程中，不仅要训练学生在限定时间内产生众多的解决问题的方案的能力，也要训练学生解决问题的灵活性，更要训练学生对问题产生不寻常的反应和打破常规的能力。对高职学生聚合思维的培养主要是要提高学生的抽象、概括、判断和推理能力。

3. 发展高职学生的直觉思维

直觉思维是与分析思维相比较而存在的。分析思维即逻辑思维，是遵循严密的逻辑规律，逐步推导，最后得出合乎逻辑的结论。直觉思维是依靠直觉突然地看到解决问题的途径，预感到问题或情境的意义和结果，并直接指向目标。它是创造思维活跃的一种表现，在创造活动中占有重要地位。高职教师要增强学生的信心，鼓励学生大胆地对问题进行推测或猜想，养成良好的直觉习惯。当然，直觉思维的正确与否，还需要分析思维的严密地检验和论证。

4. 培养高职学生创造想象

人类的创造活动离不开想象，特别是创造想象。创造想象，可以弥补事实链条上的不足和尚未发现的环节，可以把许许多多看来似乎无关的现象联系起来，产生新的形象组合。因此高职教师必须为学生创设自由而轻松的环境，设法帮助学生增加表象储备，注意灵感的捕捉等，以发展学生的创造想象。

（六）重视培养高职学生的创造性人格

前面谈到，创造性与许多人格特征有着密切关系。因此高职教育必须重视创造性人格的培养。同时，各种研究还显示，凡是具有高度创造性的儿童与成人，在其早年的家庭经验中，都有充分的独立和自由，有较多的解决问题的机会。那些屈服于父母威势的儿童，则很容易接受权威性的主张，行为循规蹈矩，避免越轨，避免尝试新的经验，更不会有什么创新的表现。因此，应该从小培养高职学生的创造性人格，特别是独立性。作为家长或老师，应该采取民主的教育教养方式，遵循尊重、鼓励、支持和适当的要求相结合的原则，通过各种活动，让高职学生充分享受独立活动、独立交往的自由，让他们学会自己的事情自己做。同时，需要使高职学生掌握一定的行为限度和行为规范。另外，还要培养高职学生独立学习、独立思考、独立生活的习惯和能力，并学会自我管理、自我控制和自我选择等。

第十三章 智力开发

智力是影响高职学生学习及其未来工作、生活的重要因素之一，根据学生智力形成和发展规律来开发高职学生的智力是高职学校智育工作中一项极其重要的核心任务。本章将主要阐述智力的本质、智力的发展、测量以及如何合理、有效地开发高职学生的智力等具有重要意义的问题。

第一节 智力行为的性质

一、智力的一般理解

智力（intelligence）又称智能或智慧。早在我国古代的著作中已经涉及智力的概念，如《国语》把智力概括为“言智必及事”。在西方心理学史上，最先使用智力这一术语的则是19世纪初英国的哲学家、心理学家斯宾塞（H. Spencer）。他认为“具有智力的生物，认知外界形形色色的对象，使其行为适应复杂的现象的这些能力，意味着有许多分离的印象结合起来的机能”①。后来，许多的心理学家致力于智力的研究，但对智力的概念，心理学界至今尚未取得一致的意见。但概括来看，心理学界对智力主要有以下几种解释：

（一）智力是抽象思维的能力

有些心理学家认为，智力是一种抽象思维能力。如美国心理学家推孟（L. M. Terman）认为，智力是个体在解决问题时运用语言和记号等抽象征象的思维能力，且其智力水平的高低和能进行抽象思考的能力的高低呈正比关系。

（二）智力是适应新环境的能力

一些心理学家认为智力是个体适应环境的前提条件，所以他们认为智力是对新环境的适应能力。比如，德国心理学家斯腾（L. W. Stern）认为智力就是有机体对新环

① 吉田长雄. 学校教育心理学［M］. 东京：福村出版株式会社，1981：104.

境充分适应的能力。

（三）智力是学习的潜能

有些心理学家认为智力就是学习能力，学习成绩代表智力水平。美国哈佛大学教育心理学家迪尔伯恩（W. F. Dearborn）认为智力是个体容易且迅速地学习事物的能力。

（四）智力就是智力测验所测的能力

有些心理学家认为，智力就是智力测验所测的能力。这是一种操作性的定义，它并没有对智力的内涵做出明确的规定。例如，如波林（E. G. Baring）认为，智力就是通过智力测验而测得的东西。

（五）智力是完成多种活动所必需的各种能力的有机结合

一些心理学家认为智力是多种能力的有机结合。比如心理学家布朗（F. G. Brown）认为，智力是学习能力、保持知识、推理和应付新情境的能力。盖奇和柏林尔（Cage & Berliner）认为，智力是个人的抽象思维能力、学习能力和解决问题能力的总称。

基于上述对智力的理解，我国较多的心理学家认为：智力是观察力、记忆力、想象力和思维力等各种认知能力的有机结合，其中抽象逻辑思维能力是其核心。这一定义说明，智力属于认知能力的范畴，但它又不是个体认知能力的某一组成部分，而是各种认知能力的有机结合而形成的一种综合能力。

二、智力的理论探讨

个体的智力是由哪些因素组成的呢？这也是一个众说纷纭的问题，不同的学者有不同的看法，因而形成了不同的智力理论。现将几种主要的理论做一简要介绍。

（一）智力的因素说

因素说是研究智力构成要素的学说，持这种观点的主要有二因素论和群因素论。

1. 二因素论

在心理学史上，最早对智力结构进行探讨的是英国心理学家斯皮尔曼（C. E. Spearman），他提出了“二因素说”。他认为智力由两种因素构成，即“一般因素”（G因素）和“特殊因素”（S因素）。G因素是一切智力活动所共同具有的因素，是智力结构中的关键和基础。S因素是保证人们完成各种持定活动所必需的，是决定各种不同能力的因素。人完成任何一种活动都需要由G和S两种因素决定。所以，斯皮尔曼认为，每一种智力都是由一定比例的一般因素和特殊因素共同决定的。

斯皮尔曼的二因素理论简单明了，对我们了解智力的结构有一定的启发价值，为智力测验提供了理论基础。然而，这一理论也有不足，早期斯皮尔曼强调一般因素和特殊因素的区别，将两者绝对对立起来，而没有看到它们之间的联系。

2. 群因素论

这一理论是由美国心理学家瑟斯顿（L. L. Thurstone）提出的。瑟斯顿于1938年用由56个测验组成的一组测验对218名大学生进行测验，然后应用因素分析的方法，提出了构成智力的七种因素，即词的理解力、空间知觉能力、语词运用能力、推理能力、计算能力、记忆能力和知觉速度。

1941年，瑟斯顿根据七种因素编制了一套《基本心理能力测验》，但测验结果与他的假设相反，这七种能力之间并不是真正独立的，它们彼此之间呈正相关关系。这使他意识到在这七种因素之间还有某种一般因素存在。

（二）结构说

结构学说强调智力是一种结构，持这种观点的主要有阜南（P. E. Vernon）的层次结构理论的和吉尔福特（J. P. Guilford）的智力三维结构理论。

1. 智力层次结构理论

1961 年英国心理学家阜南继承和发展了斯皮尔曼的二因素说，提出了智力的层次结构理论。他认为智力的结构是按层次排列的，智力的最高层次是一般因素；第二层次包括两个大因素群，即言语和教育方面的因素及操作和机械方面的因素；第三层次是小因素群，即在大因素下又分为言语、数量、教育、机械信息、空间能力和手工操作等 12 个小因素；第四层次是特殊因素，即各种特殊能力。由此可见，阜南智力层次结构理论是对斯皮尔曼的二因素说的深化。

2. 智力的三维结构理论

美国心理学家吉尔福特于 1959 年提出了智力三维结构模型（见图 13–1），1967 年又在他的《人类智力的本质》一文中对此模型做了全面又详尽的论述。他认为智力可区分为三个维度：操作（operations）、内容（contents）和产物（products）。智力活动的第一个维度是操作，所谓操作是指智力活动的基本方式，它包括认知、记忆、发散思维、集中思维和评价。第二个维度是内容，即智力活动的对象和材料，它包括图形（通过感官看到的具体信息）、符号（数字或单词）、语义（言语含义或概念）和行为（与人交往的智力）。第三维度是产物，即智力活动的结果。它又分为单元（一个单词、数字或概念）、类别（一系列有关的单元）、关系（单元与类别之间的关系）、系统（用逻辑方法组成的概念）、转换（对安排、组织和意义的修改）和蕴含（从已知的信息中观察某些结果）。由于智力的三个维度中含有多个因素，整个智力就是操作、内容和产物各个维度所属项目相乘的结果。所以，智力可区分为 5×4×6＝120 种。吉尔福特认为，这些不同的智力可运用不同的测验来检验。

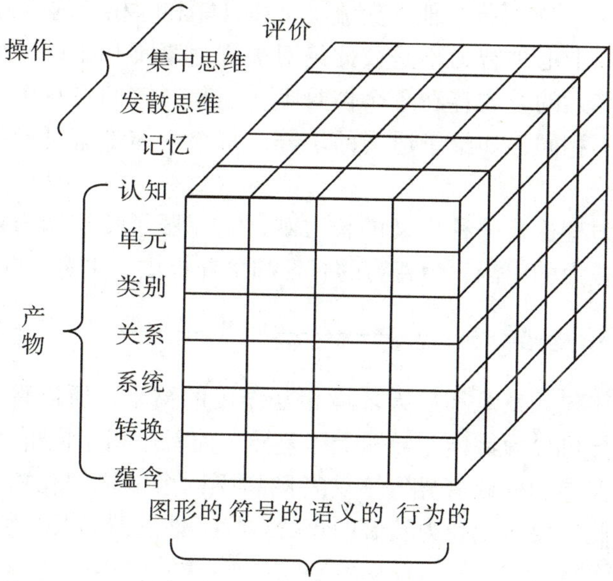

图 13–1　智力三维结构模型

吉尔福特的智力三维结构模型同时考虑智力活动的内容、过程和结果，突破了斯皮尔曼等人从平面的角度来研究智力的局限性，这对推动智力测验工作具有重要的影响。

（三）智力的信息加工理论

20 世纪 70 年代以来，心理学家将传统的智力理论和认知心理学观点结合起来，用信息加工的观点来探索智力的结构，其中有代表性的理论是斯腾伯格（R.. J. Sternberg）的智力的三元理论和加德纳（H. Gardner）的多元智力理论。

1. 智力的三元理论

美国耶鲁大学的心理学家斯腾伯格于 1984 年提出了著名的智力的三元理论。该理论认为智力由三个部分控制，即成分智力（componential intelligence）、经验智力（experiential intelligence）和背景智力（contextual intelligence）。这三个部分智力在智力活动的信息加工中具有不同的作用（具体内容见第六章认知发展的第二节）。

2. 多元智力理论

“多元智力”最初是由美国哈佛大学心理学教授加德纳（H. Gardner）及其助手经过多年研究和观察提出来的。1983 年，加德纳在《智能的结构》一书中对多元智力理论进行了较系统的阐述。他认为，智力的内涵是多元的，由七种相对独立的成分构成。这七种成分是：语言智力（主要是指听、说、读、写的能力，表现为个体能否顺利而有效地理解和利用语言）、逻辑—数学智力（主要包括数学和思维方面的能力，具体而言是指推理和运算的能力）、音乐智力（指个体感受、欣赏和记忆节奏和旋律的能力以及改变、创作和表达音乐的能力）、空间认知智力（主要是感受、辨别、记忆和改变物体空间关系并以此来表达情感与思想的能力）、身体—运动智力（指运用四肢和躯干的能力，即个体能较好地控制自己的身体并使之对事物做出恰当的身体反应；同时又善于利用身体语言表达自己的情感和思想）、个人内在（自我意识）智力（指个体认识自己并选择自己生活方向的能力，其中主要是自我认知、自我反省的能力）和人际关系（社会交往）智力（主要指与他人交流、交往且能和睦相处的能力）。

加德纳认为，以上七种智力不是彼此绝对孤立、毫不相干的，而是交织在一起并互相作用的，且以多元的方式存在于个体身上。但是，它们在每个个体身上的表现形式和发展程度又各不相同，如给予适当的培养，每个个体都有可能使七种智力发展到相当高的水平。

可见，多元智力理论是一种广义的智力观，它克服了传统智力观的狭隘性和局限性，拓展和丰富了智力的内涵，为智力的开发和培养提供了更宽广的视野。

三、智力发展的差异

由于智力是个体先天禀赋和后天环境相互作用的结果，所以智力的发展存在明显的差异，智力的差异可分为群体差异和个体差异，前者是指不同群体之间存在的差异，如年龄差异、性别差异和种族差异等。后者则指不同个体之间在智力发展上所表现出来的差异。我们在此主要讨论智力发展的年龄差异、性别差异及个别差异。

（一）智力发展的年龄差异

智力的发展随年龄的增长而变化，但并不是随年龄增长直线上升，而是有一个高峰阶段，之后开始下降。可见，在不同年龄阶段，智力的发展速度是不同的。如美国心理学家贝利（N. Bayley）采用纵向研究设计，以贝利婴儿量表、斯坦福—比纳量表和韦克斯勒成人智力量表为工具，对同一群被试进行追踪测验（从其出生追踪到36岁），以考察其智力发展的状况，并绘制智力发展曲线（见图13-2）。

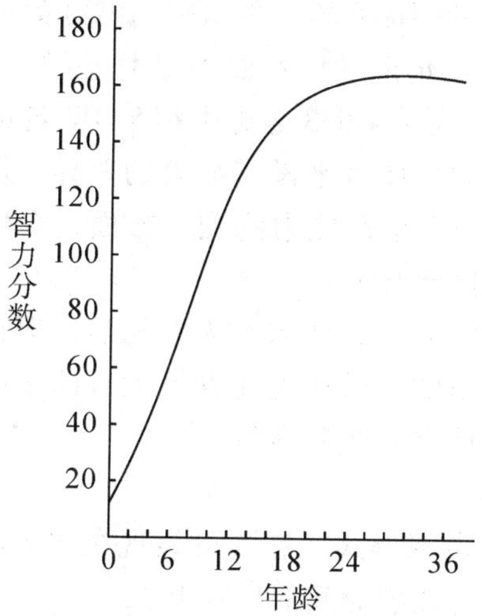

图13-2　智力发展曲线

由图13-2可见，从出生至十一二岁，智力的发展呈现出直线上升的趋势，其后发展的速度较缓慢，到20岁左右达到顶峰，26~36岁即保持水平状态，36岁左右智力就开始衰退。

根据智力发展的年龄差异，我们可将智力发展大致分为三个阶段即智力增长期（从出生到成年）、智力高峰期（从20岁到36岁之间）和智力衰退期（36岁以后直到死亡）①。

上述是智力发展的一般年龄变化趋势。由于智力是各种认知能力的有机结合而形成的一种综合能力，因此，智力的各个组成部分达到最优水平的年龄不同，其衰退的速度也是不一样的。迈尔斯（W. R. Miles）等研究了知觉能力、记忆能力、比较和判断能力及动作反应速度几种智力的发展。其结果表明，这些智力成分达到高峰期的年龄不同，其衰退的速度也不一样（见表13-1）。

表13-1　不同智力成分的平均发展水平（W. Miles 1942）②

年龄	10~17	18~29	30~49	50~69	70~89
知觉	100	95	93	76	46
记忆	95	100	92	83	55
比较与判断	72	90	100	87	69
动作与反应速度	88	100	97	92	71

从表13-1可知，知觉能力发展较早，在10~17岁就达到了高峰期（以100表

① 蔡笑岳，等. 智力的激励与开发［M］. 成都：四川人民出版社，1989：64.
② 林传鼎. 智力开发的心理学问题［M］. 北京：知识出版社，1985：81.

示），但下降也早；记忆能力、动作反应速度的高峰期均为18~29岁，且衰退较慢；比较与判断能力进入高峰期较晚，约在30~49岁，其衰退的速度也比知觉、记忆能力慢。

（二）智力发展的性别差异

对于智力的性别差异目前尚有不同的看法，如库兹涅茨等对英国的87 000名10~11.5岁的儿童进行有关言语的团体测验，并从中选出男女儿童各500名进行斯坦福-比纳智力测验。结果发现，男女儿童平均智商无显著差异，但女性智商分布比较均匀，男性的标准差非常明显①。有人对4 638名男生和5 107名女生进行大学升学适性测验，结果发现，男女大学生智力的总体水平没有显著的差异，但就某些具体的测验项目而言，则男女有别，即在强调语言记忆能力的测验方面，女生的得分优于男生，而在与计算能力有关的测验上男生优于女生②。

由上述研究可见，男女智力的总体水平大致相当，但在智力的某些方面男女间的确存在差异，且男性智力分布的离散程度比女性大，即很聪明的男性和很笨的男性都要比女性多，智力中等的女性比男性多得多。

（三）智力发展的个别差异

智力的个别差异有多种表现形式，它既可表现在水平的高低上，又可表现在结构的不同上，还可表现在发展与成熟时间的早晚上。

1. 智力发展水平的差异

在心理学上，智力发展水平的高低用智商IQ（intelligence-quotient）来表示。心理学研究表明，在智力发展水平上，不同个体间有着显著的差异，而高低的分布却具有一定的规律性，即个体的智力水平是呈常态分布的，有些人的智力发展水平较高，有些人的智力发展水平较低，而大部分人的智力属于中等水平。如1937年推孟等对2 904名2至18岁的儿童进行智力测验，结果发现，人的智力水平既有明显的差异，又有规律，即呈常态分布：中间大，两头小（见表13-2）。

表13-2　智商的等级分布及其所占百分比

智商	智力等级	分布的百分比/%
140以上	超　常	1
120~139	优　秀	10
110~119	中　上	16
90~109	中　等	46
80~89	中　下	16
70~79	智力临界	8
70以下	心智不足	3

2. 智力结构的差异

由于智力是多种认知能力的综合体，个体的智力差异不仅表现在水平上，而且还表现在智力结构上。所谓智力结构的差异主要是指构成智力的各种成分在构成方式上的不同。比如，在智力中，有的长于观察，有人长于想象，有人长于思维等。同时，

---

① 姜晓辉. 智力全书［M］. 北京：中国城市出版社，1997：205.

② 王汉澜. 教育测量学［M］. 长沙：湖南大学出版社，1987：270.

在观察力、记忆力、想象力和思维力等方面，也存在结构上的差异。如根据个体在知觉过程中的差异而将人划分为分析型、综合型和中间型三种。分析型人的特点是具有较强的分析力，对物体的细节感知清晰，但对整体的把握不够，往往“只见树木，不见森林”；综合型人的特点是富有概括性和整体性，但缺乏分析性，对细节不大注意，往往“只见森林，不见树木”；中间型的人，兼有上述两种类型的特点，既具有较强的分析性，又具有较强的综合性。又如，在记忆方面，根据人们在记忆过程中某一感觉系统记忆效果最好而将其划分为视觉型、听觉型、运动觉型与混合型。属于视觉型的人的视觉识记的效果较好；属于听觉型个体的听觉识记的效果较好；属于运动型的个体其运动觉参与识记的效果较好；混合型的人用多种感觉通道进行识记时效果较好。

3. 智力表现早晚的差异

智力发展与成熟早晚也存在明显的差异，有些人的智力表现得早，在儿童时期就有突出的表现或成就，如唐代诗人王勃，六岁善文辞，九岁能读《汉书》，后来写下了脍炙人口的《滕王阁序》；莫扎特三岁发现三度音程、谱写小步舞曲，六岁就主演音乐演奏会。然而也有人虽在早期没有突出的表现，但在中老年却做出了重大的成就，如我国近代著名画家齐白石四十岁才表现出他的绘画才能；达尔文年轻被人认为智力低下，后来成了进化论的创始人。

第二节　智力测验

一、智力测验量表

智力测验是测验的编制者根据自己对智力的理解和一定的智力理论来编制的，因此，不同的测验只是测量了编制者所定义的智力。智力测验量表有许多种，仅在 1972 年《心理测验年鉴》中就列举了 121 种比较知名的智力测验。由于现有的智力测验又相对落后于智力理论的发展，有不少不尽如人意的地方。但是那些经多次修订、在国内外被广泛应用的权威性智力测验仍是目前测量智力水平最好的工具。下面我们将对目前在国内外最有影响的且学校心理教育工作中常用的几种智力测验进行介绍。

（一）斯坦福-比纳智力量表

斯坦福-比纳智力量表由斯坦福大学推孟教授于 1916 年对比纳-西蒙量表修订而成，共有 90 个项目。先后又经过 1937 年、1960 年和 1972 年的几次修订，其成为很多智力测验的检验标准，是目前国际上有影响的量表之一。

推孟和梅里尔（M. A. Merrill）于 1937 年对斯坦福-比纳智力量表做了第一次修订，使量表所测验的年龄范围由 3~13 岁扩大为 2~18 岁，并编制了测验复本，分别为 L 型和 M 型。1960 年，推孟和梅里尔对该量表进行了第二次修订，将 1937 年量表中的 L 型和 M 型合并为单一的量表（L-M 型）。1972 年，在保持测验内容不变的情况下，他们又对该量表做了第三次修订，修订了量表的常模。常模是根据来自不同地理环境、不同经济水平的家庭、不同民族的 20 万名儿童的测验结果来制定的，因而更具有代表性。

1960 年修订后的斯坦福-比纳量表共有 100 多个项目，分成 20 个年龄组，2~5 岁儿童每半岁为一组，每个年龄组有 6 个测验项目和 1 个备用测验项目，6~14 每岁为一组，每个年龄组有 6 个测验项目和 1 个备用测验项目。普通成人组和优秀成人 I、II 组各有 6 个项目，优秀成人 III 组只有三个项目。该量表可测验 2~18 岁的人的智力发展水平。

现以 6 岁组和 10 岁组为例来说明测验的内容。

6 岁组：（每通过一个项目得两个月）

（1）词汇理解：在 45 个词中正确解释其中 6 个。

（2）区分：说出两物的共同点。

（3）图画补缺：指出图画中物体缺少的部分。

（4）数概念：从一堆积木中取出需要的块数。

（5）类比：比如“夏天热，冬天_ ”。

（6）迷津。

备用项目：看图讲故事。

10 岁组：（每通过一个项目得两个月）

（1）词汇理解：在 45 个词中正确解释 11 个。

（2）在一个三维的图中数立方体的数目。

（3）解释抽象词。

（4）说明理由：说出一种规则或偏好的理由。

（5）一分钟说出 28 个词。

（6）复述 6 位数。

备用项目：指出一段话的谬误之处。

推孟在修订比纳量表时引入了智力商数（intelligence quotient，IQ，简称智商）的概念。智商是心理年龄（M. A.）与实足年龄（Chronological age 简称 C. A.）之比，因而也称为比率智商（ratio I. Q.），其计算公式是：

$$\text{智商（I. Q.）}=\frac{\text{心理年龄（M. A.）}}{\text{实足年龄（C. A.）}}\times 100$$

其中，心理年龄也称为智力年龄，是比纳于 1908 年创造的。心理年龄是以被试通过哪一年龄组的测验项目来计算的。如一个儿童通过了 5 岁的全部项目（5 岁组以下各组的项目不用测验，就算通过了），其心理年龄是 5 岁。如果这个儿童还通过了 6 岁组的 3 个项目，7 岁组的 1 个项目，但 8 岁组和 9 岁组的项目一个都没有通过（10 岁组以上的各组都不必测了），则这个儿童的心理年龄是 5 岁 8 个月。

1924 年，中国学者陆志韦以 1916 年的斯坦福-比纳智力量表为基础修订了《中国比纳-西蒙智力测验》，1936 年又和吴天敏进行了第二次修订，第二次修订本共有 54 个试题，测验的内容大约可分为语言文字、数目、解图和机巧四类。1982 年吴天敏对陆志韦编制的《第二次订正中国比纳西蒙智力测验》进行了再次修订，第三次修订本称为《中国比纳测验》，该量表的内容比第二次修订本略有减少，删掉了一部分试题，改编了一部分试题，也增加了一部分试题。试题内容仍为文字、数目、解图和机巧，共有 51 个项目，每岁 3 个项目，适用于 2~18 岁被试。51 个项目的内容如表 13-3 所示。

表 13-3　第三次修订中国比纳测验①

1. 比圆形	27. 数学巧术＊
2. 说出物体	28. 方形分析（一）＊
3. 比长短线	29. 心算（三）＊
4. 拼长方形	30. 迷津
5. 辨别图形	31. 时间计算
6. 数纽扣 13 个	32. 填字
7. 问手指数	33. 盒子计算
8. 上午和下午	34. 对比关系＊
9. 简单迷律	35. 方形分析（二）
10. 解说图画	36. 记故事
11. 找寻失物＊	37. 说出共同点
12. 倒数二十至一	38. 语句重组（一）＊
13. 心算（一）	39. 倒背数目
14. 说反义词（一）	40. 说反义词（二）
15. 推断情景	41. 拼字
16. 指出缺点	42. 评判语句＊
17. 心算（二）	43. 数立方体
18. 找寻数目＊	44. 几何形分析
19. 找寻图样	45. 说明含义
20. 对比	46. 填数
21. 造语句	47. 语句重组（二）
22. 正确答案	48. 校正错数
23. 对答问句	49. 解释成语
24. 描画图样	50. 区别词义
25. 剪纸	51. 明确对比关系
26. 指出谬误	

（二）韦克斯勒智力量表

韦克斯勒智力量表是美国心理学家大卫·韦克斯勒（D. Wechsler）设计编制的。该量表分为三种：韦氏成人智力量表（简称 WAIS，1955），用于评定 16 岁以上成人的智力；韦氏儿童智力量表（简称 WISC，1949），其适用对象为 7~16 岁的儿童；韦氏学龄前儿童智力量表（简称 WPPSI，1963），评定 4~6 岁半儿童的智力。这三种量表的项目类别大同小异，只是内容的难度不同。韦氏成人和学龄前儿童智力量表各有 11 个分测验，儿童智力量表有 12 个分测验，每个分测验测试题目的编排由易到难，量表分为言语测验和操作测验。这里以儿童量表为例，对韦氏量表的主要内容介绍如下：

WISC 包括语言测验和操作测验各 6 个，包括的项目有：

（1）常识。这部分共 29 个常识性知识的问题，要求被试用几句话或几个数字来回答。如：太阳落在什么方向？油为什么浮在水面上？这个分量表主要测试被试知识的广度、一般学习能力和对学习材料的记忆能力等。

（2）类同。这部分要求被试说出 14 对两物（两事）的相同点。如苹果与香蕉有何

① 郑日昌. 心理测量［M］. 长沙：湖南教育出版社，1987：342.

相似？猫和老鼠有何相似？其主要测量个体的抽象思维能力和逻辑思维能力等。

（3）算术。这部分要求被试用心算来回答 14 道算术题，如：每块糖 8 分钱，3 块糖值多少钱？如果你买两打铅笔，每打 4 角 5 分，你应从付出的 1 元钱中找回多少？其主要测量个体计算、数学推理能力和解决问题的能力等。

（4）词汇。这部分共 35 个词，要求被试者说出每个词的意思，如“小刀”“帽子”“勇敢”等词各是什么意思？其主要了解被试的言语发展水平、言语理解能力和知识范围等。

（5）理解。这部分共有 16 个问题，要求被试回答在某种情形下最好的活动方式。如：如果你把小朋友的皮球弄丢了，应该怎么办？其主要用于测量普通常识、理解和判断能力以及运用常识解决问题的能力等。

（6）背数：这部分呈现一系列随机组合、个数不断增大的数字，要求被试顺背 3 至 10 位的数字或倒背 2 至 8 位的数字。其用来测量被试的注意力和短时记忆能力。

（7）填图：这部分共有 20 张图，每一张都少了一部分，要求被试指出图中缺少的部分。其用于测量视觉记忆、敏锐性和注意区分细节的能力。

（8）图片排列。这部分共有 10 组图片，每组图片均有一定的情节，主试以打乱的顺序呈现给被试，要求被试按事情发生的先后顺序将图片重新排列，以组成一个合理的小故事。例如“野餐”“下雨”等故事。其主要测量被试的知觉组织能力、言语理解能力、分析综合能力与计划性等。

（9）拼图。这部分要求被试者把一套拆开打乱了的图形拼接起来组成一个完整的人或物体图像，共 4 个图，这些图像如有：女孩、马、汽车等。其主要评定被试把握部分与整体的关系和知觉组织能力、灵活性和视动协调能力。

（10）积木。这部分呈现给被试 9 块立方积木，让其按照所规定的图案来拼摆积木。其用于测定分析综合能力、知觉组织以及视动协调的能力。

（11）译码。1~9 每个数字分别对应着一个符号，要求被试尽快在数字下面填写对应的符号。分甲、乙两种：甲，图形符号交替测验，为 8 岁以下的儿童用；乙，数字符号交替测验，为 8 岁及其以上儿童用。其用于测量被试的知觉辨别速度和灵活性、学习能力和注意力等。

（12）迷津。这部分利用迷津图，要求被试用笔从入口处迅速沿正确路线画到出口处。其主要测量其预见和知觉能力等。

其中，分测验（1）、（2）、（3）、（4）、（5）、（6）属于言语量表，而其他分测验则属于操作量表。其中，算术、图画排列、拼图、积木、译码等有时间限制，而其他分测验则没有时间限制，但规定连续失败几次就停止。整个量表的测验时间通常为 45~60分钟。

韦氏智力量表的一个显著特点是废弃了智力年龄的概念，保留了智商，但其智商已不是比率智商，而是离差智商。早在 1960 年，推孟对斯坦福-比纳智力量表做第三次修订时就用离差智商代替了比率智商。所谓离差智商就是用标准分数来表示的智商。它用来表示一个人在一定年龄组内所占的相对位置。韦克斯勒提出，可以假定人们的智商是以 100 为平均数，以 15 为标准差，离差智商的计算公式如下：

智商（I. Q.）= 100+15Z　其中 $Z=\frac{X-X}{S}$

Z 是标准分数，它是一个以标准差为单位的相对量数，X 代表某一年龄组的某个体测验的原始分数，X 是该年龄团体的平均分数，S 代表该年龄团体分数的标准差。

韦氏智力量表的另一个显著特点是既可以计算被试在言语分量表和操作分量表上的离差智商，又可计算被试在全量表上的离差智商，这不仅可以评定一个人的一般智力水平，而且可以了解其在不同智力方面的差异。

由于韦氏智力量表的适用面广，且能提供丰富的信息，所以也受到了我国心理学界的关注。我国的心理学家龚耀先完成了韦氏成人智力量表和韦氏学龄前儿童智量表的修订，林传鼎、张厚粲主持修订了韦氏儿童智力量表。

（三）瑞文推理能力测验

瑞文推理能力测验（Raven's Progressive Matrices）是由英国心理学家瑞文于 1938 年编制的一种非文字智力测验，简称瑞文测验。该测验适用范围广，可用于从 5 岁半以上各年龄阶段的个体，且不受职业、语言、文化背景等因素的影响；既可以个别施测，也可团体施测。测验一个人大约需要 30 分钟。该测验有三个版本，即瑞文标准推理测验、彩色推理测验和高级推理测验，以适用于不同类型的群体。

瑞文测验由 60 张图构成，60 张图分成 A、B、C、D、E 五组，每一组又有 12 张。A 组主要测知觉辨别和图形想象等能力；B 组主要评定图形组合、类同和比较能力；C 组测比较、推理与图形组合能力，D 组评定系列关系、比拟、图形组合能力，E 组测互换、交错等抽象推理能力。每张图上端都有一张大图，为主题图，主题图下有 6~8 张小图。每个主题图中都缺少一部分，6~8 张小图中仅有一张填补在主题图的缺失部分恰好合适（见图 13-3）。

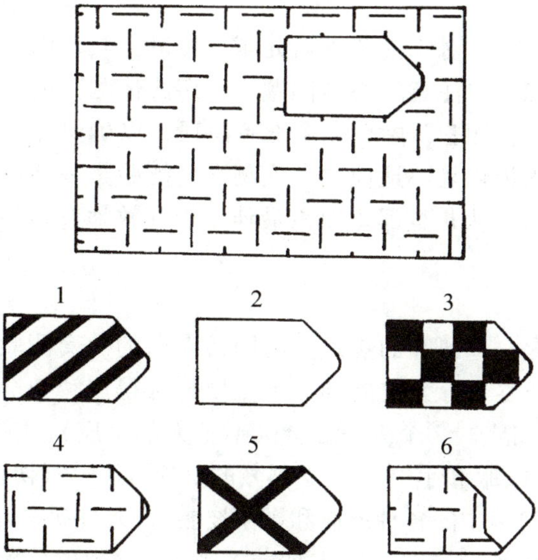

图 13-3　瑞文测验图例

测验时，要求被试根据主题图中图形间的某种关系，挑选出一张最合适的小图片放入主题图所缺的位置，并把该小图片的序号填入答卷纸中相应的题目号下面。测验完毕，按标准答案评分，计算出原始分数，总分为 60 分，然后根据常模就可确定被试的智力等级。

二、智力测验的使用

智力测验有几种分类方法。我们可以从以下方面考虑：①打算针对的群体（儿童或成人，低等或高等智力等）；②是用于个体还是团体施行；③所测的是一般的还是特殊的能力（言语的、空间的、动作、记忆、数字的等）。当我们说到智力时，重要的一点就是要知道和明确上述这些方面何种适合使用。再有一点就是要注意，智力测验的施测和解释是一件技巧性的工作。大多数测验在使用之前要求学习和训练，从而最有利于获得可靠的和有效的结果。

（一）言语团体测验

言语团体测验的优点在于，在同等条件下，能在一个相当短的时间里对大样本进行可靠的测验。它们对年龄较大的儿童或成人团体特别可靠，原因是他们能读懂书面说明，且在测验期间很可能维持动机。再有，对于迟钝的儿童，提供单独接触和详尽阐述测验说明的机会是必不可少的。此类测验也有助于建构高等智力的独立测验，以获取分数范围中精炼和鉴别的更多的等级，这是因为，若要求一个测验覆盖整个范围，则处于分布尾端的分数不能足够宽广地得出有鉴别性的分数幅度。

（二）非言语团体测验

在中等学校，诸如瑞文（Raven）的渐进矩阵这样的测验已用作增补的和选择性的测量。它们在文化上并不是公平的，但却提供了心智能力的又一证据，因为在我们的文化中，言语的机会还并不是令人满意的，对数字、机械和空间技能的特殊团体测验也是有用的。

（三）个体测验

这类测验最有助于作为对学前和落后儿童的诊断工具，因为团体测验存在书面传递、阅读技能、动机和集中注意等特殊问题。许多团体测验的序言都试图鼓励在测验期间持续参与。通常，在测验开始有一个准备阶段，以确保完全明白测验说明。但即使如此小心，对幼儿来说仍是不适应的。施测个体测验是一项高技巧性的和耗时的工作，需要耐心和有关如何从儿童那里取得最佳知识，教师应熟悉这项有关学校儿童的服务的作用。

（四）婴儿测验

对婴儿测验一直是一些研究的焦点。英国最有名的一套测验是由格里菲斯（Griffiths）完成的，他根据婴儿行为技能的五个主要指标得出智力分数，它们是：①运动（身体移动、坐、行、走）；②个人—社会（对他人的反应）；③听和说（对听觉刺激的反应，发音技能）；④眼和手（对视觉刺激的反应，手—眼协调，手的使用）；⑤作业（在实验者设置的情境中的各种反应和操作技能）。通过观察许多婴儿并以上面提到的五个途径记下各年龄的平均成绩，从而建立常模。分数的信度并不很高，尤其对两岁以下的婴儿。由于婴儿在第一年中的进步很快但不稳定，以致精确的测量难以切实可行。不过，如同用于诊断的描述性常模一样，这些测量经证明是有价值的。

（五）天才儿童

人们很早就已经尝试过一些帮助天才儿童的方法，并已取得不同程度的成功。最常见的方法是根据能力分离和分组、升级与丰富化。

很早以前人们就对才能非凡的学生加以分离。有些国家（如俄罗斯）为天才儿童，尤其是那些表现出数学和自然科学天赋的儿童设立了专门的学校。升级制度是指把天才儿童从正常应在的年龄组调出和向他们提供通常是较大儿童的教学大纲。为此，或者向他们提供单独的课程，或者把他们与年龄大一些的儿童放在一起（纵向流动）。纵向流动也引起了一个有关混合儿童适应性问题，因为这些混合儿童在身体、情绪和社交能力的水平上有很多差异。丰富化是一种在北美广泛运用的教学方法。它包括给天才儿童一种激励课程，同时让他们与同龄人处在同一班级里。丰富化的范围可以从先进的书籍和材料这一特殊对待到为激励天才儿童制订有关课程、规划和访问的充足方案。

智力测验能被用作诊断工具和未来成就的预测，现在，智力测验广泛用于有心智缺陷的儿童，少量地但是持续地用于升学淘汰和在中小学分班。许多学校还把它们用作分班或补习教学的辅助。在职业的选择和指导中有时也会使用智力测验，尤其是用于军队或行政机构，偶尔也用于工业。一些大学在现有的淘汰程序中也增加了智力测验，以此作为成就水平的预测。

第三节　高职学生智力开发的策略

真正涉及智力开发训练的研究和实践主要是从 20 世纪开始的。克劳福德（Crawford，1931）为了改善工程师、经理、设计师等专业人员的思维能力，设计了专门的思维训练项目。布鲁姆和布罗德（Bloom & Broder，1950）根据“大声思维”的研究方法，提出一种对学习困难儿童进行训练的程序，要求学习困难儿童模仿和利用优秀学生所采用的程序。到 20 世纪 60 年代，智力开发训练的研究和方案得到了进一步的发展。由于社会发展的需要，智力开发问题越来越引起人们的高度注意，研究者对此进行了大量的研究，形成了许多智力开发的理论和方法，形成了智力开发训练的繁荣景象。通过分析已有的智力开发研究与实践，我们可以清楚地看到，智力开发存在两种模式，一种是采用一定的程序在较短的时间里，对智力进行集中的开发，称为智力开发的训练模式；一种是把智力开发融入日常教学活动之中，称为智力开发的教学模式。在长期的研究中，两种智力模式都有着丰富的内容。近年来，智力开发研究热点围绕着以下几个主题：以加德纳的多元智力理论为基础的研究、以斯腾伯格的三元智力理论为基础的研究及教育教学中关注的两个基本能力，即阅读理解和问题解决。

一、专门的高职学生智力开发训练

所谓专门的高职学生智力开发的训练是指采用一定的程序，在较短的时间里，对高职学生智力的某些方面或智力的整体进行系统的、有条理的训练，从而使高职学生的智力水平在较短时间里得以提高的开发程式。从这个定义中可以看出：①智力训练必须采用一定的、经过严格设计的程序，随意的指导和培养并不是严格意义上的智力训练；②智力训练存在一定训练的切口问题，即从何处入手训练智力的问题，这与训练设计者的理论假设有关。

目前已有较多成型的训练模式。这些模式中既有从智力构成入手进行智力训练的，也有从非智力因素入手进行训练的。对智力本身进行的训练，是以智力的整体或智力的某些方面为训练对象而设计的。不过，当从智力的整体入手进行训练的效果，特别是长时效应并不尽如人意时，又有人转向了对智力中特定成分的训练，其中对思维能力的训练占据了重要的位置。在对思维能力的训练方案中包括对问题解决能力的训练、归纳推理能力的训练、演绎推理能力的训练和思维品质的训练等。此外，学习策略训练和元认知训练也在智力训练中占有重要地位。

非智力因素和智力活动的效益具有交互作用，近些年来，人们越来越重视从非智力因素入手进行智力训练。我国学者林崇德的学习与发展理论，就把非智力因素的培养作为开发学生智力和能力的一条重要途径。

二、重视高职学生早期教育

国内外学者的研究表明，早期教育对个体智力的发展速度、水平和智力的品质均有着深远的影响。早期教育对智力发展有这么大影响的原因主要是：首先，智力发展的“关键期”在早期。所谓关键期（CriticalPeriod，也称为最佳期、敏感期或临界期），是指个体最能接受外部条件影响面而形成某种心理特性或行为的最有利时期或最佳时期。这一概念起初是从动物行为的研究中提出来的。20 世纪 50 年代，奥地利生态学家劳伦兹（K. Lorenze）在研究动物行为时发现，在动物早期的发展中，某一反应或某种行为在某个特定的时期或阶段中最容易形成或习得，如果错过这个“大好时机”，这种反应或行为的形成就会变得困难，往往事倍功半，甚至造成难以弥补的损失。后来关键期的概念被引入儿童心理学，心理学家认为，儿童的各种心理机能的发展也存在着一个大好时机或最佳年龄。如有研究者认为，2~3 岁是口头言语的发展关键期；4 岁是图形知觉的关键期；4~5 岁是书面言语发展的关键期……同样，人的智力发展也有最佳年龄，在这个时期里为个体提供适当的条件，就会有效地促进其智力的发展。其次，从生命全程来看，个体智力的发展在早期比其他时期迅速。美国心理学家布鲁姆（B. Bloom）对 1 000 多名儿童进行追踪研究（从幼儿期到少年期）。其结果发现：1~4 岁是个体智力发展最快的时期。假如人 17 岁时达到的智力发展水平为 100%，那么智力在 4 岁前发展了 50%，4~8 岁发展了 30%，剩下的 20%是在 8 岁到 17 岁这 9 年时间里获得的。由此可见；1~4 岁是个体智力发展最快的时期。在人生的最初 4 年中，智力的发展等于随后 13 年中的发展。布鲁姆关于智力发展的假设，把智力的发展速度机械地定出比率，虽然有其局限性，然而他提出的智力发展的总趋势即先快后慢则是符合实际的。正因如此，开发高职学生智力应给予个体适时、适宜的早期教育。所谓适时是指教育时必须把握好时机，根据儿童的心理年龄特点和规律，不失时机地做好智力开发。所谓适宜是指必须根据儿童的心理发展水平和接受能力，选择恰当的教学内容和方法，不能对儿童进行成人化的强化教育。

三、结合高职学科教学进行智力开发训练

结合高职学科教学进行智力开发训练，主要指把智力开发融入高职学校日常学科教学活动之中，在学生掌握学科知识的同时，使其智力得到开发训练。一些教育理论家（如杜威、布鲁纳、奥苏伯尔、赞可夫、萨奇曼等）都在自己的理论中构建了如何对个体智力进行培养的策略。我国的许多教改实验，都非常重视学生智力的开发。我们认为，高职学校的学科教师在日常教学活动中，结合知识教学对学生进行智力开发应该是学生智力开发的主渠道。各国教学改革在这方面积累了很多宝贵的经验。我们认为，结合高职学科教学进行智力开发训练，需注意以下几个问题：

（一）教学目标中应有智力发展的目标

高职教学活动不但要有知识目标，而且要有智力目标。但智力目标又与知识目标不一样，知识目标可以在短期甚至一节课中完成，智力目标却不可能在短期内实现。由于学生的发展具有年龄特征，我们应该根据不同年龄学生的心理发展特点确定与之相适应的智力发展目标。

（二）教学内容的安排应体现促进学生智力发展的需要

高职教师在确定高职学科教学内容时，除考虑知识本身的应用价值外，还应该考虑其促进学生智力发展的价值。并不是所有的知识都能促进学生智力的发展，高职教师应该选择那些能引导学生观察，促进学生思考的知识作为教学内容。教学内容中不仅要有陈述结果的知识，更要有获得相应结果的过程和方法的知识。新课程改革方案中增加了综合实践活动，高职学校的每个学科中也应增加知识产生过程的内容，这些改变会有利于学生智力的开发。

（三）教学方法的选用要有利于促进学生智力的发展

如何开展教学活动才有利于学生智力的发展，教师们进行了大量的研究。传统的只强调死记知识的注入式教学不利于学生智力的发展。只有坚持启发式教学，引导和启发学生积极观察，主动思考，手脑并用，既注重知识的掌握，也注重方法的学习，才有利于学生智力的开发。20 世纪 80 年代以来，我国很多教法改革都很注重学生智力的开发。北京景山学校的单元结构教学法、上海育才中学的八字教学法、黎世法的六课型单元教学法、魏书生的六步教学法、卢仲衡的自学辅导教学法、邱学华的尝试教学法等都有一些共同的特点：在指导思想上注重启发式教学和理论联系实际，既强调教师的主导作用，又注重调动学生的主动性、积极性和创造性，强调学生自学和讨论，对学生智力的发展很有好处。裴娣娜的发展性教学理论强调主体参与和合作学习，也明显有利于学生智力的开发。

四、高职学生智力开发应注意的问题

由于高职学生智力的成长发展与其生理素质特别是神经系统（关键在大脑）、年龄、知识经验、情意品质、才能现状、教育者、所处的社会文化环境和食物等多种因素有关，所以智力开发策略的提出，应考虑到所需解决问题的对象的各种条件。高职学生智力开发策略的设计应从以下几个方面来考虑：

第一，智力开发方案的设计应充分考虑到高职学生个体的年龄特点。皮亚杰关于

儿童智力结构发展的四个阶段理论以及卡特尔提出的流体智力和晶体智力理论都揭示出人的智力的发展具有年龄差异。这提示我们设计或选用智力开发策略时要有很强的针对性，在不同年龄应有所不同。同时，应从智力特征、知识水平、经验水平、生理特性和文化背景等方面来综合研究不同年龄段的智力运行特征，以制订各种更适合的方案。

第二，智力开发方案的设计应充分考虑到人员方面的特点。从事智力开发的人员，可能是高职教师、学生家长、专家学者和高职学生自己，因此，我们在设计智力开发策略时，要充分考虑到不同人员的特点，设计出适合不同人员使用的智力训练方案。同时，我们还应该设计出指导非专业人员（如家长、教师、学生自己等）开展智力训练的训练方法，使非专业人员所做的智力训练符合科学，增强智力开发训练的功效。

第三，不论是智力开发方案的设计还是实施，都应该重视环境方面的作用。斯滕伯格、坦南鲍姆、皮亚杰等心理学家都对环境与人智力发展的关系做过有益的论述，注重良好环境在开发智力中的作用。环境包括人赖以生存的自然环境、人的特质形成所必需的社会环境、主体自身内在精神环境三大类。好的自然环境会为每一个体提供更好的生存条件，为人的大脑能处于最佳状态提供一种客观条件。提供好的社会环境（主要是精神性环境，其中包括学校、狭义的社会、家庭等）会为个体智力带来更优异的条件。主体自身内在的精神环境包括个体的思想情感、兴趣爱好、精神状态等，会对个体智力的发展起极大的作用。

第四，不论是智力开发方案的设计还是实施，都应该重视材料方面的作用。智力开发必须借助一定的材料来进行，设计智力开发方案时就要考虑材料的选择和组织，所选择的材料应该多样化。如果进行专门的智力开发训练，就需要具体详细而系统的训练内容，如抽象思维技能训练、记忆方法训练、想象训练、观察感知训练、情意训练等都要有相应的材料。如果结合学校正规课程内容进行智力开发，就应在注重基本知识传授的同时，注意发掘知识的智力价值，使学生在掌握知识的同时发展智力。必须说明的是，在内容材料的构建上，要特别注意“可迁移性”，不可落入实际无迁移作用或迁移性作用很小的“形式训练”中。

第十四章 高职院校学生心理健康与教育

高职院校与本科院校同为我国高校教育的重要组成部分。本科院校致力于培养研究性人才，高职院校旨在输送高素质劳动者和培养高级技术人才。就高职院校而言，其生源构成主要有两类：第一类属于高考未达到本科线，选择高职院校的学生；第二类属于中职院校、职业高中参与高考的学生。因此，高职院校学生在学习成绩方面就存在一定程度的自卑感，再加上高职院校面临更大的就业压力，导致大部分高职学生均存在不同程度的心理健康问题，也对当前高职院校的心理健康教育提出了挑战。

在竞争日趋激烈的当代社会，学生的健康成才正日益成为社会、家庭和学校关注的焦点。由于现在的学生学习竞争日益激烈，学习内容与实践活动的难度增强，他们在提高自身综合素质的同时也产生了许多心理压力和心理障碍，被种种心理问题困扰。

学校健康教育是运用心理学、教育学及其相关学科的理论与技术，通过有关心理健康教育的途径和方法，帮助学生解决成长过程中的心理问题，促进学生心理素质全面提高和心理机能健康发展的一种教育活动。学校心理健康教育是素质教育的重要组成部分，在当代教育视野中，心理健康教育代表的是一种先进的教育理念。

第一节　心理健康概述

全面实施和推进素质教育是我国教育改革和发展面临的长期重大任务。素质教育的重要内容和任务之一就是使学生养成良好的心理素质，提高学生的心理健康水平。在当前复杂的社会环境背景下，高职院校学生的心理问题日益突出，心理素质越来越令人担心。因此，关注高职院校学生的心理健康，加强学校心理健康教育，提高学生的心理素质势在必行。

一、心理健康的概念

（一）健康的含义

要了解什么是心理健康，必须要了解什么是健康。一提到健康，人们往往会想到身体健康，认为身体没有疾病，各项生理指标正常就是健康的。《现代汉语词典》（商务印书馆 2002 年增补版）对健康的解释是：“（人体）生理机能正常，没有缺陷和疾病。”

随着社会的发展、进步及人类对自身认识的不断深化，人们对健康概念的认识也不断深化。在 1948 年世界卫生组织成立时，在宪章中就对健康下了一个定义：“健康乃是一种身体的、心理的和社会适应的健全状态，而不仅是没有疾病或虚弱现象。”1978 年，国际初级保健大会发表《阿拉木图宣言》，又重申了健康的含义：“健康不仅是没有身体疾病和虚弱，而且是身心健康、社会幸福的完美状态。”1989 年，世界卫生组织又把健康定义为：“生理、心理、社会适应和道德品质的良好状态。”

由此可见，一个健康的人，既要有健康的身体，也应有健康的心理和行为，健康应当包括生理、心理和社会适应三个方面的基本要素。基于社会适应良好本身也是心理健康的重要标志之一，所以，从健康的本质上说，它主要包括两部分：生理健康和心理健康。

生理健康与心理健康两者关系密切，相互依存，相互促进。心理健康每时每刻都在影响人的生理健康，反之亦然。如果一个人性格孤僻，心理长期处于一种抑郁状态，就会影响内激素分泌，使人的抵抗力下降，疾病就会乘虚而入；一个原本健康的人，如果老是怀疑自己得了什么疾病，就会整体郁郁寡欢，最后导致真的一病不起。

（二）心理健康的含义

什么是心理健康？对于心理健康的含义，中外学者从不同角度进行了解释。

第三届国际卫生大会（1949）认为，所谓心理健康是指在身体、智能及情感上与他人的心理健康不相矛盾的范围内，将个人的心理发展成最佳状态。

《简明不列颠百科全书》指出：心理健康是指个体心理在本身及环境条件许可范围内所能达到的最佳功能状态，但不是指十全十美的绝对状态。

日本学者松田岩认为，所谓心理健康是指人对内部环境具有安定感，对外部环境能以社会认可的形式适应这样一种心理状态。

较为普遍的观点认为，心理健康是能够充分发挥个人的最大潜能，以及妥善处理和适应人与人之间、人与社会环境之间的相互关系。

综上所述，心理健康是一种良好的、持续的心理状态与过程，表现为个体具有生命的活力、积极的内心体验、良好的社会适应能力，能够有效地发挥个人的身心潜力以及作为社会一员的积极的社会功能。它至少包括两层含义：一是无心理疾病，二是有积极发展的心理状态。心理健康的人能够正常进行各种心理操作、情绪表达和社会交往，并能充分发挥其最大的潜能，使各种活动臻于完善。

了解与掌握心理健康的定义对于教师增强与维护自身及学生的心理健康有很大的意义。教师是学生心理健康教育的推动者和实施者，高职院校心理健康教育是根据高职院校学生生理、心理发展特点，运用有关心理教育的方法和手段，培养学生良好的心理素质，促进学生身心全面和谐发展和素质全面提高的教育活动。《高等学校学生心理健康教育指导纲要》明确提出，心理健康教育是促进大学生群体身心健康发展的重要措施，其是高校人才培养体系中不可或缺的一部分。

二、心理健康的标准

心理健康与不健康之间并没有一条绝对的界限，怎么知道一个人的心理是健康还是不健康？我们知道人的生理健康是有标准的，如体温、血压、心率等都有一些量化的指标，通过各种技术性的检查可以说明结果。一个人的心理健康也是有标准的，只不过人的心理健康标准不及人的生理健康标准具体与客观。当人们掌握了衡量人的心理健康标准，可以以此为依据对照自己，进行心理健康的自我诊断。发现自己的心理状况某个或某几个方面与心理健康标准有一定距离，就可有针对性地加强心理锻炼，以期达到心理健康水平。如果发现自己的心理状态严重地偏离了心理健康标准，就要及时地求医，以便早期诊断和早期治疗。

（一）心理健康的一般标准

学校的心理健康教育的目的是培养学生良好的心理素质，维护与促进学生的心理健康，促进学生个性全面、和谐地发展。人的心理怎样才算是健康的呢？在学校开展心理健康教育之时，高职院校教育者需要把握心理健康的标准。

由于心理健康本身是一个相对的概念，到目前为止，没有哪一个标准能将“正常”和“异常”心理与行为准确地区分开来。但还是有不少心理学专家、学者提出了他们理解的心理健康的标准。

1948 年，第二届心理卫生大会中提出的心理健康标准：①身体、智力、情绪十分调和；②在适应环境、人际交往中能彼此谦让；③有幸福感；④在工作和职业中，能充分发挥自己的能力，过有效率的生活。

美国著名心理学家马斯洛（A. Maslow）和密特尔曼（Mittelman）也曾提出人的心理是否健康的 11 条标准：①适度的安全感；②恰当地评价自己；③有切合实际的生活理想和目标；④与周围环境保持良好的接触；⑤适度地接受个人的需要；⑥有自知之明；⑦保持自身人格的完整与和谐；⑧有从经验中学习的能力；⑨能与他人建立良好的人际关系；⑩能适度地表达和控制自己的情绪；⑪在不违背团体利益的原则下，保持自己的个性。

我国心理学者王登峰提出心理健康的 8 条指标：①了解自我，悦纳自我；②接受他人，善与人处；③正视现实，接受现实；④热爱生活，乐于工作；⑤能协调与控制情绪，心境良好；⑥人格完整和谐；⑦智力正常，智商在 80 以上；⑧心理行为符合年龄特征。

我国另一位心理学者李百珍提出 7 条心理健康标准：①了解自我，接纳自我，能体验自我存在的价值；②正视现实，接纳他人；③能协调、控制情绪，心境良好；④有积极向上的现实的人生目标；⑤对社会有责任心；⑥心地善良，对他人有爱心；⑦有独立自主的意识。

综合上述心理健康标准，结合自己对心理健康的理解，我们提出心理健康的一般标准包括以下几点：

1. 智力正常

智力是人们在获得知识和运用知识解决实际问题时所必须具备的心理条件或特征，是人的观察力、注意力、思维力、想象力和实践活动能力的综合。智力正常是心理健康的基本条件。如果一个人的智力发育不全或阻滞，心理健康就无从谈起。

2. 情绪健康

情绪是人对事物的态度体验，是人的需要得到满足与否的反映，情绪健康是心理健康的一个重要指标。具有心理健康的人，能经常保持乐观、自信的心境，热爱生活，积极向上，同时，善于协调和控制自己的情绪，使自己的情绪保持相对稳定。

3. 意志健全

意志是人有意识、有目的、有计划地调节和支配自己行动的心理过程。意志健全的标准是：行动具有自觉性、果断性、坚持性和自制力。心理健康的人总是有目的地进行各项活动，在遇到问题时能经过考虑而采取果断决定；善于克制自己的激情。

4. 人格完善

人格在心理学上是指个体比较稳定的心理特征的总和。人格完整的主要标志是：人格结构的各要素完整统一；有正确的自我意识；以积极进取的信念、人生观作为人格的核心，并以此为中心把自己的需要、愿望、目标和行为统一起来。

5. 人际关系和谐

人际关系是人们在共同活动中，彼此为寻求满足各种需要，而建立起来的相互间的心理关系。心理健康的人，能用尊重、平等、信任、友爱、宽容、谅解的积极态度与别人相处，既有广泛而稳定的人际关系，又有志同道合的知心朋友。

6. 与社会协调一致

具有健康心理的人，能有效地处理与周围现实的关系，能对社会现状有比较清晰的认识，观念、动机、行为能够跟上时代的发展，言行符合社会规范和要求，能对自己的行为负责，当自己的愿望与社会的要求相矛盾时，能及时地进行自我调整。

（二）高职院校学生心理健康的标准

综合国内外专家学者的观点，依据我国高职院校学生的年龄特征，以下几个方面可以作为衡量高职院校学生心理健康的标准。

1. 智力正常

智力发育正常，个体智力发展水平与实际年龄相称。智力正常是人们正常生活工作和学习的基本心理条件，是心理健康的重要标准。

2. 情绪适中

人的情绪由适当的原因引起，持续实际随着客观情况而变化，心理健康的学生愉快、乐观、开朗、满意等积极情绪总是占优势，当然也会有悲伤、忧愁、愤怒等消极情绪体验，但一般不会长久，对未来充满希望。

3. 意志品质健全

意志品质是衡量心理健康的主要意志标准。其中，行动的自觉性、果断性和顽强性是意志健全的重要标志。意志品质健全主要包括意志坚强，办事有始有终，不轻举妄动，不压抑悲伤，并能经得起悲痛和欢乐。

4. 人格统一完整

心理健康的人有健全的“自我”，对自己有正确的认识，并能对自己进行客观的评价，他们的个性心理特征和个性心理倾向方面平衡发展，并能进行有效的控制与调节。

5. 自我意识正确

自我意识正确是个体心理健康的核心标准，主要表现为能正确地了解自己，接纳自己，评价自己，能体验到自己的存在价值，有自知之明，对自己的能力、性格和优缺点都能做出恰当的、客观的评价，同时也能对他人进行全面评价。

6. 人际关系和谐

人际关系和谐是心理健康的重要标准，也是维持心理健康的重要条件之一。其表现为乐于与人交往，不仅能接受自我，也能接受他人，悦纳他人，认可别人存在的重要性和作用，同时也能为他人和集体所理解、所接受，能与他人相互沟通和交往，在与人相处时，积极的态度（如同情、友善、信任、尊敬等）总是多于消极的态度（如猜疑、嫉妒、畏惧、敌视等）。

7. 社会适应良好

心理健康的人能与社会保持良好的接触，认识社会，了解社会，使自己的思想、信念、目标和行动跟上时代发展的步伐，与社会的进步与发展协调一致。自己的思想行动与社会现实出现矛盾和冲突时，能及时调节、修正自己的行动，并不逃避现实、悲观、失望。

8. 心理特征符合年龄特征

在一定的社会条件下，人在不同年龄表现不同的心理特点。同年龄的人，其一般心理特点与其年龄的心理特点基本符合，是心理健康的表现。如果一个人心理特点严重地不符合自己所属年龄，如一个小学生表现得过于老成，一个高职学生表现得老气横秋，一般是心理不健康的表现。

一般说来，心理健康的人都能够善待自己，善待他人，适应环境，情绪正常，人格和谐。心理健康的人并非没有痛苦和烦恼，而是他们能适时地从痛苦和烦恼中解脱出来，积极地寻求改变不利现状的新途径。他们能够深切领悟人生冲突的严峻性和不可回避性，也能深刻体察人性的善恶美丑。他们是那些能够自由、适度地表达、展现自己个性的人，并且和环境和谐地相处。他们善于不断地学习，利用各种资源，不断地充实自己，他们也会享受美好人生，同时也明白知足常乐的道理。他们不会去钻牛角尖而是善于从不同角度看问题。

第二节　高职院校学生常见的心理问题

高职院校学生因生理遗传、成长背景、教育经历等各有不同，其产生的心理问题类型也错综复杂。不同研究者对高职院校学生心理问题的研究维度和侧重点不同，其划分结果各异，提出的心理问题类型也不一样。施祖军博士认为高职院校学生存在的主要心理问题有自卑、厌学、择业焦虑、人际交往等问题。李永清教授则从宏观层面指出高职院校学生心理问题主要表现在：心理压力较大，排解方式幼稚；适应能力差，人际冲突显著，行为习惯差；认知和情绪情感问题突出，人格不完善。学者汤顺清通过调查问卷分析认为高职院校学生可能在自信心、心理压力、学习动力、网络和恋爱行为方面存在较大的问题。高职院校学生的主要心理问题主要体现在自我意识、学习、人际、择业、情绪、情感、心理异常等方面。其心理问题的类型包括自卑、抑郁、焦虑、人际敏感、认知偏差、精神衰弱、精神分裂等方面。其呈现的方式主要是逃课厌学、网瘾严重、情绪失控、人际敏感等。

高职院校学生无论是生理上还是心理上均尚未完全成熟，缺乏社会经验，容易受到各种不良因素的刺激和影响。随着生活节奏的加快和学习压力的加大，高职院校学生的心理问题日益突出，影响了他们身心健康和全面和谐发展。

一、高职院校学生常见的一般心理问题

（一）学习问题

1. 学习适应

学习适应问题主要表现在学习衔接上，高职院校学生普遍存在基础知识准备相对不足、学习良好习惯缺失等。他们从高中或中职学校到高职院校学习，由于学习内容不断深入、学习门类逐渐增多、学习难度逐渐增大、产教融合要求不断增高，教师的授课方式、管理方式、交往方式等发生变化，都需要自身及时做出调整。如果学生不能及时调整或适应，就会出现适应不良，造成心理问题。

2. 学习压力大

高职院校学生学习基础相对薄弱，分析能力、归纳能力和提炼能力也相对不足，致使他们学习心态不稳、学习热情不足、学习方法不当，同时教师和父母对学生的期望值始终居高不下，使得学生的学习负担过重，学习的心理压力越来越大，造成精神上的萎靡不振，从而导致食欲减退、失眠、神经衰弱、记忆效果下降、思维迟缓等。

3. 厌学

厌学是目前高职院校学生学习活动中比较突出的问题，尤其是学习差的同学。因为他们经常达不到家长和教师的期望，常常受到家长和教师的训斥和责骂，因而产生厌学心理。还有部分学生因为高考失利而隐形恼怒、进一步努力评估前景有限等放弃努力。

4. 考试焦虑

高职院校学生普遍存在考试焦虑现象，特别是遇到较为重要的考试时焦虑更为严重，甚至出现焦虑泛化现象。处于考试时的紧张情绪会刺激交感神经兴奋，导致躯体及内脏的功能改变，出现骨骼肌收缩，心肌收缩力增强、汗腺分泌增加、胃肠道平滑肌及膀胱逼尿肌收缩等，表现为手脚发抖、心率加速、呼吸急促、手足发冷、出汗、食欲下降、肠胃不适、尿频。这些反应会随着考试的结束而消失，这属于正常的焦虑反应。根据耶克斯-多德森曲线可得出，如果长时间处于过高的应激水平会令你离开“最佳区域”，从而干扰对于知识的记忆和思维的运转，使学习效率降低。

（二）情绪问题

大学是学生心理快速发展的阶段，其心理发展趋向成熟而又未真正成熟，其情绪管理能力、自我控制能力、耐受力、意志力等性格特点都未达到稳定程度。受限于个人情绪管理能力，高职院校学生在面临心理冲突时，缺少直觉自知能力和驾驭自我情绪的能力。受限于其社会阅历以及情绪自我调节能力，高职院校学生在无法自行调节自我情绪的情况下，负面情绪累计发酵，便容易酿成极端心理危机事件。高职院校学

生常见的情绪困扰有自卑、忧郁、恐惧、焦虑、过度紧张等。

1. 自卑

自卑往往与学生的学习成绩、成长环境有关，特别是来自家长与教师的评价。如果学生学习成绩好，自然会得到更多的积极评价，这些学生比较自信、乐观，相反则容易出现不自信、自卑的心态，影响今后人格的健康发展。

2. 忧郁

忧郁是一种忧愁和伤感的情绪体验，它是高职院校学生常见的一种情绪困扰。性格内向、多疑多虑、不爱交际、生活中遇到意外挫折、长期努力得不到补偿的学生容易陷入忧郁状态。高职院校学生抑郁的表现是兴趣衰退、缺乏自信、精力减退、封闭退缩、悲观失望等。

3. 恐惧

恐惧是每个正常学生在发展中普遍具有的一种体验，是学生对周围环境的一种必要的、健康的反应。恐惧在一定程度上是个体保护自身免受伤害的一种先天机制。但如果明知这种恐惧是过分、不必要的，仍然难以克服和抑制，那么这种恐惧就是情绪障碍，如交往恐惧、高空恐惧、评判恐惧、学校恐惧、考试恐惧等。

4. 焦虑

焦虑是对亲人或自己生命安全、前途命运等的过度担心而产生的一种烦躁情绪，是一个人对未来潜在危险的担心、害怕或紧张。其中含有着急、挂念、忧愁、紧张、恐慌、不安等成分。它与危急情况和难以预测、难以应付的事件有关。高职院校学生的焦虑主要表现在学习考试焦虑、人际交往焦虑、继续深造焦虑、就业焦虑等方面。

5. 紧张

当今世界是一个竞争激烈、快节奏、高效率的社会，这就不可避免地给人带来许多紧张和压力。过度的精神紧张，不利于问题的解决。从生理心理学的角度来看，人若长期、反复地处于超生理强度的紧张状态中，就容易急躁、激动、恼怒，严重者会导致大脑神经功能紊乱，有损于身体健康。因此，要克服紧张的心理，设法把自己从紧张的情绪中解脱出来。

（三）人际交往问题

在针对高职院校学生的心理调查数据和个别辅导中发现，人际交往问题是高职院校学生中出现较多的问题之一。高职院校学生比较缺乏责任意识与合作精神，往往存在比较严重的人际交往问题。

1. 与教师的关系问题

学生与教师的关系问题主要集中在由于教师对学生的不理解、不信任，过多干涉学生的业余生活和正常交往而引起的学生困惑、烦恼以及对抗心理，还有因为教师的认识偏差情况给学生造成的压抑心理、攻击行为等问题。如有的教师认为高职院校学生的起点低，学生又觉得老师教育教学过于单一、无趣，导致师生相互看轻；有的教师对问题的处理方法过于简单、粗暴，态度不好，立场不公等都会导致师生关系出现问题。

2. 与同学的关系问题

与同学的关系主要集中在交友方面，因处理不好同学之间的关系而苦恼。学生除希望得到教师的理解与支持外，也希望在同学间有被接纳的归属感，寻求同学的理解与信任。由于同学关系不融合，甚至关系紧张，有的学生就流露出孤独感，想恢复与同学的关系，又不知该怎样去做。

3. 与父母的关系问题

父母的教养态度、教育方法及家庭成员间相互沟通的方式都会影响孩子与父母的关系。如果父母与子女之间缺乏相互理解和沟通，或家庭关系不和谐，都会给孩子的心灵造成伤害。若父母行为不良，带给子女的不仅仅是厌恶、鄙视的感觉，而是更深的内心创伤。民主型的家庭会养成孩子乐观、开朗的性格，而专制型的家庭则会造成孩子孤僻、专横。

（四）自我概念发展问题

自我概念不是与生俱来的，而是个体在与他人的交往中，随着身心各方面的成长逐渐产生和发展的，自我概念的发展贯穿人的一生。自我概念是“自我”最重要的认知成分，但在青春期阶段，学生的自我概念发展最迅速。这个时期的学生对“自我”表现出更加敏感和专注的特点。十七八岁的高职院校学生正处于青春期。发展心理学家认为，青春发育期是自我意识发展的第二个飞跃期，进入这个时期的个体发展面临着生理发育和心理发展的巨大变化，对此他们感到不适应，出现不平衡感受及种种矛盾和困惑。例如，他们开始变得关注自己，对“自我评价和认识”特别敏感，常常会思考“我是谁”等问题。这个时候比较容易产生逆反心理，对教师、家长的教育感到厌烦甚至出现顶撞行为等。

（五）挫折适应问题

高职院校学生的挫折是多方面的，有知识学习、技能掌握、人际关系、兴趣爱好、愿景就业及自我尊重等方面。其原因有客观因素、社会环境因素及个人主观因素。面对挫折造成的困难与痛苦，高职院校学生的反应方式有两类：消极的反应与积极的反应。消极的挫折适应方式一旦习惯化、稳固化，在一定的情境中挫折状态即使有所改变，其行为却仍以习惯化的适应方式出现。于是，消极的挫折适应方式也就转化为较严重的、需要长期耐心教育的心理健康问题了。

二、高职院校学生常见的障碍性心理问题

障碍性心理问题有时候也被称为“心理障碍”“心理疾病”。其特征是：一是个体持久地感受到痛苦（一般以 6 个月为界线）；二是社会功能受损，表现为人际关系糟糕，容易产生对抗甚至敌对行为；三是表现出非当地文化类型的特殊行为。个体障碍心理问题是多种多样的，我们将常见的障碍心理问题分别予以介绍。

1. 焦虑症

高职院校学生中常见的焦虑反应是考试焦虑。其表现是考前心情极度紧张；考中注意力不集中，刻板、慌乱，无法发挥正常水平；考后又持久地不能松弛下来。采用肌肉放松、系统脱敏方法，运用自助性认知矫正程序，指导学生在考试中使用正向的自我对话是治理焦虑症的有效方式。

2. 抑郁症

抑郁症是一种以持久的心境低落为特征的神经症。其可由各种原因引起，主要表

现：一是情绪持续低落，消极、悲伤、颓废、淡漠，失去满足感和生活的乐趣；二是消极的认识倾向，低自尊、无能感，从消极方面看事物，好责难自己，对未来不抱多大希望，容易自我否定、甚至产生自杀念头；三是动机缺失、被动，缺少热情；四是躯体上疲劳、失眠、食欲不振等。

在对患有抑郁症的高职院校学生进行辅导时，首先要注意给其以情感支持和鼓励，以坚定而温和的态度激励其做一些力所能及的事情，积极行动起来，从活动中体验到成功与人际交往的乐趣；其次也可采用认知行为疗法，改变其对已习惯的自贬性的思维方式和不适当的成败归因模式，发展对自己、对未来的更为积极的看法；最后，如果必要，可以在专业医生的指导下服用抗抑郁药物缓解症状。

3. 学习困难综合征

学习困难综合征是一种学习技能发育障碍。这类学生并非智力低下，而是从发育的早期阶段起，获得技能的正常方式受损，表现在阅读、计算或绘画等单一方面的能力低下，而其他技能均正常。所以其常出现某一门功课的成绩好，而另一门成绩差的偏科现象。

4. 强迫症

强迫症即强迫综合征，是一种神经官能症，是焦虑症的一种。强迫症包含强迫观念和强迫行为。做事反复思考，犹豫不决，自知不必想的事会反复想，不该做的事会反复做，因而感到紧张、痛苦。引发强迫症的原因主要有社会心理原因和个人原因两种。其中社会心理原因包括学习过程过度紧张、家庭要求过于严格、学习困难、人际关系不良。

5. 恐怖症

恐怖症原称恐惧综合征，是指患者对外界某些处境、物体或与人交往时，产生异乎寻常的恐惧与紧张不安，可致脸红、气促、出汗、心悸、血压变化、恶心、无力甚至昏厥等症状，因而出现回避反应。患者明知这种恐惧反应是过分的或不合理的，但仍反复出现，难以控制，于是极力避免导致恐惧的客观事物或情境，或是带着恐惧去忍受，因而影响其正常活动。

根据恐惧的对象，恐惧症大致分为三类：广场恐惧症、社交恐惧症、特定恐惧症。

广场恐惧症，又称场所恐惧症、旷野恐惧症、幽室恐惧症等，主要表现为对某些特定环境的恐惧，如广场、密闭的环境和拥挤的公共场所等。恐惧发作时还常伴有抑郁、强迫、社会焦虑、人格解体等症状，若不有效治疗，症状虽可波动，但一般会转入慢性。

社交恐惧症，多在 17~30 岁发病，常无明显诱因突然起病，害怕在小团体中被人审视，一旦发现别人注意自己就不自然，不敢抬头，不敢与人对视，甚至觉得无地自容，不敢在公共场合演讲，集会不敢坐在前面，回避社交，在极端情形下可导致社会隔离。

特定恐惧症，患者的恐惧局限于特定的情境，如害怕接近特定的动物，害怕雷鸣、黑暗、飞行、封闭空间、进食某些东西、目睹流血或创伤等。特定恐惧症一般在童年或成年早期就出现，如果不加以治疗，可以持续数十年。

恐惧症形成的原因可能与遗传因素、性格因素、生理因素、心理—社会因素等有关。

6. 网络成瘾

网络成瘾也称为网络过度使用或病理性网络使用，是指由于过度使用网络而导致明显的社会、心理损害的一种现象。其主要表现为三个方面：一是对网络的使用具有强烈的渴望或冲动感；二是减少或停止上网时会出现周身不适、烦躁、易激怒、注意力不集中、睡眠障碍等反应；三是每天花费大量的精力和时间上网，为上网不惜颠倒作息时间。

网络成瘾的原因有网络自身的诱惑，相关制度和法规不健全，家庭不良环境影响及上网者自身人格缺陷、承受力较弱、成就感缺少等。

7. 性偏差

性偏差是指少年性发育过程中的不良适应，如过度手淫、迷恋黄色书刊、早恋、不适当性游戏、轻度性别认同困难等，一般不属于性心理障碍。

8. 进食障碍

进食障碍包括厌食、贪食和异食癖等，其中神经性厌食是一种由于节食不当而引起的严重体重失常。凡是由于患者厌恶进食而导致正常体重骤然下降25%者，即被视为厌食症的症状。神经性厌食症多发生于女性（女性比男性多20倍），其症状是对食物极端厌恶、甚至恐惧，四肢无力，女生则有的出现闭经。

9. 睡眠障碍

睡眠障碍包括失眠、过度思睡、睡行症、夜惊、梦魇等。失眠可能由压力事件、脑力或体力劳动过度引起，也可能是神经官能症引起的。

10. 人格障碍

人格障碍是长期固定地适应不良的行为模式，这种行为模式由一些不成熟的、不适当的压力应对或问题解决方式所构成。

人格障碍有许多类型，例如，依赖型人格障碍者有被动的生活取向，不能决策和接受责任，有自我否定的倾向；反社会型人格障碍者有两个显著的特点：一是缺乏对他人的同情与关心，二是缺乏羞耻心与罪恶感。

第三节　高职院校心理健康教育的途径与方法

一、心理健康教育

心理健康教育是根据学生生理心理发展的规律，运用心理学的教育方法，培养学生良好的心理素质，促进学生整体素质全面提高的教育。心理健康教育是素质教育的重要组成部分，是实施乡村教育振兴的重要环节，是培养跨世纪高质量人才的重要途径。同时，切实有效地对学生进行心理健康教育也是现代教育的必然要求和广大学校教育工作者所面临的一项共同的紧迫任务。

二、心理辅导的概念

心理辅导是指在一种新型的建设性的人际关系中，学校辅导教师运用其心理学专业知识和技能，给学生以合乎其需要的协助与服务，帮助学生正确地认识自己、认识环境，依据自身条件，确立有益于社会进步与个人发展的生活目标，克服成长中的障碍，增强与维持学生心理健康，使其在学习、工作与人际关系各个方面做出良好适应的过程。

心理辅导是学校心理健康教育的重要组成部分，一般目标可以归纳为两个方面：一是学会调适；二是寻求发展。

（一）学会调适

学会调适包括学会调节与适应。“调适”处理的是个人内部精神生活各方面及其相互关系，调整的重点是人的内心体验。“适应”处理的是人与周围环境的关系（包括人际关系）问题，调整的重点是人的行为。

（二）寻求发展

寻求发展就是要引导学生确立有价值的生活目标，担负起生活的责任，扩展生活方式，发展建设性人际关系，发挥主动性、创造性以及作为社会一员的良好的社会功能，过积极而有效率的生活。

这两个目标中，学会调适是基本目标，以此为主要目标的心理辅导可称为调适性辅导；寻求发展是高级目标，以此为主要目标的心理辅导可称为发展性辅导。简言之，这两个目标也就是要引导学生达到基础层次的心理健康与高层次的心理健康。

三、心理健康教育的原则

（一）面向全体学生原则

学校心理健康教育面向全体学生、为全体学生服务，是促进学生整体素质的提高和个性的和谐发展的教育。学校在制订心理辅导计划、选择心理辅导活动内容时都必须要着眼于全体学生，要考虑大多数学生共同的需要与普遍存在的问题。

（二）预防和发展相结合原则

心理辅导既有预防功能，又有发展功能。预防是帮助学生掌握维护心理健康方面的知识与技能；发展则是指导学生确立有价值的学习、生活目标；了解自我，充分发挥个人潜能，使生活过得健康而有意义。预防功能是初级功能，发展功能则是高级功能，而两者的有机结合才能更好地达到心理辅导的目的。

（三）理解与尊重学生原则

理解与尊重学生是心理辅导最基本的条件，也就是要尊重学生的人格尊严，尊重与理解学生的权利和选择。心理辅导是师生沟通交流的过程，只有在人格上平等、心理上相容时，学生才能开放自我，这是达到辅导目标的前提。

（四）尊重学生主体性原则

在心理辅导中要承认和尊重学生的主体地位，激发和调动学生自我心理发展的自觉性和积极性，原因之一是学生自己是心理发展的主体，心理辅导的影响只有通过学生主体心理的自我矛盾运动，才能起作用；原因之二是青少年学生特有的心理特征，如自我意识快速发展，独立性不断增强等，在对他们进行心理辅导时，必须要了解他们身心发展的规律，也要了解每个学生的独特之处，真正发挥学生的主体性。

（五）整体性发展原则

心理辅导应以发展的眼光看待学生的心理状况，教育活动必须立足于促进学生的心理发展，而不仅仅限于心理健康的一般问题。

（六）个别化对待原则

学生有较大的差异性。因此，教师在对学生进行心理辅导时，不但要了解学生的共性，更要注重了解学生的个别性、差异性，对不同学生实行区别对待，根据心理辅导过程中特定的要求确定不同层次的具体目标，因材施教，个别化地对待每个学生。

四、高职院校心理健康教育的途径

高职院校开展心理健康教育的途径很多，具体可以通过以下几个途径开展。

（一）开设心理健康教育的有关课程

开设心理健康教育有关课程是面向全体学生开展的心理健康教育，这体现心理健康教育的发展性目标。《高等学校学生心理健康教育指导纲要》（教党〔2018〕41 号）指出：推进知识教育，健全心理健康教育课程体系，结合实际，把心理健康教育课程纳入学校整体教学计划，规范课程设置，针对新生开设心理健康教育公共必修课，大力倡导面向全体学生开设心理健康教育选修和辅修课程，实现大学生心理健康教育全覆盖。公共必修课程原则上应设置 2 个学分、32～36 个学时。完善心理健康教育教材体系，组织编写大学生心理健康教育示范教材，科学规范教学内容。开发建设大学生心理健康等在线课程，丰富教育教学形式。创新心理健康教育教学手段，有效改进教学方法，通过线下线上、案例教学、体验活动、行为训练、心理情景剧等多种形式，激发大学生学习兴趣，改善课堂教学效果，不断提升教学质量。

（二）开设心理辅导活动课

心理辅导活动课重在活动性、体验性，教师要创设一个开放的、接纳的、尊重的、活动的、情境的安全环境，在课堂上没有批评，也没有权威，比传统的课程更接近学生、吸引学生。心理辅导活动课的形式和方法可以多种多样，不同年龄可以根据学生的实际情况灵活选择、使用。近年来，我国很多高职院校专兼职教师在心理辅导活动课的开设方面积累了丰富的经验。

（三）在学科教学中渗透心理健康教育的内容

课堂教学是开展心理健康教育的主渠道，各门学科都蕴含了丰富的心理健康教育内容。教师应该树立心理健康意识，多学习心理卫生知识，结合学校教学积极渗透心理健康教育内容。

（四）结合班级、团队活动开展心理健康教育

教师可以开展心理健康教育的主题班会、团队活动，也可以在平时的班级、团队活动中融进心理健康教育的目标与内容，有针对性地向学生宣传、普及心理健康知识，提高学生维护自我心理健康的意识，并进行自我心理健康教育。

（五）个别心理辅导或咨询

这是开展心理健康教育的重要途径，主要是指学校心理辅导教师运用心理学、医

学等学科的专业知识和相应的技术，针对个别学生的心理问题做出分析、建议和辅导。其具体包括面对面个别咨询、电话咨询、网络咨询、邮件咨询和专栏（橱窗）咨询等形式。

（六）小组辅导

小组辅导是当前国内外盛行的团体辅导在学校这个特殊环境中的具体应用，包括发展性和矫正性的辅导，一般由 8～12 个有共同目标或存在相似心理问题的学生组成，由专职心理健康教师指导，它是通过在小组内部建立真诚、尊重和理解的人际氛围，促使个体在交往中通过观察、学习和体验，认识自我、探索自我，学习新的态度和行为方式，以调整和改善小组成员的人际关系和社会适应状况，促进小组成员的个人成长。根据参与者的心理需求，组织者可以设立不同类型的小组，如情绪自我管理小组、人际关系成长小组、学习适应小组、自信训练小组等。

（七）对学生家庭进行心理辅导教育

学生心理的健康成长离不开学校与家庭的相互协作、相互配合与支持。随着我国社会经济的发展及人民生活水平的逐步提高，家长的受教育程度也不断提高，他们对子女的教育也越来越重视。但是，由于我国学校心理健康教育是近 20 年才逐步开展，与西方发达国家相比起步较晚，很多家长对孩子的心理成长仍未有足够的重视，甚至有不少孩子心理障碍的形成与其家庭成员的不良影响有关，因此，要做好学生的心理辅导，学校或教师必须对学生家庭进行心理辅导，通过家访、召开家长会、建立家长 QQ 群、微信群等方式，帮助家长了解和掌握心理健康教育的基本知识，正确认识自己的孩子，了解孩子身心发育情况及存在的问题等，为孩子的成长营造良好的家庭环境，促进孩子心灵的健康成长。

五、高职院校心理健康教育的内容

（一）学习辅导

学习辅导有广义与狭义之分。广义的学习辅导是对学习者学习过程中的各种问题（如认知技、知识障碍、动机、情绪等）进行辅导；狭义的学习辅导是对学生经历了学习挫折和困难时产生的心理困扰和行为障碍进行辅导。

（二）人格辅导

这里的人格是指个人对己、对人、对事方面的个性心理品质。人格辅导着重对学生的自我意识、情绪的自我调适、意志品质、人际交往与沟通，以及群体协作技能进行辅导，以培养学生良好的个性心理与社会适应能力。

（三）生活辅导

生活辅导主要是通过休闲辅导、消费辅导和日常生活技能辅导等，培养学生健康的生活情趣、乐观的生活态度和良好的生活技能。这对于学生将来获得幸福而充实的生活具有潜在的影响，同时对他们发展个性、增长才干、提高学习效率也具有有力的迁移作用。

（四）职业辅导

升学与择业是人生发展的必然过程，是事关个人前途的重要事件。职业辅导是为学生未来的生活做准备的教育活动，旨在帮助学生在了解自己能力、特长、兴趣和社会就职条件的基础上，确立自己的职业志向，进行职业的选择和准备，为今后顺利地踏上社会打下良好的基础。

六、高职院校心理健康教育的方法

学校开展心理健康教育的方法很多，常用的方法有以下几种。

（一）行为改变技术

行为改变技术是采用行为心理学、实验心理的原理而发展出来的一套客观、系统的处理技术，对于许多问题行为的处理已能有效地改变人类行为，包括良好行为的增进以及不适当行为的矫正或根除。

1. 强化法

强化法又称奖励强化法，是根据操作性条件反射原理，强调行为的改变是依据行为后果而定的。其原理为：一个行为发生后，如果紧跟着一个强化刺激，这个行为就会再一次发生。其目的在于矫正不良行为，训练与建立某种良好行为。如一位学生胆子小，平时在课堂上不太敢积极回答教师的提问，怕答错了被同学笑话，有一次在上语文课，他居然主动举手回答了老师的问题，老师及时表扬和鼓励了他，以后，他慢慢敢大胆举手发言了。

2. 系统脱敏法

这是由美国学者沃尔帕创立，是将放松训练和经典条件反射原理结合运用的一种行为治疗方法。系统脱敏的基本方法是在来访者出现焦虑或恐怖反应时，同时引起一个与之对抗的肌肉松弛反应，以使来访者原来的不良反应强度减弱，这种做法又称交互抑制。将交互抑制按等级排列，从弱到强，渐次实施，直到最终消除患者的不良反应，此即系统过敏法。系统脱敏法可通过想象或实地（物）进行。

3. 行为塑造法

这是根据斯金纳的操作条件反射研究结果而设计的培育和养成新的反应或行为模式的一项行为治疗技术，是操作条件作用法强化原则的有力应用之一。行为塑造法的运用，要求咨询师与来访者首先一起确定最终要达到的目标，然后选好为实现此最终目标所需要塑造的靶行为、选好塑造的起点和逐渐逼近最终目标应采取的步骤与每一步骤的子目标。此外，还需要确定达到每一个目标的有效强化物或奖励。

4. 自我控制法

自我控制法简称自控法，是一类促使来访者学会控制自我行为和情感的治疗方法，重点学会自我控制的技术。其主要适合那些治疗目标十分明确，但需要来访者本身做出巨大努力的情况。如戒烟、戒毒、戒网瘾等。其优点是强调当事人（学生）的个人责任感，增加了改善行为的练习时间。

5. 代币法

这是行为疗法中运用较广泛的方法之一，也称表征性奖励制。用奖励强化所期望的行为，用惩罚消除不良行为来达到目的。代币法就是运用代币并编制一套相应的激励系统来对符合要求的目标行为的表现进行肯定和奖励。代币起着表征的作用，只是一个符号，可以是计分卡、点数等，可以根据情况灵活运用。

（二）认知疗法

认知疗法于20世纪六七十年代在美国产生，是根据人的认知过程影响其情绪和行为的理论假设，通过认知和行为技术来改变来访者的不良认知，从而矫正并适应不良行为的心理治疗方法。其基本观点是：认知过程及其导致的错误观念是行为和情感的中介，适应不良行为和情感与适应不良认知有关。认知治疗法常采用认知重建、心理应付、问题解决等技术进行心理辅导和治疗。其中，认知重建最为关键。基本辅导过程包括建立求助的动机、适应不良认知的矫正、在处理日常生活问题的过程中用新的认知对抗原有的认知、改变有关自我的认知等。

认知疗法的重要的先驱之一是美国临床心理学家艾利斯，他在20世纪60年代提出了理性-情绪疗法。他认为人的情绪来自人对所遭遇的事情的信念、评价、解释或哲学观点，而非来自事情本身。情绪和行为受制于认知，人们常常因为不合理的认知而自寻烦恼，因此需要引导人们用一种更为合理的方式来思维，就可以解决大量的心理问题。艾利斯将这种观点概括为ABCDE理论，A代表诱发事件，即引起情绪变化的事情；B是指遇到诱发事件后，相应而生的信念，即人对这件事情的看法、解释和评价；C代表结果，是指人在诱发事件面前所表现出来的情绪及行为反应；D是指与不合理信念的自我辩论，也就是治疗；E是指新的情绪及行为反应，也就是达到的效果。

（三）来访者中心疗法

来访者中心疗法又称求助者中心疗法、患者中心疗法，由美国人本主义者心理学家罗杰斯创立于20世纪40年代。

来访者中心疗法包括以下四个要点：第一，人都有能力发现自己的缺陷和不足，并加以改进，所以心理咨询的目的，不在于操纵个人的外界环境或改变其消极被动的人格，而在于协助来访者自省自悟，充分发挥其潜能，最终达到自我实现的目的。第二，人都有现实自我和理想自我两个自我，其中前者是个人在现实生活中获得的感觉，而后者则是个人对“应当是”或“必须是”等的自我概念。两者之间的冲突导致了人的心理失常。人在交往中获得的肯定越多，自我冲突就越少，人格发展也越正常。第三，这一疗法强调建立具有治疗作用的咨询关系，以真诚、尊重和理解作为基本条件。第四，在操作技巧上，这一疗法反对操纵或支配来访者，主张在谈话中采取不指责、不评论、不干涉的方式，鼓励来访者言尽其意，直抒己见，以创造一个充满真诚、温暖和信任的气氛，使来访者无忧无虑地开放自我。

来访者中心疗法的治疗过程为：①来访者前来求助；②咨询师向来访者说明咨询或治疗的情况；③鼓励来访者情感的自由表现；④咨询师要能够接受、认识、澄清对方的消极情感；⑤来访者成长的萌动；⑥咨询师对来访者的积极情感要加以接受和认识；⑦来访者开始接受真实的自我；⑧帮助来访者澄清可能的决定及应采取的行动；⑨疗效的产生；⑩进一步扩大疗效；⑪来访者的全面成长；⑫治疗结束。

罗杰斯认为，咨询成功的关键在于咨询关系，而非技术。来访者治疗需具备以下条件：一是来访者自身存在并认识到自我概念上的矛盾之处；二是来访者与咨询师之间存在良好的关系。除了这两个必要条件外，咨询师在人格与态度上还要满足以下三个条件：一是真诚一致；二是无条件积极关注；三是共情。

（四）团体辅导的方法

团体辅导是在团体的情境下进行的一种心理辅导形式，它是通过团体内人际交互作用，促使个体在交往中观察、学习、体验，认知自我、探索自我、接纳自我，调整改善与他人的关系，学习新的态度与行为方式，以促进良好的适应与发展的助人过程。团体辅导的特色在于培养人的信任感和归属感，由对团体的信任扩大到信任周围的其他人，由对团体的归属感扩大到对学校、社会及国家的认同感和归属感。

一般根据成员问题的相似性组成相应的团体，团体的规模因辅导目标的不同而不等，少则3~5人，多则几十人。通过几次或者十几次的团体活动，参与者相互交流，共同讨论，彼此启发、相互支持，鼓励分享，使成员发现自己的心理，了解他人的心理，以便改善人际关系，增加社会适应性，促进人格成长。

大量的实践研究证明，团体辅导在成员发展和体验良好的人际关系、增强成员的归属感、体验互助互利、发展良好的适应行为、加强信息交流、促进自我探索与成长等均起到积极作用。

七、高职院校心理健康教育工作体系的建设与完善

心理健康教育是高校教育的重要组成部分，是素质教育的依托，也是高校和谐稳定的重要保障。良好的心理健康教育，不仅能促进大学生心理健康的良性发展，有助于学生成长成才，更为大学生全面发展和适应社会打下良好基础。高职院校需要提升大学生心理健康教育水平，构建完善心理健康教育体系，切实落实“为党育人、为国育才”。

（一）以组织机构的建设完善为控制点，统筹心理健康教育工作

健全的心理健康教育组织机构是开展心理健康教育工作的基础。高职院校将心理健康教育纳入学校规划，学校层面设立心理健康中心，分管校领导担任第一责任人，统筹安排开展院校的心理健康教育。构建学校心理服务支持体系，认真研制心理健康教育年度规划，有效开展心理普查建档工作，精准分析学生心理健康状况，实时辅导干预问题学生，及时转诊必须转诊学生。系部层面聘任专职心理教师，落地开设心理健康教育课程，引领学生开展心理健康实践活动，辅导干预来访者。班级层面遴选心理委员，密切观察接受辅导干预的同学以及其他同学，发现问题及时反馈。同时在学生中成立心理社团，开展朋辈教育、心理健康知识宣传、实践活动组织等工作。

（二）以课程体系的建设完善为着力点，强化心理健康教育工作

高职院校学生心理健康课程是实现心育教育的重要途径。为普及心理健康知识，促进学生身心健康的发展，我们需要关注以下三个方面：

（1）创新心理健康教育课程体系。学校要积极主动地将心理健康纳入人才培养体系，将心理健康教育作为一门必修课程，做到课时有保障，学分有梯次。根据不同年级的高职院校学生的心理发展状况，编辑符合高职学生发展的特色教材。

（2）创新课堂教学方法，打造多元化课堂教学形式。创新性课堂可以借助信息技术建立线上线下混合交流平台，通过线上专题和互动为学生解惑答疑、讲授心理知识；还可以依据教学内容的需要开展微课、慕课、翻转课堂等，通过角色表演、心理剧等释放情绪，悦纳自我。

（3）强化同学科课程渗透融合，贯穿高职人才培养的全过程。要主动把心理健康教育渗透融入文化和技能教学中，使得心理教育与专业技能教育相融合，潜移默化地影响学生的行为，促进学生健康成长。

（三）以实践活动的实施宣传为生长点，优化心理健康教育工作

心理健康教育系列活动的开展是加强心理健康教育宣传，深化心理健康教育效果的重要辅助手段，也是优化心理健康教育工作的磨刀石。高职院校开展心理健康教育实践活动，要坚持产出导向和服务导向，努力为学生心理健康搭建更多的实践平台。高职院校契合人工智能，充分运用网络平台，建立主题网站，开通微信、QQ 群、电话等各种在线心理辅导服务，形成立体多元的教育渠道；高职院校努力构筑心理健康教育生态，围绕普遍心理困惑，致力打造高职院校学生特色心理文化品牌，定期举办心理专题讲座，适时开展主题班会，常态化宿舍文化建设，鼓励学生参加心理剧表演，组织学生开展“525 心理文化节”等一系列相关活动，帮助学生增强心理调适能力，消除心理困惑；高职院校要加强校企联动，不断丰富实训基地的心理健康教育活动，有效掌握学生企业实习期心理发展动态，有计划开展实习生交流会、安全教育专题讲座等。

（四）以师资队伍的建设完善为发力点，落地心理健康教育工作

心理健康教育的工作不仅仅在于解决学生的心理问题，通过更加细致地做好发展性咨询，帮助学生完成个体发展，充分的挖掘自身的潜能。高职院校要大力引进高尖心理学人才，组建专职骨干心理健康教育教师队伍，通过系统培训，使其视野开阔、心灵强大、理念更新，不断提升队伍的业务水平。还要选拔心理健康教育专职辅导员、规范化工作流程和工作细则、明确学工队伍责任田、加强专业培训等，优化学工队伍履职能力，让心理健康教育工作落到实处。

世界卫生组织指出：“学校是促进学生心理健康最适宜的场所，学校可以教给学生一些解决问题的技巧，并通过特殊问题的干预和心理咨询，转变学生的行为。”《高等学校学生心理健康教育指导纲要》（教党〔2018〕41 号）要求，坚持育心与育德相统一，加强人文关怀和心理疏导，规范发展心理健康教育与咨询服务，更好地适应和满足学生心理健康教育服务需求，引导学生正确认识义和利、群和己、成和败、得和失，培育学生自尊自信、理性平和、积极向上的健康心态，促进学生心理健康素质与思想道德素质、科学文化素质协调发展。总之，我们要坚守教育情怀，不忘育人初心，做好学生锤炼品格、学习知识、创新思维、奉献祖国的引路人。

第十五章 高职院校教师心理健康与调节

经济的高速发展，各种思潮的交互融合和碰撞，教育教学改革的不断深化，乡村教育振兴的持续推进，对教师职业提出了更高要求，教师群体要正视时代挑战及职业压力。教师“要做学生锤炼品格的引路人，做学生学习知识的引路人，做学生创新思维的引路人，做学生奉献祖国的引路人”。其职业的特殊性，促使社会越来越多地关注他们的心理健康状况。

高校教师的职责是教书育人，既要承担繁重的教育教学任务，又要承载大量的科学研究，随着终身学习成本、生活成本、家庭成本、育儿成本及养老成本等经济压力的加剧，高校教师群体的心理健康已经成为不可忽视的重大问题。

高等职业教育，作为高等教育的新形式，近年来备受中央及地方各级政府的重视。国家出台了一系列相关政策促进高等职业教育发展，鼓励高职院校履行“为党育人、为国育才”职责，培养出更多高素质、高水平的职业技术人才。当前，高等职业教育备受重视，高职院校教师在人才培养中的“引路人”和枢纽作用，更受社会各界关注。与普通高等教育相比，高职院校学生生源素质较低，教育教学管理难度更大，职业教育研究更不成熟、产教融合难度更大、理实一体化要求更多……社会对高职院校产出要求和期待越来越高，高职院校教师的压力也越来越大，其心理健康状况，不仅关系到教师的学习、工作和生活质量的提高，更是牵引着所培养人才素质高低的关键。心理健康水平，已经成为制约教师发展和阻碍教师进行教育教学的主要因素之一。各种心理问题在教师群体中频繁爆发，教师已然成为心理问题的高发群体。目前，教师的心理健康问题已经引起全社会的关注和重视，同时也是实施成功教育的关键。了解教师心理健康问题的类型，分析产生的原因，寻找解决问题的办法，有助于教师减轻精神紧张和心理压力，学会心理调适，增强应对能力，寻求社会支持，从而有效地改善和提高心理健康水平。

第一节　教师心理健康概述

一、教师心理健康与心理问题

教师心理健康与心理问题是探讨教师心理发展不可避免的两个方面，预测和追求心理健康，控制和避免心理问题是我们一直所期望的。

（一）教师心理健康

1. 健康

1948 年，世界卫生组织首次明确了健康的含义："健康是一种的状态，生理、心理和社会适应三者不仅没有疾病和虚弱，而且都臻完满的状态。"1988 年世界卫生组织对其进行进一步完善为："不仅没有躯体的残缺与疾病，还要有完整的心理、生理状态以及社会适应能力。"近年来，世界卫生组织又把道德修养和生殖质量纳入健康范畴。由此我们可以看出一个人的健康状态除了物理条件之外，还包括心理、生理以及社会适应能力三个方面。心理健康是完整健康概念的重要组成部分，从一定意义上来看，对人的健康尤其重要。

2. 心理健康

《简明不列颠百科全书》将心理健康定义为："心理健康是指个体心理在本身及环境条件许可范围内所能得到的最佳功能状态，但不是十全十美的绝对状态。"心理健康是指当人们在面临内部问题以及外部环境的变化时，展现出来一种良好的心理调适能力及发展水平，能够保持自身稳定正常的心理状态，达到的人的内心世界与外部环境的一种平衡关系。我国心理健康标准的研究对象主要集中在与学校环境有关的青少年学生和教师身上，研究力量的机构分布主要在高等院校尤其是高等师范院校，研究力量的机构分布不平衡性导致了研究对象的不平衡性。以高职院校教师和学生为对象的研究极少，研究机构更多也是独立研究，目前急需高职院校的针对性研究和加大研究机构的合作性研究。

心理健康一般有广义和狭义之分，广义的心理健康是指一种高效而满意的、持续的心理状态，以促进人们的自我心理调节，发挥更大的心理效能为目标。心理健康的人，他们能够更好地适应环境，维持良好的人际关系，各方面能力得到发展，情绪稳定，为社会发展做出贡献。狭义的心理健康主要是指没有心理症状、心理障碍、心理疾病，达到心理健康的最低层次要求。要完整把握心理健康的定义，应该把广义与狭义的心理健康结合起来看，充分认识没有心理疾病是心理健康的基本要求，真正明确心理健康是指一种积极发展的心理状态，这是心理健康最本质的含义。关于心理健康标准的界定，西方的研究视角多以个体为取向。如奥尔波特就提出，只有在个体之中才能够发现作为个体之间互动基础的行为机制和意识过程。那种不是以个体心理学作为自己全部基础的群体心理学是不存在的。

因此，我们可以分析教师心理健康的内涵，当包含教师自身内部世界与外部环境的综合交互作用下保持的最佳心理平衡状态，是教师主观内心世界与客观环境之间的一种平衡关系，是教师与周围他人之间的良好关系的维持，即不仅是自我安定感和安心感的获得和确保，还要追求自我实现，具有为他人的健康服务的能力。教师心理健康应该是发展性与适应性的统一。一方面教师心理健康应该是一种教师心理稳定协调发展的状态，是心理机能发展良好的表现，体现教师心理健康发展性的一面。另一方面也是指要维护教师的心理健康，预测和控制教师的心理问题，是教师能够适应社会的发展及要求，表现出教师心理健康的适应性一面。

3. 教师心理健康的标准

心理健康的标准不是固定不变的，而是应该随着时代的进步与社会的发展变迁而不断变化的，我们应该根据不同时代特点不断赋予其时代内涵，保证其社会适应性。面对不同的群体，心理健康标准也应该不同，体现出群体的特殊性。对于教师群体心理健康的标准我们也应该根据其职业的特殊性，给出更好的诠释，使之既能体现出心理健康标准的共性，又能体现出教师这个特殊群体的个性，达到共性与个性的统一。关于教师心理健康的标准，不同的学者对于其有不同的归纳与论述。通过分析我们可以发现，对于教师心理健康的标准的诠释虽然各不相同，但是都离不开其职业要求与教师个体两方面。对于教师心理健康标准的诠释我们必须兼顾两者，才能有一个完整、合理的心理健康标准。

（1）热爱教育事业和尊重教师职业，关爱学生。心理健康的教师一定是积极向上的，整个人是充满活力的，对待生活和工作充满热情的。他们热爱自己的本职工作，能够通过教育事业找到自身的价值，实现自身的价值，满足自我效能感。也正是由于这样他们才能认真对待教育事业，进行富有创造性的教育教学。热爱学生是教师教育教学工作取得成功的重要条件之一。师生关系也是教育教学过程中最难处理的关系之一，它是师生之间沟通的桥梁，是师生之间的纽带。教师只有关心学生，才能给予学生充分的理解与尊重，当好学生成长的引路人，学生反过来也才会尊重教师，亲近教师，从而使教师获得良好的情绪体验。

（2）具有稳定积极的教育心境。一个人的性格也会影响到他的日常行为和工作。当开心的时候，我们做事会充满活力，即使遇到挫折也会坚定向前，努力克服；当忧愁烦闷时，整个人都死气沉沉，做事恍惚，很难将事情做好。教师职业要求教师必须具有开朗的性格。教师的工作对象是急速发展中的学生，要求教师要用知识去启迪学生，用情感陶冶学生，用情绪感染学生，因此，教师应该时时表现出热情洋溢、乐观向上的状态。同时，保持着这样的教育心境，教师在进行教育教学活动时，也能够充满活力，语言激昂，富有感染力，从而取得良好的教学效果。

（3）有良好的认知水平。个体的认知水平能够匹配有效学习、适应环境和胜任工作。认识世界是改造世界的前提和基础，人们想要有效学习和适应环境，就必须要正确认识客观环境。教师胜任教育教学工作，首先需要对教材有清晰的感知，对学生有明确的认知，对教育媒介有精准的把握，然后在此基础上组织教育教学过程，有序实施教育教学，这样才能把教育教学工作做好。如果教师整日沉溺于幻想中，不能认真钻研，那么其可能出现了认知障碍，是一种不健康的认识心理倾向。同时，我们还应该看到个体的心理是由各种各样的活动构成并得以展现的，教师能够胜任日常的教学工作是心理健康的基本要求。如果一名教师在教学过程中经常出现问题，甚至经常对学生发脾气，那么这位教师的心理一定是不健康的。

（4）能保持稳定的情绪。保持稳定的情绪是指能有效控制自身各种情绪与情感，拥有积极乐观的心态。情绪有积极与消极之分，积极情绪能够促进人的身心愉悦，提高人的身心活动水平，使人充满活力，做事动机水平增强；消极情绪恰恰与之相反，消极情绪会损害人的身心健康，降低身心活动水平，抑制人的活动，使人消沉。作为一个心理健康的教师，其应该有几个显著的情绪控制标志：第一，教师为人师表，教师劳动具有很强的示范性，因此教师应该表现出积极向上、充满活力的状态，时刻带动学生的情绪向着健康的方向发展。第二，要善于控制自身的情绪，支配自己的情感。作为一个教师，其在面对各类学生时，应该能够控制自身情绪，不被学生左右，保持自身情绪的稳定，不轻易把喜怒带到日常工作中，把不愉快的情绪带给学生。

（5）拥有健全的人格。健全的人格是指能正常和谐发展，不断锤炼性格、完善品质、强化责任、掌控情绪、开放思维。用正确的态度来对待自己以及周围的人，遵守社会规范，热爱集体，对待他人友好善良，对工作认真负责，学习努力上进，生活大度和谐。比如对待周围的同事要积极、热情、正直、诚恳，热爱教育事业，恪守工作职责，对学生尽心尽力、尽职尽责，真心关爱，教育教学富有创新精神，这些都是教师人格健全的具体表现。作为一个人格健全的教师还应该是世界观、人生观、价值观等这些人格结构中的高层次因素符合社会基本要求和职业规范的人，即能够坚持真理、明辨是非、豁达大度。

（6）有良好的人际关系。人际关系是人们日常生活中的重要组成部分，良好的人际关系也是人们生活幸福的重要标志。心理学家认为，人际关系失调是人类心理不健康的主要原因之一。因此，维持良好的人际关系，学会相处是教师心理健康的重要标志之一。教师良好的人际关系主要表现为：第一，能够与他人相互理解，相互尊重。在日常的工作交流中能够与周围人做到换位思考，多站在他人的角度思考，充分了解和尊重他人，就能够与周围保持良好的关系。第二，能够被周围人接纳。一个拥有良好人际关系的教师一定是一个在集体中深受欢迎的人，他能够得到集体中大多数人的接纳认可，他人也愿意与他交往，与他人相处融洽、和谐。

（7）有较强的适应性。较强的适应性是指能够平衡自我与他人、环境之间的关系。教师的适应性既包括对自然环境的适应也包括对社会环境的适应。对自然环境的适应是人们都应该具备的，而教师对社会环境的适应尤为重要。教师面对学校教育环境这个特殊的环境，要能够处理好与同事之间的人际关系，也要处理好与学生之间的师生关系，同时还要兼顾学校这个不同于社会的特殊环境。这就要求教师应该具有良好的适应性，处理好自己与学校环境之间的关系。如果处理良好，教师就能很快进入角色，开展教育教学工作；如果处理不好，就会影响教师的日常工作和生活，很容易造成“适应不良”。

（8）日常行为表现正常。一个人的外在行为表现很大程度上是这个人心理活动的反映，能够反映出他的认识活动、情绪状态、性格等心理活动。首先，心理健康的教师他的行为方式应该符合教师身份。教师作为一个特殊的职业，它既有普通职业的要求，如要求从业的教师爱岗敬业、坚守岗位等；同时，它也有自身的特殊要求，要求教师要严格规范自身，具有崇高的道德水准，为学生表率。其次，对外界事物的反映强度要和刺激一致。不能表现得过激，也不能表现得太沉默，恰如其分，不异常、不越轨、行为表现符合人之常情，行为举止符合常态。

（二）心理问题

1. 心理问题的内涵

心理问题也称心理失衡，是正常心理活动中的局部异常状态，不存在心理状态的病理性变化，具有明显的偶发性和暂时性，常与一定的情境相联系，常有一定的情景诱发，脱离该情景，个体的心理活动则完全正常。心理问题不同于生理疾病，它是由人内在精神因素准确地说是大脑中枢神经控制系统所引发的一系列问题，它会间接地改变人的性格、世界观及情绪等。

心理问题是指人们心理上出现的问题，如情绪消沉、心情不好、焦虑、恐惧、人格障碍、变态心理等消极的与不良的心理，都是心理问题。心理问题是心理活动中的不正常状态，对日常行为产生了阻碍的心理状态，是一种消极的、异常的、不稳定的心理活动状态。

目前，学者们对于教师心理问题的内涵还没有一个固定的、大家都接受的统一概念。本书根据学者的论述以及关于心理问题的定义归纳出教师心理问题的定义：教师心理问题是指教师群体由于其职业的特殊性，在工作中产生的一种影响教师正常教育教学工作及学习生活的心理不正常活动，具体表现为情绪不稳定、职业行为异常等。

2. 教师心理问题的分类

根据对教师心理健康的定义，按照程度的不同，教师心理问题的类型可划分为三类。

（1）发展性心理问题。发展性心理问题主要是指个体自身不能树立正确的自我认知，特别是对自我能力、自我素质方面的认知，其心理素质及心理潜能没有得到有效、全面的发展。发展性心理问题的解决重在帮助个体提高心理素质、健全人格，通过有针对性的教育和训练，培养其良好的心理素质，塑造健康、完整的人格，成为适应现代社会需要的合格个体。其特点主要体现在自负或缺乏自信、志向愿望过高或偏低、责任目标缺失三个方面：①发展性心理问题指向心理健康、身心发展正常的个体，但在发展方面仍有潜力可挖，心理素质尚待完善。②发展性心理问题的解决，重在引导个体在一个更新的层面上认识自我，开发自我潜能。而这种潜能的开发因为更具有突破自我认识局限性的特征，往往使个体在能力发展、信心重建等方面实现一定的飞跃，使自己得到更充分的发展。③强调发展的原则、发展性心理问题的解决，虽然也对个体的工作、适应、发展等问题给予指导与帮助，但更侧重于“发展”方面，即促进心理素质的发展。它对个体所做的一切工作包括指导个体调节和控制情绪、改善精神状态、建立自信心等，都是以个体能够更好、更充分地发展为目标的。

（2）适应性心理问题。适应是个体通过不断做出身心调整，在现实生活环境中维持一种良好、有效的生存状态的过程。而适应性心理问题则是个人与环境不能取得协调一致所带来的心理困扰。哈特曼认为，适应是个体终生维护心理平衡的持续过程，以无须付出太高的代价去处理一个具有一般性及可预期性的环境。由此不难发现，适应是个体与环境在相互作用中发生改变的过程，既然是相互作用，发生改变的应该是双方。但人们在谈到适应时，心目中想的主要是个体的改变，是个体改变自身去顺应环境的变化；个人与环境的关系体现为一种状态，即个人与环境之间的一种和谐、平衡的状态，这种平衡是机体在不断运动变化中与环境所取得的，这种平衡不是绝对静止的，某一个水平的平衡成为另一个水平平衡运动的开始。如果机体与环境失去平衡，就需要改变自身以重建平衡。适应性心理问题的特点主要体现为：①适应性心理问题针对的是身心发展正常，但带有一定的心理、行为问题的个体，或者说“在适应方面发生困难的正常人”。②适应性心理问题的解决，注重的是个体的正常需要与其现实状况之间的矛盾冲突，大部分工作是在个体的认识水平上加以帮助。③强调教育的原则，适应性心理问题的解决，重视个体自身理性的作用，教育者并不是要亲自帮助个体直接去解决问题，满足其需要，而是帮助其分析情况，提出合理解决的途径和方法。强调发掘、利用其潜在积极因素，自己解决问题。对于环境的改善，也是在现有条件的基础上提出改进意见。④适应性心理问题的内容，侧重于工作指导、交往指导、生活指导等方面，主要解决个体在这些方面所遇到的各种心理问题。

（3）障碍性心理问题。障碍性心理问题也称为“心理障碍”“心理疾病”。障碍性心理问题其主要特征表现为：一是个体持久地感受到痛苦（一般以6个月为界线）；二是社会功能受损，表现为人际关系糟糕，容易产生对抗甚至敌对行为；三是表现出非当地文化类型的特殊行为。当个体遭遇人际关系的严重冲突、重大挫折、重大创伤或面临重大抉择时，一般都会表现出情绪焦虑、恐惧或者抑郁，有的表现沮丧、退缩、自暴自弃，或者异常愤怒甚至冲动报复。有的往往是过度应用防卫机制来自我保护，且表现出一系列适应不良的行为。如果长期持续的心理障碍得不到适当的调适或从中解脱，就容易导致严重精神疾病的产生，产生比较严重的后果。个体障碍性心理问题是多种多样的，常见的有以下几种类型：①焦虑性障碍：焦虑是一种不明原因的害怕，是不能达到目标和不能克服障碍时表现的紧张不安，心烦意乱，忧心忡忡；经常怨天尤人，自忧自怜，毫无缘由地悲叹不已；碰上一点小事，往往坐立不安；遇到一点紧张的心理压力，便会慌张地不知所措，注意力难以集中，难以完成工作任务，并伴有身体不适感。②抑郁性障碍：它的主要表现是情绪持续低落，郁郁寡欢，悲观厌世，心理功能下降，自我评价降低，不愿与人交往，情绪呆板，总以“灰色”的心情看待一切，对什么都不感兴趣，自罪自责，内心体验多不幸、苦闷、无助、无望，总感到活着没有意思。③恐怖性障碍：患有恐怖性障碍的个体，所害怕的对象在一般人看来并没有什么可怕的，但仍出现强制性的回避意愿和紧张、焦虑、眩晕等心理反应，如恐高症、利器恐怖、动物恐怖、广场恐怖及社交恐怖等。④强迫性障碍：做事反复思考，犹豫不决，自知不必想的事仍反复想，不该做的事仍反复做，因而感到紧张、痛苦。⑤疑病性障碍：它主要表现为对自己健康状态过分关注，深信自己患了某种疾病，经常诉述不适，顽固地怀疑、担心自己有病，经实验室检查和医生的多次解释后仍不能接受，反复就医，甚至影响其社会功能。

二、高职院校教师常见心理问题

高职院校教师由于各方面因素的影响，长期处于比较复杂的工作环境当中，许多教师或多或少地都会产生一些心理问题，教师的心理健康受到严重的威胁和挑战。调查显示，高职院校教师大多数都面临着心理问题的威胁。各种各样的心理问题已经严重影响到了教师的正常工作和日常生活，给教师带来了严重的负面影响。

（一）职业压力

1978 年，C. Kyriacou & J. Sutcliffe 在《教育评论》发表的文章首次提出“教师压力”，并将“教师压力”定义为教师工作产生的负面影响（如愤怒或抑郁）引起的反应综合。目前教师职业压力并无权威界定，通常把教师职业压力定义为教师因职务上所赋予的要求、期许和职责所感受到的压力。此种压力是教师在面对教学工作，对潜在的工作情境因素或要求评估为威胁或有碍工作的表现时，所产生的负面情感反应。

教师作为一个特殊职业，其面临着寻常职业所不具备的职业压力。第一，高强度的工作无疑对教师是一个巨大的挑战，大大加重了教师的身心疲惫程度和身心负担。根据国外学校心理学的相关调查研究，教师的“燃烧度”（为职业献身精神、疲劳度）远远超过其他行业。人们常说教师是最轻松的职业，不仅有周末、法定假日，还有寒暑假，但是事实上真的是这样吗？大多数人只看到了教师行业的表面工作，并没有真正了解教师的工作，只看到教师工作的一个或者部分环节。完整的教师工作包括备课、上课、课外作业的布置与批改、课外辅导、学生学业成绩的检查和评定五个环节。除了人们最明显看到的上课时间，教师更多的工作时间是“隐形的”。事实上，教师的工作时间是远远高于每天八个小时的法定工作时间的，教师需要花费大量休息时间来做工作。有关调查显示，教师的每日平均工作时间高于十个小时，尤其是高中教师每日工作时间往往超过十五个小时。这样高强度的工作给教师的身体和心理都带来了巨大的压力。第二，来自家长和社会的期望和要求给教师的心理带来了巨大的压力。“十年树木，百年树人”，教师行业往往不仅仅是体力的投入，更多的是心灵的投入。教师行业常常被社会看作一个崇高的职业，因此社会对于教师的要求也高于其他行业，尤其是对于教师的道德水准要求比较高，教师时刻面临着社会的监督与压力。家长对于孩子的期望随着社会的发展也越来越高，这样高的期望最终的实现是需要教师的教育来帮助实现的，因此面对家长的殷切期望，教师身上的责任越来越大，压力扑面而来。因此，作为一名教师面对来自各方面的压力，自身的心理素质受到了严峻的挑战，教师的“职业压力症”也多了起来。

职业压力与心理健康密切相关。当前，高职院校教师面对工作负荷、机制改革及职业发展时，职业压力日益增加，高职院校教师情绪、自我认知、自我效能、人际关系等多方面心理健康水平降低的状况也随之而来。高职院校教师主要的压力源来自四个方面。一是教学任务的加重。近年高职院校招生人数明显增多，但教师数量严重不足，致使教师的教学任务日益繁重，工作量和工作强度相较扩招之前大幅度增加。二是学生就业难度加大。毕业生的就业率和质量，直接给高职院校教师职业压力加压。三是组织机制改革加快。随着事业单位人事制度改革的全面展开，2019 年颁布的《国家职业教育改革实施方案》中更是提出了优化学校、专业布局，深化办学体制改革和育人机制改革的目标，很多高职院校为实现由大专院校转型成本科院校，努力完善学历教育与培训并重的现代职业教育体系。由此，因岗位设置而引发的高职院校内部竞争异常激烈，而尚未成熟的管理模式和激励制度使教师缺乏工作动力，增加高职教师的职业压力。四是未来的职业发展定位高。高职院校教学目标定在培养更多高素质劳动者和技术技能人才，急需“双师型”人才和复合型技术技能人才，使得高职院校教师除承担教学工作外还要探索实践教学模式和取得相应的专业资格证书等。

（二）心理适应

心理适应主要指个体各个性特征相互配合，适应周围环境的能力。一个人能否尽快地适应新环境，能否处理好复杂、重大或危急的特殊情况，与他（她）的心理适应性强弱有很直接的关系。

适应不良，也称“不适应”“顺应不良”，是适应障碍的一种，属轻度适应障碍范畴。适应即个体根据环境的要求改变自己和个体作用于环境并改造环境。适应不良主要表现在个体人格方面，指各种情绪上的干扰妨碍了个体从事有效的社会活动。适应良好、心理健康的个体在学习和解决问题中充满信心和富有成效。生活目标明确并富有建设性与现实性，在人与人的相互关系中能互敬互爱，并乐于为实现社会目标而献身。而适应不良则与之相反。适应不良多导致活动低效并构成恶性循环。

教师的心理适应不良体现在多个方面，严重影响着教师的日常教育教学工作、正常生活和学习。

（1）环境变迁适应不良。环境变迁适应不良指的是新教师或工作调动的教师对于生活和工作环境改变的适应不良，进而带来的对工作与生活的适应不良。由于环境变迁，教师的工作和生活环境都发生了变化，这时教师需要花费大量的时间和精力来适应新环境。如果教师长期不能适应新环境，就会带来教师适应不良的问题。

（2）职业角色适应不良。新教师由于刚刚从学校毕业，接触社会，很难快速从学生的角色转变过来。尤其是当工作的对象又是面对学生时，就更容易模糊角色界限，新教师自己刚刚结束自己的学生生涯，又要面临急速的职业角色转化，这种从学生角色向教师角色的转变是新教师很难快速适应的。因此，新教师很容易产生角色模糊、角色混乱，对自身角色认知和角色实践方面产生偏差，常常把学生、教师、学生干部三重角色相混淆，引发职业角色适应不良。

（3）职业信念适应不良。职业信念是指个体认为可以确信并愿意作为自身行动指南的认识或看法。教师职业长期以来作为“铁饭碗”被大家所熟知，教师职业的稳定性是大多数教师选择这个行业的重要原因。但是在社会地位、工资收入、工作性质等方面，教师职业理想与现实之间存在巨大差距，使得教师在进入这个行业之后很难满足，产生心理失衡，并因此引发许多不良情绪，如嫉妒、自卑、妄想、愤懑、抑郁等，有的还会出现思维不灵活、反应迟钝、记忆力衰退等心理机能的失调，严重影响正常的教育教学工作。

（4）专业发展适应不良。教师作为专业人员，其需要在专业思想、专业知识、专业能力等方面不断发展和完善。高职院校教师的培养体系更多注重的是专业知识和专业能力，职业技术师范能力的培养比较欠缺，很多教师在职业技术上是专业人员，在教师职业上又不是“专业人员”；高职院校目前急需“双师型”和职业技术复合型人才，这在教师培养阶段并没有专门顶层设计，致使新教师入职后在专业发展方向、理念与现实需求不匹配；高职院校在人才培养上着力技术能力提升和技术转化，较少关注科学研究和教育教学，使得教师在专业发展上个体潜质不能充分发挥。

（三）角色冲突

角色冲突即在角色之间或内部发生矛盾、对立、妨碍角色扮演的顺利进行。作为一个特殊的职业，教师比其他职业的人拥有更多的角色，而且角色转换更加频繁。教师在工作、生活、社会中扮演着多重角色，如何顺畅地在这些角色之间转换，扮演好每一个角色，是教师顺利进行教育教学工作的重要保证。一旦教师在角色转换过程中出现问题，就会出现角色认知模糊，产生角色冲突或角色紧张。教师这个职业的特殊性决定了教师角色的冲突性及角色的多重性。在工作中，教师既是一个班集体的领导者，又是班集体的一员；既是教师，又是学生的重要伙伴；既是文化的传授者，又是学习者。在生活中，教师和普通人一样，是丈夫、父亲、朋友、亲人等。在社会中，教师是一名普通的社会成员。教师在多重角色之间容易产生角色冲突，同时社会对教师的期望与教师的自我期望的不一致，给予教师很大的压力，也容易导致教师对自身角色的认识冲突。

（四）职业倦怠

教师职业倦怠是西方职业压力和心理健康研究中较为流行的一个概念。职业倦怠是职业压力的一种，指在职业环境中，对长期的情绪紧张源和人际关系紧张源的应激反应而表现出的一系列心理、生理综合征。教师职业倦怠是指教师在经受持久压力体验时情感、态度和行为的某种情绪衰竭状态，如情感衰竭、去人性化、个人成就感降低等。教师一旦产生职业倦怠，就会对自己缺乏自信，感到前途渺茫，进而对待工作产生厌烦情绪，消极对待工作和学生，教育教学缺乏热情，得过且过，教育教学质量下降，难以进行创造性的教育教学。教师职业倦怠已经成为影响教师进行正常工作的阻碍之一，有关调查显示，教师在进入教师行业几年之后就会开始产生职业倦怠，影响他们的工作和生活。他们通常认为自己的工作重复，缺乏激情和兴趣，看不到自己的发展空间，对未来充满消极情绪。目前对于教师职业倦怠西方有三种具有代表性的观念：其一，情感冲突论。该观点认为教师职业倦怠是个体超负荷工作，忽视自身需要所引起的疲惫状态，是“过分努力达到一些个人或社会的不切实际的期望”的结果。其二，情感耗竭论。该观点认为教师职业倦怠是由三个维度构成的一种心理状态，包括情绪衰竭、人格解体和成就感降低。其三，情感调适论。该观点认为教师个体对社会环境的变化调整不当会引起职业倦怠。教师职业倦怠已经成为高职院校教师不可忽视的心理问题之一。

三、高职院校教师常见心理问题的表现

高职院校教师的心理问题产生的原因是复杂多样的，导致教师的心理问题各不相同。教师的心理问题会通过教师的日常行为表现、生活方式、情绪态度等方面呈现出来，不同类型的心理问题的具体表现也是各不相同的，主要分为四大类。

（一）生理—心理症状

从人的主观心理体验上看，教师心理不健康主要表现为：①抑郁。抑郁通常表现为情绪的衰竭、长期的精神不振或疲乏，对外界事物失去兴趣，对学生漠然等。②焦虑。焦虑主要有三类表现：第一，持续的忧虑和高度的警觉，如过分担心自己的人身安全问题；第二，弥散性的、非特异性的焦虑，如说不出具体原因的不安感、无法入睡等；第三，预期焦虑，如并不怎么关心现在正在发生的事，而是担心以后可能会发生的事。③更常见的症状是在抑郁和焦虑之间变动，当一种心理状态变得不能忍受时，

另一种心理状态便占据了主导地位。这些心理行为问题通常伴随着一些身体上的症状，如失眠、食欲不振、咽喉肿痛、腰部酸痛、恶心、心动过速、呼吸困难、头疼、晕旋等。如果教师不及时疏导或宣泄自己的不良情绪，或情绪归因不当，则很可能会产生更深层次的心理行为问题。④神经症。神经症是由一组心因性障碍，人格因素、心理社会因素引起的常见病，但非应激障碍，是一组机能障碍，障碍性质属功能性非器质性，没有任何器质性病变，主要表现为胃肠神经官能症、心脏神经官能症、强迫症、焦虑症、神经衰弱及恐怖症等。如有的教师开始失去自信和控制感，成就动机和自我效能感降低，从而产生了内疚感并开始自责。有些教师则将自己的不良情绪及教学上的失败归于学生、家长或领导，变得易激惹、好发脾气，对外界持敌视、抱怨的态度。通常这些心理行为问题都是交叠在一起的，而且不断地发生变化，如有些教师时而感到愧疚，时而感到愤怒。

（二）人际关系方面表现

教师心理不健康的身心症状不可能仅限于个人的主观体验，而且会渗透到教师的人际关系网络中，影响到教师与家人、朋友、学生的关系。研究表明，一个人在沉重的心理压力和失调的情绪状态下往往会发生认知偏差，这时，个体倾向于对他人的意图做出消极的判断，从而相应地做出消极的反应。因此，一个人在工作中产生不良情绪后一般都需要经过一段时间的心理调节才能与家人、朋友正常交流。而对于教师这一特殊群体而言，不仅其劳动的特点使教师比其他人更易在工作中产生焦虑、愤怒、抑郁等不良情绪，而且其角色的多重性（教师既是学生的教师，又是一家之长、子女的家庭教师、家庭的主要劳动力和社会的模范公民）也使教师几乎没有时间和精力做出种种心理调节。有调查指出，教师除了工作以外，校内经常和他人交往的只有16.99%，校外经常和他人交往的只有11.49%。因此，教师容易在人际关系中表现出适应不良。如与他人交流时沉溺于倾诉自己的不满，没有耐心听取他人的劝告或建议，拒绝从另一个角度去看问题；或表现出攻击性行为，无法用一种理智的、没有伤害性的、对后果负责的方式表达自己或对他人做出反应，如冲家人发脾气、打骂孩子、出口伤人等；另一类行为则是指向内部的，如交往退缩，避免与他人接触，对家庭事务缺少热情等。

（三）职业行为表现

教师心理健康可使学生受益，而若教师出现种种心理行为问题，受害最大的自然也是学生。教师的不健康心理在职业活动中的表现主要有：①逐渐对学生失去爱心和耐心，并开始疏远学生，备课不认真甚至不备课，教学活动缺乏创造性，并过多运用权力关系（主要是奖、惩的方式）来影响学生，而不是以动之以情、晓之以理的心理引导方式帮助学生。时常将教学过程中遇到的正常阻力扩大化、严重化，情绪反应过度，如将一个小小的课堂问题看成严重的冒犯，处理方法简单粗暴，甚至采用体罚等手段，或者有些教师在尝试各种方法失败后，对教学过程中出现的问题置之不理，听之任之。②在教学过程中遇到挫折时拒绝领导和其他人的帮助和建议，将他们的关心看作一种侵犯，或者认为他们的建议和要求是不现实的或幼稚的。③对学生和家长的期望降低，认为学生是“孺子不可教也”，家长也不懂得如何教育孩子和配合教师，从而放弃努力，不再关心学生的进步。④对教学完全失去热情，甚至开始厌恶、恐惧教育工作，试图离开教育岗位，另觅职业。

教师常见的职业问题表现包括几大类：①怨职型。这类教师对于工作和生活充满抱怨，怨天尤人，在具体教学过程中抱怨学生条件差、班级人数多、待遇低、压力大等。对于教育教学工作难以全身心投入，把失败归结于外部原因，对周围的一切都不满。②自我型。这类教师通常以自我为中心，自私自利，自我利益高于一切，难以处理好人际关系。③异常型。这类教师主要表现为情绪失调，不稳定，心理产生异常。他们通常独来独往，不能控制自身情绪，性格反复无常。④暴戾型。这类教师往往对待学生异常严厉，体罚学生，肆意辱骂，甚至对学生拳脚相加，盛气凌人。⑤不良型。这类教师生活方式不健康，行为表现与教师形象不符，师德师风不好，损害教师形象。

（四）消极心理状态表现

由于各种各样的心理问题影响，如适应不良、职业倦怠等，再加之教师本身心理素质偏低，缺乏心理调适能力等多方面因素的共同作用下，一些教师经常会产生一些消极心理状态，如情绪烦躁、吹毛求疵、讽刺挖苦、轻率粗鲁、缺乏爱心、悲观消沉、思维能力下降、意志力缺乏等消极心理现象。教师的这些消极的心理状态已经严重影响到了教师的日常教育教学工作和正常生活，长期处于这种心理情绪状态下，不仅教师本人会受到严重的影响，也会对学生的心理健康产生不利影响。美国教师联合会的一项调查指出：“情绪不稳定的教师，因为对儿童具有决定性影响，就不应该让他们留在学校继续从事教学工作。那些具有不能自制脾气的、严重忧郁的、极度偏向的教师，凶恶、不能容人、讽刺刻薄以及习惯性地谩骂，其对儿童的心理健康的威胁，犹如肺结核或传染病对儿童身体健康的威胁一样严重。”教师的心理问题外在表现为这些各种各样的消极心理状态，对学生的心理健康产生了严重的威胁。

第二节　高职院校教师心理健康调节的途径与方法

一、教师心理健康问题的相关理论基础

（一）需要层次理论

马斯洛需要层次理论（hierarchical theory of needs）是关于需要结构的理论，传播较广。它提出人的需要从低到高分布，主要有五个层面的需要，分别是：①生理需要。它指个人食物、水分、空气、睡眠、性的需要等。它们在人的需要中最重要，最有力量。②安全需要。个人需要稳定、安全、受到保护、有秩序、能免除恐惧和焦虑等，如安全的工作环境、最低的生活保障和稳定的工作团体等。③归属和爱的需要。一个人要求与其他人建立感情的联系或关系，指想要被某个群体接纳认可，获得个人友谊与信任等。④尊重的需要。自尊和希望受到别人的尊重。后来，马斯洛又把求知需要列入该层次，指使人相信自己的力量和价值，使得自己更有能力，更有创造力。⑤自我实现的需要。人们追求实现自己的能力或者潜能，并使之完善化，指个人实现自我发展目标，实现个人理想与价值等需要。后来马斯洛在该层次前纳入审美需要。

按照层次需要理论，我们可以进行相关运用：①通过增加工资、改善劳动条件、

给予更多的业余时间、提高福利待遇等满足生理需要的条件来激励教师；②通过强调规章制度、职业保障、福利待遇，并保护教师不致失业，提供医疗保险、失业保险和退休福利、避免教师受到双重的指令而混乱等满足安全需要的条件来激励教师；③通过提供同事间社交往来机会，支持与赞许教师寻找及建立和谐温馨的人际关系，开展有组织的体育比赛和集体聚会等满足归属和爱需要的条件来激励教师；④通过公开奖励和表扬，强调工作任务的艰巨性以及成功所需要的高超技巧，颁发荣誉奖章、发文表扬、张榜表彰等满足尊重需要的条件来激励教师；⑤通过设计工作时运用复杂情况的适应策略，给有特长的教师委派特别任务，在设计工作和执行计划时为下级留有余地等满足自我实现需要的条件来激励教师。

（二）毕生心理发展理论

爱利克·埃里克森（Erik H. Erikson，1902—1994），美国神经病学家、发展心理学家和精神分析学家。他提出人格的社会心理发展理论，把心理的发展划分为八个阶段，指出每一阶段的特殊社会心理任务；并认为每一阶段都有一个特殊矛盾，矛盾的顺利解决是人格健康发展的前提。其具体内容已在本书第四章第四节进行阐述。埃里克森认为，在心理发展的每一个阶段都存在一种“危机”（crisis），这里所说的危机并非是灾难性的事件，而是指发展中的一个重要转折点。积极地解决危机可以增强自我的力量，帮助个体更好地适应环境，从而顺利地渡过这一阶段，并且扩大后一阶段危机积极解决的可能性；消极解决危机则会削弱自我的力量，阻碍个体适应环境，并缩小后一阶段危机积极解决的可能性。积极解决与消极解决之间并非是全或者无的关系，事实上每一次危机的解决都同时包含着积极和消极因素。这些交互的积极和消极因素促使个体形成相应的心理品质（见表 15-1）。

表 15-1　埃里克森心理社会发展八阶段论发展关键因素与相应心理品质

阶段（大致年龄）	危机或冲突	发展关键	心理品质
婴儿期（1.5 岁以下）	基本信任-不信任	婴儿发展与看护者之间的依恋与信任关系	希望品质
幼儿期（1.5~3 岁）	自主-羞愧和怀疑	幼儿学习对自己身体的自主控制并努力进行选择性活动	意志品质
学龄初期（3~6 岁）	主动感-内疚感	儿童尝试完成新事情、激发新想法，并不为失败所击倒	目的品质
学龄期（6~12 岁）	勤奋感-自卑感	儿童必须学习知识文化技能，想办法克服自卑情绪	能力品质
青春期（12~18 岁）	自我同一-角色混乱	青少年确认自我意识，学习并认同社会角色规范	忠诚品质
成年早期（18~25 岁）	亲密感-孤单感	成人寻求与他人建立亲密的关系，为事业定向	爱的品质
成年期（25~65 岁）	繁殖-停滞	通过创造性的生产活动造福于下一代	关心品质 创造品质
老年期（65 岁以上）	自我整合-绝望感	自我接受、承认现实，并逐渐形成人生智慧传递给下一代	智慧品质

对于高职院校教师而言，新入职教师往往处于成年早期，而大多骨干教师和学校中坚力量职工处在成年期前段。学校对青年教师应该加强忠诚品质的锻造和培养，使其形成信仰；骨干教师和学校中坚力量职工，往往都已生育子女，处于该时期的他们往往既要赡养父母又要抚养子女，既要干事业又要干家务，生活比较紧张，虽然有较强的经济基础和一定的社会地位，担负着社会对中年人的较高期望，同时也出现了生理上的明显变化与健康程度的下降，学校要关注这一群体教师。

（三）公平理论

公平理论是美国行为科学家斯塔西·亚当斯在《工人关于工资不公平的内心冲突同其生产率的关系》（1962，与罗森合写）、《工资不公平对工作质量的影响》（1964，与雅各布森合写）、《社会交换中的不公平》（1965）等著作中提出来的一种激励理论。该理论侧重于研究工资报酬分配的合理性、公平性及其对职工生产积极性的影响。

公平理论指出：人的工作积极性不仅与个人实际报酬多少有关，而且与人们对报酬的分配是否感到公平更为密切。人们总会自觉或不自觉地将自己投入代价及其所得报酬与他人相比较，并对公平与否做出主观判断。J. S. 亚当斯认为个人的积极性取决于他所感受的分配上的公正程度（公平感），而职工的公平感取决于一种社会比较或历史比较。所谓社会比较，是指个人对他所获得的报酬（包括物质上的金钱、福利和精神上的受重视程度、表彰奖励等）与自己工作的投入（包括自己所接受的教育、资历与经验、时间、精力、努力、创造力、忠诚度以及工作绩效等）的比值与他人的报酬和投入的比值进行比较。所谓历史比较是指职工对他所获得的报酬与自己工作的投入的比值同自己在历史上某一时期内的这个比值进行比较。这里的比较往往是自己的主观心理判断，并非客观、准确的测量结果，可能是以自我认同的非逻辑性理由作为依据。另外，比较包括纵向比较与横向比较：纵向比较是指职工将收支比与自己比较，包括单位内自我比较与单位外自我比较；横向比较是指职工将自己在不同单位或者在同一单位的不同时期的收支比相比较，即单位内横向比较与单位外横向比较。

当职工进行比较表明收支比率相符时，便会心理平衡，心情舒畅，工作努力。如果心理上的收支比率不相符时，便会心理失衡，情绪怨恨，工作消极。当心理上的收支比率过低时，会产生不公平感，比率差距越大越强烈。此时容易产生挫折感、义愤感、仇恨心理，甚至产生破坏心理。少数时候，也会因认为自己的收支比率过高，产生不安的感觉或感激心理。不公平感的产生，使个人可能千方百计进行自我调整，有可能通过自我解释，产生主观公平假象，以减少心理失衡或选择另一种比较基准进行比较，以便获得主观上的公平感；还可能采取相应行动，改变对方或自己的收支比率，如要求降低别人的报酬、增加他人的劳动投入或要求给自己增加报酬、减少劳动投入等；还可能采取发牢骚，讲怪话，消极怠工，制造矛盾或弃职他就等行为。

根据公平理论，高职院校管理者可以从以下几个方面，多维度分析处理问题，为职工获得公平感做出努力。

（1）引导职工形成正确的公平感。职工的社会比较或历史比较客观存在，且往往是个人的心理判断。在人们的心理活动中，往往会产生过高估计自己的贡献和作用，压低他人的绩效和付出，总认为自己报酬偏低，从而产生不公平心理的现象。随着信息技术的发展，人们的社会交往越来越广，比较范围越来越大，以及收入差距增大的社会现实，都增加了职工产生不公平感的可能性。单位要引导职工正确进行比较，多看到他人的长处，认识自己的短处，客观公正地选择比较基准，多在自己所在的地区、行业内比较，尽可能看到自己报酬的发展和提高，避免盲目攀比而造成不公平感。

（2）个人公平感协同服务单位的工作积极性。着力营造一种公平的氛围，如正确引导职工言论，减少因不正常的舆论传播而产生的消极情绪；经常深入群众，了解职工工作、生活中的实际困难，及时帮助解决；关心照顾弱势群体，必要时可根据实际情况，“秘密”地单独发奖或给予补助等。

（3）管理行为必须遵循公正原则。管理行为是否公正将直接影响职工对比较对象的正确选择，单位管理者要平等地对待每一位职工，公正地处理每一件事情，依法行政，避免因情感因素导致管理行为不公正。同时，也应注意，公平是相对的，是相对于比较对象的一种平衡，而不是平均。在分配问题上，必须坚持“效率优先，兼顾公平”的原则，避免“大锅饭”现象，使单位运行机制丧失活力。

（4）促进建立科学的激励机制。切实体现“多劳多得，质优多得，责重多得”的分配原则，坚持精神激励与物质激励相结合的办法。物质报酬分配应正确运用竞争机制的激励作用，通过合理拉开分配差距体现公平，在精神上，要采用关心、鼓励、表扬等方式，使职工体会自己受到了重视，品尝到成功的欣慰与自我实现的快乐，自觉地将个人目标与组织目标整合一致，形成无私奉献的职业责任感。

（四）双因素激励理论

双因素激励理论，亦称“激励-保健理论”，由美国心理学家赫茨伯格（Frederick Herzberg，1923—2000）于1959年提出。该理论认为对人的积极性发生作用的需要因素可分为两大类：激励因素和保健因素。激励因素指能够促使人们产生工作满意感的因素，与工作性质和内容紧密联系，包括对工作有兴趣和成就感，得到赞赏和提升，职务上的责任感，对发展前途的期望等。保健因素指促使人们产生不满意的因素，与工作环境和条件相关，包括企业的政策和管理、监督系统，工作制度，同事之间以及上下级之间的关系，工作安全感等。当保健因素未能满足时，员工会产生不满，而当保健因素得以满足时，员工则不会不满意。但是，保健因素的满足不能导致高水平的激励，甚至不会带来较强的工作满意感。为了实现高激励和强工作满意感，激励因素必须予以满足。

根据赫兹伯格的双因素激励理论，高职院校管理者应该保障保健因素先行，致力于防止教师产生不满情绪，如按时发工资、改善工作环境等；同时千方百计提升职工的心理满意程度，如认同感、成就感、责任感及个人发展机会等。双因素缺一不可，所起作用也是不同的。学校管理部门应该注重结合实际，真正发现教师所需的因素类型从而对症下药，提高高职院校教师的心理满意程度，积极协力共同前行。

（五）个人-环境匹配理论

个人-环境匹配的概念最早可以追溯到Parsons在20世纪初关于职业决策的帕森斯环境匹配模型（Model of Person-Environment Fit）。帕森斯指出，个人能否做出正确职业选择主要受到个体对自身了解、成功所需能力与条件及两者相互关系三方面影响，并在此基础上提出“要求-能力匹配”和“需求-供给匹配”。“要求-能力匹配”主要考量工作要求与个人态度、能力、兴趣、资源及局限；“需求-供给匹配”则着力描述个人兴趣、野心及工作优势、劣势、补偿、机遇与期望。该模型指出，工作态度与要求能力缺失的职业意味着低效、冷漠与低报酬，反之则意味着高效、热情与高报酬。

1987 年，Schneider 提出著名的吸引—选择—摩擦 ASA（attraction – selection – attrition）模型，为人与环境匹配的作用机制提供了解释，成为个人—环境匹配研究的标志性进展。他指出，人受到类似于本身人格特征的组织吸引，通过组织的选择及自我选择进入组织，再经组织社会化历程产生留任或离职情形。通过这一过程留在组织内的员工，个人目标和价值观逐渐与组织目标和价值观相匹配，随时间而产生的环境内同质性增加，于是人造就了环境。该模型强调个人价值观符合组织创始人的价值观、目标和人格特质。

二、高职院校教师心理健康的影响因素

高职院校教师的心理健康是顺利进行教育教学工作的重要保证，是提高教育质量、办好人民满意的教育的基础。随着社会的不断发展，教师在成为人人羡慕的职业的同时也变得越来越使人心力交瘁。归根究底，影响高职教师心理健康的主要因素大概可以分为三类：社会因素、职业因素、个人因素。

（一）社会因素

影响高职院校教师心理健康的社会因素来自多个方面。教师本身作为一个“社会人”，因此，社会对于其影响是巨大的。

第一，高职教师的社会地位还相对比较低，没有得到相应的尊重与理解。在中国，自古以来就有尊师重教的传统美德，荀子把教师和天、地、君、亲并列，认为教师具有崇高的社会地位，教师直接关乎国家兴衰，尊师就是尊君爱国。但是目前的社会并没有真正形成一种尊重教师、尊重教师劳动的风气。家长、学生对教师颐指气使这种现象已经屡见不鲜，教师在社会中也没有得到应有的尊重。《中华人民共和国教师法》（以下简称《教师法》）已经颁布、实施多年，但在一些地方《教师法》却并没有得到真正的落实，甚至还有些地方出现拖欠教师工资的现象，高职教师在这些方面更加严峻，导致了教师心理的失衡。

第二，社会对教师的期望和要求过高。随着社会的发展，人们对教育的要求也发生了改变，从“好上学”到“上好学”的转变无疑已经成为人民群众对于教育的最大呼声。人们对于教育质量要求的提高，无疑也带来了对于教师要求的提高，不仅要求教师具备渊博的专业知识、高超的教育教学技巧、深厚的专业素养、超常的专业能力，还要求教师具备高尚的道德品质，真正做到学生的表率。同时，还要求教师具备与教师身份相符合的行为举止、服装打扮，有既严厉又和蔼的教学态度。教师需要做的不仅仅是教会学生知识，还要教会学生做人。在这样的社会高标准严要求下，教师面临着巨大的压力。

第三，教师的劳动强度与待遇不成正比。教师劳动具有复杂性、长期性、示范性、创造性。因此，教师劳动的复杂程度、繁重度、紧张度等都比一般职业高很多，但是教师的待遇一直以来没有得到相应的提升。虽然国家一直努力将教师待遇提升到与公务员同等水平，但是在许多地方还未得到落实。在住房、医疗保健、解决夫妻分居等方面都还存在一些问题，尤其是一些农村、山区等偏远地区学校更加严峻，使教师面

临工作压力的同时还面临着巨大的经济压力，由于高职院校的生源相对更低，致使高职教师劳动强度更大，心理负担更重。

第四，教师职称评定竞争激烈。职称是教师自身教育教学能力的重要标志，是评价的重要因子，不仅可以满足教师的精神需要，体现教师自我价值，还能在一定程度上满足教师的物质需求。但目前高职教师面临着一个共同的问题，即教师职称名额有限，许多新教师自身能力较强，但是限于名额原因，只能“排队等待”，自身的水平与职称难以相称，导致教师自身的成就动机降低，缺乏成就感。

第五，学校领导对教师心理健康的忽视。长期以来，由于各方面因素的影响，高职院校致力于高素质劳动者和高技能专门人才的培养，更多关注教师的职业道德、教育教学能力等方面，对于学生心理健康，尤其是教师的心理健康问题关注比较少，导致教师的心理问题日益加重，难以得到及时的解决。

（二）职业因素

教师职业本身的一些因素对教师心理健康也产生了重要的影响，尤其是引起了教师巨大的心理压力，主要包括以下几项：

第一，教师工作负担重是造成教师心理压力的首要因素。①工作时间长。高职教师的工作时间除了大家看得见的上课时间之外，还有许多隐形的工作时间。比如备课、作业的批改、技能整合指导、班主任日常工作、进行教育教学研究等，这些工作大部分都是在教师的休息时间完成的，是隐形的，占用了教师大量的业余时间。②任务重。高职教师除了正常的教学工作之外，还要处理许多其他的事情，如班级、学校、社会和家庭问题。许多教师平均每天超过 4 节课，每周的课时超过 20 节。除此之外，教师还需要组织学生的考试，指导学生参加各级各类的技能竞赛。同时，学校还要给教师下达就业任务，要求教师保证班级的就业率等。在法定节假日和寒暑假等时间，教师也要参加各式各样的继续教育和教师培训，如“职教国培计划”等，除此之外，教师还被学校要求值班，参加学校等组织的各种会议，繁重的工作量使得教师心力交瘁。③自我要求高。教师拥有较强的自尊心，来自内部或外部的各种因素时常触动着教师的自尊心，内部因素往往反映在对教师工作成果的评价上。如果教师不能够正确认识自己，自我发展要求过高，其承受挫折的次数也越来越多，渐渐会对自己感到失望，造成精神焦虑和压抑。

第二，职业期望是教师行业特有的压力来源，也是影响教师心理健康的重要因素。教师作为一个大众眼中崇高的职业，被誉为“太阳底下最光辉的职业”，我国古人就曾用“春蚕到死丝方尽，蜡炬成灰泪始干”这样的诗句来形容教师。在传统的大众眼中，“敬业”“奉献”这样的词语仿佛成了教师的代名词，还把教师与品德高尚时常联系在一起，这些已经成为社会对教师的职业期待。社会对教师有着不同于寻常职业的期待，这些高的期待同时也带给了教师高的要求，教师已经成为大众眼中完美的人。这些过高的社会期待使得教师面临着巨大的压力，教师注重自身的一言一行，时刻严格要求自身，可能会变得拘谨保守、缺乏自信、内心压抑，从而使得教师的身心健康受到严重影响。

第三，教师的角色冲突多。教师这个职业的特殊性带给了教师多重角色。在日常的家庭生活中，教师和普通民众一样，他们是孝敬父母的子女、关心配偶的丈夫或者妻子以及爱护孩子的父母，对于家庭他们有着重大的责任和义务，扮演着多个角色。在学校工作中，教师是学生学习的榜样，是学校的工作者，是班级的管理者，他们的一言一行对学生的身心发展都会产生巨大的影响。在社会中，教师是一个高素质的模范公民，教师的行为稍有闪失，就会引起社会的广泛关注，并受到大众的谴责。

第四，教师的生活空间比较小，缓解心理压力的途径比较少。教师工作基本都是两点一线，家和学校占据了教师几乎全部的时间，其中尤其是学校占据了教师的大部分时间。与其他职业的人群相比较，教师属于比较孤立和封闭的人群。教师的大部分时间是与学生待在一起，工作时间占据教师全部时间的大部分，与外界亲朋好友交流的时间比较少。教师也较少有娱乐生活，长期以来心理处于比较紧张的状态得不到放松，使得教师感觉生活枯燥乏味，心理问题愈发严重，同时长期的孤立也会让教师觉得自己与社会格格不入，产生隔离感。

（三）个人因素

面临相同的境况，不同的教师会表现出不同的结果，这是由于个人因素的影响。在同一个工作环境中，有些教师可能会产生心理问题，而有些教师可能会保持心理健康，不同教师的心理承受能力和调节能力都有差异。

第一，人格因素。心理学家指出，不能客观认识自我和现实，目标不切实际、理想和现实差距大的教师或有过于强烈的自我实现和自尊需要的教师更容易出现心理问题。除此之外，研究还发现教师的归因不同也会影响教师的心理健康。主张把成败归因于内部原因（努力程度、自身能力、身心状况）的教师比主张把成败归因于外部原因（运气好坏、任务难度、外界环境）的教师更能应付外界环境的压力，心理更加健康。

第二，个人生活的变化。在教师的一生中，会遇到许多的生活变化，其中有积极的也有消极的，这些都需要教师及时做出心理调整来适应新的生活模式。面对这些新的生活变化，教师的心理处于调整时期，相对比较脆弱，这个时候更容易产生心理问题，如适应不良等。

第三，个人对心理健康的认识不足。调查显示，目前许多教师尤其是农村教师对心理健康的认识还比较模糊，53%的教师对于心理健康的认识还不清楚，15%的教师还不清楚自身的心理健康状况。高职教师的 SCL-90 阳性症状检出率是 15.6%，心理健康状况不容乐观。高职教师除精神病性因子和人际关系敏感因子不高于全国常模外，其他各因子均分（包括总分）均高于全国常模。还有研究表明，高职教师心理健康水平不容乐观，在阳性因子的筛出率上，中度以上症状的人数占 25%~44.4%，重度以上症状的人数占 7.8%~18.7%。由此我们可以知道，高职院校教师的心理健康问题更加严峻，大部分教师由于对心理健康的认识不清晰，缺乏相关知识，对自身心理健康状况缺乏正确的认知，很容易导致自身出现了心理问题却不自知的情况，心理问题出现之后没有得到及时的排解，从而导致心理问题的加重。

第四，求助渠道不畅。教师出现心理问题之后又无法自我调节时，就希望能够对外求助，寻求专业的人员来帮助解决心理问题，但由于心理社会服务体系不健全，求助的渠道有限。目前，虽然大部分学校响应国家的号召，建立了心理咨询室，也设置了专门的心理健康教师，但是这些主要都是面向学生，为学生服务，并且大多数的心理健康教师素质偏低，没有经过正式的心理辅导培训，取得相应的心理咨询师证书，无法真正做到心理疏导，解决心理障碍问题。大部分学校基本都是一个学校一位心理健康教师，一间心理辅导室，难以满足全校师生的需求，加之其主要是面向学生，所以基本无教师问津。

三、高职院校教师心理健康的调节

（一）社会层面

高职院校教师心理健康问题的产生有深层次的社会原因。因此，国家、教育行政机构应该制定行政措施，为教师营造一个维护教师职业威望的社会气氛和融洽、温馨、积极进取的工作环境，维护教师的心理健康。

（1）通过政策宣传，提高高职院校教师的社会地位，营造尊师重教的社会风气。国家和社会的支持是教师心理健康得以实现的有力保障。政府部门应积极宣传教师劳动的艰巨性和复杂性、教师职业的崇高和伟大及教师的作用和价值，提高教师的社会地位和职业声望。呼吁全社会都来关心、理解、支持教师，同时通过政策的制定、法律的颁布来维护教师的合法权益，提高教师的待遇，使教师这一职业，成为真正意义上受人尊重的职业。这样能减少高职院校教师的心理不平衡感，建立起职业自豪感，这可以有效防止高职院校教师心理问题的产生。

（2）深化职教改革，建立合理的职教体制。教师面临的压力与心理不健康的一个主要原因就是教育行政体制的不合理。2019 年国务院印发《国家职业教育改革实施方案》，表明国家对职业教育改革又进一步深化，职业教育的发展对高职院校和教师也提出了更多、更高的要求。一旦不能解决好工作、学习和生活等诸多方面的压力而又缺乏社会支持时，就很容易引发一系列心理问题。因此，必须深化职业教育改革，变革现行体制，建立符合职业教育要求的、多元的、促进教师不断提高特别是创新能力发展的评价体系，使教师能充分发挥自己的潜能和优势，从而创造性地开展工作。

（3）加大职业教育投入，提高教师的经济待遇。长期以来，高职院校教师和中小学老师一样面临高负荷、高强度的工作，低收入的回报这样一个尴尬局面，很容易产生心理失衡，工作缺乏积极性。其工资待遇长期低于同级专业人员的标准，使得这些老师难以专心致志地进行教育教学工作，产生心理冲突。国家应该切实保障高职院校教师的经济待遇，确保政策得以落实，努力使高职院校教师工资待遇达到与公务员同等水平。通过国家大政方针的调节，提高他们的工资水平，改善住房、医疗条件，维护其合法权益。

（二）社区层面

社会支持系统是教师应对外部压力的重要外部资源，系统中的个体通过各种信息的交流确信自己是被关心的、被爱的、被尊重的、有价值的，归属于一个互惠的、能互相交流的社会网络。心理学家早就提出并证明了社会支持系统对心理健康的促进作用。教师作为一个相对比较孤立、封闭的群体，缺乏社会支持，因此，在学校内部甚至整个社区形成一个教师社会支持系统，对维护和促进高职院校教师的心理健康有巨大的作用。

我们可以参照国外的“工作组”和“教师中心”两种形式，形成教师的社会支持系统。①所谓的“工作组”其实在国内早已存在，只是未被大家发现和利用起来促进和维护教师的心理健康，其类似于国内高职院校中的科研小组、实训小组、教研组等形式的教师工作小组。②国外的“教师中心”是指一种由多个学校间或整个学区组织形成的服务于该学区教师的机构，其主要作用是为教师提供一个交流的场所，教师可以在这里对教育教学问题进行讨论，分享自己的教学技巧和获得心理支持。“教师中心”的具体内涵可能随场所的不同而有所差异，但是它们都具备激发创造、催人上进的功能，为教师之间进行信息交流和思想交流与碰撞提供了可能性。

（三）学校层面

学校作为教师工作和生活的主要场所，教师在学校的时间占据了教师的大部分时间，因此，教师的心理健康与否与学校环境和领导管理密切相关。社会层面的改革和支持只是为促进教师心理健康提供了必要前提，从学校层面入手才能切实有效地帮助高职院校教师提高心理健康水平。

（1）积极开展教师的心理健康教育，建构和完善教师心理辅导机制。学校应该配备足够且专业的心理教师，积极开设心理健康教育课程，把心理健康教育纳入学校的教育计划中，全方位、多途径地实施心理健康教育工作。同时应该注意心理健康教育不应仅仅针对学生开设，避免走入误区，重视高职院校教师的心理健康教育。加强教师心理健康教育的同时还要完善教师心理健康辅导机制。①建立心理辅导机构，实行一把手负责制。②成立心理咨询室，建立教师心理档案，为教师提供专门的心理咨询服务。③实行教师定期心理健康检查制度，及时发现和解决教师的心理问题。④加强心理健康教育的课题研究，围绕教师心理健康的重点问题、难点问题和模糊问题，分层次进行研究，边研究、边探索、边总结、边提高，以此推动学校心理健康教育向纵深方向发展。⑤实施心理训练。针对个别有心理问题和心理障碍的教师，通过训练来矫正不良心理和行为，提高心理素质。⑥狠抓教师队伍建设，强化心理健康培训。

（2）普及心理健康知识，增强高职院校教师的心理保健意识。许多教师由于不了解心理健康的相关知识，在遇到一些心理困扰时不能及时认识到是心理健康问题。学校领导和教师本人由于对于心理问题认识不足，经常将之作为思想问题或者品德问题处理，导致找不到问题的根源和本质，不能从根本上解决问题。教师如果了解相关知识，就能及时进行自我疏导或者向专业人员求助。因此，学校可以通过多种途径加强心理健康相关知识的宣传，如定期邀请心理专家开展讲座，通过校内广播或校园网普及心理健康知识，利用学校板报、宣传栏刊载相关知识等方式进行宣传。

（3）树立良好的学校风气，调动高职院校教师工作的积极性。学校风气及由此产生的教师士气，对教师工作积极性有重要影响。学校领导应该重视学校风气建设，塑造良好的学校风气，使教师形成高昂的士气。良好的风气可以使人在不知不觉中受到经常性的教育影响，收到潜移默化的功效。士气是在良好的心境中体现出来的一种能动作用。它是心理健康的一种反应。

（4）改善领导作风和管理方式，注重满足高职院校教师的不同需要。研究表明，学校的领导作风和管理方式对教师的心理健康也会产生影响，在民主和谐的领导氛围中，教师更容易发挥工作的积极性，在专制的氛围中教师更容易产生压抑、烦闷的情绪。因此，改善学校的领导作风和管理方式，实行民主化管理，让教师拥有更多的平等交流机会，对于维护教师的心理健康具有重要作用。尊重和了解教师，满足教师的合理需要。深入教师中从精神、物质等方面做调查研究和统计分析，把握教师需要的一般特点和教师个体的特殊性，注意教师需要的变化，做到心中有数，并设法满足教师的合理需要。

（5）减轻课业负担，使高职院校教师感受到工作的乐趣。长期以来，高职院校教师面临高强度、高负荷的工作，身心早已疲惫不堪。因此，减轻课业负担已经不仅仅是学生的呼声了，更是教师们的愿望。为此，学校必须采取有力的措施，减轻教师的课业负担，使教师能够享受到工作的乐趣，身心愉悦地进行工作。首先，合理安排学校各项工作，将教师的工作与休息时间进行合理分配，减少形式主义的各项会议安排，减少班级之间的无意义评比，保证教师拥有足够的休息时间。其次，对教师进行“弹性”管理，给予教师更多的自由时间进行个人钻研和独立思考。苏霍姆林斯基曾说过：教师的自由时间是根，它滋养着教育艺术的枝和叶。教师能自由支配的时间越少，他没有什么东西可教的时刻就来得越快。

（6）要努力构建和谐的教育内部环境，优化学校人际环境。在充满敌意、争吵不休的心理气氛中，教师经常会感到内心压抑、痛苦，个性与能力的正常发展都受到限制，教学效率也会随之降低。而教育成果显著的学校，往往集体心理气氛十分和谐。因此，教育管理者要努力为教师创造一个融洽、温馨、积极进取的工作环境，营造一个和谐的心理氛围，减轻他们的工作压力与心理负荷。为此，我们要深入了解教师，积极创造条件满足教师的学习需要，鼓励教师继续参与学习，提高自身教育教学能力；满足教师的自我价值实现需要，设立奖励机制；关心教师日常生活，解决其后顾之忧，满足教师生活需要；根据教师个人爱好，组织开展多种形式的文体活动，满足教师的精神需要。

（四）个人层面

影响高职院校教师心理健康的因素有很多，但归根究底本人的心理是否健康是最直接、最根本的因素。教师劳动的特点决定了教师工作的复杂性和艰巨性，因此，教师必须要具备良好的心理调节适应能力，以此维护自身的心理健康。

（1）积极进行锻炼，保持身体健康。科学研究显示，通过身体锻炼可以消除压力反应中产生的荷尔蒙、葡萄糖等物质，促进生理健康。同时锻炼本身也是一种精神的娱乐方式，教师通过锻炼可以使自身的心理和生理从紧张的状态中放松，促进心理健康。人的身心是一个统一体，身体健康和心理健康是相互联系的。身体健康是心理健康的基础，保持身体健康有利于保持心理健康。高职院校教师由于长期从事高强度、高负荷的工作，工资待遇低下，生活不规律，缺乏锻炼，导致健康状况明显低于其他行业人员。诸多研究表明，高职院校教师群体躯体化症状明显，因此教师应该时刻关注自身健康状态，积极进行锻炼，保持自身的身体健康，进而促进自身的心理健康。

（2）学会调适不良情绪。一个人的情绪与情感往往是他心理健康程度的表现，学会对自己的情绪、情感进行自我调节，对维护和促进自身的心理健康具有十分重要的意义。作为教师应该热爱自己的本职工作，发掘工作的乐趣，保持自身稳定、积极的情绪，同时提高自身对于不良情绪的调节和控制能力，避免不良情绪的扩展。教师要学会调节和控制自己的情绪，掌握不良情绪的排解方法。①认知调节法。认知是情绪的基础，对于同一件事不同的认知会产生不同的情绪体验，进而影响人的行为。因此，要学会调动合理的认知，保持愉快的情绪。②心理换位法。在工作和生活中，当与别人发生矛盾冲突时，要学会换位思考，多站在他人的角度思考问题，多理解他人，以宽容相待，就能消除不良情绪。③合理宣泄法。当自身产生不良情绪时，应该采取合理的方法进行宣泄，可以向亲朋好友进行倾诉，从他们那里得到安慰。④自我暗示法。自我暗示就是用内部语言或表面语言的形式来自我调节情绪的方法。⑤注意转移法。当自己心情不好时可选择一种自己感兴趣的并且是力所能及的活动，通过专心进行这项活动，把焦虑、烦恼、紧张、压抑等情绪转移。

（3）采取积极的压力应对模式，正确对待压力。职业压力是高职院校教师面临的主要心理问题之一。压力是生活和工作中不可避免的一部分，高职院校教师职业面临着来自各方面的压力。一是教学压力。教学质量是教育的生命线，教学质量直接影响到学生的学习成绩和学校的就业率。二是来自家长的压力。家长对自家孩子都抱有极高的期望，对孩子的教育和就业也无比重视，这样给承担孩子教育任务的教师带来巨大的压力。三是提高自身素质的压力。面临当今信息化的社会，知识的更新速度不断加快，教师也需要不断提升自己来适应社会的要求。四是人际关系的压力。高职院校教师面临着复杂的人际关系，如何处理这些复杂的人际关系成了教师的一大难题。除此之外还有社会压力、家庭压力、经济压力等。面临着这些巨大的压力，教师必须培养正确的压力观，正确对待压力。首先，培养压力不可避免观。要认识到人生不如意十之八九，明确人生遭遇压力是不可避免的。其次，培养压力辩证观。要认识到压力是一把双刃剑，既有消极作用也有积极作用，用压力来激发自身的斗志。再次，培养压力可控观。压力虽然不可避免，但是我们可以通过自身努力，减轻压力带来的伤害。最后，培养压力承受观。既然我们必须面对压力，就要学会承受压力，采用积极的态度对抗压力。

（4）创建良好的人际关系。人际关系良好是事业成功的重要条件，也是心理健康的重要标准。高职院校教师的人际关系非常复杂，有教师与领导、教师与教师、教师与家长、教师与工人、教师与学生等各方面的关系，要处理好这些关系也很困难。高职院校教师在建立良好的人际关系时要注意以下四点：①关心他人需要。每个人都渴望得到别人的关心，从而感到自己受人重视，产生温暖和愉快的情绪体验。②诚心待人。与人交往时，要诚心诚意，接受别人的赞美和批评，忠实地表达自己的观点和想法。③学会宽容、理解他人。当双方出现矛盾时，对待他人多一分宽容，多一分理解，多多交流、沟通，往往能够促进矛盾的顺利化解，并使关心得到进一步提升。④提高个人修养。不断提升自身的综合素质，使自身更具人格魅力，更容易被他人接受。

（5）树立教育事业的信念。调查中发现，有心理问题的教师在工作和学习上都缺少正确的动机和明确的目标。许多研究表明，心理健康与人的理想、信念有很大关系。信念的力量是惊人的，有时可以创造“奇迹”，可能左右一个人的成败、得失、健康。一个教师在工作中有远大理想，有明确的奋斗目标，深信教育事业是有利于社会发展的，教师工作是崇高、伟大的，就会增强其事业心和责任感，萌发出无尽的智慧和力量，即使在条件差、待遇低的情况下，仍然能兢兢业业地工作，甚至会一生乐此不疲、安贫乐道；相反，如果一个教师没有理想，没有追求，没有明确的奋斗目标，就不会激发其事业心和责任感，在工作中患得患失，不良的情绪和心境就很容易产生。为此，高职院校教师要结合自己的实际情况，为自己确立一个切实可行的目标，以此激励自己，并为实现目标做出不懈努力。

（6）正确地认识和接纳自我。教师许多心理问题产生的主要原因就是缺乏对自己全面正确的认识。认识自我，包括认识自己的个性、兴趣、优缺点、工作能力及所担负的角色。许多教师自我认识不准确，或是对自己估计过高，产生自负心理，或是对自己估计过低，产生自卑心理。许多高职院校教师工作面临的巨大压力也是对自身认识不足导致的，对于目标的设定太过理想化或者超出了自己的能力范围，使教师的付出与收获不成正比，进而导致心理失衡。正确认识自我是一方面，另一方面还要接纳自我。既要承认自己的优点，又要接纳自己的缺点。教师要保持健康的心态，取得事业上的成功，必须对自己有一个正确的认识，能经常检查自己的行为，发现自身的不足，及时地克服与改正，通过自己的努力完善自我，也就是努力做到：正确地认识自我、积极地悦纳自我、有效地控制自我、不断地完善自我、勇敢地超越自我。

（7）改变行为方式。2019 年，国务院发布《关于实施健康中国行动的意见》，提出实施健康中国行动，提高全民健康水平，倡导健康文明生活方式，提倡“每个人是自己健康第一责任人”，通过合理膳食、科学运动、戒烟限酒、心理平衡……养成健康生活方式。世界卫生组织发现，影响健康的因素中，生物学因素占 15%、环境影响占 17%、行为和生活方式占 60%、医疗服务仅占 8%。由此可见，获得健康最简单也是最有效的方法、个人健康管理最日常也是最重要的策略，就是培养健康生活方式，把健康融入生活的方方面面。高职院校教师要积极行动起来，以身作则，远离和控制行为危险因素（如吸烟、有害饮酒、缺乏运动、作息混乱等），努力克服不良的生活、行为方式，人人参与，人人尽力，形成良好的健康生活氛围。

（8）提高抗挫折能力。高职院校教师在工作、生活中遭遇困难与挫折是不可避免的，甚至可能会遭遇失败，教师应该用积极的心态来应对挫折。事实上，挫折对于教师而言具有双重性，既有坏的一面又有好的一面。正如巴尔扎克说：“苦难对于天才是一块垫脚石，对能干的人是一笔财富，对弱者是一个万丈深渊”。所以挫折也是促进教师成长的一个必不可少的条件，教师要学会正确地对待挫折，掌握战胜挫折的方法。①升华。升华是将情绪情感激发出来的能量引导到对人、对己、对社会都有利的方向去，这是对消极情绪高水平的宣泄。②调整。调整就是指当原来的目标要求过高，自己无法实现的时候，教师应该及时改变目标，调整期望值，使之符合实际。③代偿。代偿是指当受到挫折时，以另一种活动来弥补不能达到的愿望，使心理压力得到缓解。④合理化。合理化是心理防御机制的一种，是指当个体的动机未能实现或行为不能符合社会规范时，尽量搜集一些合乎自己内心需要的理由，给自己的作为一个合理的解释，以掩饰自己的过失，以减免焦虑的痛苦和维护自尊免受伤害。换句话说，“合理化”就是制造“合理”的理由来解释并遮掩自我的伤害。

主要参考文献

[1] 陈英和. 认知发展心理学 [M]. 杭州：浙江人民出版社，2013.

[2] 韩进之. 教育心理学纲要 [M]. 北京：人民教育出版社，2019.

[3] 姚本先. 高等教育心理学 [M]. 安徽：合肥工业大学出版社，2005.

[4] 张厚粲. 心理学 [M]. 天津：南开大学出版社，2002.

[5] 赖华强. 班主任工作案例教程 [M]. 广州：暨南大学出版社，2004.

[6] 班华. 心育论 [M]. 合肥：安徽教育出版社，1994.

[7] 车文博. 人本主义心理学 [M]. 杭州：浙江教育出版社，2003.

[8] 陈琉，刘儒德. 教育心理学 [M]. 北京：高等教育出版社，2005.

[9] 方俊明. 认知心理学与人格教育 [M]. 西安：陕西师范大学出版社，1990.

[10] 冯忠良，伍新春，姚梅林，等. 教育心理学 [M]. 3 版. 北京：人民教育出版社，2015.

[11] 冯忠良. 学习心理学 [M]. 北京：教育科学出版社，1981.

[12] 傅世侠，罗玲玲. 科学创造方法论 [M]. 北京：中国经济出版社，2000.

[13] 高觉敷，叶浩生. 西方教育心理学发展史 [M]. 福州：福建教育出版社，2005.

[14] 郭本禹. 当代心理学的新进展 [M]. 济南：山东教育出版社，2003.

[15] 朱文彬，赵淑文. 高等教育心理学 [M]. 北京：首都师范大学出版社，2007.

[16] 李伯黍，燕国材. 教育心理学 [M]. 上海：华东师范大学出版社，2001.

[17] 李山川. 大学教育心理学 [M]. 北京：中国科技大学出版社，1991.

[18] 李维. 学习心理学 [M]. 成都：四川人民出版社，2000.

[19] 李小平. 学校社会心理学 [M]. 南京：江苏教育出版社，2002.

[20] 梁宁建. 当代认知心理学 [M]. 上海：上海教育出版社，2003.

[21] 易连云，刘电芝. 教育与心理研究方法 [M]. 重庆：西南师范大学出版社，2013.

[22] 路海东. 学校教育心理学 [M]. 长春：东北师范大学出版社，2003.

［23］莫雷. 教育心理学［M］. 广州：广东高等教育出版社，2002.
［24］潘寂. 教育心理学［M］. 北京：人民教育出版社，2001.
［25］庞维国. 自主学习：学与教的原理和策略［M］. 上海：华东师范大学出版社，2003.
［26］彭耽龄. 普通心理学［M］. 5版. 北京：北京师范大学出版社，2019.
［27］皮连生. 教育心理学［M］. 4版. 上海：上海教育出版社，2011.
［28］皮连生. 学与教的心理学［M］. 5版. 上海：华东师范大学出版社，2009.
［29］皮连生. 智育心理学［M］. 2版. 北京：人民教育出版社，2008.
［30］钱在森. 学习困难学生教育的理论与实践［M］. 上海：上海科技教育出版社，1995.
［31］施良方. 学习论［M］. 北京：人民教育出版社，2010.
［32］时蓉华. 现代社会心理学［M］. 3版. 上海：华东师范大学出版社，2013.
［33］万云英. 学校教育心理学［M］. 北京：人民教育出版社，l991.
［34］汪安圣. 思维心理学［M］. 上海：华东师范大学出版社，1992.
［35］王锭成. 教育社会心理学［M］. 广州：广东高等教育出版社，1996.
［36］王五. 学校教育心理学［M］. 开封：河南大学出版社，l988.
［37］王甦，汪安圣. 认知心理学［M］. 北京：北京大学出版社，2006.
［38］吴庆麟. 教育心理学：献给教师的书［M］. 上海：华东师范大学出版社，2010.
［39］刘万伦，田学红. 发展与教育心理学［M］. 2版. 北京：高等教育出版社，2016.
［40］郑雪. 人格心理学［M］. 2版. 广东：暨南大学出版社，2017.
［41］连榕. 发展与教育心理学［M］. 北京：高等教育出版社，2018.
［42］杨清. 现代西方心理学主要派别［M］. 沈阳：辽宁人民出版社，1980.
［43］曾欣然. 德性培育心理学［M］. 北京：警官教育出版社，1998.
［44］张爱卿. 现代教育心理学. 安徽：安徽人民出版社，2001.
［45］张承芬，程学超. 教师心理［M］. 济南：山东教育出版社，1984.
［46］张承芬. 教育心理学［M］. 济南：山东教育出版社，2004.
［47］张春兴. 教育心理学［M］. 杭州：浙江教育出版社，1998.
［48］张大均. 教育心理学［M］. 北京：人民教育出版社，2015.
［49］张德秀. 教育心理学［M］. 北京：教育科学出版社，1982.
［50］张景焕. 创造教育原理［M］. 沈阳：辽宁人民出版社，1998.
［51］张庆林，杨东. 高效率教学［M］. 北京：人民教育出版社，2002.
［52］张庆林. 当代认知心理学在教学中的应用：如何教学生学会学习和思维［M］. 重庆：西南师范大学出版社，1995.
［53］章志光. 学生品德形成新探［M］. 北京：北京师范大学出版社，1993.
［54］章志光. 社会心理学［M］. 北京：人民教育出版社，2010.
［55］陈琦，刘儒德. 当代教育心理学［M］. 3版. 北京：北京师范大学出版社，2019.

[56] 奥苏伯尔，等. 教育心理学：认知观点［M］. 余星南，宋均译. 北京：人民教育出版社，1994.

[57] 安德森. 认知心理学及其启示：第 7 版［M］. 秦欲林，等译. 北京：人民邮电出版社，2012.

[58] 特尔福特. 教育心理学［M］. 高觉敷，等译. 北京：人民教育出版社，1982.

[59] 休格伦. 课堂教育心理学［M］. 章志光，等译. 昆明：云南人民出版社，1981.

[60] 牛卫华，张梅玲，马弘. 心理卫生平定手册［M］. 北京：中国心理卫生杂志社，1999.

[61] 成云. 心理学［M］. 成都：四川大学出版社，2005.

[62] 马特林. 认知心理学：理论、研究和应用：第 8 版［M］. 李永娜译. 北京：机械工业出版社，2016.

[63] 邵志芳. 认知心理学：理论、实验和应用［M］. 3 版. 上海：上海教育出版社，2019.

[64] 戈尔茨坦. 认知心理学：心智、研究与你的生活：第 3 版［M］. 张明，等译. 北京：中国轻工业出版社，2015.

[65] 王甦，汪安圣. 认知心理学［M］. 北京：北京大学出版社，2006.

[65] 阿尔弗雷德·阿德勒. 儿童教育心理学［M］. 杜秀敏，译. 北京：机械工业出版社，2019.

[66] 靳江丽，夏川生，杨淑芳. 大学生心理健康指导［M］. 北京：清华大学出版社，2020.

[67] 陈桂生. 德育引论［M］. 上海：华东师范大学出版社，2018.

[68] 林志超. 从班会课到成长课程：德育特级教师的班会课微革命［M］. 上海：华东师范大学出版社，2017.

[69] 理查德·格里格，菲利普·津巴多. 心理学与生活：第 19 版［M］. 王垒，等译. 北京：人民邮电出版社，2016.

[70] 黄希庭. 心理学导论［M］. 北京：人民教育出版社，2007.

[71] 全国十二所重点师范大学联合编写. 心理学基础［M］. 北京：教育科学出版社，2014.

[72] 莫雷. 教育心理学［M］. 北京：教育科学出版社，2007.

[73] JERRY M. Burger. 人格心理学：第 8 版［M］. 陈会昌，等译. 北京：中国轻工业出版社，2014.

[74] 彭运石，燕良轼. 心理学原理与教育［M］. 北京：航空工业出版社，2000.

[75] 孟昭兰. 普通心理学［M］. 北京：北京大学出版社，1994.

[76] 黄希庭. 人格心理学［M］. 浙江：浙江教育出版社，2002.

[77] 许燕. 人格心理学［M］. 北京：北京师范大学出版社，2009.

[78] 王小明. 学习心理学［M］. 北京：中国轻工业出版社，2009.

[79] 简妮·爱丽丝·奥姆罗德. 学习心理学：第 6 版［M］. 汪玲，等译. 北京：

中国人民大学出版社，2015.
［80］林崇德. 发展心理学［M］. 北京：人民教育出版社，2009.
［81］DAVID R. Shaffer，KATHERINE Kipp. 发展心理学：儿童与青少年［M］. 邹泓，等译. 北京：中国轻工业出版社，2009.
［82］曾玲娟，李红云. 心理学基础［M］. 北京：北京师范大学出版社，2015.
［83］周详，潘慧. 教育心理学［M］. 天津：南开大学出版社，2014.
［84］司继伟. 青少年心理学［M］. 北京：中国轻工业出版社，2010.
［85］约翰·桑特洛克. 青少年心理学［M］. 寇彧，等译. 北京：人民邮电出版社，2013.
［86］罗伯特·费尔德曼. 发展心理学：人的毕生发展［M］. 苏彦捷，等译. 北京：世界图文出版社，2013.
［87］卢家楣. 学习心理与教学理论和实践［M］. 3 版. 上海：上海教育出版社，2017.
［88］罗伯特·斯莱文. 教育心理学：理论与实践：第 10 版［M］. 吕红梅，等译. 北京：人民邮电出版社，2016.
［89］岳晓东，龚放. 创新思维的形成与创新人才的培养［J］. 教育研究，1999（10）：9-17.
［90］周永民. 浅谈帮助学困生消除不良的学习状态［J］. 天津教育，2001（4）：31-32.
［91］潘志峰，石俊仕，邱玉环，等. 学优生与学困生情绪、注意力障碍比较研究［J］. 中国行为医学科学，2003，12（1）：89-90.